Informatik — Fachberichte

Band 81: Koordinaten von Informationen. Proceedings, 1983. Herausgegeben von R. Kuhlen. VI, 366 Seiten. 1984.

Band 82: A. Bode, Mikroarchitekturen und Mikroprogrammierung: Formale Beschreibung und Optimierung, 6, 7-227 Seiten. 1984.

Band 83: Software-Fehlertoleranz und -Zuverlässigkeit. Herausgegeben von F. Belli, S. Pfleger und M. Seifert. VII, 297 Seiten. 1984.

Band 84: Fehlertolerierende Rechensysteme. 2. GI/NTG/GMR-Fachtagung, Bonn 1984. Herausgegeben von K.-E. Großpietsch und M. Dal Cin. X, 433 Seiten. 1984.

Band 85: Simulationstechnik. Proceedings, 1984. Herausgegeben von F. Breitenecker und W. Kleinert. XII, 676 Seiten. 1984.

Band 86: Prozeßrechner 1984. 4. GI/GMR/KfK-Fachtagung, Karlsruhe, September 1984. Herausgegeben von H. Trauboth und A. Jaeschke. XII, 710 Seiten. 1984.

Band 87: Musterkennung 1984. Proceedings, 1984. Herausgegeben von W. Kropatsch. IX, 351 Seiten. 1984.

Band 88: GI–14. Jahrestagung. Braunschweig. Oktober 1984. Proceedings. Herausgegeben von H.-D. Ehrich. IX, 451 Seiten. 1984.

Band 89: Fachgespräche auf der 14. GI-Jahrestagung. Braunschweig, Oktober 1984. Herausgegeben von H.-D. Ehrich. V, 267 Seiten. 1984.

Band 90: Informatik als Herausforderung an Schule und Ausbildung. GI-Fachtagung, Berlin, Oktober 1984. Herausgegeben von W. Arlt und K. Haefner. X, 416 Seiten. 1984.

Band 91: H. Stoyan, Maschinen-unabhängige Code-Erzeugung als semantikerhaltende beweisbare Programmtransformation. IV, 365 Seiten. 1984.

Band 92: Offene Multifunktionale Büroarbeitsplätze. Proceedings, 1984. Herausgegeben von F. Krückeberg, S. Schindler und O. Spaniol. VI, 335 Seiten. 1985.

Band 93: Künstliche Intelligenz. Frühjahrsschule Dassel, März 1984. Herausgegeben von C. Habel. VII, 320 Seiten. 1985.

Band 94: Datenbank-Systeme für Büro, Technik und Wirtschaft. Proceedings, 1985. Herausgegeben von A. Blaser und P. Pistor. X, 519 Seiten. 1985

Band 95: Kommunikation in Verteilten Systemen I. GI-NTG-Fachtagung, Karlsruhe, März 1985. Herausgegeben von D. Heger, G. Krüger, O. Spaniol und W. Zorn. IX, 691 Seiten. 1985.

Band 96: Organisation und Betrieb der Informationsverarbeitung. Proceedings, 1985. Herausgegeben von W. Dirlewanger. XI, 261 Seiten. 1985.

Band 97: H. Willmer, Systematische Software-Qualitätssicherung anhand von Qualitäts- und Produktmodellen. VII, 162 Seiten. 1985.

Band 98: Öffentliche Verwaltung und Informationstechnik. Neue Möglichkeiten, neue Probleme, neue Perspektiven. Proceedings, 1984. Herausgegeben von H. Reinermann, H. Fiedler, K. Grimmer, K. Lenk und R. Traunmüller. X, 396 Seiten. 1985.

Band 99: K. Küspert, Fehlererkennung und Fehlerbehandlung in Speicherungsstrukturen von Datenbanksystemen. IX, 294 Seiten. 1985.

Band 100: W. Lamersdorf, Semantische Repräsentation komplexer Objektstrukturen. IX, 187 Seiten. 1985.

Band 101: J. Koch, Relationale Anfragen. VIII, 147 Seiten. 1985.

Band 102: H.-J. Appelrath, Von Datenbanken zu Expertensystemen. VI, 159 Seiten. 1985.

Band 103: GWAI-84. 8th German Workshop on Artificial Intelligence. Wingst/Stade, October 1984. Edited by J. Laubsch. VIII, 282 Seiten. 1985.

Band 104: G. Sagerer, Darstellung und Nutzung von Expertenwissen für ein Bildanalysesystem. XIII, 270 Seiten. 1985.

Band 105: G. E. Maier, Exceptionbehandlung und Synchronisation. IV, 359 Seiten. 1985.

Band 106: Österreichische Artificial Intelligence Tagung. Wien, September 1985. Herausgegeben von H. Trost und J. Retti. VIII, 211 Seiten. 1985.

Band 107: Mustererkennung 1985. Proceedings, 1985. Herausgegeben von H. Niemann. XIII, 338 Seiten. 1985.

Band 108: GI/OCG/ÖGJ-Jahrestagung 1985. Wien, September 1985. Herausgegeben von H. R. Hansen. XVII, 1086 Seiten. 1985.

Band 109: Simulationstechnik. Proceedings, 1985. Herausgegeben von D. P. F. Möller. XIV, 539 Seiten. 1985.

Band 110: Messung, Modellierung und Bewertung von Rechensystemen. 3. GI/NTG-Fachtagung, Dortmund, Oktober 1985. Herausgegeben von H. Beilner. X, 389 Seiten. 1985.

Band 111: Kommunikation in Verteilten Systemen II. GI/NTG-Fachtagung, Karlsruhe, März 1985. Herausgegeben von D. Heger, G. Krüger, O. Spaniol und W. Zorn. XII, 236 Seiten. 1985.

Band 112: Wissensbasierte Systeme. GI-Kongreß 1985. Herausgegeben von W. Brauer und B. Radig. XVI, 402 Seiten, 1985.

Band 113: Datenschutz und Datensicherung im Wandel der Informationstechnologien. 1. GI-Fachtagung, München, Oktober 1985. Proceedings, 1985. Herausgegeben von P. P. Spies. VIII, 257 Seiten. 1985.

Band 114: Sprachverarbeitung in Information und Dokumentation. Proceedings, 1985. Herausgegeben von B. Endres-Niggemeyer und J. Krause. VIII, 234 Seiten. 1985.

Band 115: A. Kobsa, Benutzermodellierung in Dialogsystemen. XV, 204 Seiten. 1985.

Band 116: Recent Trends in Data Type Specification. Edited by H.-J. Kreowski. VII, 253 pages. 1985.

Band 117: J. Röhrich, Parallele Systeme. XI, 152 Seiten. 1986.

Band 118: GWAI-85. 9th German Workshop on Artificial Intelligence. Dassel/Solling, September 1985. Edited by H. Stoyan. X, 471 pages. 1986.

Band 119: Graphik in Dokumenten. GI-Fachgespräch, Bremen, März 1986. Herausgegeben von F. Nake. X, 154 Seiten. 1986.

Band 120: Kognitive Aspekte der Mensch-Computer-Interaktion. Herausgegeben von G. Dirlich, C. Freksa, U. Schwatlo und K. Wimmer. VIII, 190 Seiten. 1986.

Band 121: K. Echtle, Fehlermaskierung durch verteilte Systeme. X, 232 Seiten. 1986.

Band 122: Ch. Habel, Prinzipien der Referentialität. Untersuchungen zur propositionalen Repräsentation von Wissen. X, 308 Seiten. 1986.

Band 123: Arbeit und Informationstechnik. GI-Fachtagung. Proceedings, 1986. Herausgegeben von K. T. Schröder. IX, 435 Seiten. 1986.

Band 124: GWAI-86 und 2. Österreichische Artificial-Intelligence-Tagung. Ottenstein/Niederösterreich, September 1986. Herausgegeben von C.-R. Rollinger und W. Horn. X, 360 Seiten. 1986.

Band 125: Mustererkennung 1986. 8. DAGM-Symposium, Paderborn, September/Oktober 1986. Herausgegeben von G. Hartmann. XII, 294 Seiten, 1986.

Band 126: GI-16. Jahrestagung. Informatik-Anwendungen – Trends und Perspektiven. Berlin, Oktober 1986. Herausgegeben von G. Hommel und S. Schindler. XVII, 703 Seiten. 1986.

Informatik-Fachberichte 169

Subreihe Künstliche Intelligenz

Herausgegeben von W. Brauer in Zusammenarbeit mit dem
Fachausschuß 1.2 „Künstliche Intelligenz und
Mustererkennung" der Gesellschaft für Informatik (GI)

G. Heyer J. Krems G. Görz (Hrsg.)

Wissensarten und ihre Darstellung

Beiträge aus Philosophie, Psychologie, Informatik und Linguistik

Springer-Verlag
Berlin Heidelberg New York
London Paris Tokyo

Herausgeber

G. Heyer
TA Triumph-Adler AG, Entwicklungszentrum
Hundingstraße 11b, 8500 Nürnberg

J. Krems
Universität Regensburg
Institut für Psychologie (Lehrstuhl I)
Universitätsstraße 31, 8400 Regensburg

G. Görz
Universität Erlangen-Nürnberg, RRZE
Martensstraße 1, 8520 Erlangen
zur Zeit: IBM-WT LILOG
Schloßstraße 70, 7000 Stuttgart 1

CR Subject Classifications (1987): I.2.0, I.2.4, I.2.7, I.7, J.4

CIP-Titelaufnahme der Deutschen Bibliothek
Wissensarten und ihre Darstellung : Beitr. aus Philosophie, Psychologie,
Informatik u. Linguistik / G. Heyer ... (Hrsg.). – Berlin ; Heidelberg ; New York ;
London ; Paris ; Tokyo : Springer, 1988
  (Informatik-Fachberichte; 169 : Subreihe künstliche Intelligenz)
  ISBN-13: 978-3-540-19071-4   e-ISBN-13: 978-3-642-73533-2
  DOI: 10.1007/978-3-642-73533-2
NE: Heyer, Gerhard [Hrsg.]; GT

2145/3140-54321

Vorwort

Mit dem Terminus 'Cognitive Science' wird ein interdisziplinäres
Forschungsprogramm bezeichnet, das — allgemein gesprochen —
die Erforschung künstlicher und natürlicher Intelligenz zum Ziel
hat. Während sich an den großen amerikanischen Universitäten
bereits seit Beginn der siebziger Jahre Informatiker, Linguisten,
Philosophen, Psychologen und Neurophysiologen in ihrem gemeinsamen Interesse an der Erforschung menschlichen und maschinellen Denkens mit Unterstützung der Alfred P. Sloan Foundation zu kognitionswissenschaftlichen Arbeitsgruppen zusammen-
geschlossen haben, stoßen hierzulande vergleichbare Aktivitäten
erst in jüngster Zeit auf größere Resonanz. Im Fachausschuß
1.2 „Künstliche Intelligenz und Mustererkennung" der Gesellschaft für Informatik veranstaltet der Arbeitskreis „Kognition"
seit 1984 regelmäßig interdisziplinäre Kolloquien zu aktuellen Fragen der Cognitive Science. Ein Workshop zum Themenbereich
„Wissensarten und ihre Darstellung" fand am 20. und 21. No-
vember 1986 an der Universität Erlangen–Nürnberg statt. Der
Workshop war von einer ausgesprochen lebhaften und engagier-
ten Diskussion geprägt, bei der vier thematische Sichtweisen der
Repräsentationsproblematik im Vordergrund standen: der philosophische, der linguistische, der psychologische und der KI-Aspekt.
Wir veröffentlichen die Beiträge zu diesem Workshop zusammen
mit einer kleinen Zahl von Arbeiten, die eigens für diesen Band
als thematische Ergänzung geschrieben worden sind. Wir hoffen,
daß der kritische aufgeschlossene Geist dieses Workshops, der auch
in diesem Band zum Ausdruck kommt, die Kooperation und den
fruchtbaren Austausch unter den an der Cognitive Science beteiligten Wissenschaften verstärkt und fortführt.

G. Heyer, J. Krems, G. Görz

Verzeichnis der Autoren

Dr. J. Diederich
GMD - F3 - XP5
Schloss Birlinghoven
Postfach 12 40
5205 St. Augustin 1

Prof. Dr. J. Engelkamp
FR Psychologie
Universität d. Saarlandes
Postfach
6600 Saarbrücken

Dr. C. Freksa
Institut für Informatik
TU München
Arcisstr. 21
8000 München 2

Dr. U. Furbach
Forschungsgruppe Künstliche Intelligenz
Institut für Informatik der
Technischen Universität München
Postfach 20 24 20
8000 München 2

Dr. G. Görz
Uni Erlangen-Nürnberg RRZE
Martensstr. 1
8520 Erlangen

Dr. G. Heyer
TA Triumph-Adler AG
Entwicklungszentrum
Hundingstr. 11 b
8500 Nürnberg

T. Hrycej
PCS GmbH
Pfälzer-Wald-Str. 36
8000 München 90

Prof. Dr. A. Kemmerling
Universität München
Schellingstr. 3
8000 München 22

Ralf Kese
TA Triumph-Adler AG
Entwicklungszentrum
Hundingstr. 11 b
8500 Nürnberg

E. Kiefer
An der Ringstr. 8
6200 Wiesbaden

Dr. H. Körndle
Universität Regensburg
Institut für Psychologie
8400 Regensburg

Dr. J. Krems
Universität Regensburg
Institut für Psychologie
8400 Regensburg

Dr. E. Lison
Frankfurter Allianz
Personalabteilung
Postfach 10 02 01
6000 Frankfurt 1

Helge Rieder
TA Triumph-Adler AG
Entwicklungszentrum
Hundingstr. 11 b
8500 Nürnberg

K. H. Schmidt
Philips Forschungslaboratorium HH
Vogt-Kölln-Str. 30
2000 Hamburg 54

Prof. Dr. H. Stoyan
Universität Konstanz
Informationswissenschaft
Postfach 55 60
7750 Konstanz 1

Dr. M. Thiel
Aid GmbH
8500 Nürnberg

G. Waloszek
Technische Universität Carolo-Wilhelmina
Institut für Psychologie
Postfach 33 29
Spielmannstraße 19
3300 Braunschweig

Prof. Dr. K. F. Wender
Fachbereich I der Universität
– Psychologie –
Tarforst, Gebäude D
5500 Trier

Dr. G. Weber
Fachbereich I der Universität
– Psychologie –
Tarforst, Gebäude D
5500 Trier

Prof. Dr. A. Zimmer
Universität Regensburg
Institut für Psychologie
8400 Regensburg

Dr. H. D. Zimmer
FR Psychologie
Universität d. Saarlandes
Postfach
6600 Saarbrücken

Inhaltsverzeichnis

IV. KI-Aspekte der Repräsentationsproblematik

Cognitive Science -- eine Standortbestimmung

Christian Freksa

> *The problem with these people who say*
> *that you could make a machine think*
> *but it wouldn´t really feel like us*
> *is that they don´t seem to have thought*
> *about the real problem...*
>
> *Marvin Minsky (1984)*

Was ist Cognitive Science?

In den 70er Jahren, als eine wachsende Zahl von Computerprogrammen deutlich machte, was unter Künstlicher Intelligenz zu verstehen sei; als Sprachforscher die Grenzen syntax-orientierter Ansätze für die Sprachübersetzung erfuhren; als klar wurde, daß behavioristische Ansätze in der Psychologie als Zugang zu mentalen Prozessen versagen; als Anthropologen von Beobachtungen in verschiedenen Kulturen auf zugrundeliegende Sprachkonzepte schließen wollten; als die Neurowissenschaften detailliertes Wissen über Aufbau und Funktion von Gehirnen anreicherten; als Philosophen sich mit Ansprüchen und Implikationen neuer Informationstechnologien auseinanderzusetzen begannen; da war der Zeitpunkt gekommen, zu dem sich Vertreter dieser unterschiedlichen Disziplinen darauf besannen, daß sie eigentlich alle ein gemeinsames Thema behandeln: es ging um die Erforschung kognitiver Systeme, d.h., um die Exploration der Prinzipien, mit Hilfe derer Menschen und Maschinen ´denken´ und mit ihrer Umwelt interagieren können. Dies erfordert die Untersuchung von mentalen Darstellungsformen und von Denkprozessen sowie deren funktionale Repräsentation im Gehirn oder in Computern (Sloan 1978, S. 6).

An einigen amerikanischen Universitäten begannen Philosophen, Linguisten, Anthro-pologen, Neurowissenschaftler, KI-Forscher und Psychologen sich im Sinne einer *universitas* darüber auszutauschen, woran sie arbeiteten und welche Fragen ihnen Kopfzerbrechen bereiteten. Diese Seminare verursachten bei den Diskussionsteilnehmern oft große Frustrationen; denn obwohl Themen von gemeinsamem Interesse behandelt wurden, verstanden sich die Teilnehmer oft gegenseitig nicht: sie dachten in unterschiedlichen Paradigmen und sprachen unterschiedliche Sprachen. Doch gerade darin lag auf Dauer gesehen der Reiz: Kognition stellte sich als vielgesichtige Angelegenheit heraus und keines der bestehenden Modelle, keiner der Forschungsansätze konnte diese Vielfalt auch nur annähernd erfassen (vgl. Pylyshyn 1984).

Ein für die Sloan Foundation angefertigter State of the Art Report über Cognitive Science (Sloan 1978) wurde nie veröffentlicht, da Kritiker aus verschiedenen Disziplinen sich nicht mit den aufgeworfenen Fragen und den Ansätzen zu ihrer Lösung identifizieren konnten. Die

Autoren hatten versucht, die Ausgangspunkte und Grundannahmen der verschiedenen Disziplinen darzustellen. Als Beispiel dafür, was verschiedene Disziplinen zum Verständnis kognitiver Systeme beitragen können, wählten sie Beobachtungen darüber, wie Personen aus verschiedenen Kulturen Farben benennen. Auf den ersten Blick scheint das eine einfache Sache zu sein: es gibt einerseits wahrgenommene Farben und andererseits Wörter, die diese bezeichnen. Kinder müssen lernen, Wahrnehmungen und Bezeichnungen miteinander zu assoziieren und Erwachsene verwenden die Assoziationen, um zuverlässig Farben zu benennen und zu identifizieren.

Um das wissenschaftliche Interesse an der Fragestellung würdigen zu können, ist es hilfreich, das Benennen von Farben als einen Spezialfall kognitiver Prozesse anzusehen, die man etwas abstrakter charakterisieren kann. Von besonderem Interesse ist, wie Menschen, die eine Sprache sprechen, entscheiden, welche Objekte, Ereignisse, Eigenschaften oder Relationen sie benennen. Ist die Menge der benennbaren Entitäten durch angeborene Charakteristika des kognitiven Apparates bestimmt oder können wir Menschen die Realität beliebig strukturieren und benennen? Es ist schließlich schon lange bekannt, daß sich die Lexika innerhalb einzelner Sprachen und zwischen verschiedenen Sprachen aufgrund unterschiedlicher Interessen und Engagements voneinander unterscheiden.

Es gibt zwei Denkschulen für die Beurteilung dieser Frage. Die *Relativisten,* die meinen, jede Kultur habe freie Entfaltungsmöglichkeiten für ihre Begriffsbildung und forme sich diejenigen Begriffe, die den Gedankengängen ihrer Mitglieder am besten entsprächen. Der bekannteste Vertreter dieser Richtung is Whorf (1956). *Universalisten* hingegen gehen davon aus, daß die Konzepte, die den Sprachkonstrukten zugrunde liegen, in jeder Kultur festgelegt sind durch physikalische Bedingungen und durch angeborene biologische Mechanismen, die entstanden sind, um eine Wechselwirkung mit der Welt zu ermöglichen. Die meisten Forscher, die der Frage nachgegangen sind, meinen, daß bestimmte Denkmuster am besten mit kulturellen Angewohnheiten, andere am besten mit universellen biologischen Prinzipien erklärt werden können. So unterscheiden sich zum Beispiel Sprachen oberflächlich voneinander so stark, daß sie ineinander übersetzt werden müssen; auf der anderen Seite sind Sprachen mit biologisch festgelegten Systemen mit universellen Eigenschaften verankert (Lenneberg 1967), die eine Übersetzung überhaupt erst ermöglichen. Bei Lakoff (1987, ch.18) kann man eine differenzierte Stellungnahme zu dieser Debatte finden.

Auf den ersten Blick scheint das Farbenbenennungsbeispiel in idealer Weise dazu geeignet, den relativistischen Standpunkt zu stützen. Wir wissen, daß der Übergang der sichtbaren Farben von rot bis blau und von schwarz bis weiß kontinuierlich ist. Dies ermöglicht im Prinzip eine beliebige Einteilung und Benennung von Farben in verschiedenen Kulturen. Manche Farben könnten in bestimmten Kulturen stärker in den Vordergrund treten und es würden sich Namen dafür herausbilden. Es ist auch bekannt, daß die Sprecher unterschiedlicher Sprachen unterschiedliche Grenzen zwischen den Farben ziehen. Nach Auffassung der Relativisten weisen Leute, die Farben unterschiedlich benennen, unterschiedliche kognitive Fähigkeiten auf; sie haben unterschiedliche Farbkonzepte.

Um die These zu belegen, daß psychologische Unterschiede mit terminologischen Konventionen in Zusammenhang stehen, wurden Experimente durchgeführt, die das Farbengedächtnis von englischsprachigen Versuchspersonen untersuchten. Eine sorgfältig entwickelte Technik ermöglichte eine präzise Spezifikation von Farbproben, und die so geeichten Farben wurden den Versuchspersonen gezeigt mit der Instruktion, sie sich zu merken und sie später in einer größeren Anzahl von Proben wiederzufinden. Diejenigen Farbproben, für die Menschen zuverlässig vermittelbare Farbbezeichnungen haben (solche Bezeichnungen, die es einer anderen Person ermöglichen, die Farbe zu identifizieren), waren gerade diejenigen, die nach einem gewissen Zeitraum noch erkannt und aus einer größeren Menge ausgewählt werden konnten. Farben ohne einfache Bezeichnungen konnten weder leicht benannt, noch leicht erinnert werden.

Zunächst wurden solche Ergebnisse dahingehend interpretiert, daß Sprache die Gedanken einschränkt -- in diesem Fall, daß gewohnheitsbedingte Farbbenennung die Akkuratheit des Farbgedächtnisses bestimmt. Diese Auffassung wurde jedoch korrigiert: spätere Untersuchungen haben überzeugend nachgewiesen, daß bestimmte Farben nicht deswegen unterschiedlich empfunden werden, weil eine Kultur ihnen unterschiedliche Namen gegeben hat; vielmehr haben bestimmte Farben Namen erhalten, weil sie kognitiv grundsätzlich unterschiedliche Wahrnehmungen hervorrufen.

Die Evidenz hierfür stammt aus verschiedenen Quellen. Psychologische Studien haben ergeben, daß die Farben, die wir *rot, grün, gelb, blau, schwarz* und *weiß* nennen, einen speziellen Status in Farbdiskriminationstests haben. Neurophysiologische Forschungen haben ergeben, daß das visuelle System diese primären Farben in Gegensatzpaare einteilt -- rot/grün, gelb/blau und schwarz/weiß (DeValois & Jacobs 1968). In anderen Worten, die Organisation von Farben in Paare ist eine biologische Grundeigenschaft bei Menschen mit normalem Sehvermögen. Anthropologische Studien haben zudem ergeben, daß bei Völkern, deren Sprachen weniger Farbbezeichnungen enthielten als Englisch oder Deutsch, die typischsten Repräsentanten der jeweiligen Farben in allen Fällen nahe den psychologisch primären Farben sind und daß ihre Bezeichnungen somit direkt in äquivalente Bezeichnungen anderer Sprachen übersetzbar sind (Berlin & Kay 1969). Gedächtnisuntersuchungen bei Personen, deren Sprache nur zwei Grundbegriffe für Farben enthält ergaben, daß sie primäre Farben am besten erinnern konnten, obwohl sie keine Namen für sie hatten (Heider 1972). Eine Erklärung der Resultate aus den anthropologischen und psychologischen Studien auf der Basis der neurophysiologischen Erkenntnisse wurde schließlich durch Modelle aus der KI ermöglicht (Kay & McDaniel 1978).

Einige Aspekte der Farbenbenennung sind offensichtlich kulturell bedingt: die Anzahl der Farbnamen ist unterschiedlich; dennoch ist die Verwendung der Farbterminologie vorgegeben durch angeborene neurophysiologische Eigenschaften und ihre Relation zur Kognition, nicht umgekehrt. Das bedeutet, die Fähigkeit, die der Farbenbenennung zugrundeliegt, ist eher von dem universalistischen als von dem relativistischen Standpunkt aus erklärbar.

Dieses Beispiel macht deutlich, was für einen Beitrag die verschiedenen Disziplinen der Cognitive Science leisten können, um die für das Erkennen von Farben und für das Zuordnen von Farbbegriffen verantwortlichen Strukturen und Prozesse aufzudecken. Die Aufgabe war, die Erkenntnisse von Forschern aus verschiedenen Gebieten zu einem Gesamtbild zusammenzufügen. Dies erfordert das Erlernen der Sprachen und Denkweisen der Kollegen aus den anderen Disziplinen und die Überwindung eingefahrener Paradigmen.

Mit diesem Ziel wurden im Jahre 1977 die Zeitschrift *Cognitive Science* und 1979 die *Cognitive Science Society* als interdisziplinäre Klammern für diejenigen Disziplinen gegründet, die sich mit natürlichen oder künstlichen, konkreten oder abstrakten Denkprozessen auseinandersetzen (Norman 1981). Die Berater der Sloan Foundation stellten fest, daß eine Revision der gewachsenen Disziplinen-strukturen wohl wenig erfolgversprechend sei, obwohl dies inhaltlich gesehen wünschenswert wäre. So zielen die Bemühungen der Cognitive Science nicht darauf ab, eine neue Disziplin mit Territoriums-anspruch zu schaffen, um sich dann von anderen Disziplinen abgrenzen zu können. Vielmehr stellt Cognitive Science einen Versuch dar, Disziplinen mit ihren Grenzen für bestimmte Fragestellungen zu überwinden und nach außen hin offen zu sein. Einen ausführlichen Bericht über die Entstehungsgeschichte der Cognitive Science hat Howard Gardner in seinem Buch *The mind's new science* (Gardner 1985) zusammengestellt.

Cognitive Science ist ein Grundlagenforschungsgebiet (vgl. Heyer 1987). Durch Überwindung paradigmenbedingter Annahmen erhofft man sich neue Erkenntnisse über wesentliche Aspekte kognitiver Prozesse. Fundamentale Erkenntnisse in dem Gesamtgebiet können die Grundlage für neue Ansätze in den Einzeldisziplinen bilden, wie wir an dem Beispiel der Farbenbenennung gesehen haben. Die jüngste der an der Cognitive Science beteiligten Disziplinen und zugleich diejenige, die den Auslöser für die Einrichtung des Gesamtgebietes gegeben hat, die KI, hat sich vorläufig allerdings weniger um die Überwindung als um die Etablierung von Paradigmen zu sorgen.

Der gegenwärtige KI-Boom in Europa ist nicht auf großartige neue Erkenntnisse in der KI-Forschung zurückzuführen. Vielmehr haben eine Reihe theoretisch bisher nicht näher begründeter Verfahren zu einer solchen Vielfalt neuer Anwendungen von Computersystemen geführt, daß wirtschaftlicher Druck zur Einrichtung von supranationalen, nationalen und regionalen Förderungsprogrammen für die KI geführt hat, noch ehe es bei uns Ausbildungs- oder Grundlagenforschungsprogramme auf diesem Gebiet gab. Aus der Sicht traditioneller Wissenschaftsentwicklung (Grundlagenforschung --> Ausbildung --> Anwendung) wurde das KI-Pferd also vom Schwanze her aufgezäumt. Der Mangel an gesicherten Grundlagen und einschlägig ausgebildeten Fachleuten ist bei den angelaufenen Programmen nicht zu übersehen. Ein Seiteneffekt der Wissenschaftspolitik, die zu dieser Situation geführt hat, könnte längerfristig aber auch positive Auswirkungen haben. Durch die Förderung von KI-Projekten und den Mangel an in KI ausgebildeten Kräften werden eine Vielzahl von Leuten aus benachbarten Disziplinen an die KI herangeführt; die Orientierungsvielfalt, die dabei entsteht, könnte der Entwicklung eines 'Fachidiotentums' in der KI entgegenwirken und eine dringend benötigte stärkere interdisziplinäre Zusammenarbeit fördern.

Die Wechselwirkung zwischen Kognitionsforschung und ihrem Teilgebiet KI beruht einerseits auf der formalen Identifikation von Verarbeitungsmodellen und der Untersuchung von Algorithmen für intelligentes Verhalten durch die KI und andererseits in der Entlarvung von Repräsentations- und Verarbeitungsprinzipien durch die anderen Teildisziplinen und somit in der Motivierung betimmter Modellierungsansätze in der KI. Das jüngste Beispiel hierfür ist der 'Konnektionismus' der u.a. durch Erkenntnisse über neuronale Informationsverarbeitung motiviert wird. So spielt die KI einmal die Rolle einer theoretischen Disziplin, ein andermal die Rolle eines anwendungsorientierten Testbettes innerhalb des Gesamtgebietes Cognitive Science.

Kognitive Aspekte des KI-Phänomens

Eine Reihe von Faktoren können für die unkonventionelle Entwicklung der KI verantwortlich gemacht werden, die direkt mit Aspekten der Kognition im Zusammenhang stehen. Wissenschaftliche Disziplinen entwickeln sich im allgemeinen anders als die akzeptierte Methodologie dieser Gebiete glauben machen möchte; es sind nicht nur rational notwendige Schritte, die zu interessanten Forschungsergebnissen führen, sondern auch Entscheidungen oder Zufälle, die auf Assoziationen, Analogien, Denk-Kategorien, Metaphern, kognitiven Vorgehensweisen, etc. beruhen. Diese Faktoren spielen natürlich in anderen Wissensgebieten ebenfalls eine Rolle; in der KI werden sie durch einen katalytischen Effekt von Computern für die Kognition jedoch unübersehbar. Während neue Ergebnisse in anderen Disziplinen, etwa der Mathematik, eine methodisch saubere Fundierung von früheren Ergebnissen erfordern, so genügen in der KI oft gute Erfahrungen im Umgang mit einem durch kreatives (d.h. unsystematisches) Experimentieren entdeckten Ansatz, um darauf weitere Entwicklungen aufzubauen.

Obwohl Computer vielfach lediglich als Anwendungsmedien oder neuerdings als Entwicklungs-werkzeuge betrachtet werden, ist es natürlich kein Zufall, daß Informatik und KI gleichzeitig mit der Computertechnologie fortgeschritten sind. Ein Grund dafür ist, daß viele Anregungen in diesen Wissensbereichen für interessante Fragen erst durch den Umgang mit Computern entstehen und nicht durch rein theoretische Neugier. Der Grund hierfür ist wohl darin zu suchen, daß viele Menschen praktischen Situationen gegenüber zugänglicher sind als rein theoretischen Überlegungen -- ebenfalls ein durch die Kognitionsforschung verständlich werdendes Phänomen.

In den U.S.A. wird diese Erfahrung von der Computerindustrie bereits seit einigen Jahren intensiv genutzt: anstatt Formulierung, Begründung und Durchführung mit akademischer Sorgfalt vorbereiteter Forschungsvorhaben abzuwarten, stellen Computerfirmen Schulen und Universitäten Computerhardware und -software in großen Quantitäten zur Verfügung, da sie wissen, daß in einer geeigneten Umgebung mit geeigneten Werkzeugen Ideen erzeugt werden, die durch rein rational geplantes Vorgehen kaum erzielbar wären.

Wichtige Themen und erste Erkenntnisse der Cognitive Science

In den folgenden Abschnitten sollen Aspekte der Kognitionsforschung skizziert werden, die sich für die Wissensrepräsentationsproblematik in der KI-Forschung als besonders relevant erwiesen haben. Es handelt sich vorwiegend um Kontroversen, die in Einzeldisziplinen der Cognitive Science hitzige Debatten ausgelöst hatten und durch einen interdisziplinären Ansatz entschärft werden konnten. Ein Überblick über zentrale Fragen der Wissensrepräsentation in der Kognitionsforschung findet sich in (Freksa et al. 1985).

Die deklarativ/prozedural Kontroverse

In den 70er Jahren entbrannte innerhalb der KI eine Kontroverse darüber, ob Wissen in *deklarativer* oder in *prozeduraler* Form zu repräsentieren sei. Die *Deklaratisten* wollten Wissen in Form von Faktenaussagen repräsentieren und argumentierten, dies sei eine flexible und ökonomische Form der Wissensdarstellung, die zudem für Menschen gut zugänglich sei; universelle Ableitungsprozeduren sollten verwendet werden, um das Faktenwissen zu ver- arbeiten. Die *Prozeduralisten* hingegen plädierten für eine Darstellung von Wissen in Form von Prozeduren. Sie argumentierten, Menschen agierten mit Hilfe von Aktivitäten, die sie zwar durchführen könnten, die jedoch schwer deklarativ darstellbar seien (vgl. Winograd 1975).

Die Kontroverse entstand durch das Aufeinanderprallen zweier eingeengter Sichtweisen, die -- was nicht verwundert -- durch die speziellen Probleme bedingt waren, mit denen sich die Vertreter der beiden Schulen befaßt hatten: die einen hatten sich mit der Darstellung sprachlich formulierter Aussagen befaßt, die anderen mit Aktionen in Roboterwelten.

Unterstützt durch die Einbeziehung psychologischer Erkenntnisse führte die Debatte zu dem innerhalb der Kognitionsforschung anerkannten Ergebnis, daß unterschiedliche Darstellungsformen die Verarbeitung unterschiedlichen Wissens begünstigen. Dieses Ergebnis führte in der vergangenen Dekade zu zahlreichen Vorschlägen hybrider Wissensrepräsentationsformen, bei denen deklaratives und prozedurales Wissen kombiniert werden kann. Ferner sprechen unterschiedliche Fragestellungen für unterschiedliche Darstellungsformen (vgl. auch *Intrinsische vs. extrinsische Repräsentation* ... in Abschnitt III dieses Buches). Dies suggeriert, daß gegebenes Wissen von einer Darstellungsform in eine andere transformierbar sein sollte (Dirlich et al. 1983).

Schließlich kann man aus epistemologischer Sicht deklaratives und prozedurales Wissen durch unterschiedliche Beschreibungsebenen charakterisieren: während deklaratives Wissen explizit etwas aussagt über Beziehungen zwischen möglichen Ein- und Ausgaben eines Systems, den Weg, der von der Ein- zur Ausgabe führt, jedoch nicht angibt, so spezifiziert eine prozedurale Darstellung explizit einen Weg von der Eingabe zur Ausgabe; die Beziehung zwischen Ein- und Ausgabe bleibt dadurch zumindest implizit enthalten. Mit dieser Sichtweise ist also die deklarative Darstellung eine abstraktere als die prozedurale, bei der neben den Beziehungen auch eine Bearbeitungsvorschrift gegeben ist. Marr (1982, S. 342) argumentiert, die prozedurale (=Implementierungs-) Ebene sei zu primitiv, als daß man sie als eine Repräsentation des übergeordneten Wissens ansehen könne; um Wissen zu repräsentieren, müsse man die Primitive, ihre Organisationen, etc. auf der jeweils adäquaten Beschreibungsebene definieren.

Schemata, Frames, Scripts

Ein vieldiskutierter Vorschlag zur Überwindung der deklarativ / prozedural Kontroverse war, Wissen durch *Schemata* (Bobrow & Norman 1975), *Frames* (Minsky 1975) oder *Scripts* (Schank & Abelson 1977) hierarchisch zu strukturieren. Für jedes Wissensmodul sollte solch eine Struktur erstellt werden. Innerhalb der Kognitionsforschung war die Frage von Interesse, ob solche Wissensstrukturen als Modelle für Wissensdarstellung bei Menschen angesehen werden könnten. Aus psychologischer Sicht stellte sich dabei die Frage, wieviele Wissensmodule man bei Menschen erwarten dürfe bzw. wieviel Flexibilität einzelner Wissensmoduln man für die Anpassung an unterschiedliche Situationen voraussetzen müsse.

Die 'Imagery'-Debatte

Ein weiteres zentrales Thema der Cognitive Science der 70er Jahre galt der Frage, ob mentales Wissen *propositional* deskriptiv (deklarativ oder prozedural) oder *bildhaft* dargestellt sei (Block 1981). 'Bildhaft' bedeutet in diesem Zusammenhang, daß geometrische Eigenschaften des vorgestellten Objektes in der mentalen Darstellung erhalten bleiben. Psychologische Antwortzeitexperimente zur menschlichen Vorstellung von räumlichen Gebilden führten zu Ergebnissen, die sich nur mit Hilfe von bildhaften Vorstellungen dieser Gebilde erklären ließen (Shepard & Metzler 1971). Auf der anderen Seite warf die Vorstellung von bildhaften Repräsentationen ernste philosophische Probleme auf: wenn die Darstellung eines Gebildes wiederum ein Bild ist, so benötigt man einen Betrachter, um dieses Bild anzusehen; dieser wiederum erzeugt eine bildhafte Darstellung etc. Das Repräsentationsproblem wird damit also nicht gelöst, sondern lediglich verschoben.

Wenn es eine Lösung zu der Auseinandersetzung zwischen den *Piktorialisten* und den *Deskriptionisten* gibt, so muß sie wohl die Fragestellung differenzierter angehen: anstatt global von bildhaften bzw. propositionalen Darstellungen zu sprechen, muß man einzelne Eigenschaften von Abbildungen betrachten, die auf die eine oder die andere Art realisiert sein können (vgl. Palmer 1978, Furbach et al. 1985). In Ermangelung von Repräsentationssystemen, die unterschiedliche Aspekte von Wissensausschnitten durch geeignete Transformationen in Erscheinung treten lassen können, muß man sich mit hybriden Systemen behelfen, bei denen unterschiedliche Wissensstrukturen koexistieren können.

Symbole oder verteilte Aktivitätsmuster ?

Bis vor kurzem basierten die KI-Modelle und die in der Kognitionsforschung damit in Zusammenhang gebrachten Überlegungen auf der Vorstellung symbolischer Repräsentationen (Newell & Simon 1976). Neuerdings werden alte Ideen wieder aufgegriffen, wonach Wissen in neuronennetzartigen Gebilden verteilt dargestellt wird. Das dargestellte Wissen ist dann nicht mehr spezifischen Symbolen zugeordnet; vielmehr ist es in Form von Aktivitätsmustern über die Knoten und die diese verbindenden Konnektionen des gesamten Netzes verteilt. Man spricht auch von 'subsymbolischen Repräsentationen' (Rumelhart & McClelland 1986). Gegenwärtig wird die Diskussion in der Kognitionsforschung durch die *connectionism*-Debatte bestimmt, so befaßten sich auf der Cognitive Science Conference 1987 ein Drittel aller Beiträge mit diesem Thema, während es in den vergangenen Jahren nur ein paar einzelne Vorträge zu diesem Thema gab.

Die Einstellungen zu connectionism variieren von dem Standpunkt, das Gehirn sei der lebende Beweis dafür, daß Konnektionismus funktioniere bis hin zu der Argumentation, theoretische Überlegungen im Zusammenhang mit dem Perceptron (Minsky & Papert 1969) hätten grundsätzlich unüberwindbare Probleme für neuronennetzartige Modelle aufgeworfen. Die einen preisen konnektionistische Modelle für ihre Universalität, ihre Lernfähigkeit und weil sie selbst die für die Aufgabenstellung relevanten Konzepte entdeckten; die anderen lehnen sie ab wegen ihrer eingeschränkten Einsetzbarkeit, wegen ihres unintelligenten Verhaltens und weil sie schwer programmierbar seien. Minsky (1985) skizziert in seinem *Society of Mind,* wie intelligentes Verhalten aus dem Zusammenwirken primitiver Elemente in Erscheinung treten kann. Von dem gegenwärtigen Enthusiasmus für konnektionistische Modelle ist sicherlich eine interessante Wechselwirkung zwischen den Neurowissenschaften, der KI und der kognitiven Psychologie zu erwarten (vgl. auch Churchland 1986).

Konzepte und Kategorien

Eine zentrale Frage der cognitive science gilt der Repräsentation und Strukturierung kognitiver Konzepte. Die meisten bemerkenswerten Fähigkeiten intelligenter Wesen, zum Beispiel Abstraktions-vermögen, Analogiebildung, ungefähres und induktives Schließen werden mit der mentalen Darstellung von Konzepten in Zusammenhang gebracht. Die Suche nach Strukturen, die einerseits besagte menschliche Fähigkeiten erklären, andererseits zur Konstruktion intelligenter Apparate Verwendung finden können, führte zu einer kritischen Durchleuchtung klassischer Strukturen aus Mathematik und Logik. Zadeh (1965) schlug mit seinen *Fuzzy Sets* eine Verallgemeinerung des klassischen Mengenbegriffs vor, u.a. als ein Mittel, um die Komplexität zusammengesetzter Strukturen in den Griff zu bekommen und Abstraktion von Konzepten zu ermöglichen. Rosch untersuchte, wie Menschen ihre Konzepte kategorisieren und stellte mit ihrer Hypothese von der Existenz von *Prototypen* den klassischen Kategoriebegriff in Frage (Rosch & Lloyd 1978). Diese Debatte warf auch die Frage auf, was unter kognitiven ´Konzepten´ überhaupt zu verstehen sei; es stellte sich heraus, daß verschiedene Autoren mit diesem Begriff sehr unterschiedliche Vorstellungen verbanden.

Für Lakoff (1987) sind kognitive Kategorien und ihre Eigenschaften zentral für alle kognitiven Prozesse; er verwendet den Kategoriebegriff als Aufhänger, um Vorstellungen vom Räsonieren als vom Materiellen losgelöste Symbol-Manipulation in Frage zu stellen. Damit gerät auch der populäre Vergleich zwischen einem beseelten Gehirn und einem programmierten Computer ins Wanken. Ähnlich wie Winograd & Flores (1986) stellt auch Lakoff Überlegungen an, welche nahelegen, die Bedeutung von Konzepten wie Wahrheit und Rationalität für die Kognitionswissenschaften neu zu überdenken. Diese Autoren fordern damit Anthropologen, Linguisten, Logiker und Philosophen zu einer Neuorientierung heraus.

Funktion der cognitive science

Die vorangehenden Abschnitte sollten deutlich machen, wie das interdisziplinäre Gebiet Cognitive Science es ermöglicht hat, von einer These aus einem Arbeitsgebiet und einer Antithese aus einem anderen Arbeitsgebiet in klassischer Weise zu einer Synthese auf der Basis eines überarbeiteten Paradigmas zu führen. Die Funktion der cognitive science besteht somit darin, Ergebnisse aus den Einzeldisziplinen zu einem Gesamtbild zusammenfügen.

So profitiert die KI von Beiträgen der Kognitionspsychologie und der Philosophie, um von KI-Programmen zu einer Theorie intelligenter Systeme zu gelangen. Die Linguistik findet mit Hilfe der Anthropologie und der KI von statischen Beschreibungen der Sprache zu einem dynamischen Modell lebendiger Sprache, bei der Pragmatik und Performanz in den Vordergrund rücken. Die Anthropologie konnte mit Hilfe der Neurophysiologie von der Beschreibung kultureller Unterschiede bei der Benennung von Farben zu einer Erklärung menschlicher Farbkonzepte gelangen. Die Psychologie wandelte nicht zuletzt mit Hilfe von KI-Ansätzen ihr Menschenbild von einer Reaktionsmaschine zu einem denkenden Wesen ab. Die Neurowissenschaften beginnen, mit Hilfe von KI-Modellen die Schwelle von der Beschreibung einzelner Nervenzellen zur Modellierung komplexer Denkmaschinen zu überwinden. Philosophische Aussagen zur Leistungsfähigkeit informationsverarbeitender Maschinen erhalten durch teilweise empirische Überprüfbarkeit eine neue Qualität.

Dank

Ich bedanke mich bei Barbara Becker, Wilfried Brauer, Gerhard Dirlich, Claus-Rainer Rollinger und bei den Herausgebern für ihre Kritik an dem Entwurf für diesen Beitrag und bei Petra Bräunling für die Erstellung des Typescripts.

Literatur

Berlin, B., Kay, P. 1969. *Basic color terms.* University of California Press, Berkeley.

Block, N. (ed.) 1981. *Imagery.* MIT Press, Cambridge, Massachusetts.

Bobrow, D., Collins, A. (eds.)1975. *Representation and understanding: studies in cognitive science.* Academic Press, New York.

Bobrow, D., Norman, D. 1975. *Some principles of memory schemata.* In: Bobrow & Collins (1975), 131-149.

Churchland, P. 1986. *Neurophilosophy.* MIT Press, Cambridge, Massachusetts.

Cognitive Science Conference 1987. *Program of the ninth annual conference, Seattle.* Lawrence Erlbaum, Hillsdale, New Jersey.

DeValois, R. L., Jacobs, G.H. 1968. *Primate Color Vision.* Science 162, 533-540.

Dirlich, G., Freksa, C., Furbach, U. 1983. *A central problem in representing human knowledge in artificial systems: the transformation of intrinsic into extrinsic representations.* Proc. 5th Cognitive Science Conference, Rochester.

Freksa, C., Furbach, U., Dirlich, G. 1985. *Cognition and representation.* In: Laubsch, J. (Hg.) GWAI-84, Springer, Heidelberg.

Furbach, U., Dirlich, G., Freksa, C. 1985. *Towards a theory of knowledge representation systems.* In: Bibel, W., Petkoff, B., eds., Artificial Intelligence Methodologies, Systems, Applications. North-Holland, Amsterdam.

Gardner, H. 1985. *The mind's new science.* Basic Books, New York.

Heider, E.R. 1972. *Universals in color naming and memory.* J. of Experimental Psychology 93, 10-20.

Heyer, G. 1987. *Kognitive Wissenschaft. Ein Überblick.* Z.f. Philosophische Forschung 41, 2, 279-290.

Kay, P., McDaniel, C. 1978. *The linguistic significance of the meanings of basic color terms.* Language 54, 3, 610-646.

Lakoff, G. 1987. *Women, fire, and dangerous things.* University of Chicago Press, Chicago.

Lenneberg, E. 1967. *Biological foundations of language.* Wiley, New York.
Deutsche Fassung: *Biologische Grundlagen der Sprache.* Suhrkamp, Frankfurt 1972.

Marr, D. 1982. *Vision.* Freeman, New York.

Minsky, M. 1975. *A framework for representing knowledge.* In: Winston, P. (ed.) The psychology of computer vision, McGraw Hill, New York, 211-277.

Minsky, M. 1984. Panel Discussion: *Has artificial intelligence research illuminated human thinking?* Zitat in Computing Reviews vol. 26 Nr. 12, December 1985.

Minsky, M. 1985. *The Society of Mind.* Simon and Schuster, New York.

Minsky, M., Papert, S. 1969. *Perceptrons.* MIT Press, Cambridge, Mass.

Newell, A., Simon, H.A. 1976. *Computer science as empirical inquiry: symbols and search.* 1975 ACM Turing Award Lecture CACM 19, 3, 113-126.

Norman, D. 1981. *What is cognitive science?* In: Norman, D. (ed.) Perspectives on cognitive science, Ablex, Norwood, New Jersey.

Palmer, S.E. 1978. *Fundamental aspects of cognitive representation.* In: Rosch & Lloyd (1978).

Pylyshyn, Z. 1984. *Computation and cognition.* MIT Press, Cambridge, Massachusetts.

Rosch, E., Lloyd, B. (eds.) 1978. *Cognition and categorization.* Lawrence Erlbaum, Hillsdale, N.J.

Rumelhart, D., McClelland, J. 1986. *Parallel distributed processing: explorations in the microstructure of cognition.*   Vol. 1: Foundations. MIT Press Cambridge, Mass.

Schank, R., Abelson, R. 1977. *Scripts, plans, goals and understanding.*   Lawrence Erlbaum, Hillsdale, New Jersey.

Shepard, R.N., Metzler, J. 1971. *Mental rotation of three-dimensional objects.*   Science 171, 701-703.

Sloan Foundation 1978. *Cognitive Science 1978.*   Report of the State of the Art Committee, unpublished.

Winograd, T. 1975. *Frame representations and the declarative/procedural controversy.*   In: Bobrow & Collins 1975.

Winograd, T., Flores, F. 1986. *Understanding computers and cognition: a new foundation for design.* Ablex, New Jersey, 23-26.

Whorf, B.L. 1956. *Language, thought, and reality.*   MIT Press, Cambridge, Mass. Deutsche Ausgabe: *Sprache, Denken, Wirklichkeit.*   Rowohlt, Hamburg 1963.

Zadeh, L.A. 1965. *Fuzzy Sets.*   Information and Control 8, 338-353.

I. Philosophische Aspekte der Repräsentationsproblematik

Repräsentation und Verstehen: Einführung

Gerhard Heyer

Unter wissensbasierten Systemen werden allgemein Systeme verstanden, die auf der Grundlage von Daten und explizit repräsentiertem Wissen nach vorgegebenen Algorithmen und Heuristiken z.B. Diagnosen und Analysen erstellen, Pläne generieren und Auskünfte erteilen können.[1] Da wissensbasierte Systeme - ähnlich wie die Menschen - in der Lage sind, aus dem vorhandenen Wissen eigenständig Schlußfolgerungen zu ziehen, hat sich für die Forschung an wissensbasierten Systemen der etwas irreführende Name "Künstliche-Intelligenz-Forschung" eingebürgert. Der Name ist unglücklich gewählt. Denn nicht nur konnotiert der Ausdruck "künstlich" die Assoziation eines billigen Surrogats, die Verwendung des Terminus "Intelligenz" weckt vor allem auch Erwartungen, die gänzlich unangemessen sind: eine intelligente Maschine ist ebensowenig ein intelligentes Wesen, wie eine große Fliege ein großes Tier ist.

Die überraschenden Fähigkeiten wissensbasierter Systeme und die Prinzipien, nach denen sie arbeiten, haben bereits seit Beginn der KI- (Künstliche-Intelligenz)-Forschung Anlaß zu philosophischer Ausein- andersetzung geboten und insbesondere die Diskussion in der Philosophy of Mind, namentlich die Diskussion um den sog. Funktionalismus, maßgeblich bestimmmt. Das Paradigma informationsverarbeitender Systeme dürfte dabei in wenigstens zweifacher Hinsicht von philosophischem Interesse sein. Zum einen erlaubt es eine neue Sichtweise, mit der eine Reihe traditioneller philosophischer Fragen in neuer Weise gestellt, Bilder, die einen gefangen hielten, verworfen und neue Antworten gesucht werden können. Zum anderen aber provoziert die vermeintliche oder wirkliche Intelligenz von wissensbasierten Systemen eine Stellung- nahme zur prinzipiellen Vergleichbarkeit von maschineller und mensch- licher Intelligenz.

Die im folgenden zu diskutierenden philosophischen Aspekte der Reprä- sentationsproblematik betreffen vor allem den zweiten Themenkomplex. Ein gutes sprachverarbeitendes System ist in der Lage, uns mit guten Fragen und vernünftigen Antworten zu überraschen. Was aber, so stellt

---

1) Vgl. N.Nilsson, Principles of Artificial Intelligence, Springer 1982, S.1.

sich einem ganz spontan und naiv die Frage, was aber versteht ein
"sprachverstehendes" System wirklich? Leisten wissensbasierte Systeme,
wie es John Searle einmal formuliert hat,[2] letztendlich nichts anderes,
als eine rein syntaktische Korrelation gewisser Zeichenreihen, die dem
System eingegeben werden, mit gewissen anderen Zeichenreihen, die vom
System ausgegeben werden, ohne daß dabei die Bedeutung der Zeichen in
irgendeiner Weise "verstanden" wird?

Vom Standpunkt des System-Designs, aus der Sicht der KI also, wird dem
gemeinhin entgegen gehalten, daß dieser Einwand zwar für frühere
natürlichsprachliche Systeme, wie etwa ELIZA zutrifft, die in der Tat
auf einer rein syntaktischen Ebene nur die Wortmuster der Eingaben nach
bestimmten Regeln in die Wortmuster der Ausgaben transformieren. Aber
in neueren sprachverarbeitenden System verfügt ein System auch über
eine explizit semantische Ebene, welche die Wörter und Sätze der
Eingabe in bestimmter Weise interpretiert und als Basis der Generierung
der natürlichsprachlichen Antworten dient. Die genaue Struktur dieser
semantischen Ebene ist Gegenstand kontroverser Diskussion. Ihre Notwendigkeit aber ist unumstritten und kann inzwischen als eine Kernthese
der KI-Forschung und Kognitiven Wissenschaft angesehen werden: Wissensbasierte Systeme müssen als repräsentierende Systeme verstanden
werden.[3]

An repräsentierende Systeme werden dabei vom Standpunkt der KI allgemein die folgenden Anforderungen gestellt:

> "Any mechanically embodied intelligent process will be
> comprised of structural ingredients that a) we as external
> observers naturally take to represent a propositional
> account of the knowledge that the overall process exhibits,
> and b) independent of such external semantical attribution,
> play a formal but causal and essential role in engendering
> the behaviour that manifests that knowledge"[4]

---

2) John Searle, "Minds, Brains, and Programs", The Behavior and Brain
Sciences 3 (1980).

3) Vgl. dazu auch C.Habel, Prinzipien der Referentialität, Springer
1986, S.22.

4) B.Smith, "Prologue to 'Reflection and Semantics in a Procedural
Language'", in: R.Brachman und H.Levesque (Hg.), Readings in Knowledge
Representation, Morgan Kaufmann 1985, S.33.

Nach dieser sog. Hypothese der Wissensrepräsentation führen die Grundelemente oder "structural ingredients" eines Repräsentationssystems gewissermaßen ein Doppelleben: während sie von einem Betrachter als semantisch interpretierte Zeichen aufgefaßt werden, spielen sie in dem Repräsentationssystem nur eine syntaktisch-formale Rolle. Zwischen beiden Betrachtungsebenen besteht jedoch eine enge und nicht triviale Korrelation, insofern jederzulässigen syntaktisch-formalen Manipulation dieser Grundelemente eine zulässige (externe) semantische Interpretation entspricht. Ein repräsentierendes System kann dann insoweit als "intelligent" gelten, als es über ein formales Modell der vom Betrachter intendierten Semantik verfügt.

In seinem bereits 1975 erschienenen Buch "The Language of Thought" versucht der amerikanische Linguist und Philosoph Jerry Fodor dieses Paradigma repräsentierender Systeme auch auf das menschliche Verstehen anzuwenden. Die Position des um die Annahme interner Repräsentationen zur sog. "Repräsentationstheorie des Geistes" (Representational Theory of Mind) erweiterten Funktionalismus läßt sich nach Fodor mit folgenden fünf Thesen charakterisieren:

> 1. Zustände propositionaler Einstellungen sind relational;
>
> 2. Unter den Relationsgliedern sind mentale Repräsentationen (in der philosophischen Tradition oft "Ideen" genannt);
>
> 3. Mentale Repräsentationen sind Symbole: sie haben sowohl formale als auch semantische Eigenschaften;
>
> 4. Mentale Repräsentationen können aufgrund ihrer formalen Eigenschaften als Ursachen für inhaltlich bestimmte Handlungen auftreten;
>
> 5. Propositionale Einstellungen erben ihre semantischen Eigenschaften von den mentalen Repräsentationen, die als ihre Objekte fungieren.[5]

Menschliches Verstehen basiert demnach in gleicher Weise auf einem Repräsentationssystem, dessen Grundelemente (hier: mentale Repräsentationen) intern allein aufgrund bestimmter formaler Eigenschaften manipuliert werden, wie es von der KI für wissensbasierte Systeme postuliert wird.

---

5) J.Fodor, Representations, The MIT Press 1983, S.26.

Während jedoch die Grundelemente des Repräsentationssystems eines wissensbasierten Systems eine Semantik nur in bezug auf einen externen Betrachter haben, muß Fodor annehmen, daß mentale Repräsentationen als die Grundelemente der menschlichen "Sprache des Denkens" aus sich heraus eine Semantik haben, um den unendlichen Regress, der durch die Annahme eines immer neuen externen Interpreten entstünde, zu verhindern. Wie aber können mentale Repräsentationen "aus sich heraus" eine Semantik haben? Unter der Voraussetzung, daß sich die mentale Sprache und die Neuronenschaltungen des Gehirns in einer Weise entsprechen, wie wir es von den Assemblersprachen her kennen, löst Fodor dieses Problem des "ursprünglichen Verstehens" dadurch, daß seiner Auffassung nach eine mentale Repräsentation stets einer bestimmten Art von Gehirnzustand entspricht. Einen Begriff verstehen zu können heißt demnach, über eine bestimmte Art physikalischer Struktur zu verfügen, die so konstruiert ist, daß sie der Semantik dieses Begriffes Rechnung trägt.[6] Dabei ist es irrelevant, wie diese physikalische Struktur beschaffen ist. Gehirn und Elektronengehirn mögen sich im Stoff und ihrer Evolution unterscheiden, die Prinzipien des Verstehens aber sind nach Fodor für beide gleich.

Die These von der prinzipiellen Vergleichbarkeit menschlichen und maschinellen Verstehens, - eine der Kernthesen der klassischen KI-Forschung - , ist in jüngster Zeit neben Autoren wie Dreyfus,[7] Winograd und Flores[8] vor allem von John Searle in seinem Buch _Intentionality_ angegriffen worden. Searle artikuliert zu recht eine Intuition, nach der wir als Menschen über ein ursprüngliches Verstehen und damit über die Fähigkeit verfügen, Bedeutungen unmittelbar zu erfassen. Wäre es nicht denkbar, daß KI-Systeme demgegenüber nur den Anschein eines Verstehens erwecken, tatsächlich aber ihre Fähigkeit, mit Zeichen etwas

---

6) J.Fodor, The Language of Thought, Harvard UP 1975, S.66.

7) H.Dreyfus, What Computers can't do, New York, revised edition 1979; dt. Die Grenzen Künstlicher Intelligenz - Was Computer nicht können, Frankfurt 1985; sowie H.Dreyfus und St.Dreyfus, Künstliche Intelligenz. Von den Grenzen der Denkmaschine und dem Wert der Intuition, Rowohlt: Reinbek bei Hamburg 1987.

8) T.Winograd, "What does it mean to understand language?", in: D.Norman, Perspectives on Cognitive Science, Ablex: Norwood 1981; sowie T. Winograd und F.Flores, Understanding Computers and Cognition. A New Foundation for Design, Ablex: Norwood 1987.

zu meinen, nur von uns geborgt ist, insofern wir es sind, die diesen Zeichen zuerst eine Bedeutung gegeben haben?

Searles Antwort auf das Problem des "ursprünglichen Verstehens" lautet, daß Programme vielleicht notwendig, nicht aber hinreichend sind, um Verstehen, oder gar mentale Phänomene im allgemeinen, zu verursachen. Zur Verursachung mentaler Phänomene gehört neben den Programmen auch eine bestimmte Art biologischen Grundstoffs, das Gehirn. Verstehen wir mit Searle unter intrinsischer Intentionalität eine biologische Eigenschaft des Gehirns, die eo ipso von dem Vorhandensein eines bestimmten Stoffes abhängt, dann könnte man im einzelnen wie folgt argumentieren:[9]

> 1. Das Gehirn verursacht mentale Phänomene, und vom Gehirn verursachte mentale Phänomene haben intrinsische Intentionalität (Prämisse);

> 2. Alle Systeme, welche mentale Phänomene verursachen können, sind zum Gehirn kausal äquivalent (Prämisse);

> 3. Alle Systeme, welche mentale Phänomene verursachen, verursachen auch intrinsische Intentionalität (aus 1 und 2);

> 4. Programme verursachen keine intrinsische Intentionalität (Prämisse);

> 5. Programme sind nicht hinreichend für die Verursachung mentaler Phänomene (aus 3 und 4).

Der Kernpunkt von Searles Kritik am Funktionalismus, die Prämisse, daß das Gehirn mentale Phänomene (mit intrinsischer Intentionalität) verursacht, impliziert eine stoffliche Bedingtheit mentaler Phänomene, ohne daß jedoch behauptet wird, daß nur das Gehirn mentale Phänomene verursachen kann; welche zum Gehirn kausal äquivalenten Systeme mentale Phänomene verursachen, (Prämisse 2), wird als empirische Frage angesehen.

Das skizzierte Spannungsfeld von Funktionalismus und KI auf der einen Seite und emergenztheoretischen Ansätzen auf der anderen Seite bestimmt auch den Hintergrund der Beiträge von Andreas Kemmerling, Ralf Kese und Erich Kiefer in diesem Band.

---

9) Vgl. J.Searle, Intentionality . An Essay in the Philosophy of Mind, Cambridge UP 1983.

Von Befürwortern wie von Gegnern der KI und des Funktionalismus wird oft stillschweigend vorausgesetzt, daß die Redeweise von der "Repräsentation von Wissen" selbstverständlich Sinn macht. Daß dem jedoch nicht unbedingt so sein muß, versucht Andreas Kemmerling in seinem Beitrag "Philosophischer Kognitivismus und die Repräsentation sprachlichen Wissens" nachzuweisen. Am Beispiel der bereits oben skizzierten funktionalistischen Position Fodors (von Kemmerling philosophischer Kognitivismus genannt) wird zum einen gezeigt, daß der Annahme einer "Sprache des Denkens" nicht der Erklärungswert zukommen kann, wie er von Fodor und anderen beansprucht wird. Zum anderen stellt Kemmerling im Anschluß an Überlegungen der amerikanischen Philosophen Hilary Putnam und Tylor Burge die individualistische These dieser Position in Frage, daß die Referentialität sprachlicher Ausdrücke bzw. mentaler Repräsentationen nur von den internen Zuständen (Gehirnzuständen) eines Sprechers oder Zuhörers abhängt. Vielmehr stellt sprachliches Wissen eine wesentlich überindividuelle kognitive Leistung dar, die notwendig an die Existenz einer Sprechergemeinschaft gebunden ist.

Einen bedeutsamen Beitrag von Kemmerlings Kritik des philosophischen Kognitivismus sehe ich dabei in der Tatsache, daß sie Befürworter und Gegner der KI, welche von einem individualistischen Ansatz ausgehen (wie etwa Fodor und Searle), gleichermaßen in Frage stellt. Denn mit dem Hinweis darauf, daß wir das Sprachverstehen eines Wesens nicht beschreiben können, ohne es zu einer Sprechergemeinschaft in Bezug zu setzen, muß jegliches Bemühen, die Bedingungen von Verstehen allein an dem einen oder anderen Merkmal eines Individuums festzumachen, als vergeblich erscheinen. Sicher, es wird notwendige Bedingungen geben müssen, die ein System, das verstehen soll, erfüllen muß. So ist es denkbar, daß ein System, das versteht, notwendig ein repräsentierendes System sein muß. Aber wir werden kaum in der Lage sein, hinreichende Bedingungen, wie sie Searle vorzuschweben scheinen, für die Fähigkeit zu verstehen anzugeben.

Zielen Kemmerlings Überlegungen darauf, den individualistischen Ansatz bezüglich der Referentialität sprachlicher Ausdrücke von philosophischer Seite aus in Frage zu stellen, so unternimmt Kese (unter anderem) gerade den Versuch, denselben Ansatz von entgegengesetzter philosophischer Position aus zu untermauern. Für das (Sprach)-Verstehen künstlich intelligenter Systeme (z.B. von Robotern) erscheint ihm eine Ebene der Semantik als grundlegend, auf welcher die Bedeutung sprachlicher Ausdrücke systemimmanent auf verifizierende sensorische Prozeduren reduziert wird. Die angesprochene prozedurale Semantik, wie sie namentlich von William Woods vorgelegt wurde, wird dabei von Kese als eine KI-Version der verifikationistischen Bedeutungstheorie, wie sie von Rudolf Carnap und den Philosophen des sog. "Wiener Kreises" vertreten worden ist, aufgefaßt. Am Beispiel von zwei weiteren Themenkomplexen, dem Reduktionismus bzgl. des Mentalen sowie dem formalistischen Ansatz der Wissensrepräsentation, unternimmt Kese den historischen Nachweis, daß ein und dasselbe Paradigma KI und Wiener Kreis verbindet. Bezieht die analytische Philosophie des 20.Jahrhunderts ihre Hauptimpulse aus einer Kritik am Wiener Kreis, so läßt sich die KI im Gegensatz dazu als der Versuch verstehen, das Programm des Neopositivismus mit neuen technischen Mitteln und überarbeiteten Prämissen fortzuführen. Ihm "nur" historischen Gehalt beizumessen, bedeutete nicht nur einen Rückfall in geschichtsloses Denken, sondern hieße auch, seine Aktualität zu ignorieren. So dürfte beispielsweise Keses Identifikation von Wissensrepräsentation und Carnaps Methode der 'rationalen Rekonstruktion' sowohl inhaltlich wie begrifflich zum Verständnis und Selbstverständnis des Knowledge Engineering beitragen.

Wie nötig solche Begriffsklärungen für die KI sind, macht auch der Beitrag von Kiefer deutlich, der sich, anknüpfend an Überlegungen, die sich am Selbstorganisationsparadigma der modernen Physik und Biologie orientieren, um eine vorläufige Neudefinition des Wissensbegriffs bemüht. Kiefer betrachtet den Wissensbegriff im Hinblick auf die vier Schlüsselkategorien Inhalt, Form, Funktion und Genese, die als Beschreibungsparameter eines Repräsentationssystems angesehen werden können. Seine Überlegungen lassen sich wie folgt zusammenfassen: Das Wissen eines wissensbasierten Systems ist die in bestimmten Repräsentationsformen dargestellte und gespeicherte Menge von Informationen über ontologische Entitäten, wobei eine ausgezeichnete Menge dieses Wissens Wissen über die Realisation von informationsverarbeitenden Prozessen ist. Mit dem gesamten Wissen werden inhaltsdeterminierte informationsverarbeitende Prozesse realisiert, die das Wissen und die mit ihm realisierten informationsverarbeitenden Prozesse selbst wieder verändern. Von zentralem Interesse ist für Kiefer das Phänomen der sog. Metakognition, d.h. dem Wissen eines Menschen über seine eigene psychologische Struktur. Die Modellierbarkeit metakognitiver Prozesse mit den Mitteln der KI kann als eine offene Frage gelten. Jedoch spricht vieles dafür, daß KI-Systeme erst dann als wirklich intelligent angesehen werden können, wenn sie in gleicher Weise wie der Mensch die verschiedenen Funktionen metakognitiven Wissens zu nutzen in der Lage sind.

PHILOSOPHISCHER KOGNITIVISMUS UND
DIE REPRÄSENTATION SPRACHLICHEN
WISSENS

Andreas Kemmerling

Das Unterthema des Workshops, "Repräsentation sprachlichen Wissens",
stellt drei begriffliche Schwergewichte in einen Ring. Wer einen Eindruck von der philosophischen Literatur zu den Einzelthemen "Repräsentation", "Sprache" und "Wissen" hat, sieht erst einmal eher einen Berg
von begrifflichen Problemen als eine wohlbeschriebene Frage. Eine Frage, die sicherlich auch zum Thema gehört, lautet: Wie läßt sich sprachliches Wissen (als die Sprachbeherrschung eines gewöhnlichen Muttersprachlers) repräsentieren? Diese Frage mag in einer praktischen Ton-
lage gestellt werden, z.B. als die Frage nach den software-Einzelhei-
ten einer einschlägigen Computersimulation. Sie kann allerdings auch
grundsätzlich gestellt werden, etwa als die Frage, ob sich sprachliches Wissen überhaupt mit einem Computerprogramm repräsentieren läßt.

Mir geht es im folgenden um die grundsätzliche Frage, und dabei
zunächst einmal darum, welche Frage das eigentlich ist. Denn "Repräsentation" ist ein heikler Begriff, und "sprachliches Wissen" eine
fragwürdige Bezeichnung ihres Gegenstands. Mein eigentliches Thema
ist es dann, ob eine gewisse philosophische ("kognitivistische") Position Aussicht darauf bietet, dem semantischen Aspekt der Sprachbeherrschung theoretisch Rechnung zu tragen. Bei dieser Position kommt
es mir auf zwei Thesen an: die intellektualistische These, kognitiven
Fähigkeiten liege propositionales Wissen zugrunde, und die individualistische These, der methodologische Solipsismus sei auch für die Repräsentation semantischen Wissens akzeptabel. Diese beiden Thesen des
Kognitivismus sind im Bereich der Semantik bedenkenswerten Einwänden
ausgesetzt. Diese Einwände richten sich, wohlgemerkt, nicht gegen Untersuchungen und Vorhaben in der KI-Forschung, sondern gegen eine ver-
breitete philosophische Spekulation über die bedeutungstheoretische Relevanz von Resultaten, die man sich z.B. von KI-Bemühungen erhofft
oder erwartet.

Repräsentation?

Was Repräsentation sei, ist eine für sich genommen sehr undeutliche Frage. Die Auffächerung dieser dürren Frage in ihre inhaltlichen Bestandteile --je nachdem, was der Frager da eigentlich wissen will--, liefert eine entmutigend schillernde Vielfalt von unterschiedlichen Gebrauchsweisen des Wortes "Repräsentation".

In einer ganz blassen Verwendung dieses Wortes repräsentiert z.B. eine Menge von Dingen jede andere Menge, für die sich eine eindeutige strukturerhaltende Zuordnung finden läßt. Farbiger, aber dafür auch weniger präzis, sind die meisten andern Verwendungsweisen des Wortes "Repräsentation". Was wird nicht alles gesagt: eine Landkarte repräsentiert Deutschland, eine Satellitenphotographie repräsentiert Deutschland, Herr von Weizsäcker (oder die Fußballnationalmannschaft) repräsentiert Deutschland, der Bundesadler tut es ebenso wie die Nationalhymne oder die schwarzrotgoldene Flagge. Das Wort "Germany" repräsentiert Deutschland, mein jetziger Hirnzustand repräsentiert Deutschland, und so weiter und so weiter. - Was also haben Herr von Weizsäcker, die Nationalhymne und mein gegenwärtiger Hirnzustand gemeinsam? Nichts, was der Erwähnung wert wäre, denke ich.

Wenn ein Modelltheoretiker, ein Politologe, ein Ikonograph und ein kognitiver Psychologe von Repräsentation reden, so ist sicherlich nicht von Anfang an ausgemacht, daß sie dasselbe meinen. Leider ist es nun nicht so, daß die Mehrdeutigkeit dieses Wortes sich in den einzelnen Disziplinen verflüchtigt. Im Gegensatz dazu ist das Wort "Logistik" beispielsweise von einer harmlosen Ambiguität. Normalerweise braucht man bloß zu wissen, ob man es mit einem Soldaten oder mit einem Philosophen zu tun hat, um Mißverständnisse mit diesem Wort gar nicht erst aufkommen zu lassen. (Zudem ist die Menge der Soldaten und die der Philosophen offenbar erfreulich disjunkt.) Aber die Mehrdeutigkeit von "Repräsentation" reicht tiefer und bleibt auch in jeweils fachspezifischen Verwendungen erhalten. Denken wir z.B. an den Fall, wo ein Maler ein Bild mit dem Titel "Die sieben Todsünden" anfertigt, und ein Kunsthistoriker von der Figur im Bild vorne links nun sowohl sagt, sie stelle die Völlerei dar, als auch, sie stelle den Vater des Malers dar.

Besonders unangenehm an der Vieldeutigkeit des Wortes "Repräsentation" ist allerdings, daß es uns offenbar sehr schwerfällt, seine verschiedenen Bedeutungen auseinanderzuhalten, ja, überhaupt zu beurteilen, wo eine Lesart aufhört und eine andere anfängt. Dies zeigt sich schon an dem obigen Beispiel. Sollen wir sagen, die Figur im Bild vorne links repräsentiere die Völlerei *in einem andern Sinn des Wortes* "repräsentieren", als sie den Vater des Malers repräsentiert, oder sollen wir sagen, sie tue es bloß *anders*, aber im selben Sinn des Wortes? Bananen und heiße Kartoffeln schält man im selben Sinn des Wortes, aber anders. Eine Hoffnung und einen Eilbrief gibt man in unterschiedlichem Wortsinn auf. Unser sprachliches Wissen versagt, wenn wir uns fragen, ob der Vater des Malers und die Völlerei sich zum Repräsentieren so verhalten wie Kartoffel und Banane zum Schälen, oder so wie Hoffnung und Eilbrief zum Aufgeben.

"Repräsentation" ist ein Begriff wie "Kommunikation" - durch Allzweckverwendung abgenutzt und ohne Begleiterläuterungen zu dem mit ihm verknüpften Sinn in theoretischen Arbeiten eigentlich gar nicht zu gebrauchen. In der Philosophie wird das vielleicht besonders deutlich. So wird Kants Begriff der Vorstellung auf Englisch mit "representation" wiedergegeben; Wittgensteins Begriff der Darstellung (im *Tractatus*) ebenso; wenn Searle in seinem Buch *Intentionality* dasselbe Wort verwendet, meint er etwas ganz anderes (auch wenn nicht klar ist, was genau) und er legt Wert darauf, daß er damit wiederum etwas ganz anderes meine als ein KI-Theoretiker. - Eine geistige Gänsehaut scheint mir ein angemessener Reflex auf die unerläuterte Verwendung des Wortes "Repräsentation" zu sein.

Sprachliches Wissen:
echtes Wissen?

Werden die Dinge dadurch besser, daß wir wissen: Es geht um die Repräsentation sprachlichen Wissens? Hier stellt sich die Frage: Was soll da repräsentiert werden, wenn sprachliches Wissen repräsentiert werden soll?

Ein Aspekt dieser Frage sei erwähnt, um ihn gleich beiseitezu-

lassen: Wie ist sprachliches Wissen von anderem Wissen --Wissen über
eine außersprachliche Welt-- zu unterscheiden? Gar nicht - das jedenfalls besagt die Antwort der derzeit herrschenden Lehren in der
Philosophie. Doch tun wir einmal so, als gebe es auf die Frage nach
dem Unterschied zwischen sprachlichem und außersprachlichem (Welt-)
Wissen eine andere Antwort und wir wüßten (zumindest intuitiv) gut
genug, worin der Unterschied besteht.

Nicht ganz so leicht dürfen wir es uns mit folgender Frage machen:
Unter welchen Umständen schreiben wir de facto einem Menschen sprachliches Wissen zu? Wann sagen wir von einer Person und einer Sprache, daß
erstere letztere beherrsche? Halten wir uns an einen möglichst einfachen Fall: die Person, um die es geht, P, sei ein gewöhnlicher erwach-
sener Mensch, und die Sprache, um die es geht, L, sei eine gewöhnliche
natürliche Sprache, die von einer nicht allzu kleinen Sprachgemeinschaft
G als einzige Muttersprache gesprochen wird. Dann liegt es nahe zu sagen:

> P hat sprachliches Wissen von (beherrscht) L, wenn er sich mit
> den Mitgliedern von G durch Benutzung von L verständigen kann,
> und er beherrscht L umso besser, je zwangloser ihm derlei Ver-
> ständigung gelingt und je eher ihn die L-Muttersprachler für
> einen der ihren halten.

Dies ist weißgott kein Kriterium dafür, was es heißt, sprachliches
Wissen von L zu besitzen, aber es ist wohl die unpräzise vortheoreti-
sche Idee, der letztlich von einer Theorie über sprachliches Wissen
Rechnung getragen werden soll.

Sprachliches Wissen ist gemäß dieser Charakterisierung erst einmal gar kein Wissen sensu stricto, sondern ein Können, eine Fähigkeit,
ein knowing how und kein knowing that.[1] Es ist ratsam, dies zu beach-

---

1) Mit "Wissen im strengen Sinn" meine ich das sog. *propositionale*
   Wissen: Wissen, das einen Inhalt hat, der dem Wissenden begrifflich
   verfügbar ist. Der Inhalt propositionalen Wissens muß sich mit einem
   daß-Satz erläutern lassen, den (oder dessen Übersetzung in die Sprache des Wissenden) der Wissende für wahr hält. Wissen im strengen
   Sinn ist hier nicht als Gegensatz zum sog. *impliziten* Wissen --d.h.
   Wissen, dessen sich der Wissende nicht bewußt ist-- gemeint. Ganz

ten. Denn ein naheliegender Weg zur Repräsentation von Wissen im strengen Sinn ist zumindest prima facie nicht unmittelbar gangbar. Es liegt ja nahe, Wissen im strengen Sinn dadurch zu repräsentieren, daß man eine sprachliche Formulierung angibt, mit welcher derjenige, dem solches Wissen zugeschrieben werden soll, den Inhalt dieses Wissens ausdrückt oder unter gewissen Bedingungen ausdrücken würde. Eine Repräsentation meines Wissens über das Gewicht meines Feuerzeugs mag etwa durch folgenden Satz gegeben sein: "Es ist etwa 100g schwer", weil ich diesen Satz benützen würde, um auszudrücken, was ich über das Gewicht meines Feuerzeugs weiß. Die Gesamtheit der Sätze, die ich zur Zeit zum Thema "Gewicht meines Feuerzeugs" äußern würde, wäre jedenfalls ein interessanter Ausgangspunkt für eine Repräsentation meines einschlägigen Wissens.

Es ist nicht von vornherein klar, was die Repräsentation einer meiner Fähigkeiten genau sein soll, etwa der Fähigkeit, zehn Kilometer in weniger als vierzig Minuten zu laufen. Und es ist jedenfalls klar, daß alles, was ich zum Thema "Zehnkilometerlauf" sage, keine Repräsentation meiner erwähnten Lauf-Fähigkeit in dem Sinne ist, in der meine Äußerungen zum Thema "Gewicht des Feuerzeugs" eine Repräsentation

---

Forts. 1) im Gegenteil, der Witz der Zuschreibung impliziten Wissens ist es ja gerade, propositionales Wissen auch dort zuzuschreiben, wo der Wissende selbst nicht in der Lage ist, aus eigener Kraft sprachlich kundzutun, worin dessen Inhalt besteht. Der klarste Fall für die Zuschreibung propositionalen Wissens liegt zwar vor, wenn der Betreffende explizites Wissen hat, d.h. Wissen, dessen Inhalt er (auf Anfrage) von sich aus formulieren kann. Aber die Zuschreibung impliziten Wissens kratzt nicht an der Propositionalität des zugeschriebenen Wissens --gleichgültig, ob es sich dabei um eine klassische Proposition à la Frege oder um eine singuläre Proposition à la Russell und Kaplan handelt--, sondern thematisiert (durch die Einschränkung "implizit") ausschließlich den Mangel sprachlicher Verfügbarkeit des Wissensinhalts für den Wissenden. Kurz, Wissen im strengen Sinn ist Wissen mit begrifflichem Gehalt; solches Wissen kann bei Lebewesen, die eine Sprache beherrschen, in explizites und implizites unterteilt werden; Wissen in anderem als dem strengen Sinn ist der Besitz einer Fähigkeit, bei der es zunächst einmal keinen naheliegenden Sinn hat, von einem begrifflichen Gehalt zu sprechen, über den der Fähige verfügt.

meines diesbezüglichen Wissens sind. - Im Begriff des echten
Wissens ist der der Repräsentation gleichsam schon enthalten. Denn
zum echten Wissen gehört wesentlich ein Inhalt, und zu solch einem
Inhalt gehört wesentlich, daß er sich explizit angeben läßt. Anders ver-
hält es sich mit dem Begriff der Fähigkeit, der mit dem Begriff der
Leistung und nicht mit dem des Inhalts wesentlich verbunden ist. Die
Frage nach der (expliziten) Repräsentation einer Fähigkeit oder Lei-
stung ist nicht einmal sonderlich klar.

Der Begriff des Wissens (im strengen Sinn) verweist nicht nur auf
Repräsentation --das soll hier heißen: auf einen sprachlich explizier-
baren Inhalt--, sondern in der gewöhnlichsten Verwendung des Wortes
"wissen" sogar auf die Sprache desjenigen, dem solches Wissen zugeschrieben werden soll. Was jemand weiß, bemessen wir danach, was die
Sätze bedeuten, mit denen er sein Wissen ausdrückt (oder ausdrücken
würde). An Wissenszuschreibungen sind gewöhnlich semantische Hypothesen über die Sprache des Wissenden geknüpft. Dies mag uns entgehen,
wenn wir voraussetzen, daß derjenige, dem wir Wissen zuschreiben, unsere eigene Sprache spricht. Es wird aber deutlich, wenn wir an den Fall
denken, wo wir von einer Person, P, die eine andere Sprache als unsere
spricht, sagen wollen, sie wisse etwas - etwa, daß es regnet. P mag
den Inhalt ihres einschlägigen Wissens mit dem Satz "It's raining"
ausdrücken. Wenn wir P dann das Wissen zuschreiben, daß es regnet,
dann gehen wir dabei etwa nach folgendem Muster vor (wobei "ő" den
Satz "It's raining" bezeichnet, "p" den Sachverhalt, daß es regnet,
und das fragliche Thema ist dabei, was wir für ein Wetter haben):

(1) P äußert ő (als Ausdruck seines Wissens zum fraglichen Thema).
(2) ő bedeutet in Ps Sprache, daß p.
Also (3) P weiß, daß p.

Wenn wir alles Wissen nach diesem Muster zuschreiben wollten, dann ge-
rieten wir in arge Schwierigkeiten mit der plausiblen Annahme, daß P
weiß, was ő in seiner eigenen Sprache bedeutet. Denn angenommen, mit

(4) P weiß, daß ő in seiner eigenen Sprache bedeutet, daß p.

werde P echtes Wissen zugeschrieben. Dann müßten wir --weil unser
Zuschreibungsschema das einzige ist-- wiederum zwei Prämissen heran-
ziehen, aus denen (4) folgt: eine Prämisse darüber, was P sagt, und eine
Prämisse darüber, was das von P Gesagte in seiner eigenen Sprache be-

deutet. Es ergäbe sich mithin:

> (5) P äußert 6* (als Ausdruck seines Wissens zum Thema, was 6
>   bedeutet)
> (6) 6* bedeutet in Ps Sprache, daß p*.
Also (4) P weiß, daß p* (wobei "p*" den Sachverhalt bezeichnet, daß
     6 in Ps Sprache bedeutet, daß p).

Hier droht ein Regreß ins Unendliche, denn (6) impliziert ja anscheinend wiederum eine Feststellung vom selben Typ wie (2) und (4).

Es wäre verfehlt, diesen Regreß dadurch aufhalten zu wollen, daß
man P Wissen über die Bedeutung gewöhnlicher Sätze seiner eigenen Sprache abspricht. In einem gewissen Sinn weiß P recht gut, was er in seinen eigenen Worten sagt. - Daran möchte niemand rütteln.

Der Streit geht darum, ob semantisches Wissen letztlich implizit,
aber echt, oder gar kein Wissen, sondern eine Fähigkeit ist. Kognitivisten (oder Intellektualisten) verwerfen das vorgeführte Schema als das
einzige Schema zur Zuschreibung echten Wissens; sie können behaupten,
daß z.B. semantisches Wissen sich letztlich auch mit andern Gründen zuschreiben lasse als nur mit Rückgriff auf einen interpretierten Satz
aus der zu interpretierenden Sprache des Wissenden. Anti-Intellektualisten (oder Dispositionalisten) können das vorgeführte Schema guten
Gewissens als das einzige Schema zur Zuschreibung echten Wissens anerkennen; sie behaupten nämlich, daß sog. semantisches Wissen letztlich
gar kein echtes Wissen sei, sondern die schiere Fähigkeit, mit Sätzen
gewisse Dinge zu tun (bzw. die Disposition, sich im Umkreis von Satz-
äußerungen in gewisser Weise zu verhalten).

Damit ist einer der beiden grundlegenden Streitpunkte umrissen,
um die es im folgenden gehen wird: Ist sprachliches Wissen echtes Wissen? - Behaviouristen waren berühmt (und sind heute berüchtigt) dafür,
den Dispositionsaspekt sprachlichen Wissens bis zum Exzeß strapaziert
zu haben. Sprachliches Wissen, die Fähigkeit kompetenter Sprachbenut-
zung, geriet ihnen zu so etwas auf den ersten Blick Wissenslosem wie
die Disposition, sich zu kratzen, wenn und wo es juckt. Kognitivisten
sind heute berühmt und geachtet für ihre Auffassung, daß sprachliches
Wissen eine Variante echten, propositionalen Wissens ist. Ich möchte
diesen Grundsatzstreit, der insbesondere in den späten sechziger Jahren zwischen Chomsky und seinen Anhängern einerseits und Philosophen

wie Quine, G.Harman und einigen Gefolgsleuten von G.Ryle andererseits
in Bezug auf syntaktisches Wissen geführt worden ist, hier nicht noch
einmal aufrollen und Syntax Syntax sein lassen.

Worauf es mir hier ankommt, ist nur dies: sprachliches Wissen (so,
wie ich es eingangs erläutert habe) ist eine mehr oder weniger bestimmte Fähigkeit. Auch wenn wir diese unpräzis umschriebene Fähigkeit zum
Zwecke ihrer wissenschaftlichen Untersuchung in eine Reihe von Teilfä-
higkeiten zerlegen und diese schließlich als echtes, theoretisches, propositionales Wissen --als knowing that-- derjenigen Person analysieren,
um deren Sprachbeherrschung es geht, dann dürfen wir nicht übersehen,
daß sich all dieses echte Wissen am Ende wieder --zumindest mit einiger
Plausibilität-- zu der Fähigkeit zusammenfügen sollte, die es ursprünglich zu repräsentieren galt. Und eine gewisse Kluft wird dabei immer zu
überwinden sein. Denn theoretisches, propositionales Wissen z.B. über
Regeln hat niemals zwingend die praktische Fähigkeit des Wissenden zur
Folge, es auch korrekt (oder nur erfolgreich) anzuwenden.

Der Kognitivist hat also zwei Löcher zu füllen: Er muß einerseits
ein grundsätzliches Argument dafür bringen, daß er allgemein ein kognitives Können wie ein Kennen behandelt; und er muß dann, wenn er (im uns
hier bekümmernden Einzelfall) das propositionale Wissen dargestellt hat,
das seines Erachtens die Sprachbeherrschung ausmacht, plausibel machen,
wie dieses Wissen jene Fähigkeit erklärt.

Viele moderne Philosophen (die zum Teil ganz irreführenderweise
als Behaviouristen etikettiert und so einem Forschungsprogramm in der
Psychologie zugerechnet werden) waren gerade in dem ersten, grundsätzlichen Punkt pessimistisch. Sehr plakativ vereinfacht, mag man sagen:
Sie haben genau die umgekehrte Explikationsrichtung favorisiert; sie
haben versucht, aus dem Kennen eine Variante des Könnens zu machen.
Wissen ist für sie vornehmlich eine praktische Fähigkeit, die sich im
Extremfall auf die Fähigkeit reduzieren mag, sprachlich zu agieren.
(Solche Extremfälle liegen z.B. dann vor, wenn das Wissen extrem theo-
retisch --z.B. Kenntnis eines bestimmten Logiksystems-- oder der Wissende nur zu sprachlichem Verhalten fähig ist.)

Dagegen stehen die Intellektualisten mit ihrer Auffassung, daß
es zwar eine Kluft zwischen bloßen Dispositionen (z.B. Verhaltensreflexen)
und echtem Wissen gibt, daß die vermeintliche Kluft zwischen kognitiven Fähigkeiten und echtem Wissen sich aber durch die Annahme leicht

schließen lasse, daß solchen Fähigkeiten echtes Wissen zugrundeliege.
Der Kniebogensehnenreflex ist eine bloße Disposition; Schachspielen-
können hingegen ist eine kognitive Fähigkeit, hinter der echtes Wissen
steckt. Für den Intellektualisten ist es eine vernünftige empirische
Annahme, daß hinter jeder regelfolgenden menschlichen Praxis propositionale Regelkenntnis der betreffenden Individuen steht. Intellektualisten räumen gerne ein, daß dieses propositionale Wissen der Beobachtung (auch der introspektiven Selbstbeobachtung) schwer zugänglich ist.
Wer Deutsch kann, der kenne zwar die grammatischen Regeln des Deutschen, aber er kenne sie gewissermaßen nicht auf Deutsch, sondern auf
Geistisch bzw. Hirnisch; er kenne sie unbewußt, stillschweigend, implizit, anders als die Vorfahrtsregeln an unbeschilderten Kreuzungen,
die er nach kurzer Besinnung hersagen kann.

Für die Anti-Intellektualisten ist das keine empirische Hypothese, sondern eine begrifflich völlig unklare Behauptung ohne erkennba-
ren empirischen Gehalt: der gebräuchliche Begriff des Wissens (des propositionalen, theoretischen Wissens) werde vom Intellektualisten unbe-
stimmbar weit gedehnt, um etwas ganz anderes als Wissen, nämlich eine
praktische Fähigkeit, als Wissen auszugeben.

<u>Eine kognitivistische Position</u>
<u>zum Thema *sprachliches Wissen*</u>

Ich möchte nun eine kognitivistische Auffassung zum Thema
"Repräsentation sprachlichen Wissens" beschreiben, wie ich sie aus
Arbeiten einiger Linguisten und kognitiver Psychologen glaube, entnehmen zu dürfen.[2] Im Anschluß daran möchte ich auf historische Vorläufer und auf einige gravierende Schwierigkeiten solch einer Auffassung hinweisen. Und dies ist die kognitivistische Position, um die es
gehen soll:

---

2) Diese Position soll natürlich insbesondere auch Chomskys und
   Fodors Auffassungen wiedergeben (vgl. etwa Chomsky (1975, 1986)
   und Fodor (1975, 1981)). Vornehmlich geht es im folgenden allerdings
   um Fodors Auffassungen, da Chomsky sich vorzugsweise mit dem syntak-

Die Sprache, die ein kompetenter Sprecher beherrscht, ist letztlich und strenggenommen sein Idiolekt: die ganz persönliche Sprache des Sprechers. Er mag sie zwar durch soziale Interaktion ausbilden, aber das ist eine Frage der Genese und nicht eine der Geltung. Alle sprachlichen Fakten des Idiolekts qua Idiolekt sind vollständig durch Fakten festgelegt, die ausschließlich den Sprecher selbst und niemanden sonst betreffen - und zwar sind es letztlich (funktionale oder neurophysiologische) Fakten, die das zentrale Nervensystem betreffen. Die Sprachbeherrschung eines Sprechers ist die Kenntnis der Regeln dieses Idiolekts, und die Kenntnis dieser Regeln wiederum ist nichts anderes als die geistige bzw. neurochemische Repräsentation dieser Regeln in dem entsprechenden Modul des betreffenden Geistes bzw. Hirns. Ob zwei Personen dieselbe Sprache beherrschen oder nicht, richtet sich also letztlich und strenggenommen nach der (funktionalen oder physischen) Beschaffenheit gewisser Regionen ihrer Hirne. Am Ende muß es so sein, daß sich ein Hirnzustand H rein neurophysiologisch spezifizieren läßt, so daß gilt: Ein Mensch beherrscht die Sprache L genau dann, wenn sein Hirn sich in H befindet. Solange uns die endgültigen neurophysiologischen Einzelheiten abgehen, treiben wir spekulative Hirnforschung zu diesem Thema auf einem sehr abstrakten Niveau: Wir betätigen uns als Grammatiker, um solche Strukturmerkmale von H einzukreisen, die der menschliche L-Sprecher mit beliebigen andern möglichen L-Sprechern (Tieren, Maschinen, extraterrestrischen Kreaturen und was auch sonst immer) teilt. Eine Grammatik ist dabei als eine Beschreibung eines Verfahrens der systematischen Konstruktion und Analyse von endlos vielen Sätzen aus einem endlichen Reservoir an Grundelementen zu verstehen, aus dem sich auch die wörtliche Bedeutung und die korrekte Aussprache all dieser Sätze entnehmen läßt. Zu der Grammatik des Idiolekts L gehören also wenigstens drei Komponenten: eine Syntax mit den syntaktischen Regeln von L, eine Semantik mit den semantischen Regeln von L und eine phonologische Komponente mit den phonologischen Regeln von L.

Fünf Grundthesen dieser Auffassung möchte ich noch einmal festhalten:

(1) <u>Idiolekt:</u> Die Sprache, die ein Individuum letztlich nur beherrscht (soweit es um die Beherrschung seiner Muttersprache geht), ist sein Idiolekt.

(2) <u>Intellektualismus:</u> Die Beherrschung dieser idiolektalen Sprache besteht in echter, propositionaler Kenntnis ihrer Regeln.

(3) <u>Individualismus:</u> Die Kenntnis der Sprachregeln besteht in wesentlich internen Eigenschaften des Subjekts; d.h.: ob das Subjekt

---

Forts. 2) tischen Aspekt sprachlichen Wissens beschäftigt. Die meisten Einzelheiten von Fodors sog. repräsentationaler Theorie des Geistes spielen für unser Thema keine Rolle, doch sei folgender Punkt erwähnt, da er leicht den Eindruck erwecken könnte, Fodor sei gerade in Sachen semantisches Wissen kein Kognitivist. Fodor bestreitet nämlich das Vorhandensein einer besonderen Ebene der semantischen Repräsentation (s.Fodor/Fodor/Garrett). Aber dieser Streit um die psychische Realität semantischer Repräsentation geht nur darum, <u>wie</u> semantisches Wissen intern repräsentiert ist; daß es das ist, wird dabei schon vorausgesetzt.

eine solche Eigenschaft hat oder nicht, ist eine Frage, deren Antwort sich ausschließlich danach richtet,
was sich im Subjekt abspielt.

(4) <u>Funktionalistischer Biologismus:</u> Die Eigenschaften des Subjekts,
die die Kenntnis der Sprachregeln ausmachen, sind funktionale ("computationelle") Eigenschaften des Subjekts, die
von Zuständen des Zentralnervensystems realisiert sind.

(5) <u>Eindeutigkeit:</u> Durch diese Zustände wird genau ein Idiolekt eindeutig bestimmt.

(5) ist eine brisante Behauptung, die ich hier beiseitelasse;
gegen sie sprechen sehr unterschiedliche Argumente, die u.a. von Wittgenstein, Quine und Putnam vorgebracht worden sind. (4) lasse ich hier
ebenfalls beiseite. - Im folgenden wird es um die Frage gehen, wie gut
die drei großen i des Kognitivismus zum semantischen Aspekt sprachlichen Wissens passen.

<u>Wie könnte eine kognitivistische Be-
deutungstheorie aussehen?</u>

Aus der kognitivistischen Position ergibt sich: Für jeden Satz σ
des Idiolekts L eines Sprechers S muß eine Grammatik, die Ss sprachliches Wissen über L beschreibt, unter anderem spezifizieren, welches die
wörtliche Bedeutung von σ ist; und S muß propositionales Wissen über
den Inhalt solcher Bedeutungsspezifikationen haben. Solche Spezifikationen müssen in einem Repräsentationssystem vorgenommen werden. Da
gibt es nun erst einmal zwei Möglichkeiten: Bei diesem Repräsentationssystem mit dem die Bedeutungen der idiolektalen Ausdrücke spezifiziert
werden, handelt es sich entweder um den Idiolekt selbst, oder es handelt sich um ein anderes Repräsentationssystem, das wenigstens den semantischen Reichtum des Idiolekts besitzt.

Im ersten Fall wäre das Ergebnis zu trivial, um Anspruch darauf
zu erheben, das semantische Wissen des Sprechers zu repräsentieren.
Denn wir hätten damit nichts anderes als das, was ich eine Tatiz-Theorie für L nenne. Eine Tatiz-Theorie für L hat denselben Effekt wie die
Befolgung der Anweisung: Bilde zu jedem syntaktisch einwandfreien Satz
von L dessen Namen durch Anführung und ordne diesem Namen den Satz selbst
zu! Um den Witz dieser Zuordnung ausdrücklich deutlich zu machen, schrei-

ben wir zwischen den Namen des Satzes und den Satz, daß ersterer letz-
teren bedeutet. In meinem Idiolekt ergäbe sich dann beispielsweise:

"Es regnet" bedeutet, daß es regnet.

Es wäre ganz daneben, an solch eine Bedeutungstheorie nun die Frage
zu richten, was das denn bedeuten soll. Die Antwort der Theorie wäre
nämlich mit gnadenloser Unfehlbarkeit:

""Es regnet" bedeutet, daß es regnet" bedeutet, daß "Es regnet"
bedeutet, daß es regnet.

Hinsichtlich der Korrektheit solcher Feststellungen ist nichts an ihnen
auszusetzen. Diese Bedeutungsfeststellungen sind unfehlbar wahr, weil
ja vorausgesetzt, daß es sich bei Objekt- und Metasprache um ein und
dieselbe Sprache (nämlich den Idiolekt des Sprechers) handelt.

Ganz offensichtlich reicht Derartiges nicht aus, um wiederzugeben,
was wir mit "semantischem Wissen" meinen.[3] Jemand versteht noch kein
Englisch, wenn er erstens alle Sätze des Englischen bilden kann und zweitens die entsprechenden "--- means that ..."-Sätze auch noch drauf hat.
Denn diese Fähigkeit ist immer noch völlig verträglich mit der Fähigkeit,
überhaupt etwas kognitiv Gehaltvolles mit einem englischen Satz anzu-
fangen. (Eine solche Konzeption der Bedeutungstheorie scheitert sozusagen am zweiten kognitivistischen Loch: wenn es darum geht, mit solchem
propositionalen Wissen die Fähigkeiten zu erklären, die sprachliches
Wissen ausmachen.)

------

3) Eine Pointe von Davidsons bedeutungstheoretischer Konzeption schien
   darin zu liegen, daß eine Tatiz-Theorie unter gewissen Auflagen und
   Umständen etwa doch den Inhalt semantischen Wissens beschreiben
   --oder zumindest sehr nahe an solch eine Beschreibung heranreichen--
   kann. (Vgl. dazu Davidson (1984), insbes. S.25 und 172 ff.) Doch
   neuerdings hat uns Davidson über den wahren Witz seiner Auffassung
   belehrt: derlei "semantisches Wissen" besitze kein Sprecher/Inter-
   pret, zumindest nicht als propositionales; es sei der Inhalt einer
   Theorie, die das Sprachverständnis des Sprechers beschreibt, und
   nicht der Inhalt eines propositionalen Wissens, das der beschriebene
   Sprecher besitzt. (Vgl. dazu: Davidson (1986), S.163 und 167)

Der zweite Fall war der, daß die Bedeutungstheorie für den Idiolekt in einer andern Sprache abgefaßt ist. Nehmen wir an, L* sei diese andere Sprache. Unsere Bedeutungstheorie ist dann eine systematische Übersetzung von L in L*.

An dieser Stelle sind zwei Beobachtungen wichtig. Erstens stellt
sich nun die Frage nach der richtigen Übersetzung, die nicht mehr trivial ist, weil sie nicht durch eine rein formal spezifizierbare Tatiz-
Regel zu beantworten ist, wie dies im Falle der homophonen Übersetzung
eines Idiolekts in sich selbst möglich war. Ob die Bedeutungsfeststel-
lung

"It's raining" bedeutet, daß es regnet,

stimmt oder nicht, läßt sich nicht mehr an der formalen Beschaffenheit dieser Feststellung selbst ablesen. Es gibt gewisse kontingen-
te Tatsachen, nach denen sich bemißt, ob so eine Feststellung stimmt.
Es gibt nicht-formale Kriterien für die Richtigkeit der Übersetzung,
denen die Spezifizierung der Bedeutung der Ausdrücke von L mittels
Ausdrücken von L* genügen muß. Diese Kriterien müssen auf die Sprachverwendung anderer L-Sprecher zurückgreifen. An dieser Stelle macht
sich bemerkbar, daß L semantisch gesehen gerade nicht wesentlich Idiolekt, sondern wesentlich Gemeinsprache ist. Spätestens wenn es um
die Semantik geht, verliert der Idiolekt selbst in diesem kognitivistischen Ansatz seinen individualsprachlichen Charakter; andere Sprecher sprechen wesentlich mit. Denn sie und ihre Sprachbeherrschung
setzen die Korrektheitsstandards für die Übersetzung des Idiolekts
von S in die nächste Repräsentationsschicht von S. Was auch immer ein
kognitivistisch eingeschworener Syntaktiker über die Syntax sagen mag,
semantisch beißt keine Maus den Faden ab, der sorgsam zwischen der
Sprache des Einzelnen und der Sprache anderer Einzelner gesponnen ist,
und sie zu einer Sprache verbindet.

Doch lassen wir diesen Punkt beiseite, denn --zweitens-- ist
diese Auffassung von einer Bedeutungstheorie ohnehin von einem unendlichen Regreß bedroht. Es stellt sich ja nun die Frage: Worin besteht
Ss sprachliches Wissen von L*? Und wenn wir nun antworten wollten,
daß S seinen Idiolekt L* in die weitere Sprache L** übersetzen kann,
um damit die Bedeutungshaftigkeit der Ausdrücke von L* zu sichern,
wir kämen weiter, aber nicht von der Stelle, an der unsere Frage nach
dem semantischen Wissen einsetzte.

Die Sprache des Geistes

Dieser Regreß ließe sich aufhalten, wenn wir gewillt wären, ein wahrlich bemerkenswertes Repräsentationssystem anzunehmen: eines, für welches sich die Angabe einer Semantik erübrigt, weil es gewissermaßen zugleich seine eigene Semantik *ist*. Solch ein Repräsentationssystem wird gelegentlich mit dem Namen "lingua mentis", "lingua mentalis" oder "language of thought" versehen: Es ist eine Sprache, deren Ausdrücke von sich aus Bedeutungen haben oder selbst Bedeutungen sind, eine Sprache jedenfalls, die sich sensu stricto von selbst versteht. Die lingua mentis ist der letzte innere Idiolekt, der sich dann von selbst versteht oder selbst interpretiert.

Die Hypothese, es gebe eine solche Sprache des Denkens, ist eine semantische causa sui-Lehre und nicht weniger rätselhaft, sondern zumindest auf den ersten Blick eher obskurer als das, zu dessen Erklärung sie bemüht wird. Allerdings darf sie nicht mit harmloseren Thesen verwechselt werden. Die Rede von einer Sprache des Denkens ist ja häufig auch als metaphorischer Hinweis darauf gemeint, daß die Denkvorgänge in mannigfachen Hinsichten sprachlichen Aktivitäten gleichen. Oder es mag --mehr auf unseren bedeutungstheoretischen Zusammenhang gemünzt-- einfach nur damit gemeint sein, daß die Vorgänge im Geist bzw. Hirn des Sprechers in einer innigen Beziehung zu der Bedeutung seiner Worte stehen. Dies sind harmlose Platitüden. In den einschlägigen Arbeiten von Field, Wierzbicka und insbesondere Fodor hingegen ist die Rede von einer Sprache des Geistes strikt wörtlich und bitter ernstgemeint. Nach Fodor besteht Denken (in dem weiten Sinn, in dem auch etwas zu glauben oder etwas zu wollen Denken ist) darin, daß der Geist in einer "computationellen" Beziehung zu Sätzen der lingua mentis steht; diese inneren Sätze (bzw. ihre Vorkommnisse) heißen "mentale Repräsentation"; sie haben Form und Inhalt.

Das sind gewiß keine Platitüden. Es ist mir im folgenden ausschließlich um diese nicht-metaphorische These von der Existenz einer lingua mentis zu tun. Zu dieser These gehört, daß den Sätzen der inneren Sprache semantische Eigenschaften zugeschrieben werden, die sie an sich an sich haben.[4]

____

4) Stephen Stich beispielsweise vertritt eine Variante der lingua men-

Diese Lehre findet sich, zumindest in metaphorischer Andeutung, schon bei Platon, der das Denken mit dem Lesen im Buch der Seele vergleicht.[5] Durch Wahrnehmungs- und Erinnerungserlebnisse entstehen Einträge im Buch der Seele, welche im Denken dann abgelesen werden. - Aristoteles hat wohl diese Auffassung im Sinn,[6] wenn er eingangs von *De interpretatione* sagt, die gesprochenen Wörter seien symbolische Zeichen für Geisteszustände und diese seien bei allen Menschen dieselben. Sein semantisches Modell ist hier offenbar dies: Wörter beziehen sich zunächst einmal auf Geisteszustände; weil Geisteszustände nun aber Abbilder (ὁμοιώματα) der Dinge sind, bezeichnen Wörter auch Dinge. Bei Augustinus ist das gesprochene Wort einer natürlichen Sprache nur "das Zeichen eines Wortes, das innen leuchtet". Nur das innere Wort verdiene es eigentlich, "Wort" genannt zu werden, denn es sei nicht bloß vergänglicher Schall. Das innere Wort ist das Wort, das wir "im Herzen sprechen" und das keiner Sprache --"weder dem Lateinischen, noch dem Griechischen, noch sonst einer Sprache"-- angehöre.[7] - Noch schärfer auf den uns hier angehenden Punkt zugeschnitten findet sich diese Lehre später bei Wilhelm von Occam und Johannes Buridan. Auch da findet sich die Idee, die Ausdrücke der öffentlichen Sprache (die "termini vocales") seien in einer inneren Sprache (der "oratio mentalis") semantisch interpretiert. Aber auch die Ausdrücke der inneren Sprache haben wiederum Bedeutung, jedenfalls die kategorematischen. So ist etwa die Bedeutung von "equus" als terminus mentalis ein jedes Pferd. Bemerkenswert hieran scheint mir, daß z.B. bei Buridan von Anfang an eine systematische Mehrdeutigkeit in dem semantischen Verhältnis von äußerer und innerer Sprache angelegt ist. Denn die Frage stellt sich ja: *Sind* die termini mentales Bedeutungen oder *haben* sie selbst welche? Sein oder Haben - das ist hier die Frage.

Forts. 4) tis-These, um die es hier nicht geht: es gebe eine rein syntaktische Sprache des Geistes, deren Sätze (von sich aus) keine Bedeutung haben. - Zu Einwänden gegen Fodors Auffassung siehe z.B. die im Literaturverzeichnis aufgeführten Arbeiten von Dennett, Harman, Heil, Peacocke, Putnam und Schiffer.

5) *Theaitetos* 189e, *Sophistes* 263e und insbesondere *Philebos* 38c-e.

6) Dafür spricht, daß er in den *Zweiten Analytiken* (I.10,76b24 ff.) der äußeren Sprache eine innere Sprache (eine Sprache der geistigen Vorgänge) gegenüberstellt.

7) Alle Zitate aus *De Trinitate*, Buch XV,11. Obwohl es mir hier nur auf die mehr oder minder oberflächlichen Gemeinsamkeiten von berühmten traditionellen Vertretern einer lingua mentis-Auffassung an-

Nach Buridan ist das offenbar keine Alternativfrage, denn einerseits sind die termini mentales für ihn Bedeutungen (und zwar die Bedeutungen der ihnen entsprechenden termini vocales), andererseits haben sie aber auch Bedeutung (und zwar ist das bei einem kategorematischen terminus mentalis das ihm entsprechende außenweltliche Ding).

Im britischen Empirismus wurde diese unterschwellige Unklarheit beibehalten. Die termini mentales heißen nun "ideas". Berkeleys genialer Angriff auf Lockes Philosophie des Geistes besteht ja letztlich darin, daß er die Sein-oder-Haben-Frage zu einer Entweder/Oder-Frage verschärft und dann ernst macht mit der Idee, "ideas" seien die Bedeutungen und nicht bloß Bedeutungsträger. Der unendliche Regreß (Wie haben ideas Bedeutung?) ist damit angehalten, um den Preis des berüchtigten subjektiven Idealismus. - Bei Leibniz waren die termini mentales zu notiones primitivae seines "Alphabets des Denkens" geworden. Die Erforschung der Einzelheiten dieses Alphabets ist noch vor dem großen A zum Stehen gekommen. Aber ganz sicher ist sich Leibniz darüber, daß diese Urbegriffe aus sich selbst verstanden werden. Das müsse so sein, meint er, denn "wenn nichts aus sich selbst verstanden wird, dann wird gar nichts verstanden".[8] Über den Umfang des "Katalogs der durch sich selbst verständlichen" Begriffe glaubt Leibniz, an dieser Stelle zeigen zu können, es seien endlich viele, aber wenigstens zwei. - Anna Wierzbicka ist in diesem Punkt bestimmter; sie behauptet, "daß der Inhalt aller Gedanken sich mit dreizehn undefinierbaren Ausdrücken angeben läßt".[9]

Mit dieser kleinen sightseeing-tour sollte nur, in denkbar oberflächlicher Weise, darauf hingewiesen werden, daß die Idee einer inneren Sprache, die sich von selbst versteht, eine ehrwürdige Tradition hat. Betrachten wir nach dieser Abschweifung nun, was sich daraus für unser Problem der idiolektalen Bedeutungstheorie ergibt. Gemäß diesem

---

Forts. 7) kommt, muß man dennoch beachten, daß bei Augustinus Gott eine wesentliche Rolle für die Verbindung zwischen äußerem Sprachlaut, der nur das Ohr erreicht, und dem inneren Wort spielt, in welchem das Verstehen besteht. In der inneren Sprache spricht letztlich nur Gott zu uns.

8) So in einem Brief an Vagetius aus dem Jahre 1679, Akademieausgabe II, I, S.497 und in "De organo sive arte magna cogitandi", S.430.

9) Vgl. Wierzbicka, S.77.

Vorschlag soll die Bedeutung der Ausdrücke des Idiolekts L mittels der
lingua mentis L* des Sprechers S spezifiziert werden, wobei gilt:

(1) S versteht L* unmittelbar; sein semantisches Wissen über L* ist
    direkt und verdankt sich keiner Kenntnis einer weiteren Bedeutungs-
    theorie.

(2) Jeder Ausdruck von L* hat seine Bedeutung allein dank seiner natür-
    lichen Beschaffenheit. Und zwar hat er seine Bedeutung wesentlich.
    Jeder Ausdruck von L* hat seine Bedeutung mit naturgesetzlicher Not-
    wendigkeit und nicht mit konventionaler Arbitrarität, wie dies bei
    den Ausdrücken von L der Fall ist. Die Ausdrücke von L* haben eine
    naturgesetzlich eingebaute Bedeutung.

(3) Die Grundausdrücke von L* sind semantisch atomar; noch "kleinere"
    Bedeutungen als die der Grundausdrücke von L* sind menschenunmöglich.

(4) Die Grundausdrücke von L* sind völlig eindeutig. Wenn sie es nicht
    wären, so gäbe es prinzipiell unbeseitigbare Mehrdeutigkeiten. Das
    kann nicht sein. (Gott will uns ja keine semantischen Steine in den
    Weg legen.)

(5) L* ist universal; alle Menschen haben dieselbe Sprache des Geistes.

(6) L* ist angeboren und wird zum Erlernen der Muttersprache bereits
    benötigt.

Das sind starke Behauptungen. Man findet sie explizit (wenn auch
nicht unbedingt alle zugleich) in den Schriften von Aristoteles, Augustinus, Leibniz, Wierzbicka und Fodor. Die Falschheit dieser Behauptungen
läßt sich beim gegenwärtigen Stand begrifflicher Klarheit und empirischer
Kenntnis m.E. genausowenig zeigen wie ihre Wahrheit. Im Lichte unseres
derzeitigen Wissens ist ihr begrifflicher und empirischer Gehalt so gering,
daß sie zum Verständnis des Phänomens "semantisches Wissen" herzlich wenig beitragen.

Denn betrachten wir zunächst einmal Punkt (1). L --so sagt uns
unser Kognitivist-- wird von S verstanden, weil und insofern S eine Bedeutungstheorie für L hat, d.h. also weil S propositionales Wissen über
die semantischen Verhältnisse von L hat. Dieses Wissen ist in S intern
mittels L* formuliert. (Es steht auf Geistisch im Buch seiner Seele.)
Die Pointe von L* liegt darin, daß L* von S ohne propositionales Wissen
über die sprachlichen Verhältnisse von L* beherrscht wird. Alles Gerede
von "unmittelbarem Verständnis" und "eingebauter Bedeutung" sollte uns
nicht darüber hinwegtäuschen, daß unser Kognitivist bezüglich L* genau
das tut, was sein Opponent bezüglich L tut: nämlich auf die Zuschreibung
propositionalen sprachlichen Wissens *verzichten*, wenn es darum geht,

zu erklären, worin Sprachbeherrschung (semantisches Wissen) besteht.
Am Schluß --den unser Kognitivist allerdings noch einen Schritt lang
hinauszögert-- ist es halt doch so: Sprachliches Wissen ist eine Fähigkeit, eine Disposition, ein Können und kein Kennen. (Diese Überlegung,
wenn auch nicht sie allein, hat z.B. G.Harman dazu geführt, L und L*
gleichzusetzen: die lingua mentis eines normalen erwachsenen Menschen
wie S ist seine Muttersprache, meint Harman; sie sei das Repräsentationssystem, in dem wir denken.) - Es taucht die Frage auf: Warum nicht gleich
so? Wie sinnvoll ist der Zwischenschritt, bei dem eine Sprache mit geradezu magischen semantischen Eigenschaften postuliert wird?

Eine andere Frage von Interesse ist: Was für ein Vorschlag zur Repräsentation semantischen Wissens wird hier eigentlich gemacht? Die ent-
täuschende Antwort ist: Gar keiner. Wir haben nur eine Reihe von starken
Behauptungen über eine dubiose Sprache, aber nicht einmal die Andeutung
des Entwurfs einer Skizze von etwas, das verdiente, "Theorie" genannt zu
werden. Wir haben nichts an der Hand als die Idee von der Übersetzung der
trauten äußeren in eine ungreifbare innere Sprache. Und das ist nicht
viel.

Es ist insbesondere auch deshalb sehr wenig, weil wir letztlich nun
doch nicht wissen, wie wörtlich die Redeweise von einer inneren Sprache
eigentlich genommen werden darf. Die Beteuerung, das sei ganz wörtlich
zu nehmen, trägt hier zum Verständnis nichts bei. Denn wir können uns
beispielsweise fragen: Beherrscht S seine innere Sprache? Manchmal wird
das Bild von der lingua mentis so gemalt, daß eher umgekehrt ein Schuh
draus wird: die innere Sprache beherrscht ihren Sprecher, oder besser:
sie beherrscht den, der sie hat. S jedenfalls spricht seine lingua mentis nicht (er hat in gewissem Sinn keinen Einfluß darauf, wie seine Neu-
ronen knattern). Er spricht Deutsch oder sonst eine natürliche Sprache.
Wer also spricht die lingua mentis? Eigentlich niemand; es sei denn, die
Module des Hirns täten es. Doch erstens wissen wir derzeit noch nicht,
ob die Modularitätsthese von der Hirnforschung überhaupt einmal nur als
fruchtbare Arbeitshypothese erwiesen wird. Und zweitens wäre es dann immer noch eine offene Frage, ob sich die Interaktionsprozesse zwischen
den einzelnen Moduln einigermaßen treffend so beschreiben lassen, wie
unser Kognitivist das behauptet: als sprachlicher Verkehr mit Fragen,
Mitteilungen, Befehlen usw., die in einer inneren Sprache abgefaßt sind.

Kognitivisten vergleichen das Hirn gerne mit einem Computer. Wie
gut dieser Vergleich letztlich ist, wissen wir nicht. Dieser ohnehin

schon fragwürdige Vergleich wird dadurch nicht besser, daß wir über
ihn noch eine metaphorische Beschreibung der Prozesse in einem Computer stülpen. Daraus ergibt sich dann etwas, was man vielleicht eine
Metapher zweiter Ordnung nennen könnte, aber keine wissenschaftliche
Theorie, die uns zu starken Behauptungen berechtigt. Nichts gegen Metaphern; ihr heuristischer Nutzen ist unbestritten. Doch wenn man in
Bildern und in Bildern von Bildern redet, dann sollte man nicht aus
dem Blick verlieren, daß man dies --und nichts anders-- tut.

"S spricht Deutsch (S hat semantisches Wissen über das Deutsche)",
das heißt für unseren Kognitivisten: "S steht in einer computationellen
Beziehung zu Symbolketten seiner lingua mentis". Das klingt beeindruckend.
Was ist aber eine computationelle Beziehung? Sie ist, sagt uns Fodor,
symbolisch und formal. Symbolisch insofern, als sie über Symbolketten
definiert ist. "Formal" soll hier besagen, daß sie sich ohne Bezug auf
semantische Eigenschaften der Symbolketten spezifizieren läßt.
Sonst tauchte ja auch der Regreß wieder auf, der gerade gestoppt werden
soll. Was sind nun semantische Eigenschaften? Fodors Antwort:

> "Formal operations are the ones that are specified without reference
> to such semantic properties of representations as, for example, truth,
> reference, and meaning. Since we don't know how to complete this list
> (since, that is, we don't know what semantic properties there are)
> I see no responsible way of saying what, in general, formality amounts
> to. The notion of formality will thus have to remain intuitive and
> metaphoric, at least for present purposes: formal operations apply
> in terms of the, as it were, shapes of the objects in their domains."[10]

Das ist dankenswert klar gesagt. "S spricht Deutsch", das heißt für unseren Kognitivisten gegenwärtig also erst einmal nur: "S steht dank uns
unbekannter Prozesse in seinem Hirn in einer uns unklaren Beziehung zu
uns unbekannten Entitäten". Das ist eine eher schwache Behauptung zum
Thema Repräsentation semantischen Wissens.[11]

---

10) J.Fodor (1981), 227.

11) Fodor sieht diese Schwäche in diesem auch seines Erachtens grundle-
    genden Punkt sehr deutlich und hebt das Fehlen einer kognitivisti-
    schen Semantik wiederholt (1981,passim; 1985) hervor. Prozedurale
    Semantik hält er für einen Etikettenschwindel (1981, Kap.8) und
    eine echte Bedeutungstheorie für gar keine Aufgabe der Psychologie
    (1981, Kap.9).

Sprachliches Wissen als eine wesentlich überindividuelle kognitive Leistung

Ich möchte zum Abschluß auf einen ganz andern Ansatz zu unserem Thema zu sprechen kommen, ein Zugang, der von einigen zeitgenössischen Sprachphilosophen vertreten wird, und der in einer Behauptung mündet, die nicht so sehr durch ihre Stärke, sondern zumindest auf den ersten Blick eher durch ihre Abwegigkeit besticht. Die Behauptung ist: Sprachliches Wissen läßt sich S überhaupt nur relativ zu einer Zuordnung von S zu einer Sprachgemeinschaft zuschreiben. Anders gesagt: S, ganz für sich genommen, besitzt kein sprachliches Wissen. Oder schlagwortartig: Sprachliche Bedeutung ist wesentlich Sozialgut; ohne eine Mehrzahl von Sprachbenutzern keine sprachliche Bedeutung.

Diese These ist (sogar in einer entschieden verschärften Form, in der sie sich nicht nur auf Sprache, sondern auf alle kognitiven Einstellungen erstreckt) z.B. von Wittgenstein, H.Putnam und T.Burge vertreten worden. Wenn sie richtig wäre, dann wäre der kognitivistische Ausgangspunkt zur Repräsentation sprachlichen Wissens von Anfang an völlig verfehlt, weil er beim Idiolekt, beim einzelnen Sprachbenutzer unter prinzipieller Ausblendung anderer Sprachbenutzer ansetzt.

Die anti-individualistische These von Wittgenstein, Putnam und Burge soll nicht besagen, daß ein isoliertes Individuum wohl keine Sprache hätte, oder daß es ein unlösbares Verifikationsproblem mit sich brächte, hinter die Bedeutung von Lauten zu kommen, die bloß von einem einzigen Individuum benutzt würden. Es geht um etwas anderes.

Am klarsten wird die These m.E. an einem Gedankenexperiment von T.Burge. Denken wir wieder an S in seiner Sprachgemeinschaft G. Die in G gesprochene Sprache sei wiederum L, in unserem Beispiel das Amerikanische. Stellen wir uns vor, daß S mit dem Wort "arthritis" vertraut ist. Er weiß, daß es eine Krankheit bezeichnet, mit der vorzugsweise ältere Leute geschlagen sind; er sagt, ganz zurecht, z.B. "My grandfather has arthritis in his knees"; er glaubt u.a., daß diese Krankheit erblich ist, und so sucht er eines Tages einen Arzt auf, dem er seine Befürchtung mitteilt: "Doctor, I have arthritis in my thighs". Der Arzt belehrt ihn nun darüber, daß man diese Krankheit nicht in den Oberschenkeln haben könne, weil "arthritis" eine Bezeichnung ausschließlich für

Gelenksentzündungen sei. S nimmt diese Mitteilung mit Erleichterung
auf und befolgt die ärztlichen Hinweise zur Behandlung von Muskelka-
ter.

Was bedeutete der Satz "I have arthritis in my thighs", als S ihn
im Behandlungszimmer äußerte? Er bedeutete einfach, daß S Arthritis in
den Oberschenkeln hat. - Dies ist Burges Ausgangspunkt. S hat unge-
wöhnliche Ansichten, aber er spricht die ganz gewöhnliche Sprache seiner Gruppe. Er hat genau das gesagt, was er gemeint hat, und das war
(auf Deutsch): "Ich habe Arthritis in den Oberschenkeln".

Nun stellen wir uns folgendes vor. In der amerikanischen Medizin
dient "arthritis" zur Bezeichnung einer viel größeren Klasse rheumati-
scher Erkrankungen als das deutsche Wort "Arthritis". Von dieser allge-
meineren Symptomatik können auch die Schenkel befallen werden. Auch diese Erkrankung findet sich vorzugsweise bei älteren Leuten, Ss Großvater
hat sie in den Knien, und so weiter. Nehmen wir an, die deutsche Bezeichnung für diese allgemeinere Symptomatik laute "rheumatisches Syndrom".
Auch in dieser Variante unseres Beispiels eröffnet S dem Arzt wieder
seine Besorgnis; der beruhigt S daraufhin nicht gleich, sondern untersucht ihn gründlich auf das rheumatische Syndrom hin. Was bedeutet dieselbe Äußerung von S --"Doctor, I have arthritis in my thighs"-- in
diesem Fall? Burges Antwort: Sie bedeutet, daß S das rheumatische Syndrom in den Oberschenkeln hat. Die Äußerung von S hat in beiden Fällen
verschiedene Bedeutung, obwohl --und dies ist der springende Punkt--
sich an S individualpsychologisch nichts geändert hat. Alle individual-
psychologischen Fakten, die S betreffen, sind in beiden Fällen dieselben. Der Bedeutungswechsel des Satzes ist eine Funktion des Kontextes,
in dem sich S befindet. Im einen Fall meint und sagt S, er habe Arthritis; im andern Fall hat sich an S, für sich selbst genommen, nichts geändert und dennoch meint und sagt er etwas anderes, nämlich er habe
das rheumatische Syndrom.

Wenn wir Ss semantisches Wissen (mittels einer Übersetzung ins
Deutsche) repräsentieren wollen, dann müssen wir "arthritis" im ersten
Fall als *Arthritis* wiedergeben, im zweiten Fall als *rheumatisches Syn-
drom*.

Soviel zur These von der Überindividualität semantischen Wissens. - Ich halte diese Beobachtung von Burge für einen wesentlichen Hinweis zum Thema dieses workshops. Zwar ist es wahrlich keine starke Behauptung zum Thema "Repräsentation sprachlichen Wissens", aber dafür immerhin eine Beobachtung zum Thema. Lieber eine Beobachtung zum Thema, als starke Behauptungen, die daran vorbeigehen.

Solche Beobachtungen sind beim gegenwärtigen Stand begrifflicher Klarheit --oder besser gesagt: grundbegrifflicher Unklarheit-- sehr wertvoll. Wertvoller, so glaube ich, als starke Behauptungen, grandiose Hypothesen und bombastische Forschungsprogramme, die aus einem aprioristischen philosophischen Kognitivismus hergeleitet werden. Zu unklar ist nämlich noch, was wir eigentlich repräsentieren wollen (die Vorbehalte bezüglich der Klarheit des Begriffs "Repräsentation" einmal ganz beiseitegelassen), wenn wir sprachliches Wissen repräsentieren wollen. Sicherlich wollen wir dabei auch semantisches Wissen repräsentieren, was auch immer das sei.

Es stellt sich demnach die Frage: Was ist semantisches Wissen? Man kann an diese Frage so herangehen, daß man sich zunächst einmal an das hält, was auf diesem verschwommenen Gebiet als einigermaßen klar und unumstritten gilt. Halten wir uns, so besagt die eine Strategie, doch erst einmal an die gewöhnlichen, vertrauten, auf den ersten Blick normalen und einigermaßen klaren Fälle. Von ihnen ausgehend, können wir eine vorläufige --die beste vorläufig vertretbare-- Konzeption unseres Gegenstands gewinnen. Von hier aus mögen wir immerhin zu interessanten Auflagen an jede weitere, anspruchsvollere Theorie gelangen: zu solchen Bedingungen, denen jedwede Theorie genügen muß, um überhaupt eine Theorie zum Thema "Semantisches Wissen" zu sein.

Wir fragen dann ganz platt: Wem wollen wir überhaupt semantisches Wissen über eine natürliche Sprache zuschreiben? Eine plausible Antwort ist: Einem gewöhnlichen Muttersprachler. (Diese Antwort wirft Probleme auf, und es ist nicht die einzig mögliche. Doch sei's drum.) Eine weitere Frage auf diesem platten Niveau ist: Gibt es bereits eine übliche Form, in der wir das semantische Wissen eines gewöhnlichen Muttersprachlers repräsentieren? Eine plausible Antwort ist: Ja, und zwar die ganz gewöhnliche Übersetzung, d.h. die Angabe des Inhalts fremder Worte in unserer natürlichen Sprache. - Die nächste Frage ist dann, naheliegenderweise: Und wie tun wir das eigentlich, übersetzen? Und da fragt sich dann auch: Wonach beurteilen wir die Korrektheit einer ganz gewöhnlichen Übersetzung?

Hierhin, in diesen Rahmen, gehört die Beobachtung von Burge.
Sie soll ein Hinweis darauf sein, welche Standards für die Korrektheit einer Übersetzung wir de facto, in einem ganz gewöhnlichen Fall,
anwenden. Und wenn unsere diesbezüglichen Standards auf wesentlich soziale Tatsachen verweisen, dann deutet dies darauf hin, daß mit einem
methodologisch auf die Individualpsychologie eingeschworenen Forschungsprogramm zur Repräsentation semantischen Wissens etwas verquer ist. -
So eine Beobachtung wie die von Burge beweist von sich heraus in der
Sache gar nichts. Ihre Sprengkraft, wenn es sich bei ihr um eine richtige Beobachtung handelt, liegt darin, daß sie einer individualpsycho-
logischen Theoriekonzeption den Bezug auf das Thema "sprachliche Bedeutung" bestreitet. Der Vorwurf lautet: *Am Thema vorbei*. Unser Kognitivist muß sich nun nicht mit einer Fünf setzen. Doch die Beweislast liegt
jetzt bei ihm. Er muß nun zeigen, daß die Beobachtung von Burge gar
nicht richtig ist, oder begründen, inwiefern sie an der eigentlichen
Sache vorbeigeht. Unser Kognitivist könnte nun versucht sein, auf die
prinzipielle Möglichkeit der Computer-Simulation semantischer Kompetenz
hinzuweisen, um damit der anti-individualistischen Herausforderung zu
begegnen. Er könnte dann beispielsweise so argumentieren: "Angenommen,
einem einzelnen Computer (oder einem einzelnen, mit seiner Umgebung in-
teragierenden Roboter) läßt sich sprachliches Wissen zuschreiben. Dann
zeigt das doch schlagend, daß an diesem Wissen nichts 'Überindividuel-
les' ist. Denn der Computer/Roboter befände sich ja nicht in einer
Sprachgemeinschaft anderer Computer/Roboter, und jede Eigenschaft, die
sich ihm zuschreiben läßt, ließe sich ja (dank unseres vollständigen
Wissens über seine Funktionsweise) eindeutig auf seine (harte und wei-
che) Beschaffenheit zurückführen. Im Falle solch eines funktional trans-
parenten und sprachlich kompetenten Computers/Roboters wäre kein Raum
für anti-individualistische Bedeutungsrelativierungen, weil er ja der
einzige seiner Art wäre." Der Anti-Individualist müßte nun nicht (à la
Searle) prinzipiell bestreiten, daß sich einem Computer sprachliches
Wissen zuschreiben läßt. Er muß keine argumentative Zuflucht in einem
Chinesisch-Zimmer suchen, um dieser Replik zu begegnen. Was die Frage
angeht, ob ein Computer eine Sprache so beherrschen kann, wie wir unsere beherrschen, ist er theoretisch flexibel. Dem semantischen Anti-
Individualisten reicht eine simple Fall-Unterscheidung, um bei seiner
These zu bleiben.

Erster Fall. Wir schreiben dem Computer sprachliches Wissen über
eine vorfindliche natürliche Sprache, etwa das Amerikanische, zu. Dann
können wir den Muttersprachler im Gedankenexperiment von Burge durch
den Computer ersetzen und gelangen wiederum zum selben Ergebnis. (Und
dies gerade deshalb, weil der Computer das semantische Wissen des Muttersprachlers perfekt --in allen Einzelheiten-- simuliert.)

Zweiter Fall. Wir schreiben dem Computer sprachliches Wissen über
eine uns fremde Sprache zu, von der wir annehmen, sie sei den uns bekannten natürlichen Sprachen semantisch ähnlich. Sei X das Wort in der
Sprache des Computers, bei dem sich die Frage stellt, ob es als "Arthritis" oder als "Rheumatisches Syndrom" zu übersetzen ist. Wie sollen wir
dieses Problem lösen? Nach dem Stand *unserer* (jetzigen) medizinischen
Begriffsbildung? Vermutlich. Doch mit welchem Recht? Unsere medizinische
Begriffsbildung hätte anders ausfallen können, und vielleicht wird sie
eines Tages anders ausfallen. Dann würden wir die Sprache, die der Computer beherrscht, mit gleichem Recht anders übersetzen, ohne daß sich
auf seiner Seite etwas geändert hätte.

Das ist alles, was der Anti-Intellektualist für seine Erwiderung
auf die kognitivistische Replik benötigt: Bei aller funktionaler Transparenz des Computers liefert der Computer allein uns keinen zwingenden
Grund, ihn so zu übersetzen, daß er dazu paßt, wie wir *sprechen*, statt
ihn so zu übersetzen, daß er dazu paßt, wie wir *sprächen* (d.h. eventuell gesprochen hätten und/oder eventuell sprechen werden). Wenn wir
den Computer uns begrifflich gleichstellen --X also mit "Arthritis" und
nicht mit "Rheumatisches Syndrom" übersetzen--, dann ist dies zwar in
gewissem Sinn die beste semantische Bestimmung der Sprache, die er spricht.
Aber das liegt nicht am Computer für sich genommen, sondern am "nos-zen-
trischen" Wesen der Übersetzung als einem Unternehmen, das einen für uns
möglichst leicht zugänglichen Sinn der fremden Sprache ergeben soll.
Selbst wenn wir im zweiten Fall unserer Fall-Unterscheidung dem Computer sprachliches Wissen von vornherein zugestehen, so könnten wir doch
--sei's auch mit begrifflicher Not-- allen ihn betreffenden Fakten (was
hardware, software und Interaktion mit der Umgebung angeht) Rechnung
tragen und ihn dennoch unterschiedlich --d.h. als verschiedene Sprachen
beherrschend—übersetzen. Es wäre prinzipiell nicht entscheidbar, über
welche Sprache der Computer semantisches Wissen hat. Die Annahme, dennoch
beherrsche er genau eine Sprache aus der Vielzahl der ihm zuschreibba-
ren, setzte dann voraus, daß wir irgendetwas über ihn nicht wissen.
Da uns aber über sein Funktionieren, nach Voraussetzung, alles bekannt
ist, hieße dies: es fehlte uns Wissen über etwas, das "außerhalb" des

Computers liegt. Und gerade das ist der Kern der anti-individualistischen Auffassung.

Der skizzierte philosophische Kognitivismus steht beim Thema
"semantisches Wissen" also an wenigstens zwei Stellen unter Druck.
Als Intellektualismus ist er in die Sackgasse einer bedeutungstheoretischen lingua mentis-These geraten, der aus begrifflichen und empirischen Gründen (derzeit) jegliche Erklärungskraft fehlt. Durch seinen Individualismus ist er den Argumenten ausgesetzt, die auf den
wesentlich sozialen Charakter sprachlicher Bedeutung hinzuweisen
scheinen.*

BIBLIOGRAPHIE

Burge, T. (1979) Individualism and the Mental, *Midwest Studies* 4, 73 121

----- (1986) Individualism and Psychology, *Philosophical Review* 95, 3-45

Chomsky, N. (1975) *Reflections on Language*, New York

----- (1986) *Knowledge of Language*, New York

Davidson, D. (1984) *Inquiries into Truth and Interpretation*, Oxford

----- (1986) A Nice Derangement of Epitaphs, in: R.Grandy/R.Warner (eds.),
    Philosophical Grounds of Rationality, Oxford 157-174

Dennett, D. (1978) A Cure for the Common Code, in: ders. *Brainstorms*,
    Bradford

Field, H. (1978) Mental Representation, *Erkenntnis* 13, 9-61

Fodor, J. (1975) *The Language of Thought*, Cambridge

----- (1981) *Representations*, Cambridge

----- (1985) Fodor's Guide to Mental Representation, *Mind* 94, 76 ff.

Fodor, J.F./Fodor, J.D./Garrett, M.(1975) The Psychological Unreality
    of Semantic Representation, *Linguistic Inquiry*

Harman, G. (1974) Meaning and Semantics, in: M.K. Munitz/P.K.Unger (eds.),
    Semantics and Philosophy, New York

----- (1975) Language, Thought and Communication, in: *Minnesota Studies* 7,
    Minneapolis

---

* Oliver Scholz danke ich für Literaturhinweise, Rolf P. Horstmann,
Katia Saporiti, Eike von Savigny und Wolfgang Spohn für Kommentare
zu einer früheren Fassung.

----- (1978) Is There Mental Representation, in: C.W. Savage (ed.),
   Perception and Cognition, Minneapolis, 57-64

Heil, J. (1981) Does Cognitive Psychology Rest on a Mistake?,
   Mind 90, 321-43

Leibniz, G.W. (1903) De Organo sive Arte Magna cogitandi, in:
   L. Coutorat (Hrsg.), *Opuscules et fragments inédits de Leibniz*,
   Paris, 429 ff.

Peacocke, C. (1982) *Sense and Content*, Oxford

Putnam, H. (1975) The Meaning of "Meaning", in: ders., *Philosophical
   Papers, Vol. 2*, Cambridge

----- (1983) Computational Psychology and Interpretation Theory,
   in: ders., *Philosophical Papers, Vol. 3*, Cambridge

----- (1987) Meaning Holism and Epistemic Holism, in: K.Cramer/H.F.Fulda/
   R.P. Horstmann/U.Pothast (Hrsg.), *Theorie der Subjektivität*

Schiffer, S. (1986) Compositional Semantics, in: R.Grandy/R.Warner
   (eds.), *Philosophical Grounds of Rationality*, Oxford

Wierzbicka, A. (1980) *Lingua Mentalis*, Sydney

Wissensrepräsentation, Bedeutung und Reduktionismus
Einige neopositivistische Wurzeln der KI

Ralf Kese

"The language may be new but the ancestry of the problem is venerable."
Nelson Goodman

1928 unternahm Rudolf Carnap den großangelegten Entwurf eines Modells
unserer empirischen Begrifflichkeit, das als der erste Versuch einer
Wissensrepräsentation gelten kann. Als "philosophischer Vorläufer"
heutiger Wissensrepräsentationen auf dem Gebiet der Künstlichen
Intelligenz (KI) teilt Carnaps "Logischer Aufbau der Welt" mit diesen
den syntaktischen bzw. formalistischen Ansatz sowie die Methode der
rationalen Rekonstruktion einer Wissensdomäne.

Zwei weitere Wesensmerkmale des Carnapschen Werkes sind geeignet,
sowohl inhaltliche wie methodische Voraussetzungen der KI zu beleuch-
ten und dadurch die These zu erhärten, daß ein und dasselbe Paradigma
KI und Carnap verbindet, so daß die KI gewissermaßen als die Fortführung der neopositivistischen Tradition des Wiener Kreises, als dessen
herausragender Stellvertreter hier Rudolf Carnap aufgefaßt wird,
betrachtet werden kann. Diese Merkmale sind, neben dem obengenannten
formalistischen Ansatz, das zentrale Problem der Bedeutung und der
Reduktionismus bzgl. des Mentalen.

Ich gehe auf diese Punkte in der eben genannten Reihenfolge ein.

1. Syntaktischer Ansatz

In seinem "Logischen Aufbau der Welt" entwarf Rudolf Carnap 1928 ein
epistemologisches Konstitutionssystem, das er selbst als "eine
rationale Nachkonstruktion des gesamten, in der Erkenntnis vorwiegend
intuitiv vollzogenen Aufbaues der Wirklichkeit"[1] bezeichnete.

---

[1] Carnap 1928: Paragraph 100.

Mit dieser Charakterisierung war freilich nicht gemeint, wie uns Nelson Goodman[2] ausdrücklich warnt, daß Carnaps System ein Porträt des faktischen Erkenntnisprozesses zeichnete, wohl aber deutet der Ausdruck "rationale Rekonstruktion" darauf hin, daß es um die Nachzeichnung der - bzw. einer - logischen Möglichkeit dieses Prozesses ging[3].

In diesem Sinne können wir Carnaps Konstitutionssystem als ein Modell unseres erfahrungswissenschaftlichen Weltwissens auffassen, und zwar, wie sich gleich hinzufügen läßt, als ein symbolisches Modell desselben.

Denn wenn Carnap de facto auch nur "die Konstitutionen der unteren Stufen"[4], d. i. der eigenpsychischen Gegenstände, formalisiert hatte, so galt ihm nichtsdestoweniger "die symbolische Sprache der Logistik" als die "Grundsprache des Konstitutionssystems"[5], während alle anderen Ausdrucksweisen, deren er sich bedienen mußte, "nur als erleichternde Hilfsmittel"[6] dienten.

Intendiert, obgleich nur partiell realisiert, war also eine rein formale, d. i. syntaktische Repräsentation unserer empirischen Begrifflichkeit.

Beabsichtigt war demzufolge etwas, das, wäre es implementiert - woran 1928 natürlich aufgrund fehlender technischer Möglichkeiten nicht zu denken war -, aus der Sicht der heutigen KI als Wissensrepräsentation bezeichnet werden würde, nämlich als "Formalisierung bzw. Enkodierung eines Beschreibungsmodells in ein ... implementiertes algorithmisches ... Modell"[7].

---

[2] "that his system is not to be regarded as a portrayal of the process of acquiring knowledge. Nevertheless, he considered the system to be a 'rational reconstruction' of that process, a demonstration of how the ideas dealt with 'could have been' derived"; Goodman 1963: 548.

[3] Vgl. Goodman 1963: ebd.

[4] Carnap 1928: Paragraph 95

[5] Ebd.

[6] Ebd.

[7] Schefe 1986: 27.

Doch bevor dieser Gedanke des Wissensrepräsentationscharakters von Carnaps 'Aufbau' in bezug auf dessen algorithmische Seite weiterverfolgt wird, sei kurz auf die umgekehrte These vom 'Aufbau'-Charakter heutiger Wissensrepräsentationen, d. h. auf deren rational rekonstruktive Methode[8], eingegangen.

Mit "rationaler Rekonstruktion" einer Domäne (mehr oder weniger) intuitiven Wissens hat Carnap eine Methode gemeint, die über eine sowohl begriffliche, logische als auch systematische Analyse den theoretischen oder Informationsgehalt des Domänenwissens sowohl allererst in Reinform offenlegt als auch in eine Gestalt bringt, die seine logischen und begrifflichen Beziehungen explizit und damit logischen Schlußfolgerungen zugänglich macht.

Genau dieses beschreibt auch das Vorgehen des Wissensingenieurs, der mehr oder weniger diffuses, verworrenes oder implizites Expertenwissen in eine solche Gestalt zu transformieren hat, die eine Menge maschineller Schlußfolgerungen ermöglicht, welche, idealiter, identisch ist mit der Menge der Schlußfolgerungen, die der Experte aus seinem Wissen zu ziehen bereit ist.

In beiden Fällen ist das Ergebnis im wahrsten Sinne des Wortes eine Re-Konstruktion oder Neugestaltung des Domänenwissens, wobei sich Ur- und Abbild zueinander verhalten wie etwa eine reale Landschaft und deren Repräsentation durch eine Landkarte[9]; die rationale Rekonstruk-

---

[8] Auch Schefe spricht von "Wissensrekonstruktion", weil seiner Einschätzung nach "die Bezeichnung "Wissensrepräsentation" unglücklich gewählt" ist (Schefe 1986: 155). Als Quelle seines terminologischen Aenderungsvorschlages gibt er (ebd.) Schefe 1985 an.

Aber weder in Schefe 1985 noch in Schefe 1986 ist ein philosophischer Bezug zu den genannten Termini hergestellt, geschweige denn ein Bezug zu Carnap; entsprechend fällt auch nicht das Wort "rationale Rekonstruktion".

Vor diesem Hintergrund erlaube ich mir an dieser Stelle, demjenigen, der nach einer besseren Bezeichnung Ausschau hält und/oder sich der philosophischen Wurzeln sowohl des Gegenstandes als auch des Begriffes bewußt sein will, den Vorschlag zu unterbreiten, in seinem Sprachgebrauch den alten Terminus "Wissensrepräsentation" durch den neuen Begriff "rationale Rekonstruktion von Wissen" zu ersetzen.

[9] Vgl. Carnap 1928: Paragraph 98.

tion repräsentiert das Domänenwissen salva veritate und unter Wahrung seines Informationsgehaltes.

Was nun die Algorithmisierung des 'logischen Aufbaus der Welt' betrifft, so hatte Carnap tatsächlich Schritte in Richtung auf dieses Ziel unternommen: In der 'vierten Sprache' gab er - wenigstens für die unteren Stufen seines Konstitutionssystems "Operationsvorschriften für ein konstruktives Verfahren" an, welche einem fiktiven Subjekt, das mit A bezeichnet wird, "die Operationen Schritt für Schritt vorschreiben, durch die A zur Konstruktion gewisser Schemata (- der sog. "Bestandslisten" -) gelangt, die den einzelnen, zu konstruierenden Gegenständen entsprechen"[10].

Das Bemerkenswerte an diesem konstruktiven Verfahren liegt nun darin, daß es offenbar als Computation gedacht ist. Das fiktive Subjekt A wird von Carnaps Vorschriften, will sagen: Programm, so mechanisch geleitet, daß wir es uns genausogut als Maschine vorstellen können. Alles, was A zum Aufbau der Welt benötigt, ist

1. ein Speicher, um die Elementarerlebnisse zu protokollieren ("Fiktion der Festhaltbarkeit des Gegebenen"[11]),

2. eine interne Repräsentation der Elementarerlebnisse als jeweils identische Zahlen [- so "daß jedes Element des Gegebenen, also jedes Elementarerlebnis ... bei der Verarbeitung mehr als einmal aufgegriffen und dabei jedesmal als dasselbe festgestellt werden kann"-], und

3. die Fähigkeit zur Symbolmanipulation, hier: zum Wiedererkennen und Eintragen von Nummern in Listen[12] gemäß dem Programm.

Aufgrund dieser Maschinenmetapher des logischen Aufbaus der Welt, d. i. unserer Welterkenntnis, formuliere ich in Abwandlung eines Satzes aus dem "Aufbau" die These:

---

[10] A.a.O.: Paragraph 99.

[11] A.a.O.: Paragraph 101.

[12] Vgl. a.a.O.: Paragraph 102.

Carnaps Konstitutionssystem ist eine rationale, und das bedeutet in letzter Konsequenz: maschinelle Nachkonstruktion "eines in seinen Ergebnissen schon bekannten Erkenntnisprozesses"[13].

Fassen wir das bisher Gesagte zusammen, so läßt sich Carnaps "Aufbau" auffassen als der Versuch, auf rein syntaktischem und prinzipiell maschinell gangbarem Wege zwar "nicht die Form des wirklichen Erkenntnisprozesses wiederzugeben"[14], aber "zu demselben Ergebnis zu führen"[15].

Genau dieses ist aber der Ansatz der heutigen KI, nämlich der Versuch, mit Hilfe rein syntaktischer Apparate zu denselben Ergebnissen, sprich: Leistungen, zu gelangen, wie wir sie sonst nur in bzw. aufgrund der menschlichen Psyche vorfinden.

Dieser Ansatz ist wiederholt zu dem Begriff "semantic engine" kondensiert worden, von wo aus er sich in Anlehnung an Haugeland[16] wie folgt skizzieren läßt:

Ein Computer ist ein automatisches, formales System. Als ein solches gleicht er einem Spiel, in welchem in Übereinstimmung mit den Spielregeln Zeichen manipuliert werden. Als bloße Zeichenmanipulation erscheint das Spiel völlig in sich abgeschlossen, ohne eine Beziehung zur Welt. Ein digitaler Computer ist ein solches Zeichenspiel, nur eben ein automatisiertes und physisch realisiertes. Er ist eine syntaktische Maschine, die gemäß ihren Syntaxregeln Zeichen manipuliert.

Die Frage, wie ein solches System kognitive Leistungen rekonstruieren kann, läuft hinaus auf die Frage danach, was eine syntaktische zu einer semantischen Maschine macht. Haugelands Antwort darauf lautet: diejenige Interpretation der Zeichen des formalen Systems - nennen wir sie der Kürze halber die "intendierte Interpretation" -, bei der der

---

[13] A.a.O.: Paragraph 102.

[14] A.a.O.: Paragraph 81.

[15] Ebd.

[16] Vgl. Haugeland 1982: 21ff., ders. 1985: Kapitel 3.

Semantik dadurch Rechnung getragen wird, daß sich das System einzig und allein um seine Syntax kümmert.

Als Paradebeispiel dienen Haugeland die Kalküle der modernen Logik. Diese können als Spiele aufgefaßt werden, die so angelegt sind, daß man gemäß ihren Regeln im Ausgang von bestimmten Zeichenreihen, den Axiomen, nur zu gewissen anderen Zeichenreihen, den Theoremen, gelangt, welche automatisch wahr sind, wenn man die Ausgangszeichenreihen als wahr deutet. Diese Systeme sind demnach so konzipiert, daß ihre Spielregeln wahrheitsbewahrend sind; und das ermöglicht es gerade, das jeweilige Spiel unabhängig von semantischen Erwägungen zu spielen.

Die Idee der semantischen Maschine ist eine Verallgemeinerung dessen, wie Syntax und Semantik in Systemen der modernen Logik zusammengehen. Gemäß dem von Haugeland so genannten "formalistischen Motto":

> "If you take care of the syntax, the semantics will take care of itself"[17]

kann eine semantische Maschine zunächst definiert werden als ein automatisches System, dessen Syntax einer ausgezeichneten Interpretation korrespondiert, bei welcher die Semantik sich um sich selbst kümmert[18].

Die angesprochene Verallgemeinerung besteht dann darin, daß Wahrheit nur eine unter vielen semantischen Eigenschaften darstellt, denen das formale System einer semantischen Maschine aufgrund der Struktur seiner Syntax Rechnung tragen soll.

Der Ansatz der KI als ein Ansatz auf der Grundlage des Begriffes der semantischen Maschine läßt sich demnach zusammenfassend begreifen als der formalistische Versuch, eine Maschine auf der Grundlage einer auf eine intendierte Interpretation hin konzipierten Syntax dazu zu bringen, eine Leistung zu zeigen, welche genau denjenigen Sinn besitzt, den wir sonst nur einer entsprechenden menschlichen Leistung zuschreiben würden.

---

[17] Haugeland 1985: 106.

[18] Vgl. Haugeland 1982: 24.

Wenn aber der Sinn menschlicher Leistungen sich auf rein syntaktischem Wege rekonstruieren läßt, was - cum grano salis - ist er dann mehr als diese Syntax?

Doch es ist nicht der Punkt dieses Abschnittes, eine Reduzierbarkeit von Semantik auf Syntax auszuloten. Vielmehr geht es mir um den gemeinsamen Ansatz Carnaps und der KI, der ein formalistischer im Sinne des von Haugeland formulierten Mottos ist.

Daß auch Carnap diesem Motto folgte und also versuchte, mit Hilfe der Syntax eine bestimmte Semantik einzufangen, machen besonders seine Überlegungen zur Elimination der Grundrelation als des letzten nicht-logischen Elementes des 'Aufbaus' deutlich.

Bei dieser Ersetzung der Grundrelation des Aufbaus ging Carnap davon aus, daß die von ihm gewählte Grundrelation - und damit natürlich das gesamte auf ihr fußende System - in gewisser Weise ausgezeichnet war, und zwar dahingehend, daß diese Grundrelation allein für eine kohärent sinnvolle und wahre Interpretation des gesamten Systems Rechnung trug.

Denn würde man versuchen, das Konstitutionssystem auf einer anderen Relation aufzubauen und seine Definitionen entsprechend umzuformen, so wäre es zumindest auf den höheren Systemstufen höchst unwahrscheinlich, daß sich ein einheitlicher Sinn einstellte:

"Wollte man etwa versuchen, die alten konstitutionalen Definitionen einfach durch Einsetzung der neuen Grundrelationen an Stelle der alten umzuformen, so könnte es zwar auf den unteren Stufen geschehen, daß die so umgeformten Definitionen nicht bedeutungslos oder leer würden. Aber für eine einigermaßen hohe Stufe wird die Wahrscheinlichkeit eines solchen Zufalls ungeheuer klein. Noch weniger werden die empirischen Aussagen des Konstitutionssystems über die konstituierten Gegenstände zufällig auch noch nach der Umformung gelten"[19].

Da Carnap hier von semantischen Begriffen, nämlich von "bedeutungslos", "leer" und "gelten" spricht, ist es klar, daß er keine syntaktische, sondern eine semantische Auswirkung, nämlich eine Auswirkung auf die Deutbarkeit seines formalen Systems im Auge hat. In diesem Sinne hängt also auch hier, gemäß dem formalistischen Motto, die Interpretation des Systems von seinem syntaktischen Aufbau ab.

---

[19] Carnap 1928: Paragraph 153.

Zusammenfassend möchte ich feststellen, daß Carnap in seinem "Logischen Aufbau der Welt" so wesentliche Grundideen der KI vorweggenommen hat wie den formalistischen Ansatz und die Idee der maschinellen Rekonstruktion eines kognitiven Prozesses. Von daher scheinen mir Carnaps Weltaufbau und die Konstruktionen der KI ein und demselben Paradigma (im Sinne des Kuhnschen[20] Begriffes) anzugehören.

2. Bedeutungstheorie

Eine Grundfrage, die in Carnaps Werk in der einen oder anderen Gestalt immer wieder auftaucht, ist die Frage nach dem (und ich erlaube mir, dies in 'inhaltlicher Redeweise' zu formulieren), was Bedeutung sei.

Empiristisch gewendet ist dies die Frage danach, wie sich die Bedeutung von Ausdrücken auf unsere Erfahrung zurückführen läßt. Im Hinblick auf die Stärke dieser Zurückführbarkeit hat Carnap mit fortschreitender Zeit immer schwächere Antworten gegeben.

Eine frühe Antwort war die verifikationistische Bedeutungstheorie[21] gewesen, welche die Angabe der Bedeutung - d. i.: der Wahrheitsbedingungen - eines Satzes mit der Methode seiner Verifikation gleichsetzte, wobei Verifikation, sofern sie nicht-logische Ausdrücke betraf, Verifikation aufgrund möglicher Erfahrung meinte: "Verifikation bedeutet ja: Nachprüfung an den Erlebnissen", so lesen wir im "Aufbau"[22].

Eine spätere Antwort auf die Frage nach der Bedeutung war Carnaps modelltheoretische Konzeption der Intension eines Ausdrucks als einer abstrakten Funktion von möglichen Welten in Extensionen[23]. Der so verstandenen Bedeutung sprach er eine intensionale Struktur zu, welch

---

[20] Vgl. Kuhn [4]1979

[21] Vgl. Carnap 1931, besonders S. 221ff.

[22] Carnap 1928: Paragraph 179.

[23] Carnap [2]1956, besonders S. 181.

letztere die Grundlage seiner bekannten Analyse von Glaubenssätzen und des Paradoxes der Analyse in "Meaning and Necessity"[24] bildete.

Beide Konzeptionen von "Bedeutung" - sowohl die frühe Auffassung der Bedeutung als eines Entscheidungsverfahrens wie auch die spätere Konzeption als abstrakte Funktion - tauchen in Woods' Schriften zu der von ihm so genannten "prozeduralen Semantik" [25] wieder auf.

Im Problem der Erklärung des Bedeutungsbegriffs erkennt Woods ein zentrales Problem für die Herstellung künstlich intelligenter Maschinen, welche sowohl natürliche Sprache verstehen als auch gebrauchen sollen.

Wenn solche Maschinen an sie gerichtete Anfragen und Befehle verstehen und ausführen sollen, so müssen sie über wohlspezifizierte Kriterien verfügen, die es ihnen ermöglichen zu erfassen, was diese Anfragen und Befehle bedeuten. Sie müssen, mit anderen Worten, erfassen, worin die Bedeutung eines Ausdrucks besteht.

Die brauchbarste Erklärung dessen, worin die Bedeutung von Aussagen besteht, erblickt Woods in Carnaps Konzeption der Wahrheitsbedingungen als Funktionen von möglichen Weltzuständen in Wahrheitswerte. Diese Auffassung beschreibt in formaler Redeweise, daß man die Bedeutung eines Satzes erfaßt hat, wenn man in der Lage ist, seinen Wahrheitswert unter allen möglichen Umständen zu bestimmen.

---

[24] Vgl. a.a.O.: Paragraphen 13-15.

[25] Zwei Mißverständnisse sollten in bezug auf den Ausdruck "prozedurale Semantik" vermieden werden:

1. "A trivial mistake is to assume that procedural semantics is committed to a particular position in the 'procedural- declarative' controversy that flourished a few years ago among artificial intelligencers" (Johnson-Laird 1983:247).

2. Nicht jede 'prozedurale Semantik' ist verifikationistisch. So grenzt sich z. B. Johnson-Laird gegenüber Woods wie folgt ab: "A more serious misconception is that procedural semantics is necessarily based on the assumption that the meaning of a sentence is a procedure which, when it is executed, determines the truth value of the sentence. This idea derives from the Logical Positivists' doctrine of Verificationism" ... "There has been one attempt to relate language to the world procedurally ... Woods (1981)" ... "the present (i. e.: Johnson-Laird's) theory uses a procedural semantics to relate language, not to the world, but to mental models" (a.a.O.: 248).

Um jedoch dazu in der Lage zu sein, muß man über ein - möglicherweise komplexes Entscheidungskriterium verfügen. Dieses Kriterium als eine abstrakte Funktion zu beschreiben, und darin besteht Woods' Kritik an Carnaps späterer Bedeutungsexplikation, erkläre in keiner Weise, wie Menschen tatsächlich, und wie Computer oder Roboter demnächst, die Bedeutung einer Aussage erfassen, d. h.: die Aussage in einer konkreten Situation auf ihre Wahrheit bzw. Falschheit hin bestimmen.

Eine in dieser Hinsicht konkretere Erklärung leistete jedoch Carnaps frühere Bedeutungstheorie, welche den Sinn einer Aussage von einem Verfahren zur Entscheidung ihres Wahrheitswertes abhängig machte.

Beide Bedeutungstheorien vereinigt nun Woods' Begriff der Prozedur in sich:

Vorderhand und etwas verkürzt läßt sich dieser Begriff mit Woods eigenen Worten, deren Nähe zum verifikationistischen Sinnkriterium augenscheinlich ist, wie folgt charakterisieren:

"the meanings of expressions [are] procedures ... that can be executed in any given situation to determine the truth value or referent of the expression in question"[26].

Mit Carnaps Intensionsbegriff hat Woods "Prozedur" gemeinsam, unter allen möglichen Umständen zur Extension des entsprechenden Ausdrucks zu führen. Woods beansprucht sogar, eine Explikation der Carnapschen Intension gegeben zu haben.

Wie steht es nun mit dem verifikationistischen Bedeutungsbegriff?
Ein abstraktes Beispiel, das Woods für eine Prozedur nennt, mag einen Hinweis darauf geben, wie die Bedeutung eines Ausdrucks von einer Prozedur abhängt:
    "If A and B, then conclude true;
    else if not A and not B, conclude false;
    else if C, conclude true;
    else conclude false."

Auf der grundlegenden Ebene müssen wir uns die hier genannten Bedingungen A, B und C als etwas vorstellen, das direkt aufgrund von Sinneseindrücken überprüft werden kann. So könnte die genannte

---

[26] Woods 1981: 319.

Prozedur etwa ein Entscheidungsverfahren dafür darstellen, daß ein bestimmter Gegenstand ein Stuhl sei.

Ein solches Entscheidungsverfahren wiederum könnte für einen Roboter mit annähernd menschlicher Gestalt darin bestehen, sich optisch und motorisch davon zu überzeugen, daß der genannte Gegenstand eine Sitzfläche bietet, die durch mindestens eine Stütze in einiger Entfernung vom Boden gehalten wird, und daß das Ding in einem bestimmten Ausmaß belastbar ist.

Den Satz "Dies da ist ein Stuhl" zu verstehen, heißt für den Roboter, über die angegebene Prozedur zu verfügen. Wenn er diese erfolgreich ausführt, hat er sich von der Wahrheit des Satzes überzeugt.

Alle Bedeutungen sind nach Woods als Prozeduren über einer Grundmenge von wahrnehmbaren Primitiven zu konstruieren. Abstrakteren Bedeutungen, welchen Zusammensetzungen aus elementaren Prozeduren entsprechen, kommt eine Struktur zu, welche Woods mit derjenigen von Carnaps Intensionen gleichsetzt.

Daher kann es sein, daß die Bedeutung einer Aussage von einer ganz konkreten Art der Durchführung von ihr implizierter Unterprozeduren unabhängig ist, weil zwar durchführungsverschiedene, aber ergebnisgleiche Unterprozeduren denselben Beitrag zu eben dieser Bedeutung leisten. Ein Beispiel:

Wenn die Bedeutung von "Wirbeltier" mit der Sektion eines Lebewesens überprüft werden kann, so ist es hierfür unerheblich, welche Art von Skalpell benutzt wird.

Zum Verständnis des Ausdrucks "Wirbeltier" reicht es nach Woods allerdings aus, diese Sektion nicht aktualiter durchzuführen, sondern eine Vorstellung davon zu haben, welches Ergebnis eine solche Prozedur zeitigen müßte, führte man sie durch.

Die Beziehung zwischen Bedeutung und Prozedur wird mit einigen weiteren Auflockerungen versehen, auf die einzugehen hier nicht der Raum ist. Alle diese Zusätze zu der vorderhand gegebenen Explikation der Bedeutung als einer Entscheidungsprozedur sollen gemäß Woods Erklärungen dazu dienen, den Eindruck des Verifikationismus zu vermeiden.

Aber einerseits ist in Anbetracht der von Woods als grundlegend betrachteten Ebene der Überprüfung aufgrund von Wahrnehmungserlebnissen, die etwa auch ein Roboter haben könnte, nicht zu sehen, wie Woods diesem Eindruck entgehen könnte, - eine Kritik übrigens, die so auch von Fodor[27] vorgetragen wird -, und andererseits ist ebenfalls nicht erkennbar, daß die von Woods ergriffenen Rettungsmittel zum Ziele führen:

Von einer Prozedur nicht die aktuale, sondern nur die in einem mentalen Modell simulierte Ausführung zu verlangen, ist sicherlich keine Abgrenzung gegenüber dem Verifikationismus. Auch Carnap und der Wiener Kreis haben ja nicht unmittelbare Verifikation, sondern lediglich die logische Möglichkeit einer solchen Verifikation, sozusagen die Verifikation in einer möglichen Welt unserer Vorstellung, gefordert, damit eine Aussage Sinn habe.

Es ist nun weder meine Absicht, zum Verifikationismus in negativer Weise Stellung zu beziehen, noch Woods' Theorie der prozeduralen Semantik zu kritisieren; vielmehr halte ich es für eine offene Frage, ob nicht auf einer sehr grundlegenden semantischen Ebene (beispielsweise der Robotik) eine Art von verifikationistischer Bedeutungskonzeption und damit eine prozedurale Semantik im Sinne Woods' unvermeidbar ist.[28] Jedoch haben die Ausführungen dieses Abschnittes ihren

---

[27] Vgl. Fodor 1981: 211ff.

[28] In diesem Sinne interpretiere ich auch die programmatischen, aber leider sehr knappen Äußerungen Wolfgang Wahlsters, wenn er das "Paradigma der sprachorientierten KI-Forschung" unter anderem wie folgt charakterisiert:

"Angestrebt wird eine vollständig operationalisierte, extreme Form der Referenzsemantik, die bis auf die sensorische Ebene 'durchgeschaltet' wird." (Wahlster 1982: 2)

Ähnlich knapp und einschlägig äußert sich Fodor:

"There is an intuition that thoughts are about the world in virtue of the way that the thinker is causally connected to the world; that - to put it as misleadingly as possible - semantics somehow reduces to robotics." (Fodor 1985: 112)

Es ist interessant festzuhalten, daß Fodor, obwohl er sie scharf kritisiert, einer verifikationistisch-prozeduralen Semantik zwar keine globale, wohl aber eine partielle Existenzberechtigung zuerkennt:

"The whole point about the Winograd program, the trick, as it

Zweck völlig erreicht, wenn es gelungen ist, den folgenden Punkt zu unterstützen:

Auch was den für die automatische Sprachverarbeitung natürlicher Sprachen grundlegenden Begriff der Bedeutung angeht, steht die KI in philosophischer Tradition. Dieses wird am Beispiel von Woods' Thesen zu einer prozeduralen Semantik deutlich, wo zwei von Carnap zu unterschiedlichen Zeiten erarbeitete Erklärungen des grundlegenden Begriffes zu einer Auffassung von "Bedeutung" zusammengefaßt werden.

Wenn - wie Fodor Woods zum Vorwurf macht - eine verifikationistische Bedeutungstheorie vernichtend zu kritisieren ist und Woods' Bedeutungstheorie - trotz aller gegenteiligen Beteuerungen - die KI-Version einer verifikationistischen Bedeutungstheorie darstellt, dann haben wir mit Woods' prozeduraler Semantik den Fall vorliegen, daß die KI von der Philosophie hätte lernen und dadurch Irrtümer vermeiden können.

Sollte sich andererseits in weiteren Arbeiten das Konzept einer prozeduralen Semantik als durchführbar und erfolgreich erweisen, so bedeutete dieses eine Fortführung, ja empirische Bewährung der von philosophischer, hier namentlich von Carnaps Seite aus geleisteten Vorarbeit.

Beide Konditionalsätze implizieren nach meinem Dafürhalten, daß das Verhältnis von KI und Philosophie ein fruchtbares sein kann[29].

---

    were, that makes it work, is that the block world that SHRDLU (nominally) lives in is constructed precisely, so as to satisfy the epistemological and ontological requirements of verificationism; in particular, each object is identifiable with a set of features, each feature is either elementary or a construct out of the elementary ones, and the elementary features are (by assumption) transducer-detectible. What the Winograd program shows, then, is at most that verificationism is logically possible; there are possible worlds, and possible languages, such that verificationism would be a good semantics for those languages in those worlds (and, mutatis mutandis, such that reductionism would be a good theory of the way that percepts are related to sensations in those worlds)."
(1981: 218f.)

[29] Für eine Diskussion des Verhältnisses von Philosophie und KI-Forschung siehe Heyer 1987, besonders Paragraph 3.

3. Reduktionismus

Die Kopplung von Nachprüfbarkeit, Reduktion und Bedeutung durchzieht Carnaps Werk und stellt sich in verschiedenen Varianten als der Grundgedanke dar, daß nur solche erfahrungswissenschaftlichen Ausdrücke - seien dies nun vollständige Aussagen oder aber Begriffe - einen Sinn haben, die entweder direkt anhand der Erfahrung überprüft werden können oder aber auf eben solche Ausdrücke in einem bestimmten - im Laufe der Zeit mehr und mehr abgeschwächten Sinne - reduzierbar sind.

Die stärkste Fassung dieses Gedankens erleben wir im "Aufbau", wo direkte Nachprüfbarkeit Verifizierbarkeit an den Elementarerlebnissen[30] bedeutet und indirekte Nachprüfbarkeit den strengsten Sinn von Reduktion, nämlich definitorische Eliminierbarkeit voraussetzt.

Schon im "Aufbau" hatte Carnap das Fremdpsychische auf das Physische reduziert, dabei aber noch das Eigenpsychische als die Grundlage seines Systems gewählt und damit die Einheitswissenschaft auf eine phänomenale Basis gestellt.

Als er der Einheitswissenschaft wenige Jahre später ein physikalisches Fundament zusprach, stellte Carnap als Teilthese des sog. Physikalismus die Behauptung von der Übersetzbarkeit sämtlicher Sätze der Psychologie in die physikalische Sprache auf [31].

Sätze über Psychisches als Sätze über vermeintlich Nicht-Beobachtbares und Sätze über noch unbekannte physikalische Mikrostrukturen[32] sollten demnach wechselseitig ineinander übersetzbar[33] sein. Als Zwischenstufe dieser Übersetzung visierte Carnap eine behavioristische Ebene an, die aufgrund der Übersetzbarkeitsthese auf einem logischen Behaviorismus fußt.

---

[30] Vgl. Carnap 1928: Paragraph 179.

[31] Vgl. Carnap 1932/33: 142.

[32] Vgl. a.a.O.: 114.

[33] A.a.O.: 108f.

Carnaps Physikalismus wertet Stegmüller als "eine Konsequenz, die unvermeidlich zu sein scheint, wenn man an der Forderung der intersubjektiven Überprüfbarkeit aller wissenschaftlichen Aussagen unerbittlich festhält"[34]. Gleichzeitig betont er die Nicht-Durchführbarkeit sowohl der behavioristischen als auch der physikalistischen definitorischen Reduktion der psychologischen Grundbegriffe.

Schließt man sich diesem Urteil - zumindest für den jetzigen Zweck - einmal an, so wirft sich die Frage auf, ob damit jeder Versuch, psychologische Ausdrücke auf andere zurückzuführen und sie dadurch zu erklären, gleichermaßen zum Scheitern verurteilt ist.

Daß diese Frage zu verneinen ist, ist eine Ausgangsthese der KI. Damit will ich sagen, daß die KI aus denselben Motiven wie Carnap eine Reduktion der Psychologie - oder genauer: der kognitiven Psychologie - in Angriff nimmt, welche sowohl für die Nachprüfbarkeit psychologischer Aussagen als auch für die empirische Verankerung der Bedeutung kognitiver Termini Sorge trägt.

In diesem Sinne reduziert die KI Intelligenz auf Symbolmanipulation, macht das Zustandekommen intelligenter Leistungen als Leistungen physikalischer Symbolsysteme intersubjektiv nachprüfbar und setzt damit die Bedeutungen kognitiver Termini wie "Intelligenz", "Problemlösen" etc. auf empirischen Grund.

Bedingung der Möglichkeit dieses Reduktionismusses ist die These, daß Mensch und Computer hinsichtlich der kognitiven Leistungen eine natürliche Art bilden oder, wie Herbert Simon formuliert, "that all known intelligent systems (brains and computers) are symbol systems"[35].

Unter dieser Voraussetzung der Artgleichheit von Mensch und Computer wird ein Einwand hinfällig, den Jerry Fodor[36] wiederholt gegen den physikalistischen Reduktionismus vorgetragen hat.

---

[34] Stegmüller [6]1978: 397.

[35] Simon [2]1982: 28.

[36] Vgl. Fodor 1975: Introduction: Two Kinds of Reductionism, bes. 14ff.; ders. 1981: Special Sciences, bes. 132ff.

Der Einwand besteht - zusammengefaßt - darin, daß es extrem unwahrscheinlich ist, daß die natürlichen Arten, über welche die Gesetze der zu reduzierenden Wissenschaft sprechen, so auf natürliche Arten der reduzierenden Wissenschaft zurückgeführt werden können, daß nach wie vor dieselben Gesetze ausgedrückt werden.

Wäre dies der Fall, so müßte z. B. ein ökonomisches Gesetz vom Geldwechsel ein echtes physikalisches Gesetz darstellen. Dies wiederum würde bedeuten, daß eine Disjunktion von Termen der Physik, die die monetären Entitäten - wie z. B. Dollarrechnungen und Schecks - denotieren, von denen das ökonomische Gesetz spricht, zusammen eine natürliche Art der Physik bezeichneten. Das aber ist kontraintuitiv, also stimmt der Physikalismus nicht.

Eine ähnliche Kontraintuition ist dagegen nicht gegeben, wenn die zu reduzierende Wissenschaft nach wie vor die Psychologie, die reduzierende Wissenschaft aber die Computerwissenschaft ist. Vielmehr führt Fodor gerade die Artgleichheit von Mensch und Computer gegen eine Reduktion der Psychologie auf die Neurologie ins Feld:

"What I have been doubting is that there are neurological kinds coextensive with psychological kinds. What seems increasingly clear is that, even if there are such coextensions, they cannot be lawful. For it seems increasingly likely that there are nomologically possible systems (viz., automata) which satisfy the kind predicates of psychology but which satisfy no neurological predicates at all"[37].

Von daher erscheint die informatische Reduktion der Psychologie zumindest weit plausibler als die entsprechende physikalistische Reduktion.

Die Voraussetzung dafür, Mensch und Computer als artgleich aufzufassen, ist die Gültigkeit des Funktionalismus [38]. Die KI kann geradezu als der Versuch angesehen werden, die These des Funktionalismus zu bewähren.

Diese These besagt, daß mentale Zustände funktionale Zustände sind, die auf unterschiedliche Weisen physikalisch realisiert sein können und daher nicht von einer spezifischen Hardware abhängig sind.

---

[37] Fodor 1981: 136.

[38] Zum Funktionalismus siehe dessen Begründer, Putnam 1960, sowie, für einen Überblick, Fodor 1981a.

Wenn aber die physische Organisation eines Systems in diesem Sinne für seine mentalen Zustände unerheblich ist, dann können von ihrem physikalischen Aufbau her wesentlich verschiedene Systeme wie Mensch und Computer dieselben mentalen Zustände aufweisen. Daher die Erklärbarkeit des einen Systems durch das andere, daher die Möglichkeit einer nachprüfbaren, weil informatisch reduzierten Psychologie:

"Indem man eine psychologische Theorie auf das Programm für eine Turing-Maschine reduziert, treibt man gleichsam den Ungeist des Homunkulus aus. Es werden keine Operationen gefordert, die nicht durch einen bekannten Mechanismus zustandegebracht werden könnten."[39]

Carnap hielt, wie Stegmüller sagt, "unerbittlich ... an der Forderung der intersubjektiven Überprüfbarkeit aller wissenschaftlichen Aussagen fest"[40], weshalb er die Reduktion von Aussagen über Mentales auf die bekanntermaßen nachprüfbaren Behauptungen über das Verhalten menschlicher Körper bzw. über deren physikalische Mikrostrukturen forderte. Dieses Programm mag als gescheitert gelten. Dieselbe Intention erscheint jedoch heute realisierbar, wenn auch in anderer Gestalt.

Um nachprüfbares Wissen von der menschlichen Kognition zu gewährleisten, muß nicht das Mentale mit dem Verhalten von Körpern oder gar mit dem physikalischer Partikel identifiziert werden, vielmehr ist es für diesen Zweck hinreichend, mentale Leistungen als das rational, und das heißt hier: maschinell rekonstruierbare Verhalten von symbolmanipulierenden Systemen aufzufassen.

Der einzige Unterschied zu Carnaps Reduktionismus besteht demnach in der Wahl der Ebene, auf die reduziert wird.

Ob der neue Reduktionismus Erfolg haben wird, darf - trotz Dreyfus[41] - als eine empirische Frage gelten.

---

[39] Fodor 1981a: 34.

[40] Vgl. Seite 15 und Anm. 33.

[41] Dreyfus 1985.

4. Schluß:

Ich hoffe gezeigt zu haben, daß die Künstliche-Intelligenz-Forschung in dem Sinne in der Tradition Rudolf Carnaps steht, in welchem nicht nur Carnaps "Aufbau" als Vorwegnahme der Idee einer formalen Wissensrepräsentation gelten kann, sondern auch beide Forschungsprogramme zu ein und demselben Paradigma zu rechnen sind.

Dieses Paradigma verbindet KI und Carnap methodisch durch den formalistischen Ansatz und die darin implizierte Idee, der Semantik auf rein syntaktischem Wege Genüge zu tun.

Inhaltliche Übereinstimmungen ergeben sich sowohl hinsichtlich des zentralen Problems der Bedeutung und entsprechender Lösungsversuche als auch im Hinblick auf die Idee der Reduktion des Mentalen.

Was das Problem der Bedeutung angeht, so konnten wir in seinem Kontext das Verhältnis von Philosophie und KI dahingehend klären, daß die KI - sei es im positiven Sinne des Aufgreifens, sei es im negativen Sinne des Vermeidens von Fehlern - von philosophischen Lösungsversuchen profitieren kann wie sie auch umgekehrt einen empirischen Prüfstein für philosophische Bedeutungstheorien darzustellen vermag.

Was den Reduktionismus betrifft, so kann seine Wurzel sowohl auf Carnaps Seite wie auf seiten der KI im Festhalten an der Nachprüfbarkeit psychologischer Aussagen gesehen werden, wobei die KI die geeignetere Reduktionsebene gewählt haben dürfte.

Der formalistische Ansatz, das Gewicht einer (verifikationistischen) Theorie der Bedeutung und der Reduktionismus sind hervorstechende Charakteristika des Wiener Kreises, als dessen bedeutendster Vertreter Rudolf Carnap hier diskutiert worden ist. Insofern sich die KI unter den gleichen Rubriken erfassen läßt, ordnet sie sich in die neopositivistische Tradition ein, wobei der Grad dieser Einordnung mit dem Verhältnis zu einer verifikationistischen Bedeutungstheorie variieren dürfte.

Die Zugehörigkeit zum selben Paradigma fordert auch dieselbe Art von Kritik heraus: Der These, daß Bedeutung und Wissen partikularistisch analysierbar, formalisierbar und damit rekonstruierbar sind, steht nach wie vor der Holismus gegenüber. Was Quine für Carnap, das ist vielleicht Dreyfus für die KI[42].

So gesehen werden zwei Entwicklungslinien im Ausgang vom Wiener Kreis deutlich: eine negierende, die zu Quine führt, eine konfirmierende, die zur KI führt. In diesem Sinne kann die KI als Fortsetzung des Programmes von Carnap und des Wiener Kreises mit neuen Mitteln aufgefaßt werden. Die Verheißung des Erfolges liegt m. E. in diesen Mitteln.

<u>Literaturverzeichnis</u>

Carnap, Rudolf: 1928: Der logische Aufbau der Welt.
                         Ungekürzte Ausg.,(Text nach d. 4., unveränd.
                         Aufl. 1974). Frankfurt a. M., Berlin, Wien
                         1979.
                   1931: Überwindung der Metaphysik durch logische
                         Analyse der Sprache; in: Erkenntnis 2,
                         1931/32, pp. 219-241.
                   1932: Psychologie in physikalischer Sprache; in:
                         Erkenntnis 3, 1932/33, pp. 107-142.
                  ²1956: Meaning and Necessity. A Study in Semantics
                         and Modal Logic. Second Edition. Chicago,
                         London 1956. Seventh Impression 1975.
Dreyfus, Hubert L. 1985: Die Grenzen künstlicher Intelligenz. Was
                         Computer nicht können. Königstein/Ts. 1985.
Fodor, Jerry A.   1975: The Language of Thought, New York 1975.
                   1981: Representations. Philosophical Essays on the
                         Foundations of Cognitive Science. Cambridge
                         1981.
                  1981a: Das Leib-Seele-Problem; in: Spektrum der
                         Wissenschaft, März 1981, pp. 27-37.
                   1983: The Modularity of Mind. An Essay on Faculty
                         Psychology. Cambridge, London 1983.
                   1985: A Presentation to the National Science
                         Foundation Workshop on Information and
                         Representation; in: Report of Workshop on
                         Information and Representation, ed. by
                         B. H. Partee et al., Stanford 1985.

Goodman, Nelson   1951: The Structure of Appearance. Cambridge 1951.
                   1963: The Significance of Der Logische Aufbau Der

---

[42] Siehe etwa Quine 1953, 1960 und 1969, sowie Dreyfus 1985. Zum Thema Holismus versus KI vgl. auch Fodor 1983, Kapitel 6ff.

sophy of Rudolf Carnap. The Library of Living Philosophers, Vol. XI, La Salle, London 1963, pp. 545-558.

Haugeland, John   1982: Semantic Engines: An Introduction to Mind Design; in: ders. (ed.), Mind Design, Montgomery 1982.

1985: Artificial Intelligence. The very Idea. London 1985.

Heyer, Gerhard   1987: Kognitive Wissenschaft. Ein Überblick; in: Zeitschrift für Philosophische Forschung 41, 1987, pp. 279-290.

Johnson-Laird, P.   1983: Mental Models. Cambridge 1983.

Kese, Ralf   1987: Über den Beitrag Carnaps zur gegenwärtigen KI-Forschung; in: Logik, Wissenschaftstheorie und Erkenntnistheorie. Akten des 11. Internationalen Wittgenstein-Symposiums, Kirchberg am Wechsel, Österreich 1986; pp. 374-376. Hrsg. Paul Weingartner, Gerhard Schurz, Wien 1987.

Kuhn, Thomas S. ^{4}1979: Die Struktur wissenschaftlicher Revolutionen. Zweite revidierte und um das Postskriptum von 1969 ergänzte Auflage, Frankfurt am Main 1979.

Putnam, Hilary   1960: Minds and Machines; in ders.: Mind, Language and Reality. Philosophical Papers, Vol. II, pp. 362-385.

Quine, Willard   1953: From a Logical Point of View. Cambridge 1953.

1960: Word and Object. New York 1960.

1969: Ontological Relativity and Other Essays. New York 1969.

Schefe, Peter   1985: Zur Rekonstruktion von Wissen in neueren Repräsentationssprachen der Künstlichen Intelligenz. GWAI 1985: 230-244.

1986: Künstliche Intelligenz - Überblick und Grundlagen: Grundlegende Konzepte und Methoden zur Realisierung von Systemen der künstlichen Intelligenz. Mannheim, Wien, Zürich 1986.

Simon, Herbert A. ^{2}1982: The Sciences of the Artificial, Cambridge, London 1982.

Stegmüller, Wolfg. ^{6}1978: Hauptströmungen der Gegenwartsphilosophie. Eine kritische Einführung. Band 1. Stuttgart 1978.

Wahlster, Wolfgang   1982: Aufgaben, Standards und Perspektiven sprachorientierter KI-Forschung. Einige Überlegungen aus informatischer Sicht. Bericht GEN-5. Forschungsstelle für Informationswissenschaft und Künstliche Intelligenz. Hamburg 1982.

Woods, William A.   1975: What's in a Link: Foundations for Semantic Networks; reprinted in: Readings in Knowledge Representation, ed. by R. J. Brachman and H. J. Levesque, Los Altos 1985, pp. 217-241.

1981: Procedural Semantics as a Theory of Meaning; in: A. K. Joshi, I. A. Sag, and B. L. Webber (eds.): Elements of Discourse Understanding. Cambridge 1981, pp. 300-334.

WISSEN UND INTELLIGENZ
Erich Kiefer

Wissen ist zentral für das Phänomen Intelligenz, lax definiert, ist
Intelligenz Aktivität des Wissens. Dementsprechend nimmt die Wissensrepräsentation in der KI und in den anderen Kognitiven Wissenschaften
eine zentrale Stellung ein. Trotz dieser zentralen Stellung ist eine
allgemein akzeptierte Theorie des Wissens und der Wissensrepräsentation noch ein Desiderat. Informationsverarbeitende Systeme(IV-Syste-
me) lassen sich in mindestens drei "Sprachspielen" beschreiben, die
hier als unterschiedliche Beschreibungsebenen interpretiert seien:
1. als Informationsverarbeitende Systeme
2. als Symbolverarbeitende   Systeme
3. als Wissensverarbeitende   Systeme.
Diese drei Ebenen unterscheiden sich in ihrem Auflösungs- und Abstraktionsniveau, das Abstraktionsniveau nimmt von 1. nach 3. zu, die
Beziehungen zwischen den drei Beschreibungsebenen sind aber zum Teil
noch ungeklärt. Trotzdem gibt es gute Gründe dafür, komplexe IV-Prozesse als Wissensverarbeitende Prozesse zu beschreiben, sie also aus
einer dezidiert epistemischen Perspektive zu sehen und zu beschreiben, eine Perspektive, die sich in der KI in den letzten 15 Jahren
durchgesetzt hat.
Dies geschah im Umfeld einer Entwicklung der KI zu einer allgemeinen
Theorie der Intelligenz, zu einer neuen Art von Psychologie, die Theorien komplexer IV-Prozesse entwickelt, deren Geltungsbereich alle
physikalischen Realisationen dieser Prozesse sind, wobei zwei Realisationen besondere Bedeutung zukommt: der Realisation dieser Prozesse
im menschlichen Gehirn und der Realisation dieser Prozesse in Computern. Für den KI-Ansatz typisch ist die Entwicklung holistischer Modelle komplexer IV-Prozesse.So hat sich beispielsweise in der sprachorientierten KI-Forschung gezeigt, daß die Sprachverwendung des Menschen nicht unabhängig von den Performanzbedingungen und der Funktio-
nalität der Sprache verstanden werden kann.Anders formuliert: Sprachverwendung möglichst vollständig zu verstehen und zu modellieren
läuft darauf hinaus, das gesamte Gefüge menschlicher IV-Prozesse zu
verstehen und zu modellieren.

Es ist das, was Thomas Christaller einmal den "Austern-Effekt" genannt hat. Historisch gesehen haben die Philosophen am längsten über Wissen nachgedacht, von der Antike über die Bewußtseinsphilosophie bis zur nachpositivistischen Philosophie. Die Ergebnisse dieses Nachdenkens sind eher dürftig und kumulierten mit Quines Arbeiten in der Erkenntnis, daß die Konstruktion einer Theorie der Erkenntnis nicht Sache spekulativer Philosophie, sondern Aufgabe empirischer Wissenschaft ist.

Es waren im wesentlichen zwei Arbeiten Quines, die das bewirkten: "Zwei Dogmen des Empirismus" und "Naturalisierte Erkenntnistheorie", s.hierzu auch KIEFER, 1984. In "Zwei Dogmen des Empirismus" unterzog er die analytisch-synthetisch Dichotomie einer verheerenden Kritik, indem er zeigte, daß es nicht möglich ist, egal, wie man es auch anstellt, eine absolute Unterscheidung zwischen dem Analytischen und dem Synthetischen durchzuführen, daß es kein rein kognitives Kriterium für Analytizität gibt. Die Folgen der Quine'schen Destruktion der analytisch-synthetisch Dichotomie sind äußerst weitreichend. Es ist u. a. nicht mehr möglich, zwischen analytischen Wahrheiten, die auf Bedeutungen beruhen und synthetischen Wahrheiten, die auf Tatsachen beruhen, klar und eindeutig zu unterscheiden. Auch der Reduktionismus fällt mit dieser Dichotomie, genauso jede Suche nach Letztbegründung und absoluter Wahrheit. Auch die Trennung zwischen Sprache und Theorie fällt, genauso die Trennungslinien zwischen den Wissenschaften. Das alles und noch einiges mehr verflüchtigt sich im Himmel philosophischer Illusionen.
Für den Wissensbegriff heißt das zuerst einmal, daß der traditionelle philosophische Wissensbegriff hinfällig ist. "Wissen" kann nicht mehr im Unterschied zu "Glauben" und "Überzeugung" definiert werden als wahre und wohlbegründete Überzeugung, denn das setzt Analytizität "pur" voraus, und die gibt es nicht. Der Witz an der Analytizität "pur" ist eh der,daß sie falsch verstandene Zentralität ist und sonst gar nichts.Allerdings auch unabhängig von der Quine'schen Destruktion der analytisch-synthetisch Dichotomie taugt der traditionelle philosophische Wissensbegriff nichts, denn wir dürften dann uns und anderen in alltäglichen Kontexten kein Wissen zuschreiben, was schon Ayer 1956 bemerkte. Was heißt das weiter für den Wissensbegriff? Quines Destruktion der analytisch-synthetisch Dichotomie besagt ja unter anderem, daß es nicht möglich ist, die Wahrheit von Sätzen in eine sprachlich-linguistische Komponente und in eine Tatsachenkomponente aufzutrennen und irgendeine Aussage, auch nicht eine rein "lo-

gische",als absolut unrevidierbar auszuzeichen.Wenn es demnach keinen Sinn mehr macht, "Wissen" in der alten Weise in Abgrenzung gegen "Glauben" und "Überzeugung" zu definieren, wie läßt sich dann der Wissensbegriff definieren?

Eine andere Konsequenz des Falles der analytisch-synthetisch Dichotomie ist die Verwerfung der Möglichkeit, eindeutig zwischen Sprache und Theorie zu trennen, was heißt, daß "hinter" jeder Begriffsdefinition immer unsere momentane Theorie des entsprechenden Gegenstandsbereiches steht, mit einer Veränderung der Theorie verändern sich auch die Begriffsdefinitionen, es ist ein- und derselbe Vorgang.Im Kontext der KI-Forschungen und der Forschungen in den Nachbardisziplinen, die zur Zeit eine hohe Dynamik zeigen, kann das nur heißen, eine vorläufige Neudefinition des Wissensbegriffes zu versuchen.

Ein solcher Versuch steht im Kontext einer weiteren Konsequenz der Quine'schen Destruktion der analytisch-synthetisch Dichotomie, seines Programmes einer naturalisierten Erkenntnistheorie, was heißt, daß Erkenntnisprozesse beliebiger Art als naturale Prozesse von empirisch verfahrenden Wissenschaften zu untersuchen sind. Für dieses Programm spricht natürlich auch, daß die inhaltliche Entwicklung der Theorien in den Nachbardisziplinen - genannt seien Physik und Biologie - genau in diese Richtung geht.

In der Physik fand nach Relativitätstheorie und Quantenmechanik durch die neue Thermodynamik von Prigogine u.Mitarbeitern die dritte Grundlagenrevolution statt, die das Selbstorganisationsparadigma etablierte (s. hierzu: NICOLIS + PRIGOGINE 1977; PRIGOGINE 1979; PRIGOGINE + STENGERS 1981). Gegenstandsbereich der neuen Thermodynamik sind Prozesse der Elimination, des Konservierens und der Entstehung von physikalischen Strukturen.Dissipative Strukturen, zu denen unter anderen Lebensprozesse und damit auch mentale Prozesse in Lebewesen gehören, entstehen nur in offenen Systemen, weitab vom thermodynamischen Gleichgewicht, durch Selbstorganisationsprozesse, die die Verstärkung von Fluktuationen beinhalten. In der Thermodynamik von Prigogine und Mitarbeitern wird versucht, die Gesetzmäßigkeiten zu beschreiben, die zu Ordnungsstrukturen in Systemen weit vom Gleichgewicht führen,wobei die bisherigen Forschungen schon zu sehr interessanten Resultaten geführt haben. Innerhalb des Bereiches der Kognitiven Wissenschaften beginnt sich das neue Selbstorganisationsparadigma unter anderem in Form konnectionistischer Modelle durchzusetzen,s.MC CLELLAND + RUMELHART 1986.

Im Zusammenhang mit Quines Programm einer naturalisierten Erkennt-
theorie von Bedeutung ist, daß im Rahmen der neuen Thermodynamik Erkenntnisprozesse vom Genom bis zum Gehirn explizit als physikalische,
naturale Prozesse begriffen werden.
In der Biologie wird Evolution als phylogenetischer Lernprozeß verstanden, als kognitiver Prozeß, als Prozeß des Wissenserwerbs und der
Wissensakkumulation, wobei die Hauptakteure in diesem Spiel Genom und
Gehirn sind. Gerade diese Erweiterung des Wissensbegriffs in der Biologie ist für eine Definition des Wissensbegriffs innerhalb der KI
und der Kognitiven Wissenschaften nicht ohne Bedeutung;ist die Biologie doch eine Art "Mutterwissenschaft" für die KI,wenn sich diese als
Wissenschaft versteht,deren Gegenstand IV-Prozesse in hochorganisierten Gehirnen sind, wobei diese aus ganz unterschiedlicher Hardware
bestehen können. Hieraus läßt sich eine Forderung nach externer Kon-
sistenz/Kohärenz einer Wissensdefinition für den Gegenstandsbereich
der KI und der Kognitiven Wissenschaften ableiten, zumindest wäre das
langfristig wünschenswert. Ein Kriterium, dem eine KI-Wissenstheorie
und Wissensdefinition genügen sollte, wäre neben den "klassischen"
Kriterien das der heuristischen Kraft. Erfahrungen und Ergebnisse der
KI-Forschung und der Kognitiven Wissenschaften sprechen m.E. für vier
Schlüsselkategorien für eine Definition des Wissensbegriffes. Diese
vier Schlüsselkategorien sind Inhalt, Form, Funktion und Genese.

Der Inhalt des Wissens ist Information über irgendetwas, egal, ob man
das nun Realitätsbereich, Weltausschnitt, Referenzbereich, Diskursbereich, ontologischen Bereich oder Domaine nennt, wobei der Begriff
des ontologischen Bereichs am allgemeinsten ist, er kann für alles
mögliche stehen, für Entitäten wie Zahlen, Atome, Götter, Schmetter-
linge und Gedanken, um einige Beispiele zu nennen.Wissensinhalte können im Umfang, im Grad der Differenziertheit und in etlichen anderen
Aspekten sehr unterschiedlich sein, sie legen das fest,was es aus der
Perspektive eines IV-Systems an Prozessen, Objekten, Relationen, abstrakter: an ontologischen Entitäten in der realen Welt und in hypo-
thetischen Welten gibt bzw. gegeben hat oder geben wird,das IV-System
selbst, mit allem, was es ausmacht, mit eingeschlossen.

Wissensinhalte müssen physikalisch realisiert sein, in einer bestimmten Form, einem bestimmten Format, damit sie in einem IV-System für
IV-Prozesse benutzbar sind.Bestimmte Wissensinhalte können im Prinzip
in ganz unterschiedlichen Formen, Formaten dargestellt bzw. repräsen-

tiert werden.Viele Diskussionen in der KI und anderen Disziplinen der
Kognitiven Wissenschaften betrafen primär das Problem der geeigneten
Form der Wissensrepräsentation.Welche Form geeignet ist zur Repräsentation eines bestimmten Wissensinhaltes, das ist nicht nur eine Frage
der zu realisierenden Inhalte, sondern genauso eine Frage der zu realisierenden Funktionen, der mit dem Wissen zu realisierenden IV-Prozesse. Schon in einem auch nur halbwegs intelligenten System ist das
eine Vielfalt komplexer IV-Prozesse, mit entsprechenden Anforderungen
an die Form der Wissensdarstellung.

Die Realisierung von Funktionen von IV-Prozessen erfordert selbst
wiederum Wissen. Wissen, wie IV-Prozesse zu realisieren sind, z. B.
Suchprozesse, Matchingprozesse, Inferenzprozesse,Problemlöseprozesse,
Planungsprozesse,Lernprozesse usw..Erst ein Wissen dieser Art,Wissen,
wie mehr oder weniger komplexe IV-Prozesse in einem IV-System physikalisch realisiert werden können, ermöglicht, zusammen mit beliebigem
anderen Wissen, daß dieses Wissen aktives Wissen sein kann. Ohne dieses Wissen könnte man noch soviel Wissen in ein System hineinstecken,
z.B.in Form von semantischen Netzwerken, - es würde nichts passieren.

Wissen über die Realisation von IV-Prozessen kann man als eine einfache Art von Metawissen ansehen, z.B. eine Inferenzregel,in der Wissen
codiert ist, wie aus bestehendem Wissen neues Wissen inferiert werden
kann. Wissen über die Realisation von IV-Prozessen ist in der Regel
in KI-Systemen implizit codiert, in Prozeduren, Funktionen von KI-
Programmsprachen. Es kann aber auch explizit codiert sein,es muß dann
allerdings erst transformiert werden,um als IV-Prozeß realisiert werden zu können. Weiter kann Wissen über die Realisation von IV-Prozessen selbst wiederum anderes Wissen über die Realisation von IV-Prozessen zu seinem Inhalt haben, also Metawissen von Metawissen, Meta-
metawissen sein. Je höher in der Hierarchie von Wissen und Prozessen
sich solches Metawissen befindet,um so sinnvoller scheint es zu sein,
es explizit darzustellen, zumindest legen die Erfahrungen der KI-Forschung dies nahe, und Menschen verfügen offensichtlich über besonders
umfangreiches explizites Metawissen auf hohen Stufen.Mit explizit ist
hier gemeint, daß dieses Wissen in komplexen konzeptuellen Strukturen
dargestellt ist,die zum großen Teil auch verbalisierbar sind.Wissens-
inhalte dieser Art - Wissen, wie komplexe IV-Prozesse zu realisieren
sind - werden oft nicht als Wissen bezeichnet, wenn sie implizit repräsentiert werden. Man macht dann aber Implizitheit und Explizitheit
oder Repräsentation zum Kriterium, was Wissen ist und was nicht, was

ich für sehr problematisch halte, da es hier um Wissensinhalte geht, die implizit wie explizit repräsentiert werden können.

Schließlich muß Wissen erworben, entwickelt, neu synthetisiert und umorganisiert werden. Es unterliegt einer Entwicklung, einer Genese. Entwicklung, Lernfähigkeit ist natürlich ein Teil der in einem IV-System realisierten oder zu realisierenden IV-Prozesse, für ein wirklich intelligentes System aber ein unverzichtbarer.

Ein entscheidender Punkt ist nun, daß in einem intelligenten System komplexe,umfangreiche Wissensinhalte kausal wirksam werden,vermittelt über die Form,egal,ob es sich um Verstehensprozesse, Problemlöseprozesse, Planungsprozesse oder andere IV-Prozesse handelt. Wenn eine Teilmenge des Wissens in einem IV-System Wissen über die Realisierung vielfältiger, komplexer IV-prozesse ist,dann ermöglicht dieses Wissen inhaltsdeterminierte Informationsverarbeitung.

Ich möchte diese Überlegungen jetzt in einer ersten Annäherung an eine Definition des Wissensbegriffes zusammenfassen:
Das Wissen eines IV-Systems ist die in bestimmten Repräsentationsformen dargestellte und gespeicherte Menge von Informationen über ontologische Entitäten, wobei eine ausgezeichnete Menge dieses Wissens, Wissen über die Realisation von IV-Prozessen ist, mit dem gesamten Wissen werden inhaltsdeterminierte IV-Prozesse realisiert, die das Wissen und die mit ihm realisierten IV-Prozesse selbst wieder verändern.

Inhaltsdeterminierte IV-Prozesse können erst realisiert werden, wenn das durch die genannten vier Kategorien beschriebene Wissen auf einer geeigneten Hardware implementiert ist, und wenn es aktiviert wird. Erst dann wird das Wissen zu einer aktiven, dynamischen Struktur, ansonsten ist es eine statische,nur potentiell aktive,dynamische Struktur. Als aktives dynamisches Wissen in einem IV-System kann es eine Vielfalt komplexer IV-Prozesse generieren, Verstehensprozesse, Planungsprozesse, Lernprozesse usw.. Vielleicht ist es sinnvoll, solche Prozeßstrukturen als aktive Zustandsformen von Wissen anzusehen, ihr Verhältnis zu Wissen als statische Struktur ist vergleichbar dem Verhältnis von Genotyp und Phänotyp, genauer: der Beziehung zwischen dem in der DNS codierten Wissen und den biologischen Strukturen, die dieses Wissen realisieren.

Neben der Beziehung,die Wissen als statische Struktur zu der Hardware
hat, auf der es implementiert ist, und der Beziehung, die das Wissen
als statische Struktur, implementiert auf einer geeigneten Hardware,
zu den durch es realisierten IV-Prozessen hat, sind noch zwei weitere
Beziehungen von Bedeutung:
- die Beziehung zwischen Wissen (statisch und aktiv) und Ontologie
- die Beziehung zwischen Wissen - als aktive Struktur -und den Input-
  und Output-Strukturen des IV-Systems.

Die Beziehungen zwischen Wissen, genauer: den Wissensinhalten, und
Ontologie ist die Beziehung zwischen Repräsentierendem und Repräsentiertem. Zur Ontologie gehört alles, auch das Wissen selbst, als statische und aktive Struktur,als Prozeßstruktur von IV-Prozessen.Wissen
kann also potentiell selbstreferentiell sein. Ein Teilbereich der Ontologie hat in der Regel den Status der "Realität" bzw.der "Wirklichkeit",die inhaltliche Strukturierung dieses Teilbereiches kann extrem
unterschiedlich sein und ist es auch, wie ein "Blick" auf Religionen,
Philosophien, wissenschaftliche und Alltagstheorien zeigt. Die Beziehung zwischen aktivem Wissen als Struktur von IV-Prozessen, dem ihm
zugrundeliegenden Wissen als statische Struktur und allen Inputs und
Outputs eines IV-Systems ist für das reale Funktionieren eines IV-
Systems und für seine theoretische und praktische Modellierung natürlich eine überaus wichtige Beziehung. Neben externen Inputs und Outputs, wie beim Verstehen von Sprache und Bildern, der Generierung von
Handlungen und Verhalten,können die Input-Output-Strukturen auch rein
intern sein, wie bei der Introspektion und der metakognitiven Selbst-
steuerung der IV-Prozesse.

Ein wichtiger Aspekt von Wissen und von IV-Prozessen als aktivem Wissen ist Idiosynkrasie bzw. Subjektivität. Jenseits einer bestimmten
Komplexitätsschwelle ist jedes IV-System, egal, mit welcher Hardware
es realisiert ist, ein Subjekt,es realisiert Verstehensprozesse,Lern-
prozesse, Planungsprozesse usw., die an seine Existenz und die damit
gegebene "perspektivische Sicht" der Welt gebunden sind. Von der inhaltlichen Struktur seines Wissens hängt es ab, wie es etwas versteht
und welche Handlungen, welches Verhalten es generiert - in der Interaktion mit der Umwelt und mit sich selbst. Ein wichtiger Aspekt von
Subjektivität ist sicherlich, daß Wissen implizit oder explizit bewertet ist, nach Kriterien wie Plausibilität, Wahrheit, Wichtigkeit,
Wünschbarkeit, Interessantheit usw., die selbst theorienabhängig sind
und in ihrer Semantik und Pragmatik revidierbar sind.Theorienabhängig

heißt,daß die Bewertungen abhängig sind von der inhaltlichen Struktur des Wissens eines IV-Systems,z.B. ist bei einem Menschen, der Wissenschaftler ist, die Semantik und Pragmatik von "Wahrheit" auf einem hohen konzeptuellen Niveau abhängig von seiner privaten Wahrheits- und Rationalitätstheorie,welche wiederum Teil seiner Welttheorie ist. Im Unterschied hierzu enthält die private Wahrheitstheorie eines Kindes andere beliefs, dementsprechend verfügt es über ein anderes Konzept von "Wahrheit".

Bewertungen können von vielen Prozessen verändert werden, z. B. von Planungsprozessen, wobei diese selbst wieder aus und durch bewertetes Wissen erzeugt werden. Das Thema Subjektivität bedarf sicherlich noch einer wesentlich gründlicheren Analyse, als es diese kursorischen Überlegungen darstellen, so ist es m. E. durchaus sinnvoll, verschiedene Grade und verschiedene Arten von Subjektivität anzunehmen, die Rolle der individuellen Lerngeschichte,des individuellen Wissens über Werte und Normen, generell metakognitive Prozesse,um einige Punkte zu nennen, in diesem Kontext zu untersuchen. Wie dem auch sei, Subjektivität wird als Thema der KI-Forschung erhalten bleiben.

Ebenso schwierig wie eine Definition von "Wissen" ist angesichts der Entwicklungsdynamik innerhalb der Kognitiven Wissenschaften der Versuch einer Taxonomie der Wissensarten, die für die Realisation eines intelligenten Systems erforderlich sind.KI und Kognitiver Psychologie geht es da nicht besser als anderen Wissenschaften: sie müssen mit "handgestrickten" Taxonomien anfangen und versuchen zu empirisch und theoretisch valideren Taxonomien zu kommen. Entscheidend für eine Taxonomie ist natürlich, welche Merkmale, Kriterien,als wesentlich für die Gliederung eines Gegenstandsbereiches gesehen werden und das geht nicht unabhängig vom Stand der Theorienentwicklung. Hier kann man einiges von der biologischen Systematik lernen. Über Aristoteles und Linne bis heute entwickelte sie sich von einer Systematik,die morphologische Merkmale verwendete, zu einer Systematik, die als kritische Merkmale Unterschiede in den Nukleinsäuren verwendet. Innerhalb der KI und der Kognitiven Psychologie wurden in den letzten fünfzehn Jahren eine Reihe von Diskussionen geführt über Form und Inhalte von Wissensrepräsentationen und über mit ihnen zu realisierende IV-Prozesse. Diese Diskussionen, die sich u. a. an folgenden Unterscheidungen festmachen lassen, betrafen auch immer das Problem der Wissenstaxonomie:

- deklarative v. prozedurale Repräsentation
- propositionale v. analoge Repräsentation
- homogene v. heterogene Repräsentation
- episodisches v. semantisches Wissen
- Handlungswissen, Wahrnehmungswissen, sprachliches Wissen
- deklaratives Wissen, prozedurales Wissen, Kontrollwissen usw.

Je nach Autor wurden alle möglichen Merkmale bzw.Unterscheidungen zur Wissenstaxonomie benutzt: Wissensinhalte, Formen der Repräsentation, funktionale Kontexte, epistemische Beziehungen usw.,entsprechend chaotisch und widersprüchlich sind die vorhandenen Wissenstaxonomien. So wurde beispielsweise die Unterscheidung zwischen deklarativer und prozeduraler Form der Wissensrepräsentation in der psychologischen Literatur oft mit der Unterscheidung von Ryle zwischen deklarativem und prozeduralem Wissen in eins gesetzt, obwohl dieser eher Wissensinhalte damit meinte ("Wissen daß", "Wissen wie"). Wissensinhalte können nun aber in ganz unterschiedlichen Repräsentationsformen repräsentiert werden, so daß in dieser Art von Unterscheidung von Wissensarten doch sehr unterschiedliche Sachverhalte konfundiert werden, was dafür spricht, die Unterscheidung zwischen deklarativem und prozeduralem Wissen ersatzlos zu streichen.

Die Unterscheidung zwischen deklarativen und prozeduralen Repräsentationsformen,die der Unterscheidung zwischen expliziter und impliziter Repräsentation sowie der Unterscheidung zwischen Daten und Programmen sehr ähnlich ist, muß ohnehin als nicht scharfe Unterscheidung betrachtet werden, spätestens der Begriff "Nachricht" macht das notwendig, s. STOYAN + GÖRZ, 1984.

Eine andere problematische Unterscheidung ist die zwischen propositionaler Repräsentation und analoger Repräsentation, wobei in der Literatur in der Regel unter analoger Repräsentation etwas verstanden wird, was sich qualitativ von der propositionalen Repräsentation unterscheidet. Während der Begriff der Proposition klar ist, kann man das vom Begriff der analogen Repräsentation, so wie er bis jetzt verwendet wurde, nicht sagen.

Was an einer analogen Repräsentation macht diese zu einer solchen? Ist das eine Frage der repräsentierten Wissensinhalte, der Repräsentationsform,der epistemischen Beziehung zu dem,was repräsentiert wird oder was sonst? Ein prototypisches oder paradigmatisches Beispiel ei-

ner analogen Repräsentation ist das, was ein Mensch gerade in einer
Alltagssituation sieht. Was er "sieht", sind zuerst einmal Oberflä-
cheneigenschaften der Welt um ihn herum, perceptive hier: visuelle
Informationen auf einer niedrigen,phänomenologischen Abbildungsebene.
Sie entsprechen in etwa dem RSV-Graph im VISION-System, unter Hinzu-
nahme der Repräsentationen für Oberflächen und Volumen. Diese Repräsentationen sind m.E. schon eine gute Annäherung an die Repräsentationen, die im visuellen Kortex höherer Primaten auf den unteren Verar-
beitungsebenen berechnet werden, auch wenn diese quantitativ wesentlich umfangreicher sind. Sie zeigen,daß die Ergebnisse niederer Bild-
verstehensprozesse prinzipiell in propositionalen Strukturen repräsentiert werden können,was heißt, daß das, was eine analoge Repräsentation zu einer solchen macht, nicht eine Frage der Form der Repräsentation, sondern eine Frage der zu repräsentierenden Wissensinhalte
ist, sowie deren epistemischer Beziehung zu dem, was sie repräsentieren. Die Unterscheidung zwischen analogen und propositionalen Repräsentationen ist demnach nicht korrekt und sollte aufgegeben werden.
Die Wissensinhalte "typischer" analoger Repräsentationen sind Ergebnisse niederer Verstehensprozesse, sie sind Wissensinhalte auf einer
phänomenologischen Abbildungsebene, die ein weitgehend isomorphes Modell raum-zeitlicher, sensorischer Merkmale eines Referenzbereiches
darstellen. Diese Definition analoger Repräsentationen über die mit
ihnen zu repräsentierenden Wissensinhalte und deren epistemischer Beziehung zu dem, was sie repräsentieren, ist weitgehend identisch mit
der Definition analoger Repräsentationen durch Palmer (1978) über die
Unterscheidung intrinsischer und extrinsischer Aspekte der Wissensrepräsentation. Die vielfältigen Funktionen analoger Wissensrepräsentation im Gefüge der kognitiven Organisation des Menschen lassen sich
wie folgt zusammenfassen:

1. Analoge Repräsentationen sind Wissensbasis für die Realisation von
Verstehensprozessen und Ergebnis bzw. Zwischenergebnis von Verstehensprozessen, wobei es sich bei den Verstehensprozessen im wesentlichen um Prozesse des Bildverstehens, des Sprachverstehens,des akusti-
schen Verstehens und des somatosensorischen Verstehens handelt.
2. Analoge Repräsentationen sind der Ausgangspunkt für verschiedene
kognitive Prozesse, wie Verbalisierungsprozesse der Ergebnisse bzw.
Zwischenergebnisse von Verstehensprozessen, der Generierung von Vorstellungen und generell von Inferenz-, Problemlöse- und Planungsprozessen, wobei diese sehr unterschiedlicher Natur sind, das Spektrum

reicht von spezifischen Inferenzprozessen, Analogiebildungsprozessen
über Simulationen bis zum Planen von Ortsveränderungen mittels kognitiver Karten und räumlichen Vorstellungsvemögens.

Ein grundlegendes Problem in vielen Wissensrepräsentationsformalismen, die zu den sich überschneidenden Klassen der Semantischen Netze
und der Frames gehören, ist die strikte Unterscheidung zwischen einer
terminologischen und einer assertionalen Komponente - und die inhaltliche Interpretation dieser Unterscheidung - wie sie z. B. in der KL-
ONE-Sprachfamilie gemacht wird, oder in der Unterscheidung zwischen
begrifflichem und referentiellem Netz im HAM-RPM- und HAM-ANS-System,
s. Höppner 1980. Diese Unterscheidung wird von einigen Autoren (z. B.
Brachmann et al 1983, Schefe 1985) interpretiert als Unterscheidung
zwischen synthetischem Wissen über die Welt und analytischem Wissen
über Begriffsdefinitionen. Da Analytizität "pur" sich aber mittlerweile als philosophische Illusion erwiesen hat,kann diese Interpretation nicht mehr aufrechterhalten werden, d. h. auch begriffliches,
terminologisches Wissen ist synthetisches Wissen, Wissen über die
Welt.

Eine m. E. adäquatere Interpretation des Status des Wissens im terminologischen Teil von Wissensrepräsentationsformalismen in der Tradition semantischer Netzwerke ist die, daß es sich bei diesem Wissen um
bewährte, überlernte, sprachnahe Begriffsstrukturen handelt, insofern
können solche Wissensrepräsentationen psychologisch adäquat und auf
der Performanzebene empirisch evident sein. Viele Aspekte der Sprachverwendung sind so modellierbar, viele aber auch nicht, in denen Begriffsstrukturen zurückgenommen, revidiert, umorganisiert, erweitert
und neu gebildet werden, was in vielen Kontexten der Sprachverwendung
der Fall ist, z. B. beim Generieren und Verstehen wissenschaftlicher
Texte und Diskurse, wo oft neue Begriffe und Begriffsstrukturen entwickelt werden und Begründungen für sie geliefert werden.Theorienent-
wicklung und Weiterentwicklung der Sprache ist hier ein und derselbe
Vorgang. In vielen alltäglichen Situationen der Sprachverwendung werden gleichfalls Begriffsstrukturen verändert und neu entwickelt, auch
wenn parallel hierzu andere Begriffsstrukturen oft festgeschrieben
und immunisiert sind.
Die Modellierung dieser Aspekte der Sprachverwendung erfordert m. E.
die Entwicklung neuer Wissensrepräsentationsstrukturen, die Lernprozesse und Wissensrepräsentationsstrukturen funktional integrieren.Für
den Aufbau einer Wissensrepräsentation werden Lernprozesse gebraucht,

sie sind dann sehr aktiv, während sie nach einer Zeit der Bewährung der aufgebauten Strukturen in bezug auf diese inaktiv werden,aber bei Bedarf aktiviert werden können, sozusagen im "Wartestand" verfügbar sind. Induktive Lernverfahren, wie z. B. im BLIP-System, die domain-unabhängiges Metawissen verwenden, sind möglicherweise in eine solche Richtung weiterentwickelbar, s. MORIK u.THIEME 1986, sowie EMDE u. MORIK 1986.

Die Integration von Lernprozessen und "purer" Wissensrepräsentation macht es auch notwendig, mit Inkonsistenzen anders umzugehen. Da sich diese in einer komplexen Welt für ein intelligentes System nicht ver-meiden lassen, muß ein solches Systm - und damit auch seine Wissens-repräsentation - in der Lage sein, mit ihnen zu "leben", sie zuzulas-sen und möglicherweise erst bei Bedarf versuchen, sie aufzulösen. Dasselbe gilt für andere "Defekte" wie Unvollständigkeit,Unsicherheit und Vagheit. Die Entwicklung von Wissensrepräsentationen, die mit all diesen "Defekten" leben können, und die mit Lernprozessen funktional integriert sind, wäre ein wichtiger Schritt in Richtung auf jene "selbstorganisierenden Wissensrepräsentationen", die wir wahrschein-lich alle in unseren Köpfen mit uns herumtragen. Konnektionistische Modelle des Lernens und der Wissensrepräsentation sind ein weiterer, erfolgversprechender Ansatz in Richtung auf solche selbstorganisie-renden Wissensrepräsentationen, s. MC CLELLAND und RUMELHART, 1986.

Mindestens so wichtig für die flexible und intelligente Verwendung von Wissen ist m. E. für die KI die Bewältigung der metakognitiven Aspekte komplexer kognitiver Prozesse. Vieles spricht mittlerweile dafür, daß menschliche Intelligenz zu einem entscheidenden Teil von dem Vorhandensein und der Ausprägung metakognitiver Strukturen abhän-gig ist, wie sie bis jetzt in der Metakognitionsforschung und in ver-wandten Forschungstraditionen untersucht wurden (s. BROWN 1975, 1978; FLAVELL 1971, 1979, 1983; KLUWE 1980; KIEFER 1982, KIEFER in Vbr.). Gegenstand der Metakognitionsforschung sind Inhalte, Funktionen und Genese von metakognitivem Wissen, das definierbar ist als das Wissen, das Menschen über ihre eigene psychologische Struktur und die anderer Menschen haben (FLAVELL 1983). Das Wissen über die eigene psychologi-sche Struktur ist Teil des internen Selbstmodells eines Menschen, das Wissen über die psychologische Struktur anderer Menschen ist Teil der Personenmodelle.

Das Wissen über die eigene und fremde psychologische Strukturen be-steht aus Wissen über Denkprozesse, Lernprozesse,emotionale Prozesse, Wahrnehmungsprozesse, Gedächtnisprozesse usw.. Ein wichtiger Teil des

Wissens über das eigene Gedächtnis ist z. B. Wissen über den Umfang, die Differenziertheit, die Quellen,die Güte und die Verwendungszwecke des Wissens über bestimmte Gegenstandsbereiche.

Das Wissen über die eigenen Denkprozesse besteht u.a. aus Wissen über Vorhandensein, individuellen Stärken und Schwächen von Inferenz-Problemlöse- und Planungsprozessen, weiter aus Wissen darüber, wieviel Aufwand an kognitiven Ressourcen und an Zeit sie benötigen und unter welchen Bedingungen sie sinnvoll einsetzbar sind. Das Wissen über die eigenen Lernprozesse besteht u. a. aus Wissen über ihr Vorhandensein, ihre individuellen Stärken und Schwächen, den Aufwand an kognitiven Ressourcen und an Zeit und situative Bedingungen des Einsatzes von Lernprozessen bzw. Lernstrategien.

Ähnlich umfangreich ist das Wissen über andere Bereiche der eigenen und fremder psychischer Strukturen.

Nun zu den Funktionen, die mit diesen Wissensinhalten realisiert werden, speziell mit dem Wissen über das eigene IV-System:

1. Das Wissen über das eigene IV-System ist Wissensbasis für Prozesse des Selbstverstehens, der Selbsterklärung und der Selbstbewertung. Hiermit sind IV-Prozesse gemeint, bei denen der Mensch seine private psychologische Theorie von sich selbst benutzt, um seine eigenen psychologischen Strukturen zu verstehen, zu erklären und zu bewerten.Die Input-Informationen für diese Prozesse stammen aus der externen Wahrnehmung der eigenen Handlungen und Verhaltensweisen sowie aus der internen Wahrnehmung eigener Kognitionen.

Es gibt also neben der äußeren Selbstwahrnehmung eine innere Selbstwahrnehmung, ein auch Introspektion genannter Prozeß, dessen psychologische Realität m.E. mittlerweile als evident angesehen werden muß. Was bis jetzt fehlte, waren theoretische Modelle der Introspektion, was nicht weiter verwunderlich ist, schließlich war Introspektion lange Zeit ein Tabu-Thema und ist es auch heute noch weitgehend.

In einem von mir entwickelten Prozeßmodell wird Introspektion beschrieben als ein wissensbasierter Verstehensprozeß. Wissensbasis ist die systemeigene private psychologische Theorie, das Wissen, das ein IV-System von sich selbst hat. Input-Informationen für den introspektiven Prozeß sind formale Beschreibungen systemeigener Kognitionen. Ergebnis des introspektiven Prozesses ist eine interne Repräsentation eines Teils der systemeigenen Kognitionen in Konzepten der privaten psychologischen Theorie. Viele Fragen, die Introspektion betreffen, bedürfen zu ihrer Klärung zukünftiger Forschung, z. B. die Frage, wie Introspektion mit äußerer Selbstwahrnehmung interagiert und welche Ablaufsteuerung für die Konstruktion introspektiver Prozesse als Teil komplexer, intentional handelnder kognitiver Systeme am sinnvollsten ist.

Selbstbewertung ist eine der Funktionen äußerer und innerer Selbstwahrnehmung. Prozesse der Selbstwahrnehmung leisten eine Bewertung der Effizienz und Angemessenheit eigener kognitiver Prozesse, wie Planungs- und Lernprozesse z. B., sowie der eigenen Handlungen, insgesamt also ein intelligentes Beurteilen der systemeigenen Kompetenz und Performanz.

2. Metakognitives Wissen ist ein wesentlicher Teil der Wissensbasis für die Planung des Einsatzes,der Steuerung und Kontrolle der systemeigenen Problemlöse-,Planungs- und Lernprozesse sowie anderer Prozesse. Flexibles situationsangemessenes Planen, Problemlösen,Lernen usw. beruht im wesentlichen auf solchen metakognitiven Prozessen. Beispielsweise benutzt ein Mathematikstudent sein Wissen über sein mathematisches Bereichswissen und sein Wissen über seine mathematischen Problemlösestrategien und ihre situativen Bedingungen zur Planung, Steuerung und Kontrolle seines Problemlöseprozesses. Entsprechendes macht der Arzt, der innerhalb einer bestimmten Zeit eine Diagnose und eine Therapieplanung erstellen muß und möglicherweise auch operieren muß.

3. Metakognitives Wissen über das eigene IV-System und das anderer Menschen hat Funktionen beim Verstehen und Generieren von natürlicher Sprache. Neben vielen wichtigen Funktionen bei der Personenmodellierung ist es Wissensbasis am "Ende" des Verstehens und am "Anfang" des Generierens natürlicher Sprache: es wird gebraucht zur Konstruktion einer mentalen Welt, einer Instanz des mentalen Selbstmodells, in die die multiple Hierarchie von Welten integrierbar ist, die u. a. Ergebnis sprachlicher Verstehensprozesse ist. Die selbe mentale Welt ist der konzeptuale Rahmen für die "kognitiven Zwischenprozesse" bis zur Planung kommunikativer/sprachlicher Handlungen. Metakognitives Wissen wird auch gebraucht zur Überwachung der systemeigenen Sprachverste-

hens- und Sprachgenerierungsprozesse.

Metakognitives Wissen ist weiter Wissensbasis,wenn der Diskursbereich
systemeigene Kognitionen und/oder fremde Kognitionen sind. Verbale
Berichte über eigene Kognitionen und eigene Handlungen und Verhaltensweisen sind Voraussetzung für soziales,kooperatives Problemlösen,
Planen und Lernen. Die Leistungsfähigkeit des Menschen in diesen Bereichen geht zur Zeit noch weit über die in KI-Systemen vorhandenen
Anfänge metakognitiver Prozesse hinaus,wie der Selbsterklärungsfähig-
keit bei inferentiellen Prozessen. Vieles spricht dafür, daß erst die
verschiedenen Funktionen metakognitiven Wissens eine wirklich intelligent zu nennende Verwendung vom umfangreichen Weltwissen ermöglichen.

<u>Literatur</u>

Ayer, A.J.,   1956: The Problem of Knowledge
Brachmann, R. etal., 1983, KRYPTON: Integrating Terminology and
                 Assertion
                 IJCAI - 83, 31-35
Brown, A.L.,   1975: The development of memory: knowing about knowing,
                 and knowing how to know. In: Reese, H.W. (Ed.) Advances
                 in child development and behaviour
Brown, A.L.,   1978: knowing when, where and how to remember:A problem
                 of metacognition. In: Glaser, R. (Ed.), Advances in In-
                 structional Psychology
Christaller, T.: Persönliche Mitteilung
Emde, W. und
Morik, K.:   The BLIP-System, KIT-Report 32, 1986, FG CIS, IAI, FB20
Flavell, J.H.,1971: First discussant's comments: What is memory
                 development the development of? Human Development,1971,
                 14, 272-278
Flavell, J.H.,1979: Metacognition and cognitive monitoring.A new area
                 of cognitive-developmental inquiry. American Psychologist,
                 1979, 34, 9+6-911
Flavell, J.H.,1983: Annahmen zum Begriff Metakognition sowie zur Ent-
                 wicklung von Metakognitionen. In: Weinert, F. + Kluwe
                 (Eds.), Metakognitionen, Motivation und Lernen, 1983
Höppner, W.:   Repräsentationsstrukturen und Inferenzen für zusammenge-
                 setzte Objekte. In Rollinger, C. und Schneider, H.,Hrsg.:
                 Inferenzen in natürlichsprachlichen Systemen der Künst-
                 lichen Intelligenz, 1980
Kiefer, E.   1982: Metakognition. Unveröffentlichtes Manuskript, Uni-
                 versität Frankfurt
Kiefer, E.   1984: Naturalisierte Erkenntnistheorie, Magisterarbeit,
                 Universität Frankfurt
Kiefer, E.   Metakognition, Introspektion und verbale Berichte über
                 sich selbst. Dissertation, in Vorbereitung, Universität
                 Frankfurt
Kluwe, R.,   1980: Metakognition: Komponenten einer Theorie zur Kon-
                 trolle und Steuerung des eigenen Denkens. Unveröffent-
                 lichtes Manuskript, Universität München
Mc Clelland,J.L. und Rumelhart, D.E., Hrsg.:
                 Parallel Distributed Processing: Explorations in the Mi-
                 crostructure of Cognition, 1986
Morik, K. und Thieme, S.: Metawissen - domainabhängig oder domainunab-
                 hängig? Interner Arbeitsbericht 15, 1986
Nicolis, G. und Prigogine, I.:   Selforganization in Non-Equilibrium
                 Systems, 1977
Palmer, S.E.,   1978: Fundamental aspects of cognitive representation.
                 In: Rosch, E. + Lloyd B. (Eds.) Cognition and categori-
                 zation, 1978
Prigogine, I.:Vom Sein zum Werden, 1979
Prigogine, I. und Stengers, I.: Dialog mit der Natur, 1981
Quine, W.V.O., 1953: Zwei Dogmen des Empirismus,In: Von einem logischen
                 Standpunkt, 1979
Quine, W.V.O.,1969: Naturalisierte Erkenntnistheorie, In: Ontologische
                 Relativität und andere Schriften, 1975
Ryle, G.:   The Concept of Mind, 1949
Schefe, P.,   1985: Zur Rekonstruktion von Wissen in neueren Repräsen-
                 tationssprachen der KI, In: GWAI-85, 230-244
Stoyan, H. + Görz, G.: LISP, 1984

II. Repräsentation sprachlichen Wissens

Repräsentation sprachlichen Wissens
— Einführung —

Günther Görz

"Der Schematismus unseres Verstandes, in Ansehung der Erscheinungen und ihrer bloßen Form, ist eine verborgene Kunst in den Tiefen der menschlichen Seele, deren wahre Handgriffe wir der Natur schwerlich jemals abraten, und sie unverdeckt vor Augen legen werden."
Immanuel Kant

1   Sprache, Information und Repräsentation

Wenn der Fachausschuß "Künstliche Intelligenz" (KI) der Gesellschaft für Informatik einen Arbeitskreis dem Thema *Kognitionswissenschaft* widmet, so dokumentiert dies zweierlei: Zum einen kann das Projekt der Übertragung menschlicher Verstandesleistungen auf informationsverarbeitende Maschinen nur auf interdisziplinäre Weise sinnvoll unternommen werden. Von zentraler Bedeutung sind dabei die Wissenschaften, die sich mit dem Gehirn, der Wahrnehmung, dem Denken und dem Bewußtsein befassen; die Kognitionswissenschaft soll Lieferant methodischer Standards und empirischer Resultate sein. Andererseits manifestiert sich darin auch ein gestiegenes Selbstbewußtsein der KI — die unter diesem paradigmatischen Rahmen entwickelten Methoden der Informationsverarbeitung erscheinen hinreichend ausdruckskräftig und leistungsstark zur Implementation und Simulation auch anspruchsvoller Modelle, wie sie von der Kognitionswissenschaft entwickelt werden.

Das Thema Sprachverarbeitung darf in diesem Zusammenhang mit Recht eine zentrale Position beanspruchen: Bei Sprachproduktion und -verstehen spielt eine Vielzahl externer und interner Faktoren zusammen; die unterschiedlichsten Prozesse von der Signalverarbeitung bis zur sozialen Interaktion sind in ihrer Wechselwirkung einzubeziehen. Schon seit ihren frühesten Anfängen ist aber die automatische Verarbeitung künstlicher, formaler Sprachen ein zentrales Thema der Informatik, und es wurde zu diesem Zweck eine große Vielfalt an leistungsfähigen Methoden und Techniken entwickelt. So liegt die Frage nahe, inwieweit es möglich ist, auch natürliche Sprachen mit ihren vielfältigen Ausdrucksmöglichkeiten und weitaus komplexeren Strukturen einer automatischen Verarbeitung zugänglich zu machen.

Damit sind wir aber beim entscheidenden Punkt angelangt: *Sprache, Information* und deren *Repräsentation* sind ins Spiel gekommen. Allerdings wird bei der Beschäftigung mit dem Problem des *Sprachverstehens* der Informationsbegriff der Shannonschen Informationstheorie kaum weiterhelfen können. Dieser mag im Zusammenhang nachrichtentechnischer Systeme seinen guten Sinn haben, aber eines leistet er gewiß nicht: einen Beitrag zur Erhellung des zentralen Problems der *Semantik*, also der Frage nach *Bedeutung*. Unter den Bemühungen um einen semantisch-pragmatischen Informationsbegriff sei an dieser Stelle besonders auf die kommunikations-orientierte Charakterisierung C.F. v. Weizsäckers [1] verwiesen. Im Unterschied zu Ansätzen aus dem angloamerikanischen Raum, die großenteils einer eher unkritisch realistischen Grundhaltung verpflichtet sind — z.B. von Dretske, Barwise, Perry u.a. —, geht Weizsäcker

---

[1] vgl. z.B. Weizsäcker [4]

von der Feststellung aus, daß Information das Maß einer Menge von *Form*, ein Maß der *Gestaltenfülle* sei. Aber: Information gibt es nicht *an sich*, sondern nur *unter einem Begriff*. Wir können nur von Information für das *funktionierende Organ* sprechen. In diesem Sinne führt er aus: "Information ist nur, was" (in einem objektiven Sinn) "verstanden wird", und: "Information ist nur, was Information erzeugt". Der Zusammenhang mit dem Wahrheitsbegriff ergibt sich über den Nachweis, daß Wahrnehmung selbst eine prädikative Struktur hat. Die Meldung eines Organs kann *für uns* wahr oder falsch sein: Für uns ist sie ein Urteil, dieses ist eine Leistung der Reflexion. Menschliches Denken und Handeln unterscheidet sich von dem einfachen (nachrichtentechnischen) Kommunikationsmodell durch das Vermögen der *Vorstellung*, der *symbolischen Repräsentation*.

In beiden, der Kognitionswissenschaft und der Informatik, steht das Repräsentationsproblem an zentraler Stelle. Sie gehen es aus unterschiedlichen Perspektiven an, und es war eine Aufgabe des Workshops, zu erörtern, wo sich Berührungspunkte und Wechselwirkungen zwischen beiden ergeben. Diese Fragestellung zieht sich wie ein roter Faden nicht nur durch die Beiträge dieser Sektion, sondern der gesamten Arbeitstagung.

2 Systeme der Maschinellen Sprachverarbeitung

Aus unserer lebensweltlichen Erfahrung sprechen wir über viele unserer Werkzeuge und den Umgang mit ihnen in anthropomorpher Weise. Diese Praxis bietet zunächst keinen Anlaß zu besonderer Problematisierung. Anders ist dies jedoch bei informationsverarbeitenden Systemen zu sehen: Informationsverarbeitung ist in einem allgemeinen Sinne eine "linguistische" Technik. Das soll heißen, daß sie in formalsprachlichen Begriffen definiert wird und mit formalsprachlichen Operationen arbeitet. Von unserem lebensweltlichen Verständnis ausgehend können wir formalsprachliches Handeln *pragmatisch* rekonstruieren als eine restringierte Form allgemeinen sprachlichen Handelns.

Der Computer als Realisierung eines universellen Automaten wird durch *Programmierung*, d.h Spezifikation bestimmter formalsprachlicher Operationen, zu einem speziellen informationsverarbeitenden System, so daß er eine bestimmte Aufgabe der Informationsverarbeitung lösen kann. Er unterscheidet sich von anderen technischen Medien dadurch, daß er sich reaktiv "verhält", d.h. für jedes eingegebene Problem aus der durch das Programm bestimmten Klasse liefert er im Idealfall ein Resultat. Daher tendieren wir dazu, ihn in anthropomorpher Weise so zu sehen, als ob er ein "Dialog"-"Partner" wäre. Wir weisen ihm eine "Rolle" zu, die ihn von anderen, passiven Medien unterscheidet, obwohl er an unserer Lebenswelt nicht wie ein Partner teilhat. Dies ist insbesondere dann der Fall, wenn die Kommunikation mit einer Maschine in natürlich-sprachlicher Form erfolgt.

Die Konstruktion sprachverarbeitender Systeme gehört seit ihren Anfängen als eine zentrale Aufgabe zur Künstlichen Intelligenz, innerhalb der man, grob gesprochen, zwei Bereiche unterscheiden kann: Der erste, weitaus größere, ist primär technisch orientiert und befaßt sich mit der Konstruktion und Anwendung wissensbasierter problemlösender Systeme ("Knowledge Engineering"); der zweite, kleinere, konzentriert sich auf Fragen der Kognitionsforschung mit den Mitteln der Informatik und befaßt sich insbesondere mit der Modellierung und Simulation kognitiver Prozesse. Beiden ist gemeinsam, daß sie besonderes Augenmerk auf die effektive Realisierung von Prozessen (z.B. Einschränkung von Suchprozessen), die Koordination verschiedener Arten von Prozessen und die Kombination verschiedener Arten von Information richten. Das Repertoire an Mitteln, das hierzu eingesetzt wird, entstammt der Technologie der *wissensbasierten Systeme*. Sprach-*Kenntnis* wird als *propositionales Wissen* mit den Ausdrucksmitteln der Wissensrepräsentation dargestellt.

Was sind die besonderen Eigenarten der natürlichen Sprache, die ein System zu ihrer automatischen Verarbeitung berücksichtigen muß?[2]

1. Die natürliche Sprache verfügt über ein reichhaltiges Repertoire an weitgehend semantisch fixierten *Grundelementen* (Wortschatz) und generellen *Ausdrucksmitteln* (grammatische Formen und Funktionen, Referenzmechanismen, etc.);

2. Die natürliche Sprache kennt eine Vielfalt von Äußerungsformen (Sprechhandlungen);

3. Die Ausdrucksmittel der natürlichen Sprache sind primär angelegt auf die aktuelle Herstellung von *Sachbezügen*, d.h. auf die *situationsabhängige* Charakterisierung *sinnlich wahrnehmbarer* Gegenstände und Sachverhalte der Umwelt, die sie

4. auf die objektivierte Darstellung *abstrakter* Beziehungen und *verallgemeinerter* Aussagen durch Generalisierung und Abstraktion überträgt; und

5. dient natürliche Sprache zugleich auch als *Metasprache* für sich selbst (Selbstreferenz), für alle einzelsprachlichen Ausprägungen und zugleich auch für alle formalen Sprachen.

Dabei ist zu beachten, daß natürliche Sprache nicht für alle Zeiten festgefügt, sondern *historisch gewachsen* ist und sich weiterentwickelt.

Zudem weist Lehmann [1] mit Recht darauf hin, daß die Einbettung sprachlicher Handlungen in einen sprachlichen und situativen Kontext von entscheidender Bedeutung für die Mühelosigkeit und das Tempo verbaler Interaktion ist. Damit ist die intendierte Bedeutung jeder Äußerung von der Folge der ihr vorangegangenen Ereignisse und Äußerungen abhängig, von der *Kommunikationssituation* (Ort, Zeit, beteiligte Personen, Umgebung, Anlaß und Zweck der Äußerung) und von der Gesamtheit des beim Hörer verausgesetzten *Vorwissens*.

Weitere wichtige Eigenschaften der Umgangssprache, die ihre maschinelle Verarbeitung vor große Probleme stellen, sind: *Ambiguität* auf verschiedenen sprachlichen Ebenen, *Vagheit*, *anaphorische Referenzen*, Möglichkeiten der *elliptischen Verkürzung* und des *metaphorischen Sprachgebrauchs*.

Wie läßt sich aus einer prozeß-orientierten Sicht der Begriff des *"Verstehens"* natürlichsprachlicher Äußerungen fassen? Lehmann hat ihn treffend wie folgt charakterisiert:

"...Ganz sicher handelt es sich hierbei um einen äußerst komplexen Vorgang, der zum Aufbau spezifischer Begriffsstrukturen im Bewußtsein des Hörers oder Lesers führt und nur durch ein geordnetes Zusammenwirken einer großen Anzahl verschiedener Informationsprozesse zustande kommen kann...Neben der Kenntnis des *Vokabulars* (Lexikon) und der *Grammatik* einer Sprache bedarf es zum Sprachverstehen eines umfangreichen sowohl *begrifflichen* (semantischen) als auch *empirischen Wissens*, auf das die in sprachlicher Form mitgeteilten Sachverhalte abgebildet werden müssen, und darüber hinaus beträchtlicher Fähigkeiten des *Schlußfolgerns* (Inferenzprozesse) ..." (Lehmann [1], S. 126)

Gegenüber der Linguistik besteht aber das Besondere der automatischen Sprachverarbeitung in einem doppelten Interesse[3]:

- zum einen versucht sie, die komplexen Informationsverarbeitungsprozesse, die dem Verstehen, der Produktion und dem Erwerb natürlicher Sprache zugrunde liegen, mit *Mitteln der Informatik* exakt zu beschreiben und damit *ein* Erklärungsmodell zu schaffen;

---

[2]nach Lehmann [1] (S. 126f.)
[3]nach Wahlster[2]

- andererseits sollen an "intelligentes" Sprachverhalten gebundene menschliche Leistungen maschinell verfügbar gemacht, und die Mensch-Maschine-Kommunikation soll durch die Entwicklung natürlich-sprachiger Systeme verbessert werden.

Damit wird das im ersten Punkt formulierte Erkenntnisinteresse wesentlich durch die im zweiten angesprochene ingenieur-wissenschaftliche Zielsetzung der Konstruktion von Anwendungssystemen bestimmt. Vorausgesetzt wird lediglich, daß es auch im Bereich der Linguistik Gegenstände gibt, die sich als formales System und damit algorithmisch beschreiben lassen, ohne daß damit gleich die Simulation eines mentalen Prozesses impliziert würde. Diese Position, daß kein direkter, sondern bestenfalls ein vermittelter Bezug zwischen Algorithmisierung und sprachlichem Prozeß besteht, verdeutlicht sich auch am Beispiel: So ist etwa die Frage, wie das Ende einer Nominalgruppe zu erkennen sei, eher eine Frage nach der Verwendung von Struktureigenschaften von Nominalgruppen in einem Algorithmus als eine Frage nach dem Prozeß des Verstehens oder Erzeugens von Nominalgruppen.

So charakterisiert Wahlster [3] das "Paradigma" der automatischen Sprachverarbeitung durch die Kombination von vier Leitlinien:

1. "Angestrebt wird eine vollständig operationalisierte, extreme Form der Referenzsemantik, die bis auf die sensorische Ebene 'durchgeschaltet' wird. Stets wird mit einer expliziten, maschinell handhabbaren und vollständigen Repräsentation der Diskurswelt gearbeitet."

2. "Angestrebt wird eine ganzheitliche Modellierung der Interaktion zwischen den dem Sprachverhalten, der Sprachproduktion und dem Spracherwerb zugrundeliegenden Prozessen und anderen für die Sprachverwendung relevanten kognitiven und sozialen Prozessen."

3. "Angestrebt wird eine prozeßorientierte Rekonstruktion von sprachlichem Verhalten, wobei Sprachgebrauch prozedural als Ergebnis kommunikativer und kognitiver Prozesse beschrieben wird."

4. "Angestrebt wird die Modellierung des instrumentellen Charakters von Sprache, da in KI-Systemen Sprache als Werkzeug in Arbeitsprozessen dienen soll."

Mit den Techniken der Konstruktion wissensbasierter Systeme wurden heute schon praktisch einsetzbare Sprachverarbeitungssysteme geschaffen, insbesondere als natürlich-sprachliche Zugangssysteme zu Datenbanksystemen, "Expertensystemen", Bildverarbeitungssystemen u.a. M.E. werden auch Anwendungen im Bereich der "intelligenten" Textverarbeitung, etwa bei der Büroautomatisierung, stark an Bedeutung zunehmen. Diese durchaus beeindruckenden technischen Erfolge konnten jedoch nur erzielt werden, weil man eine Reihe von Einschränkungen vornahm, vor allem Einschränkungen auf enge Anwendungsbereiche und relativ kleine Sprachausschnitte. Letztere betreffen nicht so sehr den Wortschatz — es existieren umfangreiche maschinelle Lexika — und die Grammatik für Standardkonstruktionen, sondern vor allem die oben genannten Phänomene wie Ambiguität, Vagheit, etc. In diesen Bereichen werden zur Zeit intensive Forschungsarbeiten durchgeführt, z.B. bezüglich der Semantik zeitlicher und räumlicher Ausdrücke, der Auflösung von Referenzen und der Behandlung von Quantoren.

Dennoch ist der mit der Konstruktion solcher Systeme beschrittene technische Weg sicherlich nicht die Lösung des Verstehensproblems. Aber das, so kann man argumentieren, darf von einer am technischen Erfolg orientierten Perspektive auch nicht erwartet werden. Zwar wurde und wird dabei eine Reihe wertvoller Heuristiken entwickelt, doch kann man einer Lösung des Sprachverstehensproblems erst dann nahekommen, wenn ein Sprachverarbeitungssystem wie das "menschliche Sprachverarbeitungssystem" arbeitet: es müßte die kognitiven Prozesse modellieren. Von der Soziolinguistik haben wir gelernt, daß sich Sprache mit der Situation, den Beziehungen und Absichten der Kommunikationspartner verändert. Die Partner sind in der Lage, die Intentionen und spezifischen Fähigkeiten ihres Gegenüber einzuschätzen und danach ihr kommunikatives Verhalten zu differenzieren. Wenn auch unterschiedlich ausgeprägt, so besitzt doch jeder Teilnehmer an der Sprachgemeinschaft über ein Repertoire an Ausdrucksmöglichkeiten, sich auf allen linguistischen Ebenen an die jeweilige Situation anzupassen.

Im Unterschied zu den genetisch individuell und kollektiv erworbenen sprachlichen Ausdrucksformen handelt es sich bei der maschinellen Sprachverarbeitung aber stets um eine vom Menschen zu diesem Zweck *geschaffene* Sprache, ein *Artefakt*. Die natürliche Sprache hat aber eine Geschichte und ist einem ständigen Wandlungsprozeß unterworfen; demgegenüber liegt allen Artefakten ein *Entwurf* zugrunde. Eine Rekonstruktion der Ausdrucksformen menschlicher Kommunikation kann nur so weit gelingen, wie die verwendeten sprachlichen Mittel formal rekonstruierbar und die mitgeteilten Bedeutungen formal repräsentierbar sind. Es bleibt eine formale Sprache, ebenso wie "Basic English" eben keine natürliche Sprache, sondern nur ein formal rekonstruierter Ausschnitt einer natürlichen Sprache ist.

3 Die Beiträge der Sektion

In jüngster Zeit ist auch in der Bundesrepublik ein erfreulicher Zuwachs an Projekten festzustellen, die sich im Schnittbereich zwischen Kognitionswissenschaft und Künstlicher Intelligenz der Erforschung der Sprachverarbeitung widmen. An Hochschulen und in der Industrieforschung wird eine Reihe von Projekten, zum Teil auch im Verbund, bearbeitet, und die Deutsche Forschungsgemeinschaft plant und realisiert Schwerpunktprogramme in diesem Themenbereich. Es wäre ein umfangreiches Vorhaben, auch nur annäherungsweise eine Übersicht über die Forschungslandschaft zu geben. So können auch die beiden in der Sektion "Repräsentation sprachlichen Wissens" präsentierten Beiträge in ihrer speziellen Ausrichtung verständlicherweise nur einen punktuellen Eindruck vermitteln.

Thiel befaßt sich aus einer allgemeinen Perspektive mit dem Repräsentationsproblem. Mit den Mitteln der Kommunikations- und Sprechakttheorie untersucht Thiel die für Systeme der maschinellen Sprachverarbeitung typischen Wissensarten und ihre Darstellung und entwirft einen allgemeinen theoretischen Rahmen für solche Systeme.

Der Beitrag von Rieder entstammt einem industriellen Forschungsprojekt; er konzentriert sich auf die besondere Bedeutung der kognitiven Technik des "Querlesens" für die Inhaltsanalyse von Dokumenten und beschreibt, wie diese Technik in einem wissensbasierten textverarbeitenden System implementiert wurde. Dabei legt Rieder besonderes Gewicht auf die praktische Einsetzbarkeit des vorgestellten Systems EPIKUR.

Literaturverzeichnis

[1] Lehmann, E: *Computersimulation des Verstehens natürlicher Sprache.* Nova acta Leopoldina N.F. 54, Nr. 245, Halle, 1981, 125–174

[2] Wahlster, W.: *Natürlichsprachliche Systeme - Eine Einführung in die sprach-orientierte KI-Forschung.* In: Bibel, W., Siekmann, J. (Hg.): *Künstliche Intelligenz.* Frühjahrsschule, Teisendorf, 15.–24. März 1982. Berlin: Springer (IFB 59), 1982, 203–283

[3] Wahlster, W.: *Zur Rolle der Linguistik bei der Entwicklung natürlichsprachlicher KI-Systeme.* In: Laubsch, J. (Hg.): *GWAI-84: German Workshop on Artificial Intelligence.* Berlin: Springer (IFB 103), 1984, 267–269

[4] Weizsäcker, C.F.v.: *Aufbau der Physik.* München: Hanser, 1985

Kommunikations- und sprechakttheoretische Betrachtung
sprachlichen und strategischen Wissens

Manfred Thiel

0. Einleitung

Es sind schon viele sprachverarbeitende Systeme entwickelt worden, und alle beinhalten in irgendeiner Weise Wissen über Sprache, und alle haben sich für eine bestimmte Repräsentation dieses Wissens entschieden. Im folgenden sollen unter kommunikations- und sprechakttheoretischem Aspekt allgemeine Überlegungen zu Wissen, seiner Repräsentation, Methodologie, Meta- und Objektwissen u.a. angestellt werden. Die Anwendung dieser Theorien auf das Wissen in sprachverarbeitenden Systemen stellt einen Versuch dar, eine neue Sicht auf die Probleme freizugeben.

1. Die Repräsentation sprachlichen Wissens

Eines der zentralen Themen bei der Diskussion sprachverarbeitender Systeme ist die Repräsentation des sprachlichen Wissens. (Der Terminus 'sprachliches Wissen' scheint nicht besonders glücklich zu sein: Wissen über Sprache ist linguistisches Wissen. Dennoch soll er zur Vermeidung von Verwirrung beibehalten werden.) Folglich sollen zu Beginn einige Grammatiksprachen unter diesem Aspekt untersucht werden, um so eine Diskussionsgrundlage zu erhalten.

Im Rahmen der Entwicklungen zur 5. Computergeneration wird in Japan ein maschinelles Übersetzungssystem entwickelt. An das dazugehörende "grammar writing system" **GRADE** (NAKAMURA/TSUJII/NAGAO (1984), NAGAO/TSUJII/NAKAMURA (1985)) werden folgende allgemeine Forderungen gestellt (ähnliche werden auch für PATR-II angeführt, vgl. SHIEBER (1984)):

1. Die Grammatiksprache soll in der Lage sein, linguistische Restriktionen auszudrücken.
2. Sie soll für Analyse, Transfer und Synthese gleichermaßen gelten.
3. Die Regeln können vom einzelnen Wort abhängen, d.h. in einem Lexikoneintrag stehen.
4. Es sollen sowohl syntaktische als auch semantische Restriktionen behandelt werden können.

5. Die Grammatiksprache soll eine kombinatorische Explosion verhindern.

GRADE ist ein prozeduraler Formalismus und faßt Sequenzen von Regeln zu Grammatiken zusammen. Dies ist eine durchaus übliche Vorgehensweise, vgl. PIDGIN im System PARSIFAL (MARCUS (1980)). Mit dem Schreiben der Grammatiken ist damit die Abfolge der anzuwendenden Regeln festgelegt, auch wenn, vgl. Punkt 3, sog. Lexikonregeln aufgerufen werden. Der Versuch, kombinatorische Explosionen zu verhindern, zeigt, daß GRADE den Eingriff des Linguisten in die Abarbeitung der Regeln im Sinne einer Kontrolle zuläßt. In diesem Zusammenhang ist das Beispiel von TSUJII/NAKAMURA/NAGAO (1984), S. 272 interessant. Es wird davon ausgegangen, daß in angereihten Nominalphrasen die Konjunkte bezüglich ihrer Wortanzahl annähernd ausbalanciert sind. Bei dem Beispiel ist darauf zu achten, daß im Japanischen Erweiterungen links vor dem Kernelement stehen: "In most conjuncted noun phrases, the structures of conjuncts are well-balanced. Therefore, if a relative clause precedes the first conjunct and the length of the second conjunct (the number of words between "TO" and Noun-2) is short, like

```
<Relative clause> Noun-1 "TO" ...........................Noun-2
                           <--- length of the 2nd conjunct --->
```

the relative clause modifies both conjuncts, that is, the antecedent of the relative clause is the whole phrase."

Der **SEDAM-Formalismus** zur semantischen Disambiguierung von Wörtern im Rahmen des Maschinellen Übersetzungssystems SUSY (MAAS (1980), GERHARDT (1983)) kommt zwar der benutzerfreundlichen Handhabung in keiner Weise entgegen, weist aber einige besondere Eigenschaften auf. Die Disambiguierungsregeln sind Einträge in einem Wörterbuch, die interpretiert werden. Während der Laufzeit kann die Kontrolle an den Benutzer abgegeben werden, der sich dann z.B. die aktuelle Datenbasis ansehen oder die weitere Abarbeitung der Regeln steuern kann. Die Sprache ist ebenfalls prozedural; Regeln werden zu Gruppen zusammengefaßt. Die Interaktion der Regeln und die Bedingungen innerhalb der Regeln können in gewissem Umfang gesteuert werden.

Das System **PLAIN** (Hellwig (1980)) verfügt über eine LISP-ähnliche Sprache, in der sowohl die internen Strukturen als auch die Regeln zu ihrer Manipulation repräsentiert werden. Mit andern Worten. PLAIN ist sowohl Datenmanipulationssprache als auch Datenrepräsentationssprache. Daher sind einfache Matchoperationen möglich.

Die Anwendung von **OPS 5** als Sprache zur Programmierung von Produktionensystemen (FORGY (1981), BROWNSTON/FARRELL/KANT/MARTIN (1985)) im Rahmen von sprachverarbeitenden Systemen (FREDERKING (1985a), (1985b)) zeigt, daß die Repräsentation von sprachlichem Wissen durchaus im größeren Zusammenhang gesehen werden sollte, d.h. der Objektbereich 'natürliche Sprache' stellt lediglich eine spezielle Domäne dar.

Der Trend der derzeitigen Entwicklung, vgl. SHIEBER (1984), geht in sprachverarbeitenden Systemen eindeutig in Richtung deklarativ. LFG, (Functional) Unification Grammar, GPSG u.a. können hierfür als Zeugen aufgerufen werden. Diese Entwicklung trifft glücklich mit dem starken Interesse der Informatik an deklarativen Sprachen im Bereich der logischen Programmierung zusammen. Dieser Berührungspunkt kommt dort zum Tragen, wo es um die gemeinsame Basis der neueren kontextfreien Grammatiken geht, die Unifikation (vgl.FREY/REYLE (1983), HASIDA (1986), USZKOREIT (1986)). Da alle diese Grammatiken eine gemeinsame Grundlage haben, ist es z.B. möglich, daß mit einem sprachverarbeitenden System wie PATR-II (bzw. D-PATR) die verschiedensten unifikationsbasierten Grammatiken implementiert werden können (vgl. SHIEBER (1985), KARTTUNEN (1986), SHIEBER (1986)).

Die beschriebenen Systeme zeigen, daß kaum eine konsistente, zusammenhängende Theorie sprachverarbeitender Systeme entwickelt wurde oder, bis auf Arbeiten zu PATR-II (PEREIRA/SHIEBER (1984)), daß auch nur die theoretischen Eigenschaften der Grammatiksprache selbst zum Thema gemacht und formuliert wurden.

2. Kommunikative Situation und äquivalente Reprasentationen

Wissen ist mitteilbar, kommunizierbar. Dies ist die Grundvoraussetzung dafür, daß z.B. so etwas wie z.B. Wissensakquisition möglich ist. Um dies so allgemein wie möglich zu beschreiben, muß der Begriff der Kommunikation verallgemeinert werden: nicht nur allein der Wissensaustausch zwischen Menschen gehört in den Bereich der Kommunikation. Von einer Mensch-Maschine-Kommunikation zu reden ist inzwischen geläufig. Hier soll die Definition von 'Kommunikationspartner' weiter verallgemeinert werden. Einer oder auch beide können ein Mensch, Software, ein Wörterbuch oder ähnliches sein, eben alle Komponenten eines sprachverarbeitenden Systems im weitesten Sinne. Der folgende, ad hoc angenommene Systemaufbau zeigt, daß z.B. das Wörterbuch einerseits in einer kommunikativen Situation zum Linguisten steht, andererseits auch zu der morphologischen Analyse. Das Bild ist so aufgebaut, daß die mittlere Spalte das sprachliche Wissen enthält, wobei unter psychologischem Aspekt Text und Datenbasis oft als Kurzzeitgedächtnis und die übrigen Wissensquellen als Langzeitgedächtnis interpretiert werden.

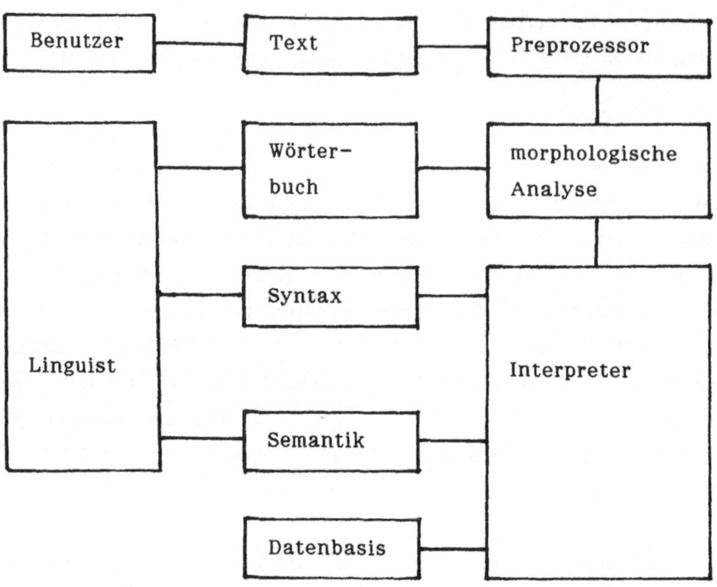

Für den Kodierer eines Wörterbuchs ist es mit Sicherheit angemessener, auch bequemer, wenn er das einzubringende Wissen verbal, d.h. natürlichsprachlich, dem System mitteilt, während die morphologische Analyse dasselbe Wissen am besten formal (etwa als Attribut-Wert-Paare) verarbeitet. Konsequenterweise muß das System, das die Wissensakquisition im Wörterbuchbereich unterstützt, die natürlichsprachliche Repräsentation in die formale übersetzen. Die kommunikative Situation bei der Repräsentation und der Verarbeitung sprachlichen Wissens (und nicht nur des sprachlichen!) scheint neben der theoretischen linguistischen Grundlage für den reibungslosen Ablauf eines sprachverarbeitenden Systems von besonderer Wichtigkeit zu sein. Es gibt also offensichtlich nicht **die** Repräsentation von Wissen, sondern immer nur eine von ihren Inhalten und der kommunikativen Situation abhängige Repräsentation. Somit sollen Repräsentationen sprachlichen Wissens, die in einer gegebenen kommunikativen Situation einen optimalen Wissensaustausch zwischen zwei Partnern gewährleisten, als **adäquat** bezeichnet werden.

Wenn es verschiedene Repräsentationen des gleichen Inhaltes gibt, sollten sie weitgehend **äquivalent** sein, d.h., die Repräsentationsrelationen haben die gleiche Domäne. An dieser Stelle ist auf Konzepte zur Beschreibung von Gleichheit zu verweisen: schwache und starke Äquivalenz. Äquivalente Repräsentationen sind als schwach äquivalent einzustufen. Die Einschränkung auf die jeweilige Situation ist aus zwei Gründen wichtig. Erstens braucht nicht der gesamte Umfang des Wissens zum Tragen zu kommen, sondern nur ein Ausschnitt, und zwar dann, wenn nicht alles in einer gegebenen kommunikativen Situation relevant ist. Zweitens muß berücksichtigt werden, daß die Äquivalenzrelation als Abbildung nicht vollständig sein kann. Dies ist z.B. der Fall, wenn eine F-Struktur in der Lexical Functional Grammar (oder einer anderen beliebigen Theorie und ihre Repräsentationen) die (funktionale) Struktur eines Satzes darstellt. Beide Repräsentationen sind – und nur dann ist es sinnvoll, überhaupt davon zu reden, daß die Grammatiktheorie die Sprache beschreibt – äquivalent, wenn der geäußerte Satz und seine grammatikalische Beschreibung die gleichen Inhalte repräsentieren. Auf absehbare Zeit ist aber die Repräsentation als Satz der natürlichen Sprache reichhaltiger in seiner Bedeutung, als es seine grammatische Beschreibung sein kann.

Voraussetzung für die Existenz äquivalenter Repräsentationen in sprachverarbeitenden Systemen ist, daß sie ineinander übersetzbar sind. Dies legt im übrigen die Verwendung der 'denotational semantics' nahe. (vgl. STOY (1977), PEREIRA/SHIEBER (1984)) In dieser Theorie bildet eine semantische Bewertungsfunktion die syntaktische Konstruktion einer Repräsentationssprache auf abstrakte Wertebereiche ab, die deren Bedeutung darstellen. Man kann also sagen, daß die syntaktischen Konstrukte in möglicherweise mehreren (äquivalenten) Repräsentationen diese Inhalte 'bezeichnen'. Es könnten, um ein Bespiel dafür zu geben, folgende äquivalente Repräsentationen angenommen werden:

(R1) die Wortkette des Oberflächensatzes
(R2) eine strukturelle Darstellung (z.B. c-structure)
(R3) eine Merkmalsstruktur (z.B. f-structure)

Danach sind folgende Repräsentationen bezüglich der Modalität von 'wollen' äquivalent:

(R1):   Hans will kommen.

(R2):   wollen
                        /   \
                    Hans   kommen
                                \
                               Hans

(R3):   kommen
                        /[volition]
                       /
                    Hans

3. Sprechakttheoretische Betrachtung von Grammatikformalismen

Bei kommunikationstheoretischer Betrachtung ist ein weiterer Aspekt von Bedeutung, zu dessen Darstellung eine in der Linguistik gängige Interpretation von Äußerungen herangezogen werden soll. Danach gilt unter Betonung des Sprachgebrauchs die Aufmerksamkeit den Handlungen, die mit einer Äußerung verbunden sind. Sie sind die eigentlichen Ursachen und Zielsetzungen der Kommunikation (vgl. AUSTIN (1972), SEARLE (1971)).

Das Äußern einer Folge von Wörtern, d.h. der Vollzug des Äußerungsaktes, ist lediglich der eine Aspekt; ein anderer ist der propositionale Akt, d.h. die damit vollzogene Referenz auf Objekte der Welt oder mentale Konzepte und die Prädikation über diese Objekte.

Mit der Äußerung

"ja"

in einer bestimmten Situation auf dem Standesamt hat man mehr getan als nur die beiden Buchstaben geäußert – man hat sich verheiratet. Wichtig für das Gelingen der Kommunikation ist, daß, mit Hilfe von Äußerungen je nach Situation, in der sie geäußert werden, Handlungen wie Wetten, Fragen, Behaupten, Befehlen, Warnen usw. vollzogen werden können. Dies wird als **illokutionärer** Akt bezeichnet. Er ist an Betonung, Satzstellung oder an explizit performativen Verben wie "warnen", "befehlen", "glauben" u.a. zu erkennen. Die beim Hörer damit beabsichtigte Wirkung wird als **perlokutionärer** Akt bezeichnet. "Wenn etwas gesagt wird, dann wird das oft, ja gewöhnlich, gewisse Wirkungen auf Gefühle, Gedanken oder Handlungen des oder der Hörer, des Sprechers oder anderer Personen haben; und die Äußerung kann mit dem Plan, in der Absicht, zu dem Zweck getan werden, die Wirkungen hervorzubringen." (AUSTIN (1972), S. 116) Wenn man also sagt

"mein Hund beißt"

dann ist die Handlung des Warnens vollzogen. Ein daraus resultierender beabsichtigter perlokutionärer Akt könnte z.B. "Furcht einflößen" sein und beim Hörer die Äußerung

"bitte halte ihn an der Leine"

hervorrufen. Die sprechakttheoretische Beschreibung der Äußerung "mein Hund beißt" läßt sich folgendermaßen illustrieren (zu Problemen der Perlokution vgl. die Neunte und Zehnte Vorlesung in AUSTIN (1972)):

```
Äußerung:     "mein Hund beißt"
Illokution:   Warnung
Perlokution:  Furcht einflößen
```

Um bewußt zu machen, was man tut, wenn man linguistisches Wissen, eine Grammatik beispielsweise, niederschreibt, soll nun die Sprechakttheorie auf diese Ebene transformiert werden. Diese neue Modellierung ist insoweit gerechtfertigt, als sie auf eine kommunikative Situation angewandt wird. Dabei darf natürlich nicht erwartet werden, daß auf dieser Ebene die üblichen Illokutionen wie etwa 'Warnung' entdeckt würden. Die Sprechakttheorie beschreibt die Problematik nicht vollständig, das braucht sie auch nicht. Sie gibt aber die zentralen Punkte wieder. Dieser Ansatz sollte als Versuch gewertet werden, ein Problem aus einem anderen Blickwinkel und durch eine neue theoretische Brille zu betrachten, um dadurch die Sachlage mit schärferen Konturen zu sehen und, bestonfalls, um weiterreichende Schlußfolgerungen ziehen zu können.

Äußert ein Linguist die (deklarative) Regel

$$S \longrightarrow NP\ VP$$

dann hat er zunächst einen Äußerungsakt vollzogen. Die damit vollzogene Sprechhandlung, der illokutionäre Akt, ist als "Feststellung" zu bezeichnen: "Ich stelle fest, daß Sätze aus einer NP und einer VP bestehen." Über die Perlokution könnte diskutiert werden. Im Sinne einer Beschreibungsadäquatheit linguistischer Theorien wird die Perlokution "Beschreibung" vorgeschlagen, was zu folgender Darstellung führt:

```
Äußerung:     "S ---> NP  VP"
Illokution:   Feststellung
Perlokution:  Beschreibung
```

Welche illokutionären und perlokutionären Akte gelten aber in sprachverarbeitenden Systemen? Es liegt nahe, hier perlokutionäre Akte wie "Analyse" oder "Synthese" anzunehmen. Im gegebenen Beispiel tauchen diese aber nicht auf. Die in einem sprachverarbeitenden System zu vollziehende Handlung ist also von dem mit dem

Äußerungsakt verbundenen illokutionären Akt getrennt. Gerade dies ist einer der Charakteristika deklarativer Sprachen.

Illokution und Perlokution stellen aber den eigentlichen Sinn, die Ursache und Zielsetzung aller Kommunikation dar – niemand äußert einen Satz um der darin enthaltenen Wörter wegen, es sei denn in speziellen Kontexten wie der 'Konkreten Poesie', aber auch dort gilt die Illokution 'Kunst machen'. (eine Lexical Functional Grammar als Konkrete Poesie?)

Schreibt ein Linguist eine Grammatik mit dem Ziel, diese in einem Parser zu verwenden, kann er den illokutionären und den perlokutionären Akt bei deklarativer Schreibweise also weder bestimmen noch als Handlung vollziehen, sondern er überläßt ihn vollständig dem Interpreter. Es sei betont, daß dies für sich genommen kein Nachteil ist, da die Wahlfreiheit bei perlokutionären Akten in sprachverarbeitenden Systemen äußerst eingeschränkt ist. Allerdings müssen zwei Konsequenzen hervorgehoben werden.

1. Der Linguist überläßt den wichtigsten Teil seiner Äußerung, nämlich die Formulierung seiner Zielvorstellung, dem Interpreter.
2. Ein nicht zu unterschätzender Teil der Bedeutung von deklarativen Ausdrücken liegt im interpretierenden Algorithmus "versteckt". Der Linguist muß also, um zu verstehen, was er deklariert, sich eine ganz andere Illokution vorstellen, als er schreibt und braucht damit ein ausgeprägtes abstraktes prozedurales Vorstellungsvermögen. Diese Behauptung deckt sich mit einem Bericht in einer Computerzeitschrift über Bemerkungen von KOWALSKI auf einer Tagung, auf der er PROLOG als prozedurale Sprache bezeichnete: "Nur in besonderen Fällen lassen sich in PROLOG deklarative Formulierungen hinschreiben, die einen komplexen Sachverhalt ausdrücken, ohne daß man auf eine algorithmische Abarbeitung durch den PROLOG-Interpreter Rücksicht nehmen muß. Vor allem bei der Darstellung rekursiver Begriffe, deren Abarbeitung kontrolliert terminieren muß, verlangt PROLOG, daß sich der Programmierer Gedanken über den Programmablauf macht – obwohl dieser natürlich nicht explizit hingeschrieben werden muß." (aus: Computer Persönlich 18/86, S. 8; für eine Beschreibung der Arbeitsweise von PROLOG vgl. BELLI (1986), S. 101ff) Die deklarative Schreibweise verlangt also oft auch eine ausgeprägte algorithmische Denkweise, die um einiges abstrakter sein muß als bei der Verwendung mehr prozeduraler Schreibweisen.

Die Perlokution als beabsichtigte Wirkung bei der Formulierung linguistischen Wissens scheint ziemlich klar: Analyse, Synthese oder ähnliches. Um festzustellen, was als Illokution zu gelten hat, sei wieder AUSTIN ((1972), S. 115f) zitiert: "Zugegeben – wir können >>Bedeutung<< auch für die illokutionäre Rolle sagen – >>Die Äußerung bedeutet eine Warnung<<, <und man kann nicht nur **mit** der Äußerung **etwas**

meinen, sondern auch die Äußerung **als etwas** (als Befehl und dergleichen) meinen>."
Die zitierte Passage bezieht sich auf die Klärung des Begriffs 'Bedeutung' und zeigt
sehr klar das, worauf es hier ankommt. Was bedeutet es, wenn ein Computerlinguist
z.B. sagt:

"löse die Probleme A, B und C parallel."

Die Bedeutung im eigentlichen grammatikalischen Sinne als propositionalem Akt ist,
was **mit** dieser Äußerung gemeint ist, nämlich die Probleme A, B und C parallel zu
lösen. Der illokutionäre Akt hingegen ist das **als was** die Äußerung gemeint ist,
nämlich als Angabe darüber, was mit den Problemen zu geschehen hat und wie, also als
strategische Anweisung. Somit sind strategische Angaben mögliche illokutionäre Akte,
aus denen z.B. die Perlokution 'Analyse' folgt. Auch diese Äußerung läßt sich nach
dem bewährten Muster sprechakttheoretisch beschreiben:

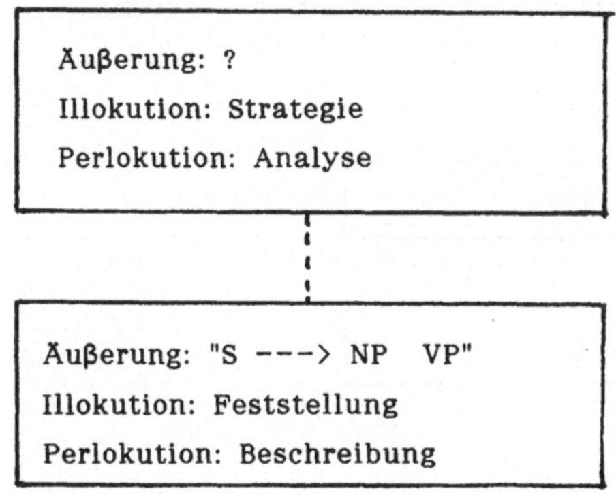

Damit wäre es möglich, neben einem rein deklarativen Äußerungsakt einen expliziten
illokutionären Akt zu formulieren, wodurch eine Trennung zwischen der geäußerten
Proposition und der gewünschten Illokution und Perlokution vollzogen wird. Der
Vorteil deklarativer Repräsentationen, nämlich die Unabhängigkeit des Wissens von
einer evtl. beabsichtigten Verwendung, bliebe erhalten, aber dem (Computer-
)Linguisten wäre eine Möglichkeit gegeben, getrennt davon zu formulieren, als was er
die Deklarationen verwenden möchte. Mehr noch, es wird der Weg frei, verschiedene
Anwendungen der Deklarationen gleichen (also unveränderten) linguistischen Wissens
zu beschreiben. Dieser Zusammenhang kann so verdeutlicht werden:

Der nächste Schritt ist nun, mögliche Äußerungen für illokutionäre Akte zu erarbeiten. In der natürlichen Sprache stehen zum Äußern expliziter illokutionärer Akte performative Verben wie "glauben", "beteuern", "versprechen", "warnen", ... zur Verfügung. Mit diesen Verben können Äußerungen über Äußerungen im Sinne von

"Morgen komme ich. Dies ist ein Versprechen."

gemacht werden. Man spricht dann von expliziten performativen Äußerungen. Aufgabe ist es also, in einem formalen System analog dazu performative Prädikate zu definieren, die deklarative Äußerungen zu explizit performativen machen. Unter Bezug auf das oben gebrachte Beispiel sind

solve, parallel

solche performativen Prädikate, die ebenfalls Äußerungen über (möglicherweise deklarative) Äußerungen (also Regeln) ermöglichen. Sie sind als gedankliches Experimentiermaterial zu verstehen, um Verarbeitungsstrategien, die im Feedback zu den zu modellierenden kognitiven Verhalten des Menschen stehen, zu entdecken. Im letzten Abschnitt wird ein Konzept vorgestellt, das diesen Ansatz reflektiert. Vorher muß aber noch der theoretische Status dieser sich als Strategiekomponente niederschlagenden illokutionären Komponente eines sprachverarbeitetenden Systems geklärt werden.

4. Methodologie und Metawissen

Die Einführung der Strategie als illokutionärer Akt hat weitreichende Konsequenzen. Wenn es bisher um Repräsentation ging, handelte es sich um Wissen über Sprache.

Die übliche Trennung des sprachlichen Wissens von dem verarbeitenden Programm ergibt sich auch aus der kommunikationstheoretischen Sicht und kann folgendermaßen darge-stellt werden:

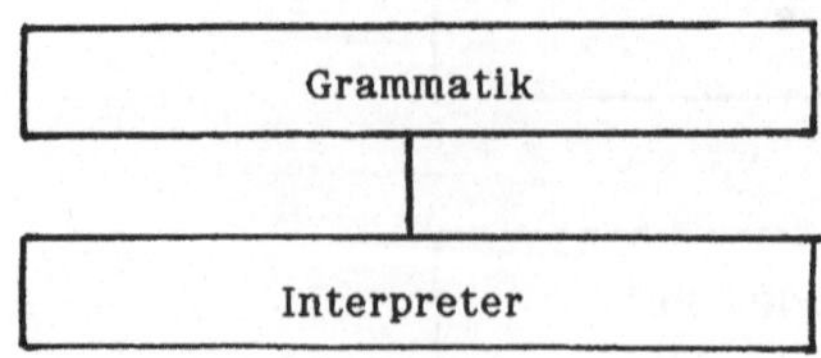

Dabei legt der Interpreter fest, **wie** die Grammatik abgearbeitet wird. Genau genommen gilt also folgende Darstellung:

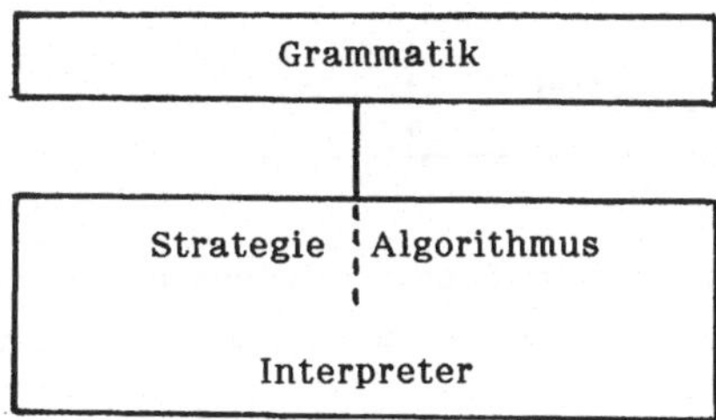

Zur Zeit benützte Verfahren wie der Earley- oder der Cocke-Casami-Younger-Algorithmus legen die Abarbeitungsstrategie fest, und der Linguist hat keine Möglichkeit, selbst darüber zu entscheiden. Es ist aber zu bezweifeln, daß vorgegebene Algorithmen, die zudem noch für ganz andere Zwecke entwickelt worden sind, die optimale Strategie verfolgen, und wenn dies doch der Fall ist, daß die dort festgeschriebene Strategie in allen Fällen eine halbwegs akzeptable ist.

Daher ist es wünschenswert, wenn nach dem folgenden Muster die Strategiekomponente aus dem Interpreter herausgenommen würde:

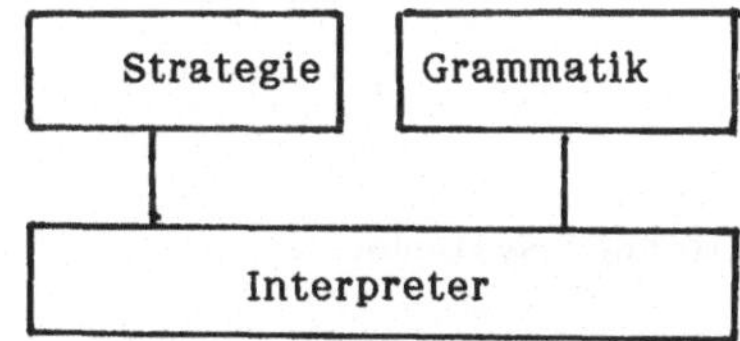

Dieser Ansatz läßt eine hohe Flexibilität bei der Entwicklung von sprachverarbeitenden Systemen zu und macht die Strategie als möglichen illokutionären Akt zu einem eigenständigen Thema der Forschung. Die Einführung von Strategie steht in einem größeren Rahmen, der eine prinzipielle, theoretische Erweiterung von sprachverarbeitenden Systemen darstellt. Strategische Aussagen stellen Aussagen darüber, wie mit Wissen umgegangen werden soll, dar, sind also Metawissen. Nicht zuletzt aufgrund der Erfahrungen mit Metawissen bei Expertensystemen (vgl. DAVIS/LENAT (1982), Part 2 Teiresias: Applications of Meta-Level Knowledge) sind hier einige Fortschritte zu erwarten. Die folgende Darstellung kommt der Vorstellung von Wissen über Wissen näher:

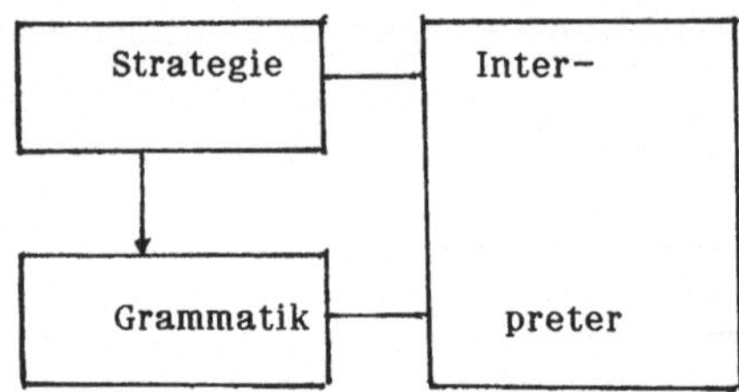

Die einleitende Beschreibung einiger Repräsentationssprachen zeigt, daß in derzeitigen Systemen oft eine Vermischung beider Ebenen stattfindet, vgl. GRADE, SEDAM.

Darüber hinaus wird mit der Trennung von Objektwissen einerseits und, je nach theoretischer Betrachtungsweise Metawissen, Illokution und Strategie andererseits, ein erster Schritt in die Richtung der Entwicklung einer Methodologie der Computerlinguistik getan. Nicht nur die Repräsentation des Objekt-, sondern auch die des Metawissens steht somit zur Diskussion. Daran schließen sich viele neue Fragen an wie z.B.

- wie interagieren die beiden Wissensarten untereinander?
- wie interagieren die beiden Wissensarten mit einem Interpreter?
- wie interagieren die Repräsentationen (deklarativ / prozedural)
  der Wissensarten miteinander?
- usw.

5. Eine Theorie sprachverarbeitender Systeme

Nachdem in den vorangegangenen Abschnitten einige Aspekte von sprachlichem und auch strategischem Wissen diskutiert wurden, wird nun eine Vorstellung von sprachverarbeitenden Systemen entwickelt (NLPT: natural language processing theory, THIEL (1985), LICHER/LUCKHARDT/ THIEL (1987)), die diese Überlegungen berücksichtigt und möglichst viele der aufgeworfenen Fragen beantwortet.

Gemäß der NLPT läßt sich das Wissen sprachverarbeitender Systeme in eine Reihe wohlgeordneter Wissensquellen einteilen. So verfügen sie über eine definierte Menge von Symbolen, die ihre Bedeutung durch Interpretation, also Abbildung auf Objekte des Weltausschnitts (hier: Sprache) erhalten. Symbole sind also sowohl die Wörter der Sprache als auch das Wissen über die Sprache in Form von Attribut-Wert-Paaren. Mit anderen Worten, das Modell repräsentiert nicht analog. Die NLPT sieht also u.a.

eine Wissensquelle SYMBOLE vor, in der Attribute auf ihren Wertebereich abgebildet werden, z.B.:

```
GENUS (type (set)
       is    (MASC)
       is    (FEM)
       is    (NEU))
```

Durch die Möglichkeit, die Symbole frei zu definieren, ist die NLPT nicht auf die Anwendung auf nur eine Domäne beschränkt.

Zwischen den Symbolen herrschen Beziehungen, die als Beziehungen zwischen den Objekten der Welt interpretiert werden. Dieses Wissen wird, bis auf theoretische linguistische Ansätze in der GPSG (als 'feature co-occurrence restriction', vgl. GAZDAR/KLEIN/PULLUM/SAG (1985), S. 215), von den gängigen sprachverarbeitenden Systemen nicht berücksichtigt. Deshalb soll etwas näher darauf eingegangen werden. Es wird als funktionale Abhängigkeit, wie sie aus den Datenbanken bekannt ist, (WEDEKIND (1974), S. 55ff) behandelt. Die entsprechende Wissensquelle wird FUNC_DEP genannt. Seien die Symbole

```
NUMERUS (type (set)            KASUS (type (set)
         is    (SG)                  is    (NOM)
         is    (PL))                 is    (GEN)
                                     is    (DAT)
                                     is    (AKK))


MSING (type (set)              MPLUR (type (set)
       is    (NOMMAS)                 is    (NOMMAS)
       is    (NOMFEM)                 is    (NOMFEM)
       is    (NOMNEU)                 is    (NOMNEU)
       is    (GENMAS)                 is    (GENMAS)
       is    (GENFEM)                 is    (GENFEM)
       ...        )                   ...        )
```

definiert, dann sind z.B. KASUS und NUMERUS funktional von MSING und MPLUR abhängig. Die Repräsentation ist keineswegs überflüssigerweise redundant, da es in bestimmten Fällen linguistisch notwendig ist, mit NUMERUS oder KASUS zu arbeiten, aber die maximale Kombination dieser Mengenattribute nicht immer erlaubt ist. Hierzu ein anderes Beispiel: die Wortform "habe" ist Indikativ und Konjunktiv, 1. und 3. Person, aber nicht 3. Person Indikativ, sondern 1. Person Indikativ und 1. und 3. Person Konjunktiv.

Die Verwendung der Symbole wird wie üblich in der Wissensquelle REGELN beschrieben. Damit ist der Objektbereich der NLPT beschrieben:

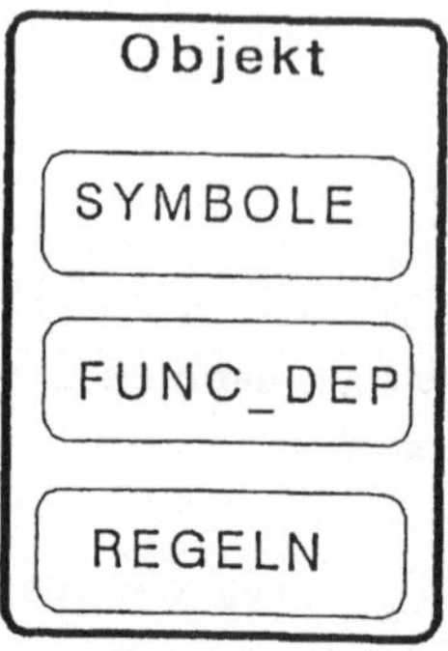

Bei dieser Konzeption wird kein theoretischer Unterschied mehr zwischen Wörterbuch und Grammatik gemacht. Diese sind lediglich mögliche Realisationen der Wissensquellen SYMBOLE oder REGELN. Ein Wörterbuch, in dem Regeln enthalten sind, also Wissen über die Verwendung von Symbolen, ist eine Instantiierung der Wissensquelle REGELN, vgl. das SEDAM-Wörterbuch.

Mit der Definition des Wissens über dem Objektbereich ist zwar festgelegt, was der Fall ist, nicht aber, wie dieses Wissen angewandt werden soll bzw. als was die Wissenseinheiten gemeint sind. Um effizient arbeiten zu können und um die notwendige Klarheit der Konzeption zu bewahren, muß ein System auch Wissen über sich selbst und über die Anwendung des Objektwissens enthalten. Dazu wird das im vorangegangenen Abschnitt geforderte Metawissen eingeführt, das vor allem mit seiner Strategiekomponente als explizite performative Äußerungen auch einen Ansatz zu einer Methodologie in die Sprachdatenverarbeitung bringt. Die Strategiekomponente wird in der Metawissensquelle STRATEGIE beschrieben, die wiederum in MISSIONS und SCOUTS unterteilt ist. Zur Beschreibung der Strategie wird die Problemreduktionsmethode (vgl. NILSSON (1982), S. 17 ff) herangezogen. In den Missions werden Probleme wie etwa "Nominale Gruppen" immer weiter zerlegt, bis unmittelbar lösbare Probleme vorliegen. Diese werden in Scouts definiert, die die Blätter des Problemreduktionsbaumes darstellen. Die Lösung der Probleme erfolgt dann in den Regeln, die von den Scouts aktiviert werden. Auf diese Weise sind z.B. Und/Oder-Bäume realisierbar, aber auch weitergehende Strukturen, wie sie durch performative Prädikate wie preferential, stratificational, parallel u.a. bezeichnet werden können.

Die Zusammenhänge zwischen Missions, Scouts und Regeln werden als Graph in der Wissensbasis KONTROLLSTUKTUR beschrieben.

Zur Repräsentation linguistischen Wissens stellt die NLPT zwei Sprachen zur

Verfügung. Die Beispiele zu funktionalen Abhängigkeiten haben die frame-orientierte Darstellungen der SYMBOLE gezeigt. Die Missions, Scouts, Regeln und funktionalen Abhängigkeiten werden in einer funktionalen Sprache dargestellt, die FUSL (functional system language) genannt wird. Der Entwurf von FUSL stellt einen ersten Ansatz dar, der mit einiger Sicherheit weiter in die Richtung nach mehr Deklarativität entwickelt werden kann. In diesem Sinne wird das implementierte System, vgl. unten, als experimentelles Werkzeug gesehen, mit dem der angemessene Grad an Deklarativität herausgefunden werden kann. Die Funktionen von FUSL im Bereich der Missions entsprechen den performativen Prädikaten zur Definition des illokutionären Aktes. Grundlage der Sprachdefinition sind die 'denotational semantics'.

Konzeption und Aufgabe der Missions sollen etwas näher beschrieben werden, da sie hier als sprachliches Mittel zur Ausführung von Sprechakten verstanden werden. Ihre Aufgabe ist es, für ein Problem, das durch die aktuelle Datenbasis repräsentiert wird, die zu lösenden Teilprobleme zu identifizieren und die Missions und Scouts zu aktivieren, die für diese Teilprobleme zuständig sind. Genauer: für jede Instantiierung des Teilproblems wird die Kontrolle an die zuständigen Problemlöser übergeben. Missions stellen u.a. die performativen Prädikate **solve, iterate, preferential, parallel, stratificational, sequontial und goal** zur Verfügung.

```
mission <name>
        scope <linker Kontext>
             <Bereich>
             <rechter Kontext>
        subproblems <Parameter>
                solve (Teilproblem1)
                solve (Teilproblem2)

                .

                .

                goal (<Zielbedingung>)
    end
```

Unter dem Schlüsselwort 'scope' wird eine Klasse von Teilproblemen definiert, die gelöst werden soll. Lautet beispielsweise ein zu lösendes Problem 'Einfache Nominalgruppen', kann die dafür zuständige Mission u.a. die Teilprobleme

```
        SUBSTANTIV-wird-NP
        ART+SUB-wird-NP
        PRON-wird-NP
```

identifizieren. Die Parameter (iterate usw.) werden als Steuerung der Interaktion der durch 'solve' aktivierten Problemlöser interpretiert.

Mit der Funktion **goal** hat der Linguist die Möglichkeit zu formulieren, wie das Ergebnis der Problemlösung aussehen soll. Daran werden die gelieferten Lösungen gemessen und gegebenenfalls verworfen.

Die Semantik von FUSL ist in der Wissensquelle METASPRACHDEF niedergelegt. Der Compiler für FUSL greift auf diese Wissensquelle während der Generierungsphase zu. Mit anderen Worten, mit der Definition der Semantik einer FUSL-Funktion ist der Compiler sofort in der Lage, diese Funktion zu compilieren. Das folgende Diagramm gibt einen Überblick über das Wissen in der NLPT:

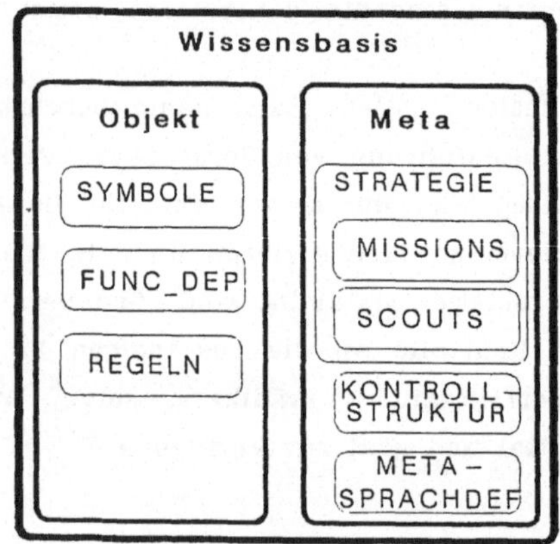

Jede in FUSL geschriebene Wissenseinheit des Meta- und Objektwissens wird durch den FUSL-Compiler in einen COMSKEE-Modul übersetzt (COMSKEE ist eine im SFB "Elektronische Sprachforschung" entwickelte linguistische Programmiersprache: MESSERSCHMIDT (1984)). Jeder dieser COMSKEE-Moduln wird durch den COMSKEE-Compiler in lauffähigen Code übersetzt. Mit anderen Worten, es werden strukturerhaltende, isomorphe Abbildungen angewandt, wie das folgende Diagramm illustriert.

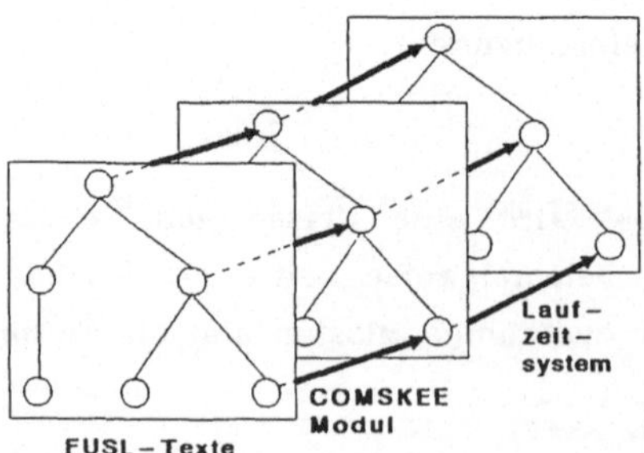

Aufgrund dieser strukturerhaltenen Abbildung und des Modulkonzeptes ist es möglich, daß prinzipiell jede Mission in einer Kontrollstruktur als Startpunkt des einmal generierten Laufzeitsystems gewählt werden kann.

Auf der Grundlage dieser Theorie wurde ein Modell (SAFRAN, software and formalism for the representation and analysis of natural language) entwickelt. Erste Erfahrungen zeigen, daß das System effizient arbeitet und vielfältige Möglichkeiten zur Verfügung stellt, verschiedene Strategien und Problemlösungen auszutesten. Es ist in erster Linie als Werkzeug zum Experimentieren mit Wissen, dessen Repräsentation, Methoden, Meta- und Objektwissen u.a. gedacht.

Literatur

AUSTIN, J.L., 1972. Zur Theorie der Sprechakte. Reclam, Stuttgart.

BELLI, F., 1986. Einführung in die logische Programmierung mit PROLOG. BI, Mannhein/Wien/Zürich.

BOBROW, D.G./COLLINS, A., 1975. Representation and Understanding. New York.

BROWNSTON, L./FARRELL, R./KANT, E./MARTIN, N., 1985. Programming Expert Systems in OPS 5. An Introduction to Rule-Based Programming. Addison-Wesley, Reading, Mass.

COMPUTER PERSÖNLICH Nr. 18/1986.

DAVIS, G./LENAT, D., 1982. Knowledge-Based Systems in Artificial Intelligence. McGraw-Hill, New York.

FORGY, Ch.L., 1981. OPS 5 User's Manual. Dept. of Computer Science, CMU, Pittsburgh.

FREDERKING, R.E., 1985a. Syntax and Semantics in Natural Language Parser. Dept. of Computer Science, Carnegie Mellon Univ, Pittsburgh. CMU-CS-85-133.

FREDERKING, R.E., 1985b. Elliptical and Meta-Language Utterances: An Integrated Computational Model. Computer Science Dept., Carnegie Mellon Univ., Pittsburgh. Ph.D. Thesis Proposal.

FREY, W./REYLE, U., 1983. A Prolog Implementation of Lexical Functional Grammar as a base for a natural Language Processing System. First Conf. of the Eur. Chapter of the Ass. for Comp. Ling. 1.-2. Sept. 1983. Pisa.

GAZDAR, G./KLEIN, E./PULLUM, G./SAG, I., 1985. Generalized Phrase Structure Grammar. Blackwell, Oxford.

GERHARDT, T.C., 1983. SUSY - Handbuch für Semantische Disambiguie-rung. Dokumenation A2/3, 2 Bde, Ms. Saarbrücken.

HASIDA, K., 1986. Conditioned Unification for Natural Language Processing. COLING 86, 85-87. Bonn

HELLWIG, P., 1980. PLAIN - A Program System for Dependency Analysis and for Simulating Natural Language Inference. In: BOLC, L., 1980. Representing and Understanding, 271 - 376. New York.

KARTTUNEN, L., 1986. D-PATR: A Development Environment for Unification-Based

Grammars. COLING 86, 74–80. Bonn.

LICHER, V./LUCKHARDT, H.-D./THIEL, M., 1987. Konzeption, computerlinguistische Grundlagen und Implementierung eines sprachverarbeitenden Systems. In: WILβ, W./SCHMITZ, K.-D., 1987. Maschinelle Übersetzung. Methoden und Werkzeuge, 113–153. Niemeyer, Tübingen.

MAAS, H.-D.,1980. Der SEDAM-Formalismus. Ms. Saarbrücken.

MARCUS, M., 1980. A Theory of Syntactic Recognition for Natural Language. MIT Press, Cambridge/London.

MESSERSCHMIDT, J., 1984. Linguistische Datenverarbeitung mit Comskee. Teubner, Stuttgart.

NAGAO, M./TSUJII, J./NAKAMURA, J., 1985. Science and Technology Agency's Machine Translation Project. In: Proc. of the Int. Symposium on Machine Translation. 14. Okt. 1985, 49–68. Tokyo.

NAKAMURA, J./TSUJII, J./NAGAO, M., 1984. Grammar Writing System (GRADE) of Mu-Machine Translating Project and its Characteristics. COLING 84, 338–343. Stanford.

NILSSON, N.J., 1982. Principles of Artificial Intelligence. Springer, Berlin/Heidelberg/New York.

PEREIRA, F.C.N./SHIEBER, S.M., 1984. The Semantics of Grammar Formalism Seen as Computer Languages. COLING 84, 123–129. Stanford.

SEARLE, J.R., 1971. Sprechakttheorie. Ein sprachphilosophischer Essay. Suhrkamp, Frankfurt.

SHIEBER, S.M., 1984. The Design of a Computer Language for Linguistic Information. COLING 84, 362–366. Stanford.

SHIEBER, S.M., 1985. An Introduction to Unification-based Approaches to Grammar. Presented as a Tutorial Session at the 23rd Annual Meeting of the Ass. for Comp. Ling. July 8, 1985. Chicago.

SHIEBER, S.M., 1986. A Simple Reconstruction of GPSG. COLING 86, 211–215. Bonn.

STOY, J.E., 1977. Denotational Semantics: The Scott-Strachey Approach to Programming Language Theory. The MIT Series in Computer Sciences No. 1. MIT Press, Cambridge/London.

THIEL, M., 1985. Eine konzeptionelle Basis für natürlichsprachliche Systeme. In: ENDRES-NIGGEMEYER, B./KRAUSE, J., 1985. Sprachverarbeitung in Information und Dokumentation, 23–33. Informatik Fachberichte 114. Springer, Berlin/Heidelberg/New York.

TSUJII, J./NAKAMURA, J./NAGAO, M., 1984. Analysis Grammar of Japanese in the Mu Project – A Procedural Approach to Analysis Grammar. COLING 84, 267–274. Stanford.

USZKOREIT, H., 1986. Categorial Unification Grammar. COLING 86, 187–194. Bonn.

WEDEKIND, H., 1974. Datenbanksysteme I. Reihe Informatik 16. Bibliographisches Institut, Mannheim/Wien/Zürich.

Techniken des wissensbasierten Querlesens und deren Anwendung im System EPIKUR

Helge Klaus Rieder

1. Themenbereich

Der vorliegende Bericht beschreibt die Anwendung von Techniken des intellektuellen Querlesens auf automatische Analysevorgänge. Ziel dieser Analysevorgänge ist es, Anwendungen zu unterstützen, die eine schnelle Erfassung einiger wesentlicher, nicht formaler Inhaltsteile von Texten erforderlich machen. Dies ist insbesondere für die Büroumgebung von Bedeutung, da viele definierbare Inhaltsteile (Angebote, Aufträge, Bewerbungen, Zusagen) in einem großen Teil der anfallenden Dokumente immer wieder vorkommen. EPIKUR ist ein System, das diese Techniken einsetzt und damit automatisch Inhaltsteile aus Dokumenten extrahiert.

Nicht-maschinelles Querlesen dient der Erreichung folgender Ziele:

1. Extraktion relevanter Inhaltsteile aus Dokumenten.

2. Auswertung von Dokumenten für andere nach vorgegebenen Richtlinien.

3. Begutachtung, ob ein Dokument als ganzes oder in Teilen relevant ist, d.h. relevante Inhaltsteile enthält: Extraktion von einzelnen, relevanten Dokumenten aus einer Gesamtmenge.

4. Verteilung von Dokumenten an eine oder mehrere zuständige Stellen.

Der erste Fall entspricht der Durchsicht von Dokumenten nach oft nur vage im Hinterkopf festgelegten Kriterien. Im zweiten Fall - ein Beispiel hierzu wäre das intellektuelle Indexieren - sind diese Kriterien explizit durch Regelwerke oder Dienstanweisungen Dritter vorgegeben. Die Fälle drei und vier beschreiben Sortiervorgänge: Dokumente werden aufgrund von erkannten Inhaltsteilen als Ganzes oder als Dokumentteil verteilt bzw. extrahiert.

Inhaltstragende Teile aus Dokumenten zu extrahieren und aufgrund der gefundenen inhaltstragenden Bestandteile nach Benutzerwünschen zu klassifizieren, ist traditioneller Forschungsgegenstand des Information Retrievals (IR). In Bezug auf die Extraktion inhaltstragender Dokumentbestandteile setzte die IR-Forschung lange den Schwerpunkt auf das Automatische Indexieren: die Abbildung eines gesamten Dokuments auf eine ungeordnete Menge von Deskriptoren mit Hilfe von statistischen, oder linguistischen Methoden /Zim 83, Hah 86-2/. Neuere Forschungen innerhalb des IR weisen auch hier den Weg von der reinen Automatisierung konventioneller Dokumenterschließung zu einem teilweisen bzw. oberflächlichen Verstehen von Dokumenten /Hah 86-1, Cro 86, Fum 86/.

Methoden, die Dokumente auf eine ungeordnete Menge von Deskriptoren abbilden, erscheinen uns für die Erkennung von Inhaltsteilen, wie beispielsweise einer Angebotsphrase zu ungenau. In umgangssprachlichen Dokumenten wie z.B. in Briefen, Zeitungsartikeln, Annoncen etc. sind selten Einzelbegriffe vorhanden, die als charakteristisch für das Dokument oder einen Teil des Dokuments angesehen werden können. Hierzu zählen auch die statistischen und linguistischen Techniken für das automatische Indexieren. Der Inhalt von Dokumentteilen definiert sich nicht nur aus einer Ansammlung von Einzelbegriffen, sondern auch aus den semantischen Beziehungen von alleine oft nicht sonderlich aussagekräftigen Begriffen /Ton 84, Cro 86/. Deshalb ist durch Einzelbegriffe alleine ein Angebotsschreiben von der Antwort auf ein Angebot nicht zu unterscheiden. Statistische Ansätze können jedoch zur Klassifikation /Rie 86/ verwendet werden, indem die Ähnlichkeit zwischen einem Dokument und den Profilen möglicher Zieladressen mit Ähnlichkeitsmaßen berechnet wird.

In der Tradition des automatic abstracting /Hah 85/,/Fum 86/ etc. stehende Ansätze haben das Ziel, alles Wesentliche eines Dokuments möglichst unabhängig vom jeweiligen Ersteller des Abstracts neutral zu spezifischen Benutzerinteressen zu erschließen. EPIKUR verfolgt die umgekehrte Idee, nämlich vom Benutzer prä-spezifizierte Inhaltsteile in Dokumenten zu erkennen. EPIKUR greift jedoch z.T. auf eine ähnliche Methodik wie diese Projekte zurück; beispielsweise auf die Methoden zur Organisation von Hintergrundwissen zu den Zwecken der Textanalyse /Fum 82/ /Hah 86-1/.

2. Intellektuelles und automatisches Querlesen

Im folgenden wird von den Techniken des intellektuellen Erkennens von Inhaltsteilen ausgegangen. Es wird untersucht, inwieweit sich diese Techniken bei der automatischen Erkennung von Inhaltsteilen einsetzen lassen und wo die Stärken und die Schwächen einer automatischen Inhaltsteilerkennung liegen.

2. 1. Intellektuelles Erkennen von Inhaltsteilen

Die folgende Abbildung demonstriert das Zusammenspiel von Vorgängen bei der intellektuellen Erkennung von Inhaltsteilen:

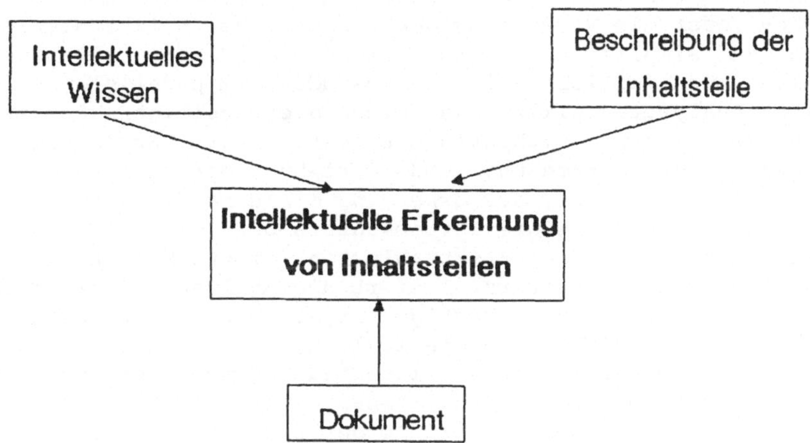

Abb. 1: Intellektuelles Verstehen eines Dokuments

Werden Inhalte gesucht, die für den Leser selbst von Interesse sind, so handelt es sich bei der "Beschreibung der gesuchten Inhaltsteile" zumeist um mehr oder weniger vage Vorstellungen des Lesers, die anhand der (ersten) Dokumente möglicherweise noch konkretisiert werden. Werden die analysierten Inhalte von Dritten vorgegeben, handelt es sich zumeist um konkret definierte Regeln, wie z.B. Indexierungsregeln.

Soll ein Dokument oder zumindest ein Teil davon inhaltlich verstanden werden, so beinhaltet dies die Erkennung der Zeichen, die Erkennung der Wörter, die inhaltliche Erfassung sinntragender Wörter und die in Syntax und Semantik ausgedrückten Relationen zwischen diesen. Intellektuelles Verstehen ist nicht ohne Pragmatik beschreibbar. Insbesondere spielt hier das im Laufe des Lebens erworbene Begriffsverständnis eine entscheidende Rolle. Die inhaltliche Erfassung sinntragender Wörter vollzieht sich intellektuell unter Zuhilfenahme des im Laufe des Lebens erworbenen Wissens über Begriffe, deren Komponenten, deren Zugehörigkeiten zu Begriffsklassen, sowie mit Hilfe der Erfahrungen, die im Umgang mit konkreten Ausprägungen von Begriffen gemacht wurden. Nicht im Text vorkommende Begriffe können identifiziert werden, wenn ein oder mehrere Begriffe auftreten, mit denen dieser Begriff gemeinhin assoziiert wird: Auf ein implizites Vorkommen des Begriffs "Winter" deuten beispielweise die Begriffe Schnee, Glatteis, Skifahren, dunkel, kalt, etc, hin.

2. 2. Automatisches Erkennen von Inhaltsteilen

Bei der maschinellen Simulation intellektuellen Textverstehens ist zu beachten, daß es wohl auf absehbare Zeit nicht möglich sein wird, mit automatischen Methoden die Komplexität intellektueller Denkvorgänge zu erreichen oder die Verwaltung des menschlichen Erfahrungswissens vollständig zu simulieren /Kuh 86/. Die Mächtigkeit intellektueller Inhaltsanalyse manifestiert sich insbesondere im parallelen Einsatz verschiedener Analysetechniken, d.h. einem gleichzeitigen Einsatz von Analysetechniken auf mehreren Ebenen: der Erkennung von Einzelzeichen, der Erkennung von Wörtern, der morphologischen Analyse, der Syntaxanalyse, der Erkennung einzelner inhaltstragender Einheiten, der Semantik eines Textabschitts bzw. des gesamten Texts sowie der Abbildung der extrahierten Textsemantik auf das Erfahrungswissen des Analysators. Liefert die Analyse auf einer Ebene unvollständige und/oder uneindeutige Ergebnisse, so besteht bis zu einem gewissen Komplexitätsgrad die Möglichkeit, durch die Anwendung von Heuristiken höherer Ebenen zu eindeutigen Ergebnissen zu kommen. Automatische Systeme der Inhaltsanalyse sind bezüglich ihrer Analyseschritte häufig sequentiell organisiert /Hit 86, Nis 86/. Besonders bemerkenswert erscheint in diesem Zusammenhang, daß Hitoshi/Ishizaki für ihren Kontextanalysator aus pragmatischen Gründen auf eine sequentielle Abfolge der Analyse zurückgreifen, obwohl aus ihrer Sicht sich gerade darin ein Defizit automatischer Inhaltsanalyse manifestiert /Hit 86/.

3. Konzeption eines Systems zur automatischen Erkennung von Inhaltsteilen

Grundidee des EPIKUR-Systems ist es, vordefinierte Inhaltsteile in Dokumenten wiederzufinden. Zur Beschreibung dieser Inhaltsteile wurde die Inhaltsbeschreibungssprache CDL (= Content Description Language) entwickelt.

Bei der Analyse eines Dokuments wird untersucht, ob die in der CDL gestellten Bedingungen in einem Dokument verifizierbar sind. Zuvor wird das Dokument aufbereitet und die logische Struktur sowie die Layout-Struktur des Dokuments synthetisiert. Dabei werden die Textwörter morphologisch analysiert, Informationseinheiten mit aussergewöhnlicher Syntax wie z.B. Tabellen erkannt und partiell die semantischen Beziehungen innerhalb des Textes analysiert. Das Hintergrundwissen simuliert dabei das durch die Lebenserfahrung erworbene Begriffswissen eines Menschen.

Komponenten, die in EPIKUR Dienstleistungsfunktionen erfüllen und somit kein orginäres Forschungsinteresse darstellen, werden wo immer möglich als fertiger Baustein in das Gesamtsystem integriert. Dies gilt insbesondere für den Wissensrepräsentations- mechanismus, die Morphologiekomponente sowie die sprachabhängigen Syntax-Parser. Diese werden mit der Analysekomponente durch Zugriffsmodule verbunden, wodurch sich die in Abbildung 2 dargestellte Architektur ergibt.

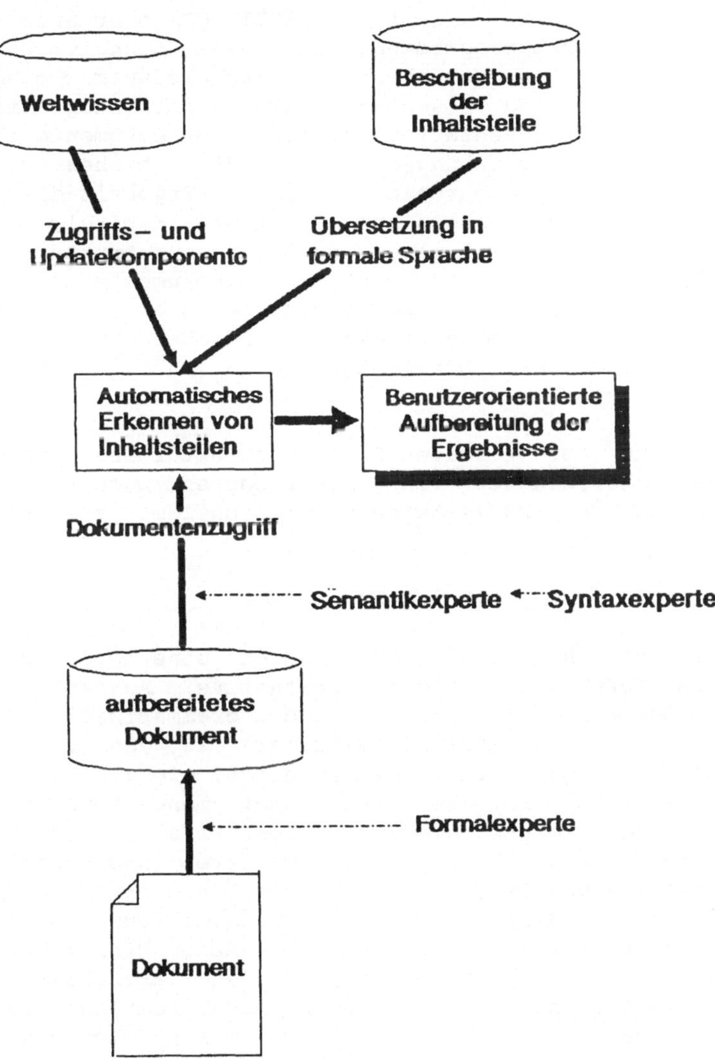

Abb. 2: Architektur des Gesamtsystems

3. 1. Erkennung der formalen Dokumentstruktur

Im Dokument werden Textwörter als kleinste sinntragende Einheit betrachtet. Der formale Aufbau eines Dokuments wird durch das Modul "Dokumentaufbereitung" erkannt und in eine interne Repräsentation überführt. Diese steht den anderen Komponenten zur Verfügung.

Dieses Modul bewerkstelligt die Integration von Dokumenten verschiedener Formate wie z.B. ASCII, ODA oder Spezialformate von Scannern und Textprogrammen in eine einheitliche, wortweise Repräsentation: Eine Verarbeitung verschiedener Dokumentenformate wird leider auch in absehbarer Zukunft notwendig sein, da sich in bezug auf die Repräsentation multimedialer Dokumente trotz diverser Vereinheitlichungsbestrebungen /Krö 86/ bisher kein allgemein akzeptierter Standard durchsetzen konnte. Ergebnis dieses Moduls ist die Erzeugung der logischen Struktur (Kapitel, Absatz, Satz, Teilsatz, Token-ID, Tabellen) und der Layoutstruktur (Seite, Block, Zeile, Spalte, Textspalte, Font) eines Dokuments in einem internen, den Anforderungen der Weiterverarbeitung angepaßtem Format. Desweiteren werden eingeklammerte und/oder in Anführungszeichen stehende Teile des Dokuments, sowie Tabellen als definierter Inhaltsteil erkannt.

Die Erzeugung der formalen Dokumentstruktur ist sprachabhängig, da sich der Zeichensatz in verschiedenen buchstaben-orientierten Sprachen von den ASCII-Zeichen unterscheidet (z.B. Klammern versus Umlaut etc.).

3. 2. Erkennung inhaltstragender Begriffe

Inhaltstragende Begriffe werden durch eine morphologische Analyse aller im Text auftretenden Substantive, Adjektive und Verben, erkannt. Es wird ein Verzeichnis der grammatikalischen Grundformen (Infinitiv, bzw. Nominativ Singular) zu den Textwörtern eines Dokuments angelegt. Für viele Sprachen, wie z.B. das Deutsche oder das Italienische, ist dies ohne Grundformenwörterbuch nicht möglich /Pau 86/. Der Morphologieexperte benutzt alle im Hintergrundwissen vorkommenden Bezeichner für Objekte und Komponenten als Vergleichsliste von Deskriptoren in der Grundform /Sch 73/. Begriffe, die im Hintergrundwissen als inhaltstragend verzeichnet sind, werden in eine Deskriptorenliste eingetragen. Neben Einzelwörtern sind auch bedeutungstragende Mehrwortgruppen zu extrahieren. Das ist insbesondere für Sprachen wie das Englische oder das Italienische von Bedeutung, da diese eine Bildung von Wortkomplexen nicht oder kaum kennen.

Eine besondere Behandlung benötigen Texttoken die keine Stoppwörter sind, die jedoch auch nicht als Begriffe im Hintergrundwissen bekannt sind. Zum einen sind dies Wörter, die aufgrund der Unvollständigkeit des Hintergrundwissens dort nicht eingetragen sind. Zum anderen sind es Wörter, die auch einem intellektuellen Betrachter nicht bekannt sein können, bei denen dieser i.d.R. jedoch keine Schwierigkeiten hat, diesen Wörtern den richtigen Inhalt zuzuordnen. Beispiele hierzu sind Namen bisher unbekannter Personen, Namen von bisher unbekannten Orten, sowie neue in Texten auftretende Begriffe.

EPIKUR sammelt diese Begriffe und präsentiert sie dem Benutzer mit der Aufforderung, diese in das Hintergrundwissen (oder die Stoppwortliste) aufzunehmen. Andererseits ist EPIKUR nicht auf eine permanente Interaktivität angewiesen, so daß zuerst aufgrund der den unbekannten Begriff umgebenden Phrasen, wie z.B. "Sehr geehrter Herr X"," D-8500 Y" oder "... bieten wir Ihnen unser neues Produkt Z an", versucht wird, diesen unbekannten Begriff auf einen bestimmten Wertebereich einzugrenzen. Ist dies unmöglich, wird der Begriff vorerst als Variable geführt.

3. 3. Erkennung von Referenzen

Referenzen entstehen, wenn ein Nomen eines vorherigen Satzes referenziert wird /Hal 76/.

Dabei sind zu unterscheiden:

* Referenzen, die sich auf den Absender oder Empfänger beziehen
  und ohne Hintergrundwissen aufgelöst werden können:
  - Bezüge auf den Autor "wir", "unsere Firma"...
  - Bezüge auf den Adressaten "Sie", "Ihr", "Ihre Firma"...

* Referenzen, die zur Auflösung syntaktisches Hintergrundwissen
  benötigen:
  - Bezüge auf vorstehende Nomen "er/sie/es","dieser"...

* Referenzen, die aus Verweisen auf Nomenklassen bestehen und zur
  Auflösung auch semantisches Hintergrundwissen benötigen
  - ... TA ... . diese Firma ...

Diese Referenzen werden von EPIKUR so weit wie möglich während der Dokumentaufbereitung aufgelöst, um bei einer satzweisen Betrachtung sinntragende Referenzen auf Begriffe in vorstehenden Sätzen berücksichtigen zu können. Diese Referenzen lassen sich auflösen, indem in der Dokumentrepräsentation für den jeweiligen Begriff ein zusätzliches, virtuelles Vorkommen an der Stelle zugeordnet wird, an der dieser durch z.B. ein Pronomen referenziert wurde.

Davon sind Referenzen zu unterscheiden, die durch den Gesamtkontext gebildet werden. Hierzu zählen Ellipsen, die durch das Fehlen einer expliziten Spezifikation, die jedoch aufgrund des Gesamtkontexts ergänzbar ist, entstehen,

     * ... bieten wir Ihnen unseren Rechner M-32 an. .... .
       Eine Grundkonfiguration kostet derzeit ...

sowie Verweise auf ein anderes Dokument.

     * ... beziehen uns auf Ihr Angebot vom 29. 2. 1987 ...

3. 4. Erkennung von Textstrukturen

Unter einer Erkennung von Textstrukturen verstehen wir im folgenden die Erkennung von in der CDL definierten Beziehungen zwischen Begriffen im analysierten Dokument. Mögliche Ansätze hierzu bestehen darin, einen Text sprachabhängig semantisch zu parsen, oder zuerst sprachabhängig syntaktisch zu parsen und ihn dann sprachunabhängig semantisch weiterzuverarbeiten.

Einen Text zuerst syntaktisch zu parsen hat für eine Implementierung den Vorteil, daß Sprachabhängigkeiten eingrenzbar sind und erprobte Syntaxparser zur syntaktischen Analyse einsetzbar sind. Viele Parser haben jedoch den Nachteil ein umfangreiches Vollformenlexikon mit diversen Zusatzinformationen zu benötigen. Ein solches Lexikon ist jedoch auf die gängigen Wissensrepräsentationssysteme kaum abbildbar. Desweiteren sind diese Parser auf die Analyse wohlgeformter Sätze beschränkt. Ein weiteres Problem sind Textteile, die nicht aus wohlgeformten Sätzen bestehen und deren Inhalt sich aufgrund des Layouts erschließt. Beispiele hierzu sind Kapitelüberschriften, Tabellen, Briefköpfe, Formblätter etc. Auch können mehrere (hintereinanderliegende) Sätze zusammen eine semantische Einheit bilden, die integriert zu analysieren ist. In diesen Fällen sind Beziehungen satzübergreifend anzulegen /Nis 86/.

4. Hintergrundwissen

4. 1. Intellektuelles und maschinelles Wissen zur Textanalyse

Das Hintergrundwissen simuliert das aus der Lebenserfahrung gewonnene intellektuelle Begriffs- und Sprachwissen. Die Modellierung der Objektwelt mittels semantischer Relationen und das Lexikon für die partielle, syntaktische Analyse werden in einer einzige Wissensbasis dargestellt.

Das Hintergrundwissen erfüllt mehrere Funktionen:

- Es ist das Lexikon der Morphologiekomponente und des Parsers
- Es untersützt die Einbeziehung von Beziehungskanten in die CDL-Formulierung
- Es unterstützt die Analysekomponente bei der Begriffserweiterung der CDL-Begriffe durch Synonyme, Ober- und Unterbegriffe etc.

In EPIKUR wird für die Darstellung des Hintergrundwissens ein Frame-basierter Ansatz gewählt. Zur Realisierung dessen wird das Faktenverwaltungssysem Pro-LUDWIG benutzt /Hey 86/.

4. 2. Globales Wissens für mehrere Applikationen

Aufgrund des großen Aufwands für die Erstellung und Pflege von Hintergrundwissen, wird die in vielen derartigen Projekten wie z.B. TOPIC /Hah 85, 86-1/ oder ACCORD /Hey 86 / übliche Trennung in linguistisches Lexikon und Weltwissen vermieden, indem EPIKUR auf ein einziges Hintergrundwissen zugreift. Dies schließt jedoch eine Untergliederung des gesamten Hintergrundwissens in mehrere Teilwissen wie beispielsweise einem anwendungsneutralen Weltwissen und einem anwendungspezifischen Organisationswissen keineswegs aus. Verschiedene Teilwissen müssen jedoch zumindest virtuell für EPIKUR eine identische Struktur besitzen.

Um den Pflegeaufwand von Wissensbasen zu minimieren, liegt es nahe, das EPIKUR-Hintergrundwissen mit anderen Anwendung, die ähnliches Hintergrundwissen benötigen, gemeinsam zu verwalten. Die gemeinsame Benutzung und Verwaltung des Wissens ermöglicht, daß notwendige Erweiterungen nur einmal durchgeführt werden müssen und somit durch andere Systemkomponenten angeregte Wissensänderungen auch für EPIKUR lesend zugriffsfähig sind und somit die Wissens-Administratoren der Teilsysteme entlastet werden /DeJ 82/. In diesem Zusammenhang erscheint es sinnvoll, das EPIKUR-Wissen auch zum Auflösen von Zweifelsfällen in der Zeichenerkennung und ggf. in der Spracherkennung einzusetzen, und so ein integriertes System mit einem einzigen zu pflegenden Hintergrundwissen zu realisieren.

Weiterhin wird, wenn möglich, auf "Externes Wissen" zurückgegriffen. Unter "Externem Wissen" werden Wissensbasen und Datenbanken, verstanden, auf die EPIKUR lesend zugreifen kann, die aber nicht von EPIKUR selbst verwaltet werden. Darunter fällt beispielsweise die Unternehmensdatenbank mit allen Mitarbeitern des Unternehmens. Hierbei ist eine direkte Kopplung, d.h. ein direkter Zugriff auf externe Datenbestände von einer losen Kopplung, d.h. dem regelmäßigen update der eigenen Bestände durch externe Bestände, zu unterscheiden /App 83/.

4. 3. Update des Hintergrundwissens

Eine triviale aber nicht selten vergessene Erkenntnis ist, daß eine konkrete Wissensbasis stets nur so gut ist, wie die Fakten und Regeln, mit denen sie gefüllt ist. Diese veralten jedoch rasch, wenn sie nicht laufend gepflegt werden. Geht man von der realistischen Annahme eines durch anderweitige Arbeit überlasteten Systembenutzers aus, so liegt es nahe, diesen durch Automatisierung möglichst vieler update-Vorgänge zu entlasten.

Das Update des Hintergrundwissens umfaßt die Änderung der Begriffs-Struktur, d.h. das Einfügen und/oder Löschen von Klassen, die Änderungen der Eigenschaften (= Komponenten) und Relationen (= Sachverhalte), die zu einem Begriffsmöglich sind, die Aufnahme neuer Begriffe aus Texten als Instanzen, sowie die Änderung der Komponentenwerte bekannter Begriffe.

Unter Zuhilfenahme der in Abschnitt 3.1. beschriebenen Formalanalyse kann mit semiautomatischen oder vollautomatische Verfahren die Klassenzugehörigkeit von bis dato unbekannten Begriffen, die sich an besonders signifikanten Stellen der formalen Dokumentenstruktur befinden, festgestellt werden. Für Änderungen in der Struktur des Hintergrundwissens ist ein automatisches Update derzeit unrealistisch, doch kann der Benutzer Systemunterstützung durch eine Auflistung der Instanzen von Klassen erhalten. Dies Auflistung kann sich auf die Anzahl der Einträge, als auch auf deren Inhalt beziehen.

5. Beschreibung der Inhaltsteile

Inhaltsteile werden in EPIKUR durch die CDL (Content Descrition Language) mit Hilfe einer kontextfreien Grammatik beschrieben. Eine ausführliche Beschreibung der CDL findet sich in /Eir 87/, so daß im folgenden nur auf einige Grundlagen eingegangen wird. In der derzeitigen CDL wird der relevante Inhalt RC zur Analyse schrittweise eingeschränkt. Als relevanter Inhalt werden die Dokumententeile bezeichnet, die zu einer semantischen Komponente korrespondieren. So korrespondiert zur Komponente <root-cc> das ganze dokument, zur Komponente <prod-name> "M-32". Jedes CDL-Prädikat definiert einen relevanten Inhalt (RC) als Ergebnisinhalt. Dieser wird von darunterliegenden CDL-Prädikaten als Suchbereich benutzt. In der folgenden Abbildung definiert root-cc das gesamte Dokument als Ergebnisinhalt. Dieser ist Suchbereich für die Prädikate frame und content. Der Ergebnisinhalt von frame ist Suchbereich für die Prädikate sender und recipient.

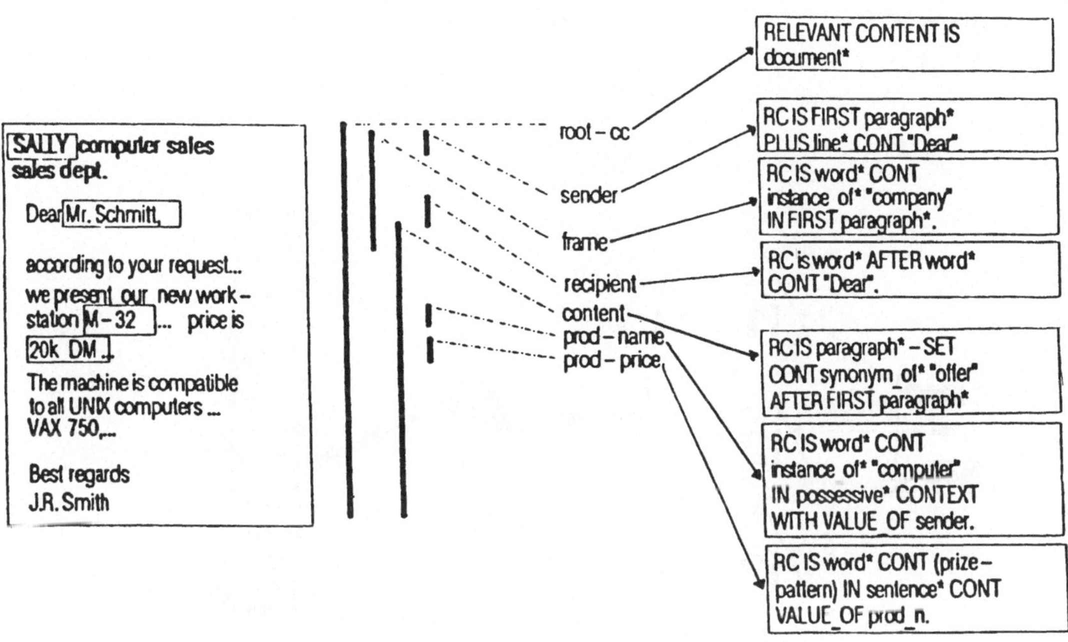

Abb 3: Beispieldokument mit Inhaltsteilen und deren
Beschreibung durch CDL-Prädikate

Ein relevanter Inhalt ist eine Menge von Inhaltsteilen. Er kann
beliebig aus den im Dokument vorhandenen formalen Objekten der
logischen Struktur und der Layoutstruktur zusammengestellt sein. Um
die Position eines gesuchten Objekts im Suchbereich zu lokalisieren,
kann nach einem Inhaltskonstrukt gesucht und das Objekt in relativer
Position zu diesem Konstrukt definiert werden. Ein Inhaltskonstrukt
ist im einfachsten Fall ein Einzelwort. Im CDL-Prädikat recipient der
folgenden Abbildung wird beispielsweise nach dem Einzelwort "Dear"
als Inhaltskonstrukt gesucht und die Zeile, in der "Dear" gefunden
wurde, als Objekt und damit als Teil des Ergebnisinhalts
identifiziert. Inhaltskonstrukte können nahezu beliebig komplex
werden und dabei auf die oben beschriebenen Techniken zurückgreifen.

6. Klassifikation

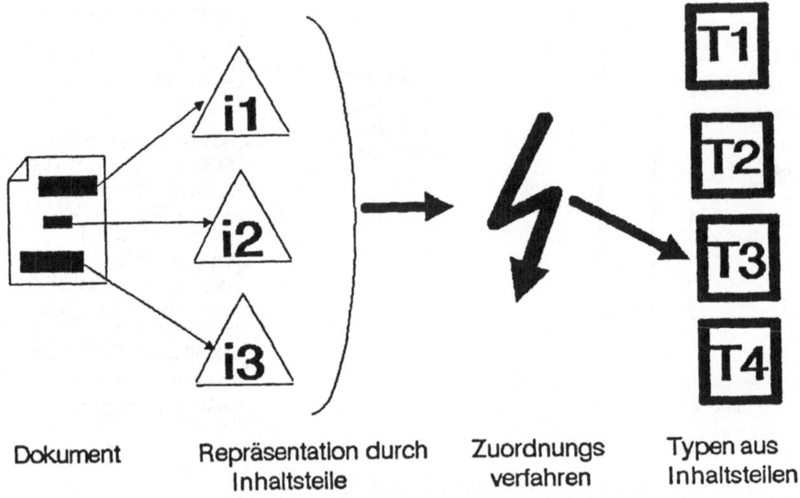

Abb. 4: Klassifikation bei EPIKUR

Die Klassifikationskomponente von EPIKUR ordnet ein Dokument auf Grund der gefundenen Inhaltsteile einem oder mehreren der vordefinierten Dokumentklassen zu, die durch Dokumenttypen repräsentiert werden. In einer konkreten Anwendung kann man sich unter Dokumenttypen beispielsweise die möglichen Empfänger einer Postverteilungsstelle oder die Ordner privater, DV-gestützer Archive vorstellen.

Die Klassifikation erfolgt je nach Anwendungsfall konkurrierend, relativ oder in einer Kombination dieser beiden Verfahren. Bei der konkurrierenden Zuordnung erfolgt durch die Erkennung eines bestimmten Inhaltsteils zwingend die Zuordnung zu einem bestimmten Typ. Bei der relativen Zuordnung errechnet die Zuweisungskomponente eine Maßzahl, in der sich die Ähnlichkeit eines Dokuments mit den Typen widerspiegelt. Dabei ergeben sich Parallelen zu den im Statistischen Information Retrieval gebräuchlichen Ähnlichkeitsmaßen /Pai 84/,/SAL 83/. Ähnlichkeitsmaße im Statistischen Information Retrieval errechnen die Ähnlichkeit zwischen einer Benutzerfrage und der Dokumentrepräsentation. EPIKUR hingegen errechnet die Ähnlichkeit zwischen einem einzigen Dokument und Profilen von Typen. Dabei ist je nach Anwendung zu unterscheiden, ob ein Dokument nur dem jeweils ähnlichsten Dokumenttyp zugeordnet wird, oder ob bei fast gleicher Ähnlichkeit eine gleichzeitige Zuordnung zu mehreren Dokumenttypen erfolgen soll.

7. Entwickungsumgebung

Das EPIKUR System wird bei TA Triumph-Adler AG Neue Technologieen/Basisentwicklung im Rahmen des vom BMFT geförderten WISDOM-Projekts entwickelt und ist bereits teilweise implementiert.

Entwicklungsumgebung:
UNIX, C, IF/Prolog /Int 86/ und TA/Pro-Ludwig /Hey 86/

Entwicklungsrechner:
EPIKUR ist auf einer TA/M-32 Workstation unter TANIX/XENIX und
auf einer VAX /50 unter 4.2 bsd installiert

Danksagung: Für die hilfreiche Unterstützung beim Zustandekommen
dieses Artikels bedanke ich mich insbesondere bei
H. Eirund, G. Heyer, S. Kleemann, K. Kreplin und
E. Lutz.

Literaturverzeichnis:

Appelrath H.-J., 1983
Wissensbereitstellung in Expertensystemen: Inferenzmechanismen
auf relationalen Datenbanken
Dissertationsschrift, Universität Dortmund, Abt. Informatik
Croft W. B., 1986
User-specified Domain Knowledge for Document Retrieval
in: ACM Conference on Research and Development in
Information Retrieval, Pisa, 8-10. 9. 1986,
ed. Fausto Rabitti
De Jong, Kenneth A., 1982
Knowledge Engineering: Where we are and where we are going
in: IEEE, Procedings of the International Conference on
Cybernetics and Society pp. 262-266
Eirund Helmut, Kreplin Klaus, 1987
Dokumentenmodell und automatische Klassifikation im
Bürodokumentenarchiv MULTOS
erscheint in: Datenbanksysteme in Büro, Technik und Wissenschaft,
Proceedings der GI-Fachtagung 1.-3. April 1987
Darmstadt
Fum, Danilo, Guida Giovanni, Tasso Carlo, 1982
Foreward and Backward Reasoning in Automatic Abstracting
Contribution to Descriptive Text Summarizion
in: 7th International Conference on Computational Linguistics
Coling'82, Proceedings pp. 83-89

Fum, Danilo, Guida Giovanni, Tasso Carlo, 1986
  Tailoring Importance Evaluation to Reader's Goals: A
  Contribution to Descriptive Text Summarizion
  in: 11th International Conference on Computational Linguistics
     Coling'86; Proceedings pp. 256 - 259
Hahn, Udo, Reimer Ulrich, 1985
  The Topic Porject, Text-Oriented Procedures for Information
  Management and Condensation of Expository Texts
  Universität Konstanz, Informationswissenschaft,
  Forschungsberichte
Hahn, Udo, Reimer Ulrich, 1986
  Topic Essentials
  in: 11th International Conference on Computational Linguistics
     Coling'86; Proceedings pp. 497-503
Hahn, Udo, 1986-2
  Methoden der Volltextverarbeitung in Informationssystemen
  Ein State - of - the - Art - Bericht
  in: Kuhlen, R., Informationslinguistik, Niemeyer, Tübingen
     Reihe Sprache und Information Bd. 15, pp. 195-216
Halliday M.A.K., Hasan Ruquaiya, 1976
   Cohesion in English
  Longman, English Language Series No 9, London
Heyer Gerhard, Schneider Bernd, 1986
  Extending Prolog for Processing Natural Language Semantics
  TA Triumph-Adler Forschungsbericht,
  ACORD Deliverable T5.3, Nürnberg
Hitoshi Isahara, Ishizaki Shun, 1986
  Context Analysis for Japanese Text
  in: 11th International Conference on Computational Linguistics
     Coling'86, Proceedings pp. 244 - 246
Huu Chau Thuy Nguyen, Kekeritz Ulf 1986
  Eine Frame-Implementation in Prolog
  in: Rundbrief des Fachausschusses 1.2 Künstliche Intelligenz &
  Mustererkennung in der Gesellschaft für Informatik
  Nr 41, April 1986 pp. 19-25
Interface GmbH, 1986
  If/Prolog Manual Version 3.0, München
Knorz Gerhard, 1983
  Kooperatives (Refernz-) Retrieval - eine Herausforderung für
  KI- und IR-Forschung, TH-Darmstadt Fachbereich Informatik
  Fachgebiet Datenverwaltungssysteme II, Forschungsbericht
  DV II 83-7
Krönert Günther, 1986
  Objektorientierte Implementierung eines interaktiv
  formatierenden Dokumenteditors auf der Basis des Standards
  ECMA 101
  in: GI-16.Jahrestagung II, Springer, Informatik-Fachberichte 127
     Hommel G., Schindler S. (eds)

Kuhlen Rainer, 1985
  Verarbeitung von Daten, Repräsentation von Wissen, Erarbeitung
  von Information. Primat der Pragmatik bei informationeller
  Sprachverarbeitung
  in: Jahrestagung der Gesellsachaft für Linguistische
      Datenverarbeitung (GDLV), 1985
Kuhlen Rainer, 1986
  Some Similiarities and Differences between Intellectual and
  Machine Text Understanding for the Purpose of Abstracting
  in: Kuhlen, R., Informationslinguistik, Niemeyer, Tübingen
      Reihe Sprache und Information Bd. 15
Nishida Fujio, Takamatsu Shinobu, Tani Tadaaki, Kusaka Hiroji , 1986
  Text Analysis and Knowledge Extraction
  in: 11th International Conference on Computational Linguistics
      Coling86, Proceedings pp. 241-243
Paice C. D., 1984
  Soft evaluation of Boolean search queries in information
  retricval systems
  in: information technology vol 3 No 1 1984, pp 33-41
Rieder Helge, Kreplin Klaus, 1986
  Wissensbasierte Post-Klassifikationssysteme - Zur Entwicklung
  des Systems EPIKUR
  in: GI-16. Jahrestagung II, Springer, Informatik-Fachberichte 127
      Hommel G., Schindler S. (eds)
Salton Gerard, McGill Michäl 1983
  Introduction to Modern Information Retrieval, McGraw-Hill
Schott Gerda, 1973
  Linguistische Algorithmen zur Deflexion als Mittel zum
  Automatischen Indexieren im Deutschen
  in: GI-3. Jahrestagung, Springer, Brauer W, (ed)
Tong, Richard M., Askman, Victor N., Cunnigham, James F., 1984
  RUBRIC, An Artificial Intelligence Approach to Information
  Retrieval
  in: Proc. 1st Int. Workshop on Expert Database Systems,
      Kiawah Island, South Carolina, October 1984
Zimmermann, H. H., Kroupa, E., Keil, G., 1983
  CTX - Ein Verfahren zur Computergestützten Texterschließung -
  BMFT Forschungsbericht ID 83-006

III. Psychologische Aspekte der Repräsentationsproblematik

Kognitionspsychologie und Wissensverarbeitung

— Einführung —

Josef Krems

1. Wissenspsychologie – Entwicklungen

Fragen des Erwerbs, der Repräsentation und der Verarbeitung von Wissen werden von der psychologischen Forschung zunehmend aufgegriffen. Einer Übersicht von SPADA & OPWIS (1987) ist zu entnehmen, daß sich im deutschsprachigen Raum der Anteil der Kongreßbeiträge zur Wissenspsychologie in den letzten zwei Jahren verdoppelte. Auch in den bedeutendsten internationalen Fachzeitschriften nimmt die Anzahl der Publikationen, die den Begriff *Wissen* in ihrem Titel führen stetig zu. Wurden 1970 erst etwa 350 Arbeiten zu diesem Themengebiet veröffentlicht, so stieg die Zahl im Jahre 1975 bereits auf ca. 500, erreichte 1980 einen Umfang von 800 und liegt mittlerweile bei ca. 1500 jährlich. Bereits seit 1984 ist bei der DFG ein Schwerpunktprogramm *Wissenspsychologie* eingerichtet, in dem inzwischen mehr als 10 Forschungsprojekte zur Modellierung und Diagnose von Wissen, zur Interdependenz von Problemlösen und Wissen, zur Wissensintegration usw. gefördert werden. Eine kürzlich durchgeführte Umfrage der Deutschen Gesellschaft für Psychologie unter ihren Mitgliedern ergab, daß der Kognitionspsychologie insgesamt ein wichtiger Stellenwert in der zukünftigen Forschungsausrichtung eingeräumt wird. Mögliche Förderungsziele und konkrete Formen der Förderung kognitionswissenschaftlicher Forschung werden in einem kürzlich vorgestellten Memorandum (DGfP, 1988) entwickelt. Damit ist von der psychologischen Forschung eine Schwerpunktbildung nachvollzogen, die innerhalb der KI die Wissensverarbeitung bereits seit einigen Jahren als zentrales Forschungsgebiet etablierte. Daß durch die Kognitionspsychologie hervorgebrachte Forschungsergebnisse auch Relevanz für die KI besitzen, ist — abgesehen von wenigen skeptischen Stimmen — jedenfalls die Meinung einer Reihe prominenter Autoren. Es dominieren Auffassungen, die der Analyse der menschlichen Informationsverarbeitung einen wichtigen Rang in der Entwicklung *künstlicher* Intelligenzen einräumen. „But, it is becoming increasingly clear that to really make intelligent machines, ..., one must attack the basic issues of the nature of human thought and intelligence ..." (SCHANK, 1986, 1). Ähnlich auch WALTZ: „Substantially better models of human cognition must be developed before systems can be designed that will carry out even simplified versions of common-sense tasks" (1982, 122). Damit wäre die Kognitionsforschung als Teilgebiet der Psychologie in den Rang einer Grundlagenwissenschaft der KI gerückt.

Der Gefahr, Anleihen bei der Psychologie zu machen, ist der KI-Wissenschaftler schon durch den Gegenstand seiner Disziplin ausgesetzt. Nicht nur im Bereich der Wissensverarbeitung ist die Modellierung und Synthese von Leistungen, die üblicherweise dem Menschen vorbehalten sind und deren Erforschung damit Gegenstand der Psychologie ist, Ziel seines Tuns. Was also liegt näher, den menschlichen Problemlöser nicht nur als Maßeinheit in der Bewertung der Leistungsgüte, sondern ihn auch als Führungsgröße und Vorbild in der Entwicklung von Algorithmen, die diese Leistungen bedingen, einzusetzen und die Psychologie als Quelle möglicher Problemlösungen und als Fundus von Ideen zu befragen.

2. Relevanz kognitionspsychologischer Analysen für die KI

Abgesehen von den beiläufigen Anleihen, die allenthalben in KI-Systeme einfließen, die in aller Regel der Intuition und Introspektion des jeweiligen KI-Programmierers oder dem *common sense* des psychologischen Volksguts entstammen, kann der Frage auch systematisch nachgegangen werden, ob es sich für ein Teilgebiet der Informatik lohnt, den Erkenntnisfortschritt einer psychologischen Disziplin wenigstens zu beobachten.

Antworten auf diese Frage sollten zwei Tatsachen berücksichtigen:

1.) Menschen sind auf absehbare Zeit den künstlichen Problemlösern bei nahezu allen Aufgaben, die zu den Anwendungsfeldern von KI-Programmen zu zählen sind, bei weitem überlegen.

2.) Die *klassischen* Mittel der Informatik reichen offensichtlich nicht aus, um diesen Niveauunterschied zu beseitigen.

Es sind einige Gesichtspunkte zu nennen, die nahelegen, daß es sich in der Entwicklung von KI-Systemen lohnen kann, Erkenntnisse der Kognitiven Psychologie zu berücksichtigen:

(1) **Psychologische Theorien als trägerunabhängige Konzeptualisierungen von Problemlöseverfahren.**

Sollten menschliche und künstliche Problemlöser unter bestimmten Randbedingungen nur Realisierungen eigentlich implementationsunabhängiger Maschinen sein, dann ist die Analyse beider Intelligenzen ein Beitrag zu einer allgemeinen Theorie der Informationsverarbeitung mit wechselseitiger Bedeutung. Die Überprüfung dieser physical-symbol-system Hypothese, die von NEWELL & SIMON (1981, 11) als empirische Behauptung und nicht als Theorem vorgeschlagen wurde, steht vorläufig aus; sie ist aber eine der Klammern, die Kognitive Psychologie und KI zur *Cognitive Science* verbinden. Ist für die Kognitionspsychologie die Analyse von KI-Programmen interessant, weil sie als Implementationen von Intelligenz, und damit auch als Modelle der menschlichen Informationsverarbeitung in Frage kommen, so ist im vorliegenden Zusammenhang der Umkehrschluß wichtig: Wenn eine Theorie der menschlichen Wissensverarbeitung als Konkretisierung des allgemeinen Modells formuliert ist, dann ist sie auch programmierbar. „To be sure, we are still far from being able to create machines that do all the things people do. But this only means that we need better theories about how thinking works" (MINSKY, 1986, 19).

(2) **Kognitionspsychologische Erkenntnisse als Heuristiken an Entscheidungspunkten.**

In der Regel können nicht alle Parameter von KI-Programmen durch die strukturelle Analyse der zu bewältigenden Aufgabe oder aufgrund eines algorithmisierbaren Entscheidungsverfahrens bestimmt werden. Beispielsweise kann in der Konstruktion regelbasierter Systeme nicht grundsätzlich, unabhängig von Anwendungskontexten *bewiesen* werden, ob eher komplizierte, umfangreiche Regeln in einer schmalen Regelmenge oder eher einfache, elementare Regeln in einer vielzähligen Wissensbasis gebildet werden sollen. Befunde zur Beurteilung komplexer Aussagesysteme durch Experten können hier als Entscheidungshilfe berücksichtigt werden (vgl. ZIMMER & KÖRNDLE in diesem Band). Daß es ein erfolgversprechendes Verfahren ist, während der Konfliktresolution in der Auswahl von Regeln die Meinung des menschlichen Fachmanns zu berücksichtigen, gilt in der Expertensystementwicklung inzwischen als Selbstverständlichkeit.

Oder es kann in der Konstruktion von Vision-Programmen eine *sinnvolle*, da auch im menschlichen Wahrnehmungsapparat auffindbare Gesetzmäßigkeit sein, in der Figur-Grund-Unterscheidung bei unvollständiger Informationslage jene sonst homogenen Bildelemente zur Figur zu erklären, die benachbart sind (vgl. LISON in diesem Band).

Es kann auch in der Repräsentation sprachlichen Wissens eine *plausible* Überlegung sein, — da durch empirische Untersuchungsergebnisse zur menschlichen Sprachverarbeitung und darauf aufbauenden Simulationsstudien (BOCK & KREMS, 1986) nahegelegt — auf eine lexikalische, statische Fixierung von Wortbedeutungen zugunsten lokaler, vom subjektiven Bezugssystem der Sprachbenutzer abhängiger Bedeutungseinheiten zu verzichten.

(3) **Kognitionspsychologische Modelle als Leitlinien für Konstruktionsentwürfe.**

Vorläufig ist der menschliche Problemlöser das Maß der KI-Dinge. Er ist mit erstaunlicher Flexibilität in der Lage, anspruchsvolle Leistungen gerade auf Gebieten zu erbringen, denen sich die KI verbunden fühlt. Damit sollten empirische Erkenntnisse und Theorien der Kognitionspsychologie, vor allem, sofern sie in algorithmischen Formulierungen vorliegen, ein Reservoir möglicher Lösungen für Fragestellungen der KI darstellen. Dies dürfte insbesondere für die *junge* KI gelten, die einerseits noch nicht aus einem breiten, originären Fundus gesicherten Fachwissens, überprüfter Formalismen oder methodischer Standardverfahren schöpfen kann und die andererseits auch nicht auf die Verwendung der in der Informatik sonst vertrauten Verfahren setzen kann (vgl. SCHMALHOFER & WETTER, 1987). Hier kann die Kognitionsforschung in anfänglichen Stadien der Entwurfsgestaltung Hinweise anbieten, *wie es funktionieren könnte.* „If we have reasonable evidence that people do things in a particular fashion, then we have some reason to believe that it is at least possible for an intelligent organism to operate in this way" (CHARNIAK & McDERMOTT, 1985, 7).

Hätte die KI-Forschung der 60er Jahre die damals bereits bekannten Befunde zum menschlichen Schachspiel zur Kenntnis genommen, wäre sie nur schwerlich dem Irrtum erlegen, Computerprogramme, die auf der Expandierung von Spielbäumen beruhten und auf statische Evaluationsfunktionen setzten, als die Schachweltmeister vor 10-Jahresfrist zu vermuten. Denn aus DE GROOTs (1965) Arbeiten war bekannt, daß erfahrene Schachexperten ihre Spielstärke nicht – brute force – aus besseren allgemeinen kognitiven Fähigkeiten wie Verarbeitungsgeschwindigkeit, „Vorausdenken" o. ä., auch nicht nur aus angemessenen Heuristiken, sondern aus einer höheren Anzahl informationsträchtiger, vertrauter Spielsituationen gewinnen. Anschließend an die Analysen von DE GROOT wurde inzwischen in vielfältigen weiteren Laien-Expertenvergleichen nachgewiesen, daß die Zunahme an Kompetenz weniger in der Optimierung allgemeiner, sachinvarianter Algorithmen als in der flexiblen Verwendung facettenreichen bereichsspezifischen Wissens begründet liegt.

Ergebnisse von Experimenten zur diagnostischen Kategorisierung (z. B. PRECHTL & KREMS, 1987) legen nahe, daß die überlegene Fähigkeit von Experten, auch bei schwachvaliden Hinweisreizen im Unterschied zu Laien eher zu korrekten Kategorisierungen von Mustern in der Lage zu sein, auf einer Gedächtnisorganisation mit einem vergleichsweise höheren Vernetztheitsgrad der Konzepte beruht. Folglich ließe sich, jedenfalls als erste Entwurfsidee, auch für ein Diagnosesystem, das bei unspezifischen Indizien zu vergleichbar optimierten Leistungen in der Lage sein soll, annehmen, daß die Verwendung eines Repräsentationsprinzips mit einer ähnlichen Interaktion der Komponenten eine erfolgversprechende Modellvariante darstellt.

Diese Nachbildung nicht nur der inhaltlichen Substanz des menschlichen Sachwissens, sondern auch der Prinzipien seines Aufbaus, seiner Repräsentation und Verwendung durch den Experten wird in der Expertensystem-Technologie unter dem Stichwort *cognitive emulation* neuerdings zu einer eigenständigen Entwurfsstrategie (vgl. SLATTER, 1987) erklärt.

Psychologische Modelle dienen hier als erste Näherungen, als eine von evtl. vielen Lösungen, für die bei Bedarf allerdings im einzelnen gezeigt werden müßte, ob es sich um das beste aller möglichen Verfahren handelt.

(4) **Psychologische Beiträge in der Gestaltung der Interaktionskompetenz von wissensbasierten Systemen.**

Ihrer Zielvorgabe nach sind wissensbasierte Systeme die anspruchvollsten softwaretechnischen Unterstützungskomponenten bei der Bewältigung von Aufgaben in *semantically rich domains*. Ihr Leistungsvermögen soll bei komplexen Problemstellungen, in denen die Verwendung bereichsspezifischer Kenntnisse unabdingbar ist, hoch ausgeprägt sein. Es ist zu erwarten, daß die Berücksichtigung des Benutzers nicht erst in der Gestaltung der tatsächlichen Interaktion in der Anwendungssituation beginnen kann, sondern auch die Auslegung von Systemkomponenten, die nur mittelbar das Dialoggeschehen betreffen, beeinflussen muß. Aus ersten Evaluationsstudien von Expertensystemen (BUCHANAN & SHORTLIFFE, 1984) ist bekannt, daß ihr Akzeptanzgrad u.a. mit der Übereinstimmung der Inferenzprozesse von künstlichen und natürlichen Systemen korreliert. Folglich ist für den Einsatz von regelbasierten Systemen nicht nur die erzielte fachliche Leistungsgüte, sondern ebenso die Kongruenz des Systemverhaltens mit vertrauten Verlaufsmustern der Problemlösung durch Experten wichtig. Auch die Entwicklung und Implementation einer *Erklärungskomponente* wird ohne die Rücksichtnahme auf kognitiv begründete Strukturierungsmuster, in denen eine Balance zwischen Informationsfülle und Kapazitätsgrenzen der Verarbeitung gefunden wird, nur auf einem sehr beschränkten Niveau möglich sein. Hier kann an kommunikationspsychologische Forschungsergebnisse (vgl. VUKOVICH, 1988), in denen Schemata der Wissensvermittlung und Informationsgestaltung identifiziert werden, angeschlossen werden. Von *kooperativen* Systemen ist auch zu erwarten, daß sie in einer Partnermodellierung u. a. den Kompetenzgrad des jeweiligen Interaktionspartners als Moderatorvariable in der Auswahl eigener Verfahrensschritte berücksichtigen. Geeignete Verfahren der Diagnostik des Partnerwissens werden mittlerweile im Rahmen tutorieller Systeme untersucht (vgl. WALOSZEK et al. in diesem Band).

3. Psychologische Beiträge in diesem Band – Übersicht

Es ist nicht zu verkennen, daß der gegenwärtig verfügbare Korpus an kognitionspsychologischen Erkenntnissen nicht annähernd ausreicht, die benötigten Anregungen in der Algorithmisierung von Lösungsverfahren bei komplexen Problemen zu liefern oder die anfallenden Entscheidungen in der Entwicklung von KI-Systemen und in der Gestaltung von Interaktionskompetenz erschöpfend zu unterstützen. Hier ist auf den zukünftigen Ertrag der jedenfalls organisatorisch mittlerweile erreichten Schwerpunktbildung und Forschungsintensivierung — davon war einleitend die Rede — zu hoffen. Daß allerdings bereits gegenwärtig zu einer Vielzahl aktueller Fragestellungen der KI Beiträge aus der Kognitionspsychologie verfügbar sind, wird auch durch den vorliegenden Band dokumentiert.

Konzepte der KI wurden von der Kognitionsforschung vielfach schon wegen ihrer Implementation und der dadurch nachgewiesenen Realisierbarkeit als potentielle Modelle auch der menschlichen Informationsverarbeitung aufgegriffen. Einige der damit der Psychologie aufgenötigten (Schein-)fragen, die in erster Linie die Repräsentation menschlichen Wissens betreffen, werden in den Beiträgen von ZIMMER & ENGELKAMP und ZIMMER & KÖRNDLE genannt.

Ob menschliches Wissen analog oder verbal, analog oder propositional, prozedural oder deklarativ, oder einfach mental repräsentiert ist, ist Thema empirischer Arbeiten seit Beginn der 70er Jahre. Eine Zusammenfassung der Diskussion, inklusive ihrer Irrwege, geben ZIMMER & ENGELKAMP. Sie berichten experimentelle Ergebnisse, die für modalitätsspezifische Verarbeitungsweisen sprechen, deren Realisierungsprinzip (propositional, analog, quasi-analog o. ä.) davon zunächst unberührt ist. Aus psychologischer Sicht ist nach Meinung der Autoren keines der bislang vorgestellten Realisierungsverfahren ausreichend validiert, um die Korrespondenz mit einem kognitiven Äquivalent reklamieren zu können.

FREKSA plädiert in seiner Arbeit für eine Integration von Simulation und Erklärung in der Repräsentation von Wissen. Eine intrinsische (oder analoge, oder strukturerhaltende) Repräsentation ist Grundlage der Simulation von Weltausschnitten durch homomorphe Abbilder. Jene Weltaspekte, die *erklärt* werden sollen, sind nach FREKSA extrinsisch (explizit) zu repräsentieren. Anhand eines einfachen Problems — Wasser in Wein verwandeln und/oder umgekehrt — demonstriert er die qualitative Vielfalt von Repräsentationsformen, die in der tatsächlichen Problemlösung durch Personen herangezogen werden.

ZIMMER & KÖRNDLE greifen in ihrem Beitrag insbesondere die Unsicherheit und Kontextabhängigkeit menschlichen Wissens auf. Sie zeigen, daß die Manipiulation unsicheren Wissens die Verwendung kontextsensitiver Modelle erfordert. Als formales Konzept zur Darstellung von Kontexteinflüssen schlagen die Autoren eine interaktive Schema-Hierarchie vor. Basierend auf der Fuzzy-set Theorie werden Interpretationsverfahren für Unsicherheitsformulierungen ('fast alle', 'sehr selten' usw.) angegeben und es wird exemplarisch aufgezeigt, wie menschliches Urteilen bei Unsicherheit mit Entscheidungsunterstützungssystemen sinnvoll kombiniert werden kann.

Die CAI (Computer assisted instruction)-Systeme sind, jedenfalls im deutschsprachigen Raum, mittlerweile fester Bestandteil psychologischer Forschung. Innerhalb des anfangs erwähnten DFG-Projektes wird ein intelligentes tutorielles System entwickelt, das zur Simulation des Wissenserwerbsprozesses dienen, aber auch praktisch eingesetzt werden soll und von WALOSZEK et al. im vorliegenden Beitrag umrissen wird. In den einzelnen Schritten, die ein LISP-Adept zu bewältigen hat, werden ihm, nach Diagnose seines jeweiligen Wissensstandes, Hilfsmittel zur Zergliederung der Aufgabenstruktur, zur Wirkung von Funktionen und zur Beachtung von Randbedingungen angeboten.

Im Unterschied zu *knowledge-based vision systems* wird in den Modellen von GIBSON und MARR in der Identifikation von Objekten auf die Verwendung eines expliziten Wissenshintergrunds verzichtet. LISON stellt im abschließenden Beitrag die Prinzipien der MARRschen Theorie dem ökologischen Wahrnehmungskonzept gegenüber.

Literatur:

BOCK, H. & KREMS, J. (1986). Wörtliche und metaphorische Bedeutungsvarianten im Gebrauch des Verbs „überholen". – Ein Beitrag zu einer Theorie von Meinens- und Verstehensprozessen –. *Psychologische Beiträge*, **28**, 3–36.

BUCHANAN, B.C. & SHORTLIFFE, E.H. (1984). *Rule-Based Expert Systems*. Reading: Addison-Wesley.

CHARNIAK, E. & MCDERMOTT, D. (1985). *Introduction to Artificial Intelligence*. Reading: Addison-Wesley.

Deutsche Gesellschaft für Psychologie (1988). Förderung kognitionswissenschaftlicher Forschung in der Psychologie. Psychologische Rundschau, **39**, 49–55.

DE GROOT, A.D. (1965). *Thought and Choice in Chess*. The Hague: Mouton.

MINSKY, M. (1986). *The Society of Mind*. New York: Simon and Schuster.

NEWELL, A. & SIMON, H.A. (1981). *Computer Science as Empirical Inquiry: Symbols and Search*. In: J. HAUGENLAND (ed.): Mind Design. Cambridge: MIT Press, 35–66.

PRECHTL, CH. & KREMS, J. (1987). *Urteilsbildung und Kompetenz* (Forschungsberichte zur Kommunikationspsychologie Nr. 12). Regensburg: Universität, Lehrstuhl für Psychologie I.

SCHANK, R. (1986). *Explanation Patterns*. Hillsdale: Lawrence Erlbaum.

SCHMALHOFER F. & WETTER, TH. (1987). Kognitive Modellierung: Menschliche Wissensrepräsentationen und Verarbeitungsstrategien. In Richter & Th. Christaller (Hrsg.), *Künstliche Intelligenz: Frühjahrsschule Dassel 1986*. In Vorbereitung.

SLATTER, PH. (1987). *Building Expert Systems: Cognitive Emulation*. Chichester: Ellis Horwood.

SPADA H. & OPWIS, K. (1987). Wissenspsychologie: Erwerb, Repräsentation und Nutzung von Wissen. In: M. AMELANG (Hrsg.), *Bericht über den 35. Kongreß der Deutschen Gesellschaft für Psychologie in Heidelberg 1986*. Band 2. Göttingen: Hogrefe, 253–264.

VUKOVICH, A. (1988). Informationsfiguren. In Vorbereitung.

WALTZ, D. (1982). Artificial Intelligence. *Scientific American*, **247**, 4, 101–122.

Hubert D. Zimmer & Johannes Engelkamp

Wenn man in der Psychologie von modalitätsspezifischen Systemen spricht, denkt man meist an die Kontroverse über die duale Kodierung (Paivio, 1971) oder die analoge versus propositionale visuelle Repräsentation (z.B. Pylyshyn, 1981; Kosslyn, 1981; u.a.). Dies ist eine Kontroverse, die von beiden Seiten sehr engagiert geführt wurde und noch geführt wird. Während es vorübergehend so schien, als ob die Diskussion zu gunsten der propositionalen Modelle entschieden wäre, haben analoge Ansätze in jüngerer Zeit durch das Konstrukt der 'mentalen Modelle' (z.B. Johnson-Laird, 1983) neuen Auftrieb erhalten. Dies dürfte zu einem Wiederaufleben der Diskussion führen. Diese Diskussion, ihre Irrwege, aber auch dabei erzielte Erkenntnisfortschritte wollen wir ein Stück weit aufzeigen.

1 Das psychologische Erkenntnisinteresse und die Kontroverse über analoge und propositionale Repräsentationen

In der Psychologie interessiert man sich für die Beschreibung und Erklärung des Erlebens und Verhaltens des Menschen. In dem hier interessierenden Bereich versucht man, dieses Ziel durch das **Paradigma der Informationsverarbeitung** zu erreichen. In diesem Paradigma wird das Verhalten durch die beiden folgenden, allgemeinen Annahmen erklärt. Der Mensch soll Teile seiner Umwelt mental repräsentieren und sein Verhalten soll das Ergebnis von Prozessen sein, die auf diesen Repräsentationen ablaufen. <u>Mentale Strukturen</u> und <u>mentale Prozesse</u> sind demnach die grundlegenden theoretischen Konstrukte der Informationsverarbeitung.

Diese mentalen Strukturen und Prozesse bilden Ausschnitte der realen Umwelt ab, man kann sie deshalb als Modelle, eben als **mentale Modelle**, bezeichnen. Der Begriff 'mentales Modell' ist hier zunächst in seiner allgemeinen Bedeutung und nicht in jener spezifischen gebraucht, die man bei Johnson-Laird (1983) zur Abgrenzung gegen propositionale Modelle findet. Die Annahme solcher Modelle ist nicht prinzipiell beweisbar, aber nützlich. Die Strukturen und Prozesse sind stets erschlossene Größen, die auf folgendem allgemeinen Argumantationsschema beruhen (Le Ny, 1985): Wenn die Person P in der Situation S regelhaft das Verhalten V zeigt, dann ist es vernünftig anzunehemen, daß P über die mentale Repräsentation R verfügt und von diesen mit Hilfe der Operationen O.1, O.2, ... O.n Gebrauch macht (vgl. auch Prinz, 1983, Kap.1).

1.1 Psychologische Modelle als Modelle mentaler Modelle

Über diese angenommenen mentalen Modelle werden nun ihrerseits wieder psychologische Modelle gemacht, mit deren Hilfe man die Eigenschaften der mentalen Modelle darstellen oder beschreiben möchte. Ein grundlegendes Problem hierbei besteht darin, daß explizit gemacht werden muß, welche Eigenschaften des psychologischen Modells in einer Abbildfunktion zum mentalen Modell stehen sollen. Anders formuliert, **welche Attribute des psychologischen Modells stehen in einer Modellrelation zum mentalen Modell?** Die entscheidenden Fragen lauten deshalb: was sind die Attribute des mentalen Modells (Urbild), welche dieser Attribute werden im (psychologischen) Modell abgebildet, welche werden ausgelassen, und welche Attribute des psychologischen Modells sind überschüssig (vgl. Stachowiak, 1973, p. 157 f).

Der Forschungsgegenstand mentales Modell bringt nun eine Reihe grundlegender Probleme mit sich, die u.a. darauf zurückgehen, daß das mentale Modell eine erschlossene Größe ist und selbst nur ein Modell der realen physischen Sachverhalte. Kognitionspsychologischen Experimenten liegt deshalb fast immer ein doppeltes Erkenntnisinteresse zugrunde. Zum einen möchte man etwas über die Spezifika des mentalen Modells und dessen Modellrelation zur Außenwelt erfahren und zum anderen möchte man etwas über die Tauglichkeit des vorgeschlagenen psychologischen Modells erfahren. Auf einige der hiermit verbundenen Probleme wollen wir kurz eingehen.

a) Das **mentale Modell** ist der Beobachtung **nicht direkt** zugänglich. Wir können seine Eigenschaften nur aus **Indizes** erschließen. Wir können unsere Versuchspersonen nur beim Lösen bestimmter Aufgaben beobachten, wobei wir die Aufgaben, das Material, die Art der Vorgabe oder die Instruktion verändern können. Aus den dabei beobachteten Phänomenen schließen wir auf die mentalen Repräsentationen und Prozesse. Allgemein heißt dies, wir müssen aus den **Arbeitscharakteristiken,** die das mentale Modell zeigt, dessen Eigenschaften erschließen.

Ein spezifisches Problem der psychologischen Modelle ist es dabei, daß i.a.R. nicht nur ein einzelnes Phänomen erklärt werden soll, sondern eine unbestimmte Menge, im Grenzfall sämtliche Phänomene des menschlichen Verhaltens. Im Hinblick auf psychologische Modelle ist deshalb ihre 'Reichweite' eine wichtige Eigenschaft. Hiermit verbunden ist ein weiteres Problem.

b) Eine Reihe der zu erklärenden Phänomene ist ohne spezifische Methoden und damit außerhalb des psychologischen Experimentes nicht oder nur selten beobachtbar. Wir **wissen** deshalb **nicht,** was die **Menge aller Eigenschaften ist,** denen unser psychologisches Modell gehorchen muß. Bestimmte Attribute des mentalen Modells werden nur durch die psychologischen Modelle und die dadurch angeregten Experimente aufgedeckt. Dies hat zur Folge, daß die empirische Befundlage nur so gut ist, wie die vorgetragenen Modelle.

Dies gilt besonders für jene Phänomene, die sich mit den zeitlichen Charakteristiken des menschlichen Verhaltens befassen. Diese spielen sich häufig im Bereich von Millisekunden ab und sind deshalb nur unter zu Hilfenahme bestimmter apparativer Einrichtungen meßbar.

c) Eine andere Konsequenz dieser indirekten Zugangsweise ist, daß wir immer nur **'Repräsentationen in der Verarbeitung'** beobachten können. Wir erhalten keine Indizes für bestimmte mentale Repräsentationen an sich, sondern immer nur für Repräsentationen, die auf eine bestimmte Art und Weise verarbeitet werden. Deshalb gibt es immer zwei Einflußgrößen, die zur Erklärung eines Effektes herangezogen werden können: spezifische Repräsentationen und spezifische Verarbeitungsprozesse. Diese Unterbestimmtheit hat zur Folge, daß man u.U. empirisch nicht zwischen alternativen Modellen unterscheiden kann, die verschiedene Prozeß-Repräsentations-Kombinationen postulieren. Solange sie _informationsäquivalent_ sind (vgl. Palmer, 1978), können verschiedene Modelle das gleiche informationelle Input-Outputverhalten zeigen, obwohl dieser Output auf unterschiedlichen Prozessen basiert. Die Modelle sind auf dieser informationellen Ebene nicht unterscheidbar.

d) Dies ändert sich erst, wenn man die <u>Prozesse</u>, die den Output erzeugen, spezifiziert und z.B. neben inhaltlichen auch zeitliche Aspekte des Verhaltens betrachtet. Erst wenn man die Modelle soweit expliziert, daß man **jene Prozesse spezifiziert und auch operationalisiert**, also präzise Meßvorschriften für die einzelnen Prozesse benennt, **mit deren Hilfe der Output erzeugt werden soll,** werden die Modelle empirisch unterscheidbar. Wir müssen angeben können, wann ein bestimmter, postulierter (Teil)Prozeß ablaufen soll und wann nicht, und was genau dieser (Teil)Prozeß für Konsequenzen haben soll. Nur dann können wir sagen, ob ein bestimmter Verarbeitungsschritt, der z.B. mit einer bestimmten Art der Repräsentation verbunden ist, vorliegt oder nicht. Aus diesem Grund sind Modelle, in denen zusätzlich Aussagen über die Zeitcharakteristik der Verarbeitungsprozesse gemacht werden, meist empirisch mächtiger als solche, in denen nur Aussagen über off-line Parameter (z.B. inhaltliche Veränderungen) gemacht werden.

Für **psychologische Modelle gilt deshalb, daß man nicht nur 'Funktionenmodelle' schaffen sollte, sondern 'Prozeßmodelle'.** Es darf nicht so sein, daß nur der informationelle Aspekt von Interesse ist, denn dann gilt: "Modelliert werden nicht Strukturen, sondern Funktionen, z.B. Eingabe-Ausgabe-Beziehungen bei Systemen, deren innere Gestalt für die vorliegende Original-Modell-Abbildung nicht relevant ist" (Stachowiak, 1973, p.187). Für den Psychologen sind die nicht informationellen Eigenschaften der Modelle, z.B. die zeitlichen Charakteristiken der Verarbeitung und die realisierenden Prozesse, keine überschüssigen Modelleigenschaften. Er muß infolgedessen erklären, für welche Attribute seines Modells er eine Entsprechung im (mentalen) Original fordert, und er muß erklären, welche empirischen Sachverhalte diese Forderung begründen.

1.2 Mentale Modelle und analoge Repräsentationen

Nicht nur die eben genannten Probleme haben zu der Kontroverse über modalitätspezifische Modelle geführt, auch der unscharfe und wechselnde Gebrauch sprachlicher Begriffe bei der Darstellung psychologischer Modelle hat dazu beigetragen (cf. Herrmann, 1982). Die zur Beschreibung der mentalen Modelle benutzten Begriffe lassen fast stets verschiedene Lesarten zu. Sind die Begriffe derart unterspezifiziert, dann ist die Frage nach den modellrelevanten Attributen nicht mehr klar beantwortbar. Attribute, die von manchen Autoren als modellrelevant behandelt werden, werden von anderen als überschüssig erklärt und umgekehrt. Dies trifft auf viele der relevanten Begriffe zu, allen voran auf die Begriffe 'propositional' und 'analog'.

Pylyshyn (1973) versteht z.B. 'propositional' ausdrücklich nicht als 'sprachlich', während Johnson-Laird (1980, p. 103) eine propositionale Repräsentation in einer 'one-to-one fashion' zu lexikalischen Items sieht. Bei anderen Autoren, z.B. Engelkamp (1976) oder Kintsch (1972), soll sprachliche Bedeutung zwar propositional repräsentiert sein, aber eine propositionale Struktur steht nicht in einer eins-zu-eins Abbildung zu sprachlichen Zeichen.

Für den Begriff 'analog' gilt dies im gleichen Maße. Paivio (1986, p.16) kontrastiert z.B.:" Picture-like representations are variously described as having analogue, iconic, continuous, and referential isomorphic properties, whereas language-like representations are characterized as being nonanalogue, noniconic, digital or discrete (as opposed to continuous), referentially arbitrary, and propositional or Fregian" (p.16). Fast alle Bezeichnungen, die Paivio hier neben 'analog' aufzählt, sind in anderem Kontext aber auch schon <u>synonym</u> zu analog gebraucht worden.

Analysiert man die Verwendung von 'analog' vor dem Hintergrund unserer Überlegungen über mentale und psychologische Modelle, dann lassen sich u.E. folgende Verwendungsweisen unterscheiden:

a) Man bezieht sich auf die Relation zwischen mentalem Modell und realer Welt oder auf die Relation zwischen mentalem Modell und psychologischem Modell. **'Analog' wird hier als zweistellige Relation zwischen Modellen gebraucht.** Man interessiert sich dafür, welche Attribute des Urbildes sich auch im abbildenden Modell wiederfinden lassen. Die Attribute sind dabei i.a. die Informationen, die verfügbar sind, und die Leistungen, die mit ihnen erbracht werden können.

b) Bei der zweiten Sprachverwendungsweise bezieht man sich auf die Art und Weise, wie die Information im mentalen oder psychologischen Modell repräsentiert sein soll. **'Analog' bezieht sich hier auf Eigenschaften der Repräsentation selbst.** Diese spezifischen Eigenschaften der Repräsentation kann man natürlich auch wieder unter dem Gesichtspunkt der Analogie zum abgebildeten System betrachten. Je nach der Art und Weise, wie man 'analog' definiert, muß man dies sogar tun, wenn man spezifizieren will, welche Eigenschaften einer

Repräsentation den analogen Charakter ausmachen. Im einfachsten Fall verweist man z.B. auf Bilder und will damit ausdrücken, daß eine analoge Repräsentation eine Repräsentation 'wie ein Bild sei'. U.E. hilft dies noch wenig, denn es bleibt immer noch zu bestimmen, welche Eigenschaften ein Bild als repräsentierendes Medium auszeichnet.

Diese beiden Sprachverwendungsweisen decken nicht alle Fälle des Gebrauchs des Begriffes 'analog' ab, aber es sind u.E. die wichtigsten. Da in der unreflektierten Verwendung des Begriffes 'analog' die Ursache für viele Probleme bezüglich der Diskussion um modalitätsspezifische Systeme zu suchen ist, wollen wir uns diesen Sprachverwendungsweisen noch etwas näher zuwenden. Als Beispiel für die Forderung einer Analogierelation zwischen Urbild und repräsentierendem System kann das Konstrukt der 'mentalen Modelle' bei Johnson-Laird (1980) angeführt werden. Mentale Modelle i.S. Johnson-Lairds sollen Repräsentationen sein, die analog sind to "the structure of the corresponding state of affairs in the world – as we perceive or conceive it" (1983, p. 156).

Wichtig ist in diesem Kontext, daß eine Analogie unterschiedlich weit gehen kann. Die pauschale Forderung, daß das mentale Modell analog zur Außenwelt sein muß, sagt deshalb noch wenig. Es muß spezifiziert werden, zu welchen Aspekten der Außenwelt eine Analogie im mentalen Modell existieren soll und was präzise diese Aspekte sind. Die Frage, die sich hier stellt, lautet: <u>Wozwischen oder worin besteht genau die Analogie</u>? Dies bleibt z.B. auch bei Johnson-Laird unterspezifiziert. Insofern hat sein Vorschlag eines mentalen Modells mehr den Charakter eines Rahmens, der im konkreten Fall spezifiziert werden müßte. Genau hier beginnen aber die kritischen Fragen. Nicht das Postulat einer Analogie zwischen mentalem Modell und physikalischer Realität ist der interessante Punkt, sondern die **Spezifikation dieser Analogie**, d.h. die Angabe jener Attribute, bezüglich derer die Analogie besteht.

Dies soll an einem konkreten Beispiel verdeutlicht werden. Nehmen wir eine Anordnung, wie sie in Abbildung 1 skizziert ist. Was bilden wir mental davon ab, und was ist im mentalen Modell analog zu was im Bild? Bei dieser Betrachtungsweise stehen die Leistungen des menschlichen Verarbeitungssystems im Vordergrund.

<u>Abb. 1</u>: Ein Beispiel einer visuellen Reizvorlage

Eine Vielzahl spezifischer Aspekte kommt hier in Betracht. Zunächst
einmal kann man fragen, welche <u>inhaltliche</u> Information überhaupt im
mentalen System abgebildet wird. Ist abgebildet, um welche Figuren es
sich handelt, aus welchen Symbolen sie aufgebaut sind, in welcher räumlichen Konfiguration sie zueinander stehen, welche Ausdehnung die einzelnen Figuren haben und wie groß die Abstände zwischen ihnen sind?
Dies alles sind Aspekte, die Psychologen interessieren. Es sind aber
erst jene Aspekte, die den <u>informationellen</u> Teil betreffen. Andere betreffen mehr die <u>Operationen</u>, die mit diesen Vorlagen ausgeführt werden
können, und deren Gesetzmäßigkeiten. In der physikalischen Welt gehorchen z.B. Transformationen mit oder Operationen an räumlichen Gebilden
den Gesetzen der euklidischen Metrik und die dabei zu berücksichtigen-
den Distanzen sind intervallskalierbar. Gilt dies auch dann, wenn diese
Leistungen nicht mehr an einem realen räumlichen Gebilde vollzogen werden, sondern an einer mentalen Repräsentation desselben?

Bis hierhin geht es um die Relation zwischen dem mentalen Modell und
der Außenwelt. Es wird gefragt, ob Eigenschaften von Sachverhalten in
der Außenwelt auch für das mentale Modell gelten, bzw. indirekt, ob sie
im psychologischen Modell berücksichtigt werden. Es müssen nicht notwendig Annahmen über die Art der mentalen Repräsentation oder über die
Prozesse, die die Transformation im mentalen Modell vollziehen, gemacht
werden. Wir müssen nicht beantworten, wie und auf welche Art und Weise
das System Information speichert oder verarbeitet. Wir spezifizieren
nur, welcher Output bei welchem Input zu beobachten ist. Bezüglich der
Prozesse, die diesen Output produzieren, sind noch (fast) alle Optionen
offen, da die genannten Informationen und Eigenschaften auf verschiedene Art und Weise realisiert werden können.

Stehen die <u>Prozesse</u> im Mittelpunkt, dann interessiert man sich auch für die <u>Repräsentationen</u> an sich und damit für die <u>strukturellen</u> Aspekte. In diesem Fall wird 'analog' meist in der zweiten Sprachverwendungsweise gebraucht. Die Aussagen beziehen sich auf die Repräsentationen selbst und nicht mehr nur auf die Leistungen des Verarbeitungssystems. Bezüglich der Frage, ob die Repräsentation analogen Charakter hat, und vor allem auch, was dies sei, gibt es nun sehr unterschiedliche Positionen.

Shepard & Chipman (197o) unterscheiden z.B. zwischen einer **'first'** und **'second order'** Isomorphie. Eine <u>Isomorphie zweiten Grades</u> verlangt lediglich, daß die Ähnlichkeitsstrukturen <u>zwischen</u> den physikalischen Objekten erhalten bleiben. Mit anderen Worten, Relationen zwischen verschiedenen Elementen oder Veränderungen an einzelnen Elementen der physikalischen Welt müssen irgendwelche Veränderungen in der mentalen Welt entsprechen, und zwar in der Art, daß auf der Basis der mentalen Welt die gleichen Urteile gefällt werden können wie auf der der realen Welt. Hier steht wieder der informationelle Aspekt im Vordergrund. Das Verarbeitungssystem muß jene Informationen auf eine geeignete Art repäsentieren, die es zum Erreichen einer bestimmten Funktion braucht. Es wird nicht mehr gefordert, als daß diese Information in geeigneter Weise verfügbar ist. Palmer (1978) spricht deshalb auch von einer **'funktionalen'** Isomorphie. Fordert man nur diese Art der Isomorphie, dann kann man 'analog' nur sinnvoll im Sinne der Analogierelation gebrauchen. Hier macht es keinen Sinn, 'analog' zur Charakterisierung der Art der Repräsentation zu verwenden. Die Art der Repräsentation ist kein modellrelevantes Attribut. Anders ist dies bei einer Isomorphie ersten Grades.

Eine <u>Isomorphie ersten Grades</u> wird noch weiter unterteilt in eine abstrakte und konkrete. Eine <u>konkrete Isomorphie ersten Grades</u> verlangt, daß Eigenschaften im gleichen <u>physikalischen</u> Medium repräsentiert sind, 'grün' z.B. als farbliche Grünheit. Palmer (1978) nennt diese Isomorphie **'physikalische'** Isomorphie. Im Fall der <u>abstrakten</u> Isomorphie ersten Grades wird zwar noch auf die Repräsentationen einzelner Eigenschaften abgehoben, jetzt ist jedoch die funktionale Äquivalenz der Eigenschaftsrepräsentation hinreichend.

Was exakt mit dieser funktionalen Äquivalenz gemeint ist, wird leider nicht ganz klar. Palmer (1978) bringt als Beispiel, daß die Repräsentation eines Quadrates viermal die Repräsentation 'Ecke' aufweisen muß, die aber nicht mehr physikalisch Ecken sein müssen, während die Repräsentation 'hat_vier_Ecken' nicht hinreichend wäre. Trifft das Beispiel den Sachverhalt, dann könnte der wesentliche Unterschied zweierlei Art sein. Einmal gälte, daß es für jedes zu repräsentierende Element der Außenwelt genau ein repräsentierendes Element im mentalen Modell gibt. In diesem Fall stellt sich die Frage, was die Elemente der verschiedenen Systeme sind. Zum anderen gälte aber auch, daß es sich um Abbildungen von Sachverhalten handelt und nicht um (symbolische) Beschreibungen von Sachverhalten, also Aussagen über Sachverhalte. Die Abbildung repräsentiert als Ikon unmittelbar die Information, ohne daß es dazu einer Kode-Konvention bedarf (cf. Stachowiak, 1973, p.163). In beiden Fällen ist die Frage nach den Einheiten zentral. Wir werden hierauf zurückkommen.

Um diese Mehrdeutigkeiten zu umgehen, führt Palmer (1978) eine dritte Art der Isomorphie ein, die er **natürliche Isomorphie** nannte. Die natürliche Isomorphie ist zwischen der funktionalen und physikalischen einzuordnen. **Ist eine Repräsentation natürlich isomorph, dann kann man sie nach Palmer auch als 'analog' bezeichnen.** Dazu müßte sie folgende Eigeschaften haben:

- sie darf keine expliziten relationalen Elemente enthalten, d.h. "the properties of individual represented objects are modeled by properties of individual representing objects" (p.297),
- diese Repräsentationen müssen jedoch nicht physikalisch identisch zum repräsentierten Sachverhalt sein,
- aber die Repräsentation muß in der Art erfolgen, daß sie dieselben inhärenten strukturellen Beschränkungen hat wie das repräsentierte System.

Die Eigenschaften, die eine Repräsentation haben muß, um als natürlich isomorph zu gelten, zeigen, daß man auch bei dieser Sprachverwendungsweise nicht umhin kommt, die Analogierelation zwischen Urbild und abbildendem Modell zu betrachten. Die erste Forderung kann man noch losgelöst von dieser Analogierelation sehen. Sie besagt nur, daß es im abbildenden Modell keine expliziten relationalen Elemente geben darf, was lediglich propositionale Repräsentationen ausschließt. Die zweite Forderung betrifft bereits die Analogierelation zum Urbild, sie schränkt sie aber nur ein. Die Art der physikalischen Realisation wird als abundantes Merkmal erklärt. Die eigentlich kritische ist die dritte Eigenschaft. Hier wird gefordert, daß die Art und Weise, wie im Modell die

Information repräsentiert wird, dieselben strukturellen Eigenschaften mit sich bringen muß, wie sie im zu repräsentierenden System bestehen. Es wird also eine Analogierelation auch für die strukturellen Eigenschaften gefordert. Dies hat natürlich auch zur Folge, daß man diese Eigenschaften am Urbild isolieren muß.

Als Beispiel für ein analoges psychologisches Modell, das in diesem Sinne eine natürlich-isomorphe Abbildung zum angenommenen mentalen Modell und dadurch wieder zum Urbild ist, das das mentale Modell repräsentiert, kann man das zweidimensionale Punktefeld anführen, mit dem Kosslyn (1980) den 'visual buffer' simuliert. Dieses Punktefeld ist natürlich isomorph zur bildlichen Vorlage. Die Repräsentation enthält keine expliziten relationalen Elemente oder Argumente, und die repräsentierenden Elemente weisen die gleichen strukturellen Eigenschaften auf wie das Urbild. Sie haben notwendig 'räumliche' Orientierung und Größe, ebenso werden notwendig Teil-Ganzes-Relationen und die Konfiguration bewahrt. Eine propositionale Repräsentation kann bezüglich visueller Information zwar funktional, aber nicht natürlich isomorph sein. Sie ist dies nur, weil man ihr bei der 'Konstruktion' diese Eigenschaften mitgegeben hat. Außerdem enthält sie explizite relationale Elemente und hat nicht die gleichen inhärenten Beschränkungen wie das Urbild.

Die Kritik Pylyshyns (1981), daß der visual Buffer im Rechner keine physikalische Ausdehnung habe, sondern nur eine solche repräsentiere, ändert an dieser Einstufung nichts. Das vorgebrachte Faktum ist zwar korrekt, aber das Argument nicht stichhaltig. Der Buffer soll keine physikalische, sondern lediglich eine natürliche Isomorphie bilden. Phylyshyns Argument bezieht sich auf die Realisation dieses Buffers und damit auf die physikalische Seite. Um diesen Unterschied deutlich zu machen, sollte man besser von einer **quasi-analogen** Repräsentation sprechen, die man von einer **real-analogen** unterscheidet, die physikalische Ausdehnung hätte.

1.3 Einige Folgerungen für das Postulat und die Erforschung modalitätsspezifischer Systeme

Aus der hier vertretenen Position ergeben sich Folgerungen für die Diskussion über modalitätsspezifische Systeme. Zunächst einmal sollte deutlich geworden sein, daß das Erkenntnisinteresse, das der Forscher hat, für die Beurteilung der Modelle bedeutsam ist. Akzeptiert man dies, könnte die Diskussion entkrampft werden, weil man die Modellierungsweisen im Hinblick auf ihre <u>Instrumentalität</u> betrachtet. Es dürfte mittlerweile unstrittig sein, daß man je nach **Reizqualität** oder **Instruktion verschiedene Prozessierungsweisen** unterscheiden muß. Einige empirische Belge hierfür werden wir noch berichten. Es gibt also Unterschiede auf der Verhaltensebene, die in den psychologischen Modellen berücksichtigt werden müssen. Sind die verschiedenen Ansätze in der Lage, das unterschiedliche Input-Output-Verhalten korrekt zu beschreiben, sind die Ansätze brauchbar. Will man sich für einen bestimmten Ansatz entscheiden, dann muß man andere als empirische Kriterien heranziehen.

Diese Überlegungen machen deutlich, daß es wichtig ist, die Absicht zu spezifizieren, mit der man ein Modell formuliert. Diesbezüglich scheinen uns mindestens drei Positionen sinnvoll unterscheidbar. (1) Man möchte lediglich ein Funktionenmodell, um die Input-Output-Relation zu modellieren, oder (2) man möchte diese Input-Output-Relationen auch erklären, indem man sie auf bestimmte Strukturen und Prozesse zurückführt, die man jedoch selbst als hypothetische Konstrukte versteht, deren reale physische Existenz man offen läßt, oder (3) man möchte die Funktionen dadurch erklären, daß man sie auf reale physikalische, im speziellen physiologische Strukturen und Prozesse zurückführt. Wie man die verschiedenen Modelle beurteilt, hängt von dem Erkenntnisinteresse ab, das man hat.

Bei der ersten Zugangsweise geht es vor allem darum, das <u>Input-Output-Verhalten des mentalen Systems</u> zu beschreiben. Alle output-äquivalenten Modelle sind hier gleichwertig, unabhängig von der Art und Weise, wie sie den Output erzeugen. Ziel dieser Forschung ist es, die **Attribute des mentalen Modells** zu isolieren, die im psychologischen Modell abzubilden sind. Die Frage wäre z.B.: sind andere Informationen zugänglich, wenn Bilder verarbeitet werden, als wenn Sprache verarbeitet wird oder wenn zu Sprache imaginiert oder auch gehandelt wird?

Aus dieser Perspektive will man belegen, daß **andere Funktionenmodelle notwendig sind, wenn Personen bildlich-anschaulich oder sprachlich verarbeiten.** Dann ist es aber gleichgültig, ob diese unterschiedlichen Verhaltensweisen propositional oder quasi-analog modelliert werden. Auf dieser Ebene anerkennen auch jene Theoretiker, die mit amodalen, einheitlichen Repräsentationen arbeiten, durch die Simulation unterschiedlicher Verhaltensweisen des Verarbeitungssystems, die sie von der Moda-

lität des Inputs abhängig machen, modalitätsspezifische Unterschiede.
Ihre Modelle verhalten sich z.B. so, als ob wir es mit einer real- oder
quasi-analogen, visuellen Repräsentation zu tun hätten. Auch propositionale Modelle kann man so formulieren, daß sie analoge simulieren und
ein Verhalten zeigen, **als ob** sie analoge Repräsentationen seien. Sie
können auf dieser Ebene deshalb äquivalent zu quasi-analogen Modellen
sein. Johnson-Laird (1980, p. 102) spricht in diesem Fall von 'Re-
konstruktionen einer Theorie auf tieferen Ebenen'. Wie man diese Re-
konstruktionen bezüglich ihres Erklärungswertes beurteilt, ist eine andere Frage.

Auf der Ebene von Funktionsmodellen besteht das Forschungsziel darin:

- möglichst <u>systematisch</u> die Attribute des mentalen Systems zu kol-
  lektieren,
- d.h. insbesondere bei welchen <u>Reizklassen</u> bzw. <u>Aufgaben</u> werden welche <u>Informationen</u> verarbeitungsrelevant,
- und welche <u>Operationen</u> können wie leicht mit welchen Informationen
  unter verschiedenen Verarbeitungsbedingungen durchgeführt werden.

Hat man ein 'tiefergehendes' Erkenntnisinteresse und sucht nach erklärenden Konstrukten, dann erweitern sich die Forderungen. Jetzt werden
die <u>Strukturen und Prozesse, die den Output erzeugen</u>, selbst zum Forschungsgegenstand. Es interessieren auch die Teilprozesse und Verarbei-
tungsschritte, mit deren Hilfe man den Output generiert und von denen
man fordert, daß sie ein modellrelevantes Attribut des mentalen Systems
sind. Die oben gestellte Frage müßte jetzt z.B. konkretisiert werden
zu: in welchen **Einheiten** sind die Informationen zugänglich, welche **Relationen** bestehen zwischen diesen und in welchen **Prozessen** sind diese
Relationen und Einheiten verfügbar bzw. transformierbar. Diese Strukturen und Prozesse sind jetzt modellrelevante Attribute und sie müssen,
auf welche Art auch immer, im psychologischen Modell abgebildet werden.
Auf dieser Ebene ist u.E. auch die Diskussion über eine quasi-analoge
Repräsentation sinnvoll zu führen.

Auf dieser Ebene sind nur noch Modelle gleichwertig, die nicht nur out-
put-äquivalent sind, sondern auch bezüglich der modellrelevanten Prozesse übereinstimmen. Es reicht deshalb nicht mehr aus nur das Input-
Outputverhalten zu betrachten, sondern man muß auch die Prozeßschritte
berücksichtigen und die Strukturen, auf denen diese arbeiten. Dazu müssen die Modelle aber so weit konkretisiert und spezifiziert werden, daß

Aussagen über Basisprozesse möglich sind, und die so geforderten Teilprozesse müssen auch operationalisiert werden. Eine empirisch nachprüfbare Spezifikation der realisierenden Teilprozesse ist hinreichend bisher weder von den Vertretern analoger Modelle geleistet worden noch von jenen propositionaler Modelle. Letzteres wird allzuleicht vergessen. In dieser Hinsicht ist der empirische Status <u>beider</u> Modellannahmen gleich.

Liegt das Erkenntnisinteresse auf der dritten Ebene, dann sucht man nach reduktionistischen Erklärungen. Sprachlich korrekt müßte man jetzt behaupten, die visuelle Repräsentation sei real-analog, sie habe z.B. Distanz, oder das mentale System sei aus propositionalen 'Bausteinen' aufgebaut. Jetzt befindet man sich auf der Ebene der Realisierung. Eine Entscheidung zwischen verschiedenen Realisierungen ist aber auf informationeller Ebene nicht möglich. Als Kognitionspsychologen bewegen wir uns i.a. **nicht auf der Ebene der Realisierungen,** sei es der physiologischen im Falle des mentalen Modells oder einer physikalischen im Falle des psychologischen Modells. Sieht man sich die Diskussion über modalitätsspezifische Modelle an, dann wird aber häufig so argumentiert, als befänden wir uns auf dieser Ebene. Bei dieser Perspektive bleiben die Annahmen nützliche Fiktionen (vgl. Engelkamp & Zimmer, 1987). Sie sind dies bis zu jenem Zeitpunkt, zu dem wir empirische Belege für das physiologische Pendant der geforderten mentalen Elemente haben.

Prüft man die verschiedenen Modellentwürfe diesbezüglich, so wird deutlich, daß das Erkenntnisinteresse und damit die Ebene, auf der das Modell angesiedelt ist, häufig nicht klar spezifiziert ist. Unter Umständen wechselt man sogar während der Argumentation die Ebenen, ohne daß dies ausreichend reflektiert wird. In der Mehrzahl der Fälle betrachtet man eigentlich nur informationelle Aspekte, auch wenn man an den Realisierungen interessiert zu sein scheint.

Aus psychologischer Sicht ergeben sich auf diesen unterschiedlichen Ebenen auch unterschiedliche Berührungspunkte zur KI. Den verschiedenen Teildisziplinen kommen auf den verschiedenen Ebenen jeweils andere Rollen zu. Wenn man in der Psychologie z.B. versucht, Funktionsmodelle zu modellieren, dann deckt man <u>empirisch die Attribute des mentalen Systems</u> auf, und es werden Parameter und Prozesse benennbar, die in KI-Modelle Eingang finden können oder müssen. Sei es, daß sie als Vorlage dienen, um im Rechner bestimmte Leistungen nachzubauen, oder daß sie die 'menschlichen' Eckwerte setzen, denen man die Maschinenschnittstelle anzupassen hat.

Umgekehrt kann die Übernahme von KI-Methoden in die Psychologie partiell die geforderte <u>Spezifikation der Prozeßmodelle</u> leisten, die man auf der Struktur- und Prozeßebene braucht, um hinreichend spezifische Modelle zu formulieren, deren Annahmen empirisch prüfbar sind. Der Entwurf von Simulationsmodellen oder gar die Erstellung lauffähiger Simulationsprogramme erzwingt die Spezifikation der Prozeßschritte. Dies wird deutlich, wenn man die Arbeiten von Kosslyn (1980), Rumelhart & McClelland (1982) oder Anderson (1983) betrachtet.

Ein lauffähiges Modell zu haben, darf aber für den Psychologen nicht das alleinige Ziel sein. Er muß sich fragen, welche Elemente seines Simulationsmodells in einer <u>Modellrelation zum mentalen System</u> stehen sollen, und welche Attribute überschüssig sind. Gleichzeitig muß er sich bemühen, <u>empirische Indikatoren</u> für diese Attribute zu finden. Schließlich soll sein Modell auch verträglich sein mit dem bereits vorliegenden und als gesichert geltenden Wissen über das Erleben und Verhalten des Menschen. Die Psychologie bleibt auch bei dieser Zugangsweise eine empirische Wissenschaft.

2 Einige empirische Befunde im Kontext der visuellen Verarbeitung

Wir werden im folgenden punktuell über empirische Befunde berichten, mit denen man spezifische Eigenschaften einer visuellen Verarbeitung demonstrieren konnte. Eine solche Verarbeitung kann dabei entweder durch Vorgabe eines visuellen Reizes ausgelöst worden sein oder durch Vorgabe eines verbalen Reizes und der Instruktion, sich vom bezeichneten Sachverhalt eine Vorstellung zu bilden. Als erstes wenden wir uns der Analogierelation zwischen der physikalischen Außenwelt und dem mentalen Modell zu. Es sind Arbeiten, in denen man eine Analogie zwischen der physikalischen Drehung von Objekten im Raum und der mentalen Drehung der Objekte untersucht hat. Danach betrachten wir Experimente zur quasi-analogen Repräsentation der räumlichen Konfiguration und der Größe. Als drittes schließlich wollen wir Experimente berichten, in denen gezeigt wurde, daß die gleiche Information, hier die sprachlich beschreibbare Form eines Objektes, aus unterschiedlich 'formatierten' Wissensbasen abgerufen werden kann, einer quasi-analogen Repräsentation und einer sprachnahen propositionalen.

2.1 Die mentale Rotation als Analogie zur Drehung physikalischer Objekte

Um zu untersuchen, welche Eigenschaften der Drehung von Objekten im physikalischen Raum im mentalen Modell ein Pendant haben, wurden Untersuchungen im Paradigma der mentalen Rotation durchgeführt.

Bei einer mentalen Rotation erhält eine Versuchsperson einen Standardreiz, z.B. eine in der Vertikalen orientierte Strichzeichnung, die sie sich merken muß. Anschließend gibt man ihr einen Vergleichsreiz vor, der relativ zum Original rotiert ist. Die Versuchsperson muß mit 'ja' antworten, wenn die beiden Reize durch Drehung zur Deckung gebracht werden können, sonst mit 'nein'. Um diese Frage zu beantworten, muß sie die beiden Figuren in Gedanken zur Deckung bringen. Man nimmt an, daß sie dies durch mentale Rotation tut. Um hierfür einen Indikator zu haben, mißt man die Zeit von der Projektion des Zielreizes bis zur Antwort. Diese Zeitspanne umfaßt die Zeit in der die angenommene mentale Rotation ablaufen müßte. Dabei lassen sich u.a. folgende Phänomene beobachten.

a) Die Vergleichszeit ist eine lineare Funktion über den Rotationswinkel.

b) Diese Abhängigkeit kann aufgehoben werden, wenn man der Versuchsperson hinreichend lange vor der Projektion des Zielreizes, deren Position durch ein Hinweissignal anzeigt.

c) Gibt man der Versuchsperson einen solchen Hinweisreiz und läßt ihr unterschiedlich viel Zeit bis zur Vorgabe des Zielreizes und damit auch Zeit, um den Reiz mental zu rotieren, so kann man die 'Rotation' in Abhängigkeit von der Zeit untersuchen. Man kann zeigen, daß während der mentalen Rotation gerade jene räumliche Position eines externen Reizes im Vergleich mit dem mentalen Standard begünstigt ist, die ein Reiz einnehmen würde, wenn er aktuell im physikalischen Raum mit jener Geschwindigkeit rotiert würde, die man für die mentale Rotation geschätzt hat.

Aufgrund dieser Befunde spricht Shepard (1975, p. 96) dehalb davon, "... that visual objects are mentally manipulated in a manner that is in some degree analogous to the way that corresponding real objects would be operated upon in physical space".

Allgemein wird hier eine Analogie zwischen einer realen Drehung des physikalischen Objektes im Raum und der mentalen Drehung des repräsentierten Objektes gefordert. Worin besteht aber diese Analogie? Besteht sie darin, daß etwas gedreht wird, daß dies im zweidimensionalen Raum erfolgt, daß die Figur dabei über Zwischenpositionen bewegt wird, daß diese Drehung als Funktion des Weges beschrieben werden kann, daß die Figur als Ganzes gedreht wird und nicht in Teilen? Dies sind nur einige Attribute der Drehung einer realen Figur im zweidimensionalen Raum, für die man mentale Entsprechungen fordern kann oder auch nicht.

Der Kognitionspsychologe muß für alle Attribute, von denen er behauptet, daß sie auch im mentalen Modell eine Rolle spielen, Indikatoren suchen und sich experimentelle Anordnungen ausdenken, in denen er diese nachweisen kann. Aus den verschiedenen Indizes kann man dabei unterschiedlich viele Rückschlüsse auf die mentale Repräsentation und Verarbeitung ziehen. Zu zeigen, daß die Vergleichszeit linear vom Rotationswinkel abängt, fordert z.B. 'nur' irgendeinen Prozeß, der eine lineare Funktion über die Winkeldifferenz ist. Räumliche Strukturen, etwa im Sinne zweidimensionaler Punktfelder, sind dazu nicht notwendig.

Größere Einschränkungen sind schon vorgegeben, wenn man die Abhängigkeit der Vergleichszeiten von den Zwischenpositionen beschreiben möchte. Jetzt muß ein Prozeß vorgesehen werden, der auch die Zwischenpositionen einnimmt und so eine Beziehung hergestellt, zwischen den Punkten des externen räumlichen (Reiz-)Feldes, der Position des internen Reizes im gedachten (Rotations-)Feld und der Orientierungsänderung in der Zeit. Solche Ergebnisse wie die letztgenannten sind deshalb von einem höheren Erkenntniswert als die zuerst genannten. Trotzdem lassen sie noch sehr viele Freiheitsgrade für die Ausformung der Teilprozesse (vgl. Anderson, 1983).

2.2 Die quasi-analoge Repräsentation von räumlicher Konfiguration und Größe

Daß die visuelle Repräsentation quasi-analog sein soll, wurde verschiedentlich gefordert (z.B. Paivio, 1971,1986). Über die dabei zu realisierenden Eigenschaften hat sich besonders deutlich Kosslyn (z.B. 1980) geäußert. Für das Format der quasi-bildhaften Repräsentation fordert er, daß sie räumlichen Charakter habe und damit natürlich-isomorph zur bildlichen Vorlage ist (vgl. Kap. 1.2.). Für uns interessant ist in diesem Kontext, daß sie metrische Distanzen und räumliche Beziehungen durch Repräsentation eines visuellen Raumes abbilden soll. Daraus leitet Kosslyn ab, daß beim Zugriff auf bestimmte räumliche Positionen die Phänomene der räumlichen Distanz des physikalischen Raumes gewahrt bleiben sollen. Allerdings sei erwähnt, daß dies nicht die einzige Position bezüglich quasi-analoger visueller Repräsentation ist. Etwas abweichende Annahmen findet man z.B. in dem Hybrid-Modell von Anderson (1983). Wie hat man versucht diese Attribute zu belegen?

Zunächst einmal konnte man zeigen, daß bei Vorlagen, wie sie z.B. in Abbildung 1 veranschaulicht sind, nur bei wirklichen Figuren deren <u>räumliche Konfiguration</u> enkodiert wird, nicht jedoch, wenn man die Objekte durch deren Bezeichnungen ersetzt. Hatte man in einer Wiedererkennensaufgabe zu entscheiden, ob die dabei gezeigten oder genannten Objekte auf dem Original zu sehen waren, dann ist die Beibehaltung der Konfiguration für Bilder günstiger, während für Wörter eine lineare Reihung günstiger ist, obwohl diese auf dem Original in einer bestimmten räumlichen Anordnung zu sehen waren (Santa, 1977). Bei Bildern werden offensichtlich andere Aspekte der Vorlage verarbeitet als bei Wörtern, insbesondere die Konfiguration der Objekte.

Man hat dann versucht, genauer herauszubekommen, welche Eigenschaften die Repräsentation der Konfiguration oder der räumlichen <u>Distanz</u> hat. Kosslyn u.a. haben dies z.B. dadurch versucht, daß sie Bilder '<u>mental scannen</u>' ließen. Man sollte in Gedanken von einem Punkt des Bildes zu einem anderen wandern. Dies sollte, ähnlich wie beim Abtasten realer Bilder, eine positive Funktion über die Weglänge sein. Kosslyn (1973) konnte dies bestätigen. Man konnte sogar genauer zeigen, daß die Zeit eine <u>lineare Funktion über die metrische Intervalldistanz</u> ist und nicht nur von der Anzahl der zu scannenden Objekte abhängt. (Kosslyn, Ball & Reiser, 1978; Kosslyn, 1980). Es handelt sich auch nicht einfach um 'demand characteristics', wie dies Pylyshyn (1981) vermutete, denn die Effekte treten auch dann auf, wenn die Versuchspersonen oder Versuchsleiter gegenteilige Erwartungen haben (Jolicoeur & Kosslyn, 1985).

Diese Effekte sind allerdings <u>daran gebunden</u>, daß die Versuchspersonen die Reize **imaginal verarbeiten** und versuchen auf einem vorgestellten Bild mit dem 'Blick zu wandern'. Nicht notwendig ist hingegen, daß die Versuchspersonen diese Reizanordnungen gesehen haben. Konstruieren sie solche Anordnungen mental aufgrund einer verbalen Beschreibung, dann kann man ähnliche Effekte beobachten, sofern man eine imaginale Verarbeitungsstrategie induziert (Kosslyn, 198o, p. 107 -110). Daß sich Effekte der räumlichen Distanz aber auch ohne Imagination einstellen können, zeigen Priming-Effekte entlang der räumlichen Nähe (vgl. Wagener & Wender, 1985).

Die mentale Repräsentation des Bildes muß folglich, will man diesen Aspekten Rechnung tragen, sowohl die Konfiguration als auch die Distanz zwischen den Elementen abbilden, und die Distanzinformation muß in einer solchen Form verarbeitet werden, daß die Gesetze der euklidischen Metrik gewahrt werden. Gleichzeitig muß die Repräsentation räumliche Dimensionen abbilden, denn Scannen erfolgt entlang dieser Dimensionen. Daß die 'Ortspunkte' dieser Abbildung sogar noch in einer nicht arbiträren Form zum abgebildeten Gegenstand stehen, machten bereits die genannten Rotationsexperimente deutlich. Shulman, Remington & McLean (1979) haben ähnliches beim Scannen demonstrieren können.

Jedoch auch hier zeigt sich, daß zwar die Menge der Attribute des mentalen Systems, die es zu berücksichtigen gilt, deutlich vermehrt wurde, daß damit aber noch lange nicht eine bestimmte Art der Repräsentation festgelegt ist. Es gibt immer noch viele Freiheitsgrade bei der Konstruktion der Modelle. Insbesondere zeigt sich, daß diese quasi-analoge Repräsentation nicht die einzige Art der Repräsentation der räumlichen Information sein kann, denn sonst müßten die genannten Effekte stets auftreten und sie dürften nicht an eine bestimmte Verarbeitungsweise gebunden sein. Dies widerlegt auch, daß Repräsentationen von Abständen letztlich physikalische Distanz haben. Dennoch läßt sich festhalten, daß ein Teil des mentalen Modells raumbezogene Informationen auf eine Art und Weise repräsentiert und verarbeitet, daß die räumlich-metrischen Eigenschaften bezüglich Distanz und Konfiguration bewahrt bleiben.

2.3 Quasi-analoge und nicht analoge Repräsentation von Objekteigenschaften

Die folgenden Experimente sind auf dem Hintergrund der Annahme zu sehen, daß neben einer quasi-analogen auch andere Formen der Repräsentation bestehen. Die wichtigste dürfte eine sprachnahe Repräsentation sein. Sie ist propositional gedacht, d.h. sie enthält - anders als die quasi-analoge Repräsentation - explizite relationale Elemente. Auf diese Elemente kann zur sprachlichen Mitteilung der repräsentierten Eigenschaft direkt zugegriffen werden. Anders verhält sich dies, wenn die Information quasi-analog repräsentiert ist. Hier muß die Eigenschaft 'abgelesen' oder 'interpretiert' werden, da das relationale Element nicht explizit ist. Dies muß allerdings nicht heißen, daß wir visuelle Elemente eins zu eins quasi als 'Rohdatum' abbilden. Gefordert wird nur, daß es z.B. im quasi-analogen Fall notwendig ist, die Rundheit an der Repräsentation der Figur eigens zu prüfen, wenn das Attribut 'rund' zu einer mental repräsentierten Figur prädiziert werden soll. Es wäre nicht möglich, diese Eigenschaft einfach als relationales Element abzurufen.

Müssen Attribute an der mentalen Repräsentation eines Bildes 'abgelesen' werden, dann sollten hierbei Effekte der quasi-analogen Eigenschaften der Repräsentation beobachtbar sein. Sollte die Repräsentation und die Verarbeitung analog sein zu Darstellungen, die reale räumliche Ausdehnungen haben, so sollten z.B. spezifische Effekte der Größe beobachtbar sein. So kann man z.B. an kleinen Darstellungen schlechter ein Detail erkennen als an großen. Der Auflösungsgrad ist bei den kleinen Darstellungen nicht hoch genug. Auch die mentale Repräsentation sollte quasi einen 'Auflösungsgrad' haben, wenn man die Analogie des visual buffer's zugrundelegt. Man sollte deshalb auch an 'großen' mentalen Bildern ein Detail schneller finden können als an kleinen. Kosslyn (1975) konnte solche Phänomene auch belegen und zeigen, daß sie nur dort auftreten, wo die Information am mental repräsentierten 'Bild' geprüft wird.

Kosslyn (1976) ließ hierzu kleine hoch bzw. große niedrig assoziative Eigenschaften bei Vorgabe des Objektnamens beurteilen. Die Versuchspersonen mußten beantworten, ob z.B. ein Bär Krallen hat (hoch assoziativ/klein) bzw. ob er Beine hat (niedrig assoziativ/groß). Ließ er dieses Urteil unter einer '_verbalen_' Instruktion fällen (über die Eigenschaften nachdenken), wurden hoch assoziative Eigenschaften schneller 'erkannt' als niedrig assoziative. Dies läuft der Größendifferenz genau entgegen. Unter der _imaginalen_ Instruktion verhielt sich dies umgekehrt. Jetzt bestimmte offensichtlich die 'Größe' die Leichtigkeit, mit der das Merkmal 'erkannt' werden konnte. Ob man eine Eigenschaft direkt abruft, oder an einem Image 'abliest' macht offensichtlich einen Unterschied.

In einer eigenen Untersuchung konnten wir weitere Unterschiede zwischen einer sprachnahen expliziten und quasi-analogen impliziten Repräsentation aufzeigen (Zimmer, 1988). In unserem **multimodalen Modell** (cf. z.B. Engelkamp & Zimmer, 1985) unterscheiden wir das konzeptuelle System, als ein sprachnahes System, von modalitätsspezifischen Systemen. Das konzeptuelle System enthält explizite relationale Elemente (Propositionen). Aus diesem können die Eigenschaften von Objekten folglich direkt abgerufen werden. Auf der modalitätsspezifischen Ebene sollen die Eigenschaften hingegen implizit repräsentiert sein. Die Einheiten des konzeptuellen Systems nennen wir Konzepte, die des modalitätsspezifischen, sofern es sich um das visuelle Teilsystem handelt, Bildmarken (cf. Zimmer, 1983).

Zu manchen Objekten - zu welchen wollen wir an dieser Stelle nicht diskutieren - wird es nun im konzeptuellen System eine explizite Repräsentation der <u>Formeigenschaft</u> geben, z.B. daß Bälle rund sind. Zu anderen Objekten wird es diese Eintragung nicht geben, z.B. daß ein Buch 'eckig' oder eine Konservenbüchse 'säulenförmig' ist. Müßte man hier die Form beurteilen, so müßte man sie an der visuellen Repräsentation des Objektes ablesen. Sind die Konzepte und die Bildmarken unterscheidbare Entitäten der kognitiven Repräsentation, dann sollte nur im letzten Fall die Bildmarke aktiviert werden.

Bildmarken sind nun unterschiedlich leicht aktivierbar, so daß man dazu unterschiedlich viel Zeit braucht. Die dazu benötigte Zeit kann man schätzen, indem man die Zeit mißt, die Personen benötigen, um sich das bezeichnete Objekt vorzustellen. Bei dieser Vorstellungsbildung sollte nach dem Modell zwangsläufig auf die Bildmarke zugegriffen werden müssen.

Bei Objektbezeichnungen mit implizit repräsentierter Formeigenschaft sollte man folglich sowohl beim Beurteilen der Form als auch beim Bilden einer Vorstellung auf die gleiche mentale Einheit (Bildmarke) zugreifen müssen. Bei den Objektbezeichnungen, bei denen die Form explizit im konzeptuellen System repräsentiert ist sollte man auf verschiedene Elemente zugreifen: bei der Formbeurteilung auf das konzeptuelle System und beim Vorstellen auf die Bildmarken. Daraus folgt, dort, wo die Formeigenschaft 'implizit' repräsentiert ist, sollten die Zeitunterschiede, die bei der Vorstellungsbildung auftreten, denen ähnlich sein, die bei der Formbeurteilung auftreten. Dort, wo eine Formeigenschaft 'explizit' abgebildet ist, muß die Zeit, die zur Vorstellungsbildung benötigt wird, nicht mit jener kovariieren, die zur Formbeurteilung benötigt wird. Genau dies ließ sich auch beobachten. Bei 'impliziten Items' gab es eine sehr hohe Korrelation der Zeiten, bei 'expliziten' war sie klein.

Auch im Kontext einer motorischen Enkodierung, also einer aktuellen Bewegungsausführung, konnten wir Effekte der 'impliziten' Repräsentation demonstrieren, hier für den Vergleich des Bewegungsmusters. Die Ähnlichkeit zweier Bewegungen ließ sich nach Ausführen der Referenzhandlung bedeutend schneller beurteilen als unter jener Bedingung, in der diese Handlung nur imaginiert wurde oder man nur die verbale Bezeichnung gehört hatte (Engelkamp, 1985, Engelkamp & Zimmer 1984). Auch die Bewegungsinformation könnte demnach 'implizit' gespeichert sein.

Eine 'explizit' gespeicherte Information, z.B. über das Aussehen eines Objektes in der Art 'X hat die Form Y', sollte folglich von der impliziten 'X in der Form Y' unterschieden werden. Die implizite visuelle Information scheint über die gleiche 'Adresse' (Einheit) zugänglich zu sein, die auch genutzt wird, um ein Image zu generieren. Dies wird durch einen Befund von Paivio & Begg (1981, p. 118) weiter gestützt. Die Zeit, die verstreicht, bis mit dem Zeichnen eines genannten Objektes begonnen wird, ist nahezu perfekt korreliert mit der Leichtigkeit, mit der eine Vorstellung dieses Objektes erzeugt wird.

3 Zusammenfassende Diskussion

Aus den vorgetragenen theoretischen Argumenten und den empirischen Befunden kann man u.E. die folgenden Schlußfolgerungen ziehen.

a) Die Effekte, die beobachtbar sind, wenn Reize **mental** verarbeitet werden, sind teilweise **analog** zu jenen, die bei der Verarbeitung der **realen** physischen Vorlagen auftreten. Vollzieht man bestimmte 'Tätigkeiten' oder löst man bestimmte Aufgaben am mentalen Modell eines physischen Sachverhaltes, dann treten teilweise die gleichen Phänomene auf, die man beobachten kann, wenn die Tätigkeit am realen Sachverhalt vollzogen wird.

b) Die vorgetragenen Experimente belegen auch verschiedene **Verarbeitungsformen**, z.B. spezifische Effekte einer visuell-räumlichen Verarbeitung. Diese Experimente zeigen zunächst zwar nicht mehr, aber auch nicht weniger, als daß man verschiedene Arten der Informationsverarbeitung unterscheiden kann. Die Effekte treten z.B. nur dann auf, wenn visuell-bildliche Reize verarbeitet werden oder wenn sprachliche Reize visuell-imaginal verarbeitet werden. Will man diese Verhaltenseffekte erklären, so scheint uns dies am ehesten durch die Annahme modalitätsspezifischer Verarbeitungsformen zu gelingen. In diesem Sinne muß man sicherlich die **visuell-räumliche** Verarbeitung von z.B. einer **verbalen Verarbeitungsweise** unterscheiden. Für diese Unterschiede gibt es zu viele empirische Belege, als daß man sie negieren könnte.

c) Muß man aber auch verschiedene **Repräsentationen** unterscheiden? Wenn eine Repräsentation durch die Menge der abgebildeten Informationen <u>und</u> durch die auf ihr definierten Verarbeitungsprozesse beschrieben wird, scheint uns auch dies notwendig. Es gibt einige Indikatoren, die für eine quasi-analoge visuelle Repräsentation sprechen. Allerdings sind die Belege hierfür noch spärlich. In vielen Experimenten hat man sich auf den informationellen Aspekt beschränkt und nur in wenigen Fällen auch die Teilprozesse spezifiziert und operationalisiert, die auf den spezifischen Repräsentationen ablaufen sollen. Nur wenn man dies tut, sind aber verschieden 'formatierte' Modelle empirisch unterscheidbar. An dieser Stelle ist noch theoretische wie empirische Arbeit zu leisten.

Trotzdem spricht einiges dafür, verschiedene **Repräsentationen** zu unterscheiden:
- die die Informationen in <u>**unterschiedlichen Einheiten**</u> repräsentieren,
- die die <u>**Relationen**</u> auf unterschiedliche Art repräsentieren,
- auf die man je nach Aufgabe und Reiz <u>**unterschiedlich**</u> (leicht) <u>**zugreifen**</u> kann – und mit denen man <u>**unterschiedliche Transformationen**</u> vornehmen kann, sei es, daß man nur den Inhalt modifiziert oder in eine andere Repräsentationsform 'übersetzt'.

d) In Erinnerung behalten muß man dabei allerdings, daß wir durch kognitionspsychologische Experimente keine <u>**physikalische**</u> Isomorphie belegen können. Wir wissen nicht, wie diese Strukturen oder Prozesse letztlich im mentalen Modell realisiert sind. Wir haben auch verschiedene Möglichkeiten, solche Strukturen und Prozesse im psychologischen Modell darzustellen. Kein Modell kann deshalb für sich beanspruchen, das richtige zu sein, es kann allenfalls brauchbar sein.

Ein letzter Aspekt sei noch kurz andiskutiert, den wir bisher noch nicht betrachtet haben, der in der Literatur jedoch häufiger Erwähnung findet. Man spricht nicht nur von Repräsentationen und Verarbeitungsweisen, sondern ordnet diesen auch bestimmte Systeme zu und spricht dann von **modalitätsspezifischen Systemen.** Mitgedacht wird hierbei meist, daß diese Systeme partiell unabhängig sind, daß jedes System nur eine bestimmte Information und auch nur eine bestimmte Menge von Information gleichzeitig verarbeiten kann (Kapazitätsbegrenzung), und daß die Systeme unabhängig voneinander verschieden leistungsfähig sein können (vgl. Engelkamp & Zimmer, 1987). Prinzipiell ist diese Annahme geeignet, um die empirischen Befunde etwa zur selektiven Störbarkeit der Verarbeitung (z.B. Zimmer & Engelkamp, 1985) zu erklären.

Eine andere Sichtweise ist es, die verschiedenen Verarbeitungsweisen einem einzigen System, quasi einem universellen Prozessor, zuzuordnen, der unterschiedliche Datenstrukturen mit jeweils spezifischen Prozessen verarbeitet, wobei die jeweils spezifischen Prozesse sich gegenseitig stören. Beide Möglichkeiten, das 'Multi-' wie das 'Singleprozessor'-Modell, scheinen uns denkbar, zumindest so lange, wie wir uns nicht bezüglich der Realisierung festlegen. Die Forderung modalitätsspezifischer <u>Systeme</u> ist deshalb vorläufig nicht mehr als eine nützliche Fiktion, die vor allem heuristisch fruchtbar ist.

Noch zu klären ist in diesem Zusammenhang auch, wie die unterschiedlichen **Datenstrukturen** zu den angenommenen **Systemen** stehen sollen. Die Zuordnung ist lediglich zwischen einem visuell-räumlichen Format und dem visuellen System offensichtlich. Alle anderen Zuordnungen sind jedoch problematisch. Anderson (1983) unterscheidet z.B. drei Arten von 'representational types', wobei er noch weitere Strukturen für möglich hält. Die drei Typen sind: "a temporal string, which encodes the order of a set of items; a spatial image, which encodes spatial configuration; and an abstract proposition, which encodes meaning"(p. 45). Korrespondieren diesen Strukturen bestimmte Systeme? Kann man Parallelen zu den von Posner & McLeod (1982, p. 496) geforderten Systemen für Sprache, Imagery und 'motor control' ziehen? Besteht eine Beziehung zwischen Wahrnehmungsmodalitäten und Datenstrukturen? Oder weist dies darauf hin, daß man den Gedanken an Systeme tunlichst aufgeben sollte?

Ungeachtet dieser Probleme und offenen Fragen sprechen u.E. aber jetzt schon zahlreiche Untersuchungen dafür, zumindest **modalitätsspezifische Verarbeitungsweisen** in dem Sinne zu unterscheiden, daß auf spezifischen Repräsentationen, die verschiedene Informationen in verschiedenen Einheiten abbilden, spezifische Prozesse ablaufen, wobei wir offen lassen, wie diese letztlich realsiert sind. Auf der Ebene der Realisierung kann man bisher begründet von keinem der Ansätze behaupten, er wäre der richtige und einzig denkbare. Dies gilt auch für die Forderung eines propositionalen Einheitssystems.

4 Literatur

Anderson, J.R. (1983). The architecture of cognition. Cambridge: Harvard University Press.

Engelkamp, J. (1976). Satz und Bedeutung. Stuttgart: Kohlhammer.

Engelkamp, J. (1985). Aktivationsprozesse im motorischen Gedächtnis. Bericht über den 34. Kongreß der Deutschen Gesellschaft für Psychologie in Wien 1984. Göttingen: Hogrefe.

Engelkamp, J. & Zimmer, H.D. (1984). Motor programme information as a separable memory unit. Psychological Research, 46, 283-299.

Engelkamp, J. & Zimmer, H.D. (1985). Motor programs and their relation to semantic memory. German Journal of Psychology, 9, 293-254.

Engelkamp, J. & Zimmer, H.D. (1987). Modalitätsspezifische Gedächtniskomponenten: Überflüssige Gebilde oder nützliche Fiktionen? In Amelang, M. (Ed.), Bericht über den 35. Kongreß der Deutschen Gesellschaft für Psychologie in Heidelberg 1986. Göttingen: Hogrefe.

Herrmann, T. (1982) Über begriffliche Schwächen kognitivistischer Kognitionstheorien: Begriffsinflation & Akteur-System-Kontamination. Sprache & Kognition, 1, 3-14.

Johnson-Laird, P.N. (1980). Mental models in cognitive science. Cognitive Science, 4, 71-115.

Johnson-Laird, P.N. (1983). Mental models. Cambridge: University Press.

Jolicoeur, P. & Kosslyn, S.M. (1985). Is time to scan visual images due to demand characteristics? Memory & Cognition, 13, 320-332.

Kintsch, W. (1972). Notes on the structure of semantic memory. In Tulving, E. & Donaldson, W. (Eds.), Organization of memory (pp.247-308). New York: Academic Press.

Kosslyn, S.M. (1973). Scanning visual images: Some structural implications. Perception and Psychophysics, 14, 90-94.

Kosslyn, S.M. (1975). Information representation in visual images. Cognitive Psychology, 7, 341-370.

Kosslyn, S.M. (1976). Can imagery be distinguished from other forms of internal representation? Evidence from studies of information retrieval time. Memory and Cognition, 4, 291- 297.

Kosslyn, S.M. (1980). Image and mind. Cambridge: Harvard University Press.

Kosslyn, S.M. (1981). The medium and the message in mental imagery: A theory. Psychological Review, 88, 46-66.

Kosslyn, S.M., Ball, T.M. & Reiser, B.J. (1978). Visual images preserve metric spatial information: Evidence from studies of image scanning. Journal of Experimental Psychology: Human Perception and Performance, 4, 47-60.

Le Ny, J.-F. (1985). Les significations de mots et leurs modes de variations. Psychologie Francaise, 30, 116-122.

Paivio, A. (1971). Imagery and verbal processes. New York: Holt, Rinehard & Winston.

Paivio, A. (1986) Mental Representations. Oxford: Oxford University Press.

Paivio, A. & Begg, I. (1981). Psychology of language. Englewood Cliffs: Prentice Hall.

Palmer, S.E. (1978). Fundamental aspects of cognitive representation. In Rosch, E. & Lloyd, B.B. (Eds.), Cognition and categorization (pp. 259-303). Hillsdale: Lawrence Erlbaum.

Posner, M.I. & McLeod, P. (1982). Information processing models - in search of elementary operations. Annual Review of Psychology, 33, 477-513.

Prinz, W. (1983). Wahrnehmung und Tätigkeitssteuerung. Berlin: Springer.

Pylyshyn, Z.W. (1973). What the mind's eye tells the mind's brain: A critique of mental imagery. Psychological Bulletin, 80, 1-24.

Pylyshyn, Z.W. (1981). The imagery debate: Analogue media versus tacit knowledge. Psychological Review, 88, 16-45.

Rumelhart, D.E. & McClelland, J.L. (1982). An interactive activation model of context effects in letter perception: Part 2. The contextual enhancement effect and some tests and extensions. Psychological Review, 89, 60-94.

Santa, J.L. (1977). Spatial transformations of word and pictures. Journal of Experimental Psychology: Human Learning and Memory, 3, 418-427.

Shepard, R.N. (1975). Form, formation and transformation of internal representations. In Solso, R. (Ed.), Information processing and cognition: The Loyola Symposium (pp. 90- 108). Hillsdale: Lawrence Erlbaum.

Shepard, R.N. & Chipman, S. (1970). Second order isomorphism of internal representations: Shapes of states. Cognitive Psychology, 1, 1-17.

Shulman, G.L., Remington, R.W. & McLean, J.P. (1979). Moving attention through visual space. Journal of Experimental Psychology: Human Perception and Performance, 5, 522-526.

Stachowiak, H. (1973). Allgemeine Modelltheorie. Wien: Springer.

Wagener, M. & Wender, K.F. (1985). Spatial representations and inference process in memory for text. In G. Rickheit & H. Strohner (Eds), Inferences in text processing (pp.115-137). Amsterdam:North-Holland.

Zimmer, H.D. (1983). Sprache und Bildwahrnehmung: Die Repräsentation sprachlicher und visueller Informationen und deren Interaktion in der Wahrnehmung. Frankfurt/M.: Haag & Herchen.

Zimmer, H.D. (1988). Formkonzepte und Bildmarken: Zwei verschiedene Repräsentationen für visuell-sensorische Merkmale? Sprache & Kognition, 7, (im Druck).

Zimmer, H.D. & Engelkamp, J. (1985). An attempt to distinguish between kinematic and motor memory components. Acta Psychologica, 58, 81-106.

Intrinsische vs. extrinsische Repräsentation zum Aufgabenlösen
oder die Verwandlung von Wasser in Wein

Christian Freksa

Wege zum Lösen von Aufgaben

In der Kognitionsforschung ist viel von "Wissensrepräsentation" die Rede. Darunter versteht man in der Künstlichen Intelligenz (KI) die formale Darstellung von Konzepten, welche zur Bewältigung kognitiver Aufgaben herangezogen werden. Wenig Beachtung findet dabei die Frage, wie die Konzepte eigentlich zustande kommen, die für die Lösung der Aufgaben verwendet werden. Diese Frage ist jedoch ganz wesentlich verknüpft mit der Wissensrepräsentationsproblematik. Ich möchte dies an einem Bild veranschaulichen:

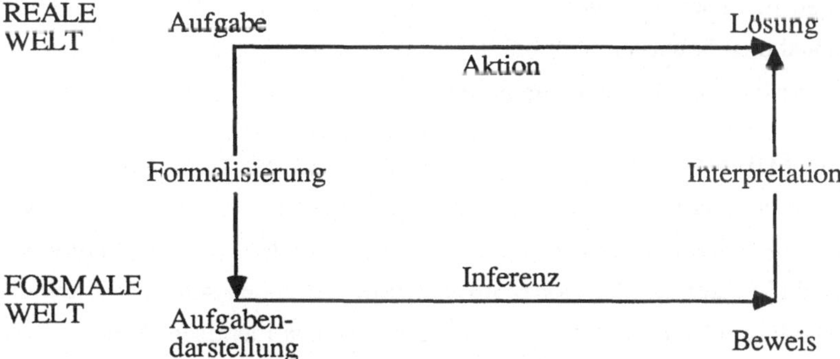

Abb. 1

Aufgaben aus der realen Welt können entweder durch eine Handlung in der realen Welt direkt gelöst werden (Aktion) oder in einer formalen Welt abgeleitet werden (Formalisierung, Inferenz, Interpretation) -- vgl. Bobrow (1975).

Die Formalisierung funktioniert insbesondere dann gut, wenn mit der Repräsentation klar definierte Aufgaben verbunden sind und wenn die Aufgaben bereits aus einem quasi-formalen Bereich kommen, zum Beispiel aus der Blockwelt oder vom Theorembeweisen, da hier die relevanten Konzepte eingegrenzt und gut erfaßt sind. Bei der Darstellung natürlicher Sprache und bei der Auswahl geeigneter Konzepte zum Lösen im Nachhinein anfallender Aufgaben stößt man jedoch auf Schwierigkeiten.

Eigenschaften von Beziehungen und ihre Darstellung

Worin liegt der Grund für diese Schwierigkeiten? Eine der Ursachen ist darin zu suchen, daß die gültigen Beziehungen in einer Welt, in der sich eine Aufgabe stellt, gewisse Eigenschaften haben; zum Beispiel gilt in der Planimetrie, daß die Winkelsumme eines Dreiecks 180° beträgt oder in unserer physikalischen Welt gilt, daß sich Objekte zwar auf den Raumkoordinaten beliebig bewegen können, nicht jedoch auf der Zeitachse.

Die verfügbaren Beziehungen in der Welt, in der eine Aufgabe repräsentiert wird, haben ebenfalls Eigenschaften; diese sind jedoch nicht unbedingt identisch mit denen in der modellierten Welt. Stellen wir zum Beispiel ein Dreieck auf einem flachen Blatt Papier dar, so bleibt obige Eigenschaft der Winkelsumme erhalten; repräsentieren wir jedoch die Zeit durch eine Ordinate auf einem Blatt Papier, so geht die Unidirektionalität verloren. Um nun sicherzustellen, daß die Lösung einer Aufgabe in der Repräsentationswelt auch in der Welt der Aufgabe gültig ist, müssen wir entweder eine Repräsentationswelt finden, in der es Beziehungen mit identischen Eigenschaften wie in der Ursprungswelt gibt oder wir müssen durch flankierende Maßnahmen bewirken, daß bei der Verwendung der gewählten Darstellung die notwendigen Eigenschaften in Erscheinung treten.

Der erste Fall wiederum kann auf zweierlei Arten erfolgen: gelegentlich kann man Beziehungen in der Ursprungswelt durch identische Beziehungen in der Repräsentationswelt darstellen; dies habe ich zum Beispiel mit dem Dreieck getan, als ich es auf ein Blatt Papier gemalt habe: ein Winkel aus der Konzeptwelt wurde durch den selben Winkel auf dem Blatt Papier dargestellt; die Eigenschaften sind *per definitionem* identisch. Man kann Identität von Eigenschaften aber auch durch Abbildung auf andere Beziehungen erreichen. Als Beispiel verwende ich wieder die Zeitdimension: die Relation "später als" ist eine transitive Relation. D.h., wenn "a später als b" gilt und "b später als c", dann gilt auch "a später als c". "Später als" ist auch eine asymmetrische Relation; das bedeutet, wenn "a später als b" gilt, dann kann nicht gelten "b später als a". Die Relation "später als" kann nun zum Beispiel graphisch durch eine Pfeilkette dargestellt werden:

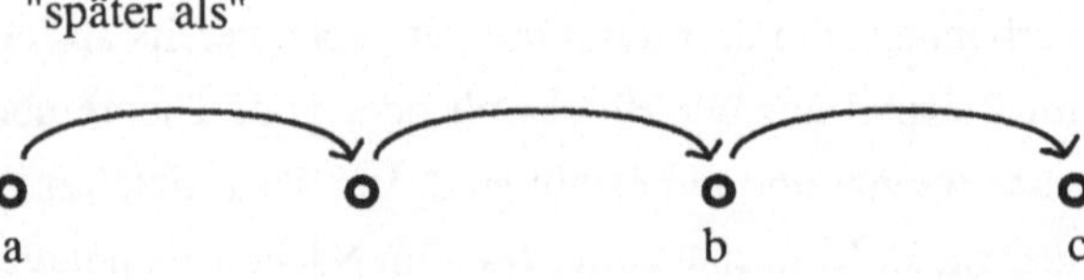

Abb. 2

Dabei soll bedeuten, daß ein Ereignis "a", welches später als ein Ereignis "b" stattfindet, durch eine Kette bestehend aus mindestens einem gerichteten Pfeil mit dem Ereignis "b" verbunden werden soll. Die Eigenschaft "Transitivität" bleibt bei dieser Darstellung automatisch erhalten; wenn nämlich eine Pfeilkette von a nach b führt und eine Pfeilkette von b nach c, dann führt auch eine Pfeilkette von a nach c. Die Asymmetrieeigenschaft der Relation "später als" bleibt jedoch nicht automatisch erfüllt; denn nichts hindert mich daran, auf einem Blatt Papier sowohl einen Pfeil von a nach b als auch einen Pfeil von b nach a zu zeichnen. Die Asymmetrieeigenschaft muß ich also durch zusätzliche Maßnahmen bewirken, sofern diese Eigenschaft des Repräsentationsschemas für den Aufgabenbereich relevant ist. Eine solche Maßnahme könnte sein, daß ich Pfeilzyklen verbiete. Vor dem Einzeichnen eines Pfeils müßte dann jeweils überprüft werden, ob es schon eine Pfeilkette in umgekehrter Richtung gibt.

Bleibt eine Eigenschaft bei der Repräsentation ´automatisch´ erhalten, so spricht man von intrinsischer Repräsentation dieser Eigenschaft; wird die Eigenschaft durch flankierende Maßnahmen erzielt, so spricht man von extrinsischer Repräsentation dieser Eigenschaft (Palmer 1978, Furbach et al. 1988). Hier wird deutlich, daß die Unterscheidung intrinsisch - extrinsisch in bezug auf die gewählte Beschreibungsebene relevant ist. So kann man etwa durch eine geeignete Wahl von Sprachprimitiven dafür sorgen, daß bestimmte Eigenschaften auf der Beschreibungsebene erfüllt sind, die zwar in der Realisierung der Beschreibungssprache durch ´flankierende Maßnahmen´ herbeigerufen wurden, sich aber mit den Mitteln der Sprache nicht uberwinden lassen.

Einige Eigenschaften von Beziehungen, die prinzipiell intrinsisch oder extrinsisch dargestellt werden können, sind:

(1)   Transitivität

(2)   Symmetrie

(3)   Unidirektionalität

(4)   "Uniqueness" - Eigenschaft physikalischer Objekte im Raum
          (a) an einem Ort kann sich zu einem Zeitpunkt nur ein Objekt befinden
          (b) ein Objekt kann sich zu einem Zeitpunkt nur an einem Ort befinden

(5)   Natürliche Begrenzung von Objekten: z.B. hat ein Schachbrett 8x8 Felder, es gelten die gleichen Spielregeln auf allen Feldern. In einer Computerdarstellung eines Schachbretts muß die auf dem Schachbrett intrinsische Begrenzung durch Überprüfung von Bedingungen extrinsisch nachgeahmt werden.

(6)   Erhaltung von Masse oder Volumen bei einfachen physikalischen Transaktionen

(7)   Erhaltung von Energie bei chemischen Prozessen

Die Eigenschaften (1) - (3) werden vorwiegend im Bereich abstrakter Strukturen genannt; (4) und (5) beziehen sich insbesondere auf die reale Welt -- die ´frame-Bedingung´ (McCarthy & Hayes 1969) könnte hier ebenfalls genannt werden; (6) und (7) beziehen sich auf nicht-triviale naturwissenschaftliche Gesetze.

Simulation vs. Erklärung

Welche Darstellungsform ist nun vorzuziehen, die intrinsische oder die extrinsische? Die Antwort auf diese Frage hängt davon ab, was man mit einer Repräsentation bezwecken will: möchte man die repräsentierte Welt *simulieren* oder möchte man sie *erklären*?

Will man eine Welt simulieren, so empfiehlt es sich, möglichst viele Aspekte der zu simulierenden Welt intrinsisch darzustellen. Noch heute werden Autos und Flugzeuge anhand maßstabsgetreuer Modelle oder in Originalgröße in Windkanälen getestet, weil es zu schwierig ist, alle relevanten Eigenschaften für eine Computersimulation explizit zu machen. Ähnlich verhält es sich mit den Eigenschaften von Weltraumkapseln, von denen jeweils ein Duplikat am Boden bereitsteht, um eine möglichst genaue Simulation nachvollziehen zu können.

Will man hingegen eine Welt erklären, so muß man bestimmte Eigenschaften dieser Welt explizit machen. David Marr (1982, S. 20) definierte eine Repräsentation als ´ein formales System, um bestimmte Dinge explizit machen zu können (zusammen mit einer Spezifikation, wie das System dies tut)´.

Ich möchte nun argumentieren, daß man beim Lösen von Aufgaben im allgemeinen beides möchte: simulieren und erklären. Entsprechend kann man anstreben, diejenigen Aspekte, die für die Simulation benötigt werden, intrinsisch (oder "strukturerhaltend") zu repräsentieren und nur diejenigen, die erklärt werden sollen, explizit zu machen.

Wie ich anfangs bereits angedeutet habe, besteht eine Hauptschwierigkeit beim Repräsentieren gerade darin, geeignete Konzepte zu finden, die das Lösen von Aufgaben leicht machen. Die klassischen Paradigmen "Problemlösen = Suchen" (vgl. Newell & Simon 1972) und "Problemlösen = Beweisen" (vgl. Green 1969) gehen davon aus, daß die zu lösende Aufgabe bereits repräsentiert ist. Diesen beiden Ansätzen möchte ich einen dritten gegenüberstellen: "Problemlösen = Repräsentieren". Hierbei soll -- ähnlich wie bei ´Textaufgaben´ im Mathematikunterricht -- das Augenmerk auf die Formalisierung eines Sachverhaltes und einer damit verbundenen Aufgabenstellung gerichtet werden (vgl. Polya 1944).

Die Kunst beim Lösen einer Aufgabe wird hierbei weniger in der Fähigkeit gesehen, systematisch einen Weg von einer Ausgangssituation zu einer Zielsituation innerhalb einer gegebenen Konzeptualisierung zu finden, sondern vielmehr darin, von einer Konzeptualisierung zu einer anderen zu wechseln (vgl. Lakoff 1987, p. 305). Ich möchte dies am Beispiel des bekannten Weinpanschproblems verdeutlichen.

Das Weinpanschproblem

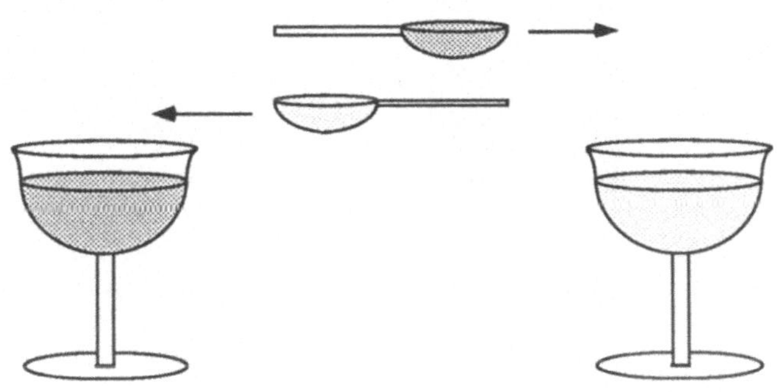

Abb. 3

Stellen Sie sich vor, Sie haben zwei Gläser vor sich, das linke ist mit Rotwein gefüllt, das rechte mit der gleichen Menge Wasser. Nun nehmen Sie einen Löffel Wein aus dem linken Glas und geben es zu dem Wasser in das rechte Glas. Anschließend entnehmen Sie einen Löffel aus dem rechten Glas und geben es zu dem Wein in dem linken Glas. Zu beantworten ist nun die Frage, ob das Wein:Wasser Verhältnis in dem linken Glas größer, gleich groß oder kleiner ist als das Wasser:Wein Verhältnis in dem rechten Glas, oder ob hierüber mit der gegebenen Information keine Aussage gemacht werden kann.

Ich möchte nun auf informelle Weise darstellen, wie eine Befragte diese Aufgabe angegangen ist und möchte dann untersuchen, ob wir daraus etwas für das Repräsentieren von Wissen lernen können. Die spontane Antwort auf die Frage lautete "das muß ja gleich sein". Unmittelbar anschließend kamen der Befragten -- nennen wir sie S -- aber Zweifel und sie sagte: "nein, das kann natürlich nicht gleich sein." Dann griff sie zu Bleistift und Papier und begann die Angaben zu formalisieren:

Wein X	Wasser Y
$(1 - q)X$	$Y + qX$
$(1 - q)X + qY + q^2X$	$(1 - q)(Y + qX)$
$(1 - q + q^2)X + qY$	$(1 - q)Y + (q - q^2)X$
$(1 - (q - q^2))X + qY$	

Nachdem dieser Ansatz trotz langer Kalkulation nur zu der Erkenntnis führte, daß links genausoviel Wasser hinzukam wie rechts entnommen worden war und rechts genausoviel Wein hinzukam wie links entnommen worden war, gab sie mit der Rechnung auf und ging zu einer bildhaften Repräsentation über:

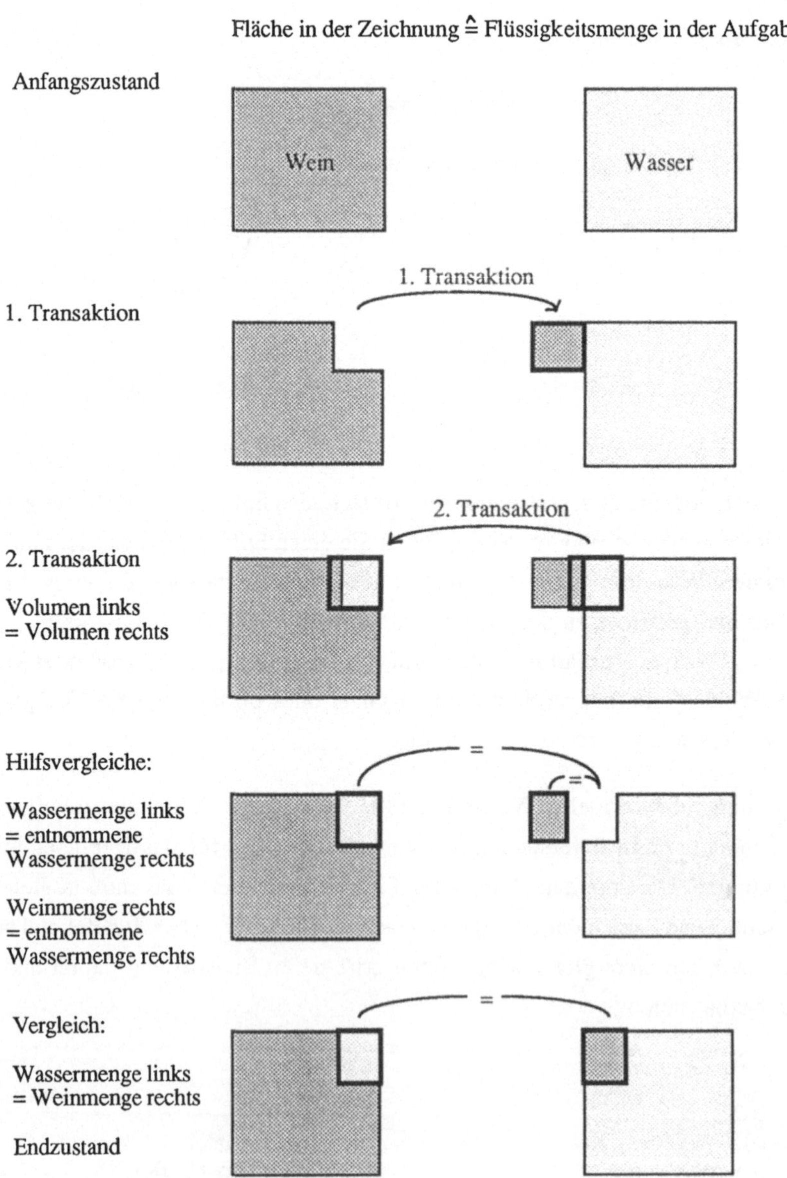

Abb. 4

Mit diesem Bild konnte sie sich dann davon überzeugen, daß die Verhältnisse auf beiden Seiten gleich sein müssten, und zwar unabhängig davon, ob die Flüssigkeiten nach der ersten Transaktion gemischt wurden, ob der Löffel bei der zweiten Transaktion nur Wasser enthielt, oder ob er denselben Wein enthielt wie bei der ersten Transaktion. S erkannte, daß auf der linken Seite genausoviel Wein durch Wasser ersetzt worden sein mußte wie auf der rechten Seite Wasser durch Wein, da anschließend auf beiden Seiten wieder gleich viel Flüssigkeit sein mußte. Die bildhafte Lösung vor Augen, machte sie sich erneut an eine Formalisierung des Problems:

	Wein X	Wasser Y	
1. Transaktion	$X - q$	$Y + q$	$q = 1$ Löffel Wein
2. Transaktion	$X - q + r + s$	$Y + q - (r + s)$	$|q| = |r + s|$ Wein Wasser
Vergleich	$X - t + s$	$Y + t - s$	$|t| = |q - r| = |s|$ Wein Wasser
		effektiv ersetzt:	

Die Lösung des Weinpanschproblems erfolgte nicht auf geradem Weg: vier unterschiedliche Repräsentationsansätze trugen dazu bei, eine geeignete fünfte Darstellung für die Aufgabe zu finden, die die Lösung nahezu trivial erscheinen läßt. Was können wir daraus lernen? Schauen wir uns noch einmal an, was geschehen ist.

Analyse des Repräsentationsprozesses

Ich möchte im folgenden skizzieren, wie ein Aufgabenlösungsprozeß von der Art, wie am Beispiel des Weinpanschproblems dargestellt wurde, als interaktiver Repräsentationsfindungsprozeß gedeutet werden kann. Der Ausgangspunkt ist, daß mit der in eine Anekdote gekleideten Aufgabe sehr viele Informationen assoziiert werden können, von denen nur einige wenige für das Auffinden der Lösung nützlich oder erforderlich sind. So können beispielsweise mit Rotwein und Wasser Farben, Aggregatszustände, spezifische Gewichte, chemische Reaktionen u.a.m. in Verbindung gebracht werden, was für die Lösung der Aufgabe von Bedeutung sein könnte. In Ermangelung einer formalen Spezifikation der relevanten Eingabe- und Ausgabegrößen kann ein Bearbeiter der Aufgabe sein Repräsentationsmodell nicht aufgrund präziser Vorgaben konstruieren, sondern muß zunächst mit Hilfe seiner ´Welterfahrung´ die für die Lösung der Aufgabe wesentlichen Aspekte selektieren (vgl. Piaget 1970). Dabei geht er in unserem Fall mit der Methode des ´rapid prototyping´ vor, d.h. ein Modell wird angenommen, getestet, kritisiert und schließlich durch ein revidiertes Modell ersetzt, das wiederum anhand der zu lösenden Aufgabe getestet wird. Diese Modellentwicklung soll an dem Weinpanschproblem veranschaulicht werden; ich werde dabei Gesichtspunkte anführen, die die Modellbildung beeinflussen, werde jedoch keine Repräsentationsstruktur postulieren.

(1)   Bei der ersten spontanen Lösung ("das muß ja gleich sein") hatte S ein grobes Bild der Situation vor Augen:

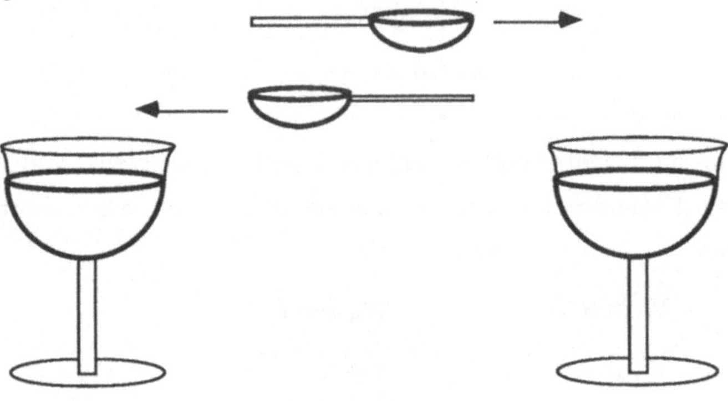

Abb.5

zwei gleichvolle Gläser, ein Löffel hin, ein Löffel her, also muß rechts und links wieder alles gleich sein. Diese Art von Überlegung führte zu einem globalen Quantitätenmodell, bei dem eine Symmetriebeobachtung und die Anwendung eines Erhaltungsprinzips fälschlicherweise zu der richtigen Antwort führte.

(2)   Die Überprüfung dieses Modells führte zu der Erkenntnis, daß ein wesentlicher Aspekt der Aufgabe vernachlässigt worden war ("nein, das kann natürlich nicht gleich sein"): die oberflächliche Symmetrie zwischen den beiden Transaktionen erwies sich als trügerisch, als sich die Aufmerksamkeit auf einen lokalen Aspekt der Aufgabe, nämlich den Löffelinhalt richtete:

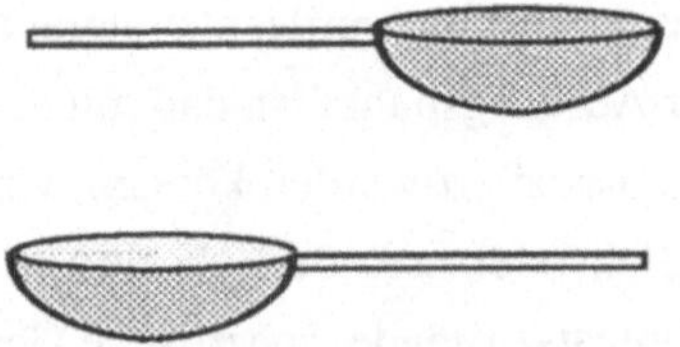

Abb. 6

Bei der ersten Transaktion war reiner Wein auf dem Löffel, bei der zweiten hingegen ein Gemisch aus Wasser und Wein; also konnte die Verunreinigung des Weines im linken Glas nicht so stark sein wie die Veredelung des Wassers im rechten Glas. Diese Überlegung führte zu einem revidierten Modell, bei dem die angenommene Symmetrie durch Asymmetrie ersetzt wurde. S ließ sich bei der Überprüfung des revidierten Modells zu der Überlegung hinreißen, man könne Wasser in Wein verwandeln, sofern man nur zuerst von dem Wein entnähme und dann mehrfach abwechselnd hin und her fülle. Erst als sie in Gedanken sehr oft die Flüssigkeit hin- und herfüllte, merkte sie, daß sich die Mischungsverhältnisse schließlich aneinander angleichen müßten; dann kamen ihr Zweifel an der Korrektheit ihrer Überlegungen.

(3)   Da S eine Diskrepanz zwischen ihrer Weltvorstellung und dem Verhalten ihres Modells feststellte, jedoch nicht sah, worin der Fehler in ihrem Modell bestand, beschloß sie, rigoroser vorzugehen, indem sie einen mathematischen Ansatz suchte. Dabei ließ sie sich mehr von mathematischen Möglichkeiten als von situationsbedingten Notwendigkeiten leiten und brachte dadurch Annahmen in das Modell, die in der Aufgabe nicht enthalten sind: 1. daß die Flüssigkeit im rechten Glas nach der ersten Transaktion gleichmäßig gemischt wurde -- denn nur dann ist die Multiplikation in dem Rechenansatz gerechtfertigt -- und 2. daß die Zunahme der Flüssigkeitsmenge im rechten Glas nach der ersten Transaktion vernachlässigbar sei -- denn sonst hätte sie die Flüssigkeitsmenge für die zweite Transaktion auf Löffelvolumen normieren müssen.

Die Rechenoperationen entfernten sich so weit von der mentalen Vorstellung über die physikalischen Transaktionen, daß die Überprüfung des Modells zu schwierig wurde. Immerhin hatten sich in den ersten drei Modellansätzen Konzepte herausentwickelt, die bei der Aufgabenlösung von Bedeutung zu sein schienen:

- die Flüssigkeitsmengen sind entscheidend für die Verhältnisse
- die globale Betrachtung der Transaktionen ist zu grob
- die ausschließlich lokale Betrachtung der Löffelinhalte vernachlässigt die globalen Mengenveränderungen
- der Mulitplikations-Ansatz schränkt die Allgemeinheit der Lösung ein

(4)   Diese Erkenntnisse spiegeln sich wieder in dem bildhaften Ansatz: das Grundkonzept ´Flüssigkeitsmenge´ wird direkt dargestellt durch Fläche, und zwar sowohl lokal (auf Löffelebene) als auch global (auf Gläserebene). Diese Darstellungsform nutzt die Tatsache aus, daß bestimmte Eigenschaften der durch die Weinpanschoperationen manipulierten Verhältnisse intrinsisch repräsentiert werden, nämlich die Gesetze von Addition und Subtraktion. Modelliert man die Transaktionen noch realitätsnäher, indem man die Papierflächen ausschneidet und von einem ´Glas´ zum anderen verschiebt, anstatt wie in Abb. 4 einzelne Zustände neu zu zeichnen, so bleibt auch die ´uniqueness´-Eigenschaft erhalten. Man erhält so ein Simulationsmodell, an dem man durch analoges Schließen -- wie in der konstuktiven Geometrie -- das Ergebnis einfach ablesen kann. Am Originalproblem wäre dies nicht möglich gewesen, da sich Wein und Wasser vermischen; von dieser die Beantwortung der Aufgabe beeinträchtigenden Eigenschaft wurde in der gewählten Darstellung abstrahiert.

(5) Dieses Simulationsmodell, in dem für die Aufgabe wesentliche Aspekte intrinsisch repräsentiert wurden, unwesentliche Aspekte jedoch weggelassen bzw. verändert wurden, eignet sich als Grundlage für ein formales Erklärungsmodell: die darzustellenden Konzepte könnten übernommen und in mathematischer Form extrinsisch dargestellt werden. Die Erklärung der Aufgabenlösung kann dann durch den Bezug auf die zugrundegelegten mathematischen Gesetzmäßigkeiten erfolgen.

Zusammenfassung

Die vorliegende Arbeit hat zunächst verschiedene Wege zum Lösen von Aufgaben aufgezeigt; dann wurden einige Eigenschaften von Relationen diskutiert, die bei der Wissensrepräsentation eine Rolle spielen; schließlich wurde der Unterschied zwischen Simulationsmodellen und Erklärungsmodellen als Grundlage für die Wissensrepräsentationsform behandelt. Das Zusammenwirken all dieser Aspekte für die Auswahl geeigneter Wissensrepräsentationsstrukturen wurde anhand eines konkreten Beispiels, des Weinpanschproblems, veranschaulicht.

Das Weinpanschproblem sollte verdeutlichen, warum dem Auffinden aufgabenspezifischer Repräsentationen prinzipiell viel Aufmerksamkeit gewidmet werden sollte. Es ergeben sich beim Aufgabenlösen ähnliche Fragen wie bei Lernsystemen, mit dem zusätzlichen Vorteil, daß die Fragestellung im allgemeinen ein klares Ziel vorgibt, was beim allgemeien Lernen nicht der Fall ist. Hierdurch kann unter Umständen eine Verkürzung des Lösungsweges erreicht werden. Dies ist in Abb. 7 durch den Lösungspfad ´Simulation´ angedeutet, der zwischen der Aktion in der realen Welt und der Inferenz in der formalen Welt angesiedelt ist.

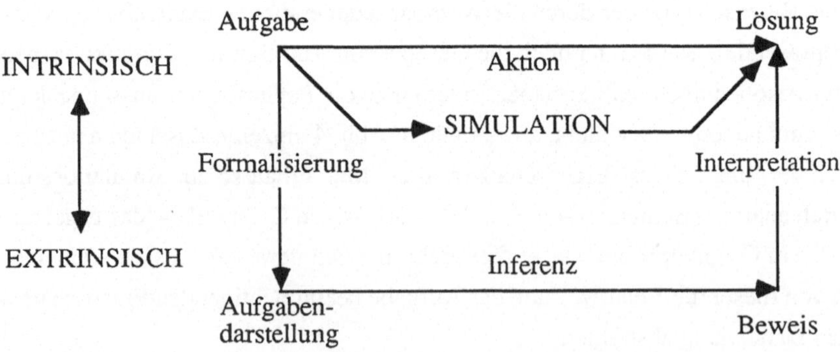

Abb. 7

Man sollte dabei anstreben, nur diejenigen Aspekte eines Problems explizit zu machen, auf die es ankommt, die anderen sollten intrinsisch -- oder man könnte auch sagen: durch geeignete Analogien -- repräsentiert werden.

Damit ist auch die Frage der Granularität von Repräsentationen angesprochen: eine Darstellung darf nicht zu grob sein (wie in den ersten beiden Ansätzen bei dem Weinpanschproblem), sollte aber auch nicht zu fein sein (wie bei dem dritten Ansatz).

Aufgabenlösen besteht somit zunächst in der Generierung einer geeigneten Repräsentationsstruktur (d.h. in der Transformation von Wissen) und dann erst in der Anwendung geeigneter Inferenzschemata.

Dank

Ich danke allen mentalen Weinpanschern, die mich mit verbalen Erklärungen und mit Bild- und Formelmaterial versorgten, insbesondere Katharina Morik und Gabi Zollner, sowie den Kritikern meiner Überlegungen, insbesondere Gerhard Dirlich, Uli Furbach, Klaus Rehkämper und Claus-Rainer Rollinger, sowie den Herausgebern dieses Bandes. Petra Bräunling danke ich für die Anfertigung des Typescripts und der Zeichnungen.

Literatur

Bobrow, D. 1975. *Dimensions of representation*. In: Bobrow, D. & Collins, A. (eds.) Representation and understanding. Academic Press, New York.

Furbach, U., Freksa, C., Dirlich, G. 1988. *Wissensrepräsentation in künstlichen symbolverarbeitenden Systemen*. In: Mandl, H., Spada, H. (Hg.) Wissenspsychologie. Psychologie Verlags Union, München.

Green, C. 1969. *Application of theorem proving to problem solving*. IJCAI-69, S. 219.

Lakoff, G. 1987. *Women, fire, and dangerous things*. University of Chicago Press, Chicago.

Marr, D. 1982. *Vision*. Freeman, New York.

McCarthy, J. & Hayes, P. 1969. *Some philosophical problems from the standpoint of artificial intelligence*. Machine Intelligence 4, 463-502.

Newell, A., Simon, H. 1972. *Human Problem Solving*. Prentice-Hall, Englewood Cliffs, N.J.

Palmer, S.E. 1978. *Fundamental aspects of cognitive representation*. In: Rosch, E. & Lloyd, B. (eds.) Cognition and categorization. Lawrence Erlbaum, Hillsdale, N.J.

Piaget, J. 1970. *Piaget's theory*. In: Carmichael's Manual of Child Psychology. Ed. P.H. Mussen 3rd Edition Vol I, New York, 703-732. Deutsche Ausgabe: Meine Theorie der geistigen Entwicklung. Hg. R. Falke, Fischer, Frankfurt 1983.

Polya, G. 1944. *How to solve it*. Princeton University Press. Deutsche Ausgabe: Schule des Denkens, Francke Verlag Bern 1949.

Schematheoretische Begründungen
für die Ordnung unsicheren Wissens

A. Zimmer / H. Körndle

Die Wissenspsychologie seit Anfang der 70er Jahre steht in einem seltsamen Spannungsverhältnis zu den sich wandelnden Architekturen und Grundkonzeptionen von Computern. Zunächst von SELFRIDGE (1960) und anderen als Metapher für Informationsverarbeitungsprozesse genutzt und damit von einem unzweifelhaften erkenntnistheoretischen Wert (s. FARRELL 1986), entwickelten sich die im von NEUMANNschen Computer angelegten Strukturen zu „constraints on human cognition". So hat sich die lange Auseinandersetzung um serielle vs. parallele Verarbeitung in vielen Aspekten als Scheinfrage entpuppt, seitdem massive parallele und verteilte Verarbeitung technisch realisierbar ist (s. McCLELLAND, RUMELHART & the PDP Group 1986). Aber auch die Unterscheidung von deklarativem und prozeduralem Wissen ist eine direkte Konsequenz der üblichen Programmiersprachen, wobei zweifellos Rückschlüsse von der Art ihrer Konstruktion auf die Wissensstrukturierung ihrer Konstrukteure möglich sind. Das oben angesprochene Spannungsverhältnis wirkt jedoch nicht nur in eine Richtung: Genuin menschliche Phänomene der Wissensverarbeitung, speziell die sogenannten Formate der Wissensrepräsentation werden seitens der Psychologie (und Philosophie) an die Computerwissenschaft als einzulösende und zu realisierende Forderungen herangetragen. Dem liegt u.E. eine Fehlbeurteilung über das Verhältnis zwischen dem funktionalen Wert einer Repräsentationsform und ihrer materiellen Realisierung zugrunde. Zweifellos gibt es prinzipielle Unterschiede zwischen einer semantischen und einer imaginalen Repräsentation, aber die letztere läßt sich prinzipiell im Rahmen der ersteren für jede vorgegebene empirische Untersuchungsgenauigkeit nachbilden; dies ist die eigentlich interessante Konsequenz von ANDERSONs (1976) Mimikry-Theorem. Ähnliches gilt von der Unterscheidung episodischer vs. propositionaler Repräsentation (TULVING 1984); auch hier läßt sich in einem hinreichend allgemeinen propositionalen Kalkül (einschließlich der Modal- und „tense" Logik) jede episodische Struktur nachbilden. Allgemein läßt sich festhalten, daß es, zumindest auf der Ebene der mit herkömmlichen psychologischen Methoden erreichbaren Genauigkeit, nicht möglich ist, zwischen nicht-symbolischen und propositionalen Formaten hinreichend genau zu unterscheiden. Von größerer Bedeutung sind zwei Aspekte des Wissens, die bei der Diskussion um die Repräsentationsformate in den Hintergrund getreten sind:

1) Menschliches Wissen (im folgenden wird unter Wissen stets empirisches Wissen verstanden) ist prinzipiell unsicher, sei es infolge mangelnder Kenntnis, dem Zugrundeliegen stochastischer Prozesse in der beobachtbaren Welt oder der prinzipiellen oder praktischen Unmöglichkeit der Beobachtung.

2) Das Reden über bzw. die Kommunikation von menschlichem Wissen ist prinzipiell kontextabhängig; d.h. „wörtliche" Bedeutungen im strengen Sinn treten nicht auf.

Sollen nun, wie z.B. in Expertensystemen, Vernetzungen zwischen menschlichem Wissen und der Symbolverarbeitungskapazität von Computern optimal gestaltet werden, müssen diese prinzipielle Unsicherheit und die Kontextabhängigkeit in nicht-trivialer Weise in den Symbolverarbeitungsprozeß eingearbeitet werden (eine triviale, aber nicht ausreichende Behandlung von Unsicherheit besteht z.B. in Mittelwertsbildungen, aber auch einigen Techniken der sog. „second-order statistics").

In den hier vorgestellten Überlegungen soll gezeigt werden, daß eine sinnvolle Bearbeitung von Unsicherheit nur im Rahmen eines Ansatzes zur kontextuellen Bedeutungsbestimmung geschehen kann. Als formales Modell für Kontexteinflüsse wird eine interaktive Schema–Hierarchie vorgestellt, wobei unter Schemata nach CASSIRER (1944) in Anlehnung an KANTs Schemabegriff ein „kognitiver Mechanismus zur Zuordnung von sinnlich Wahrgenommenem zu Begriffen" verstanden wird. Ein solcher Mechanismus (s. ZIMMER 1984, 1985, 1986 c) besteht aus Primitiva (die durchaus Schemata niedriger Hierarchieebenen sein könnten), Zuordnungsregeln (wie z.B. die sog. Gestaltgesetze oder die Diskursregel der klassischen Rhetorik (s. VUKOVICH, in Vorbereitung)) und die Menge zulässiger Transformationen, durch welche die Invarianzbedingungen gegeben sind. Diese ursprünglich an der Gruppentheorie orientierte Definition des Schemas bei CASSIRER trägt nicht nur bei den von ihm analysierten Phänomenen der Konstanz, sondern auch in der Raumwahrnehmung (ZIMMER 1986 c) und in der Linguistik. Es ist jedoch fraglich, ob die Anforderungen für algebraische Strukturen in jedem Fall einlösbar und auch sinnvoll sind.

Zur Illustration, wie Kontextualität und Auflösung von Unsicherheit (hier als Verwackelung i.S. von ZAUS (1984)) zusammenhängen, kann Abbildung 1 dienen.

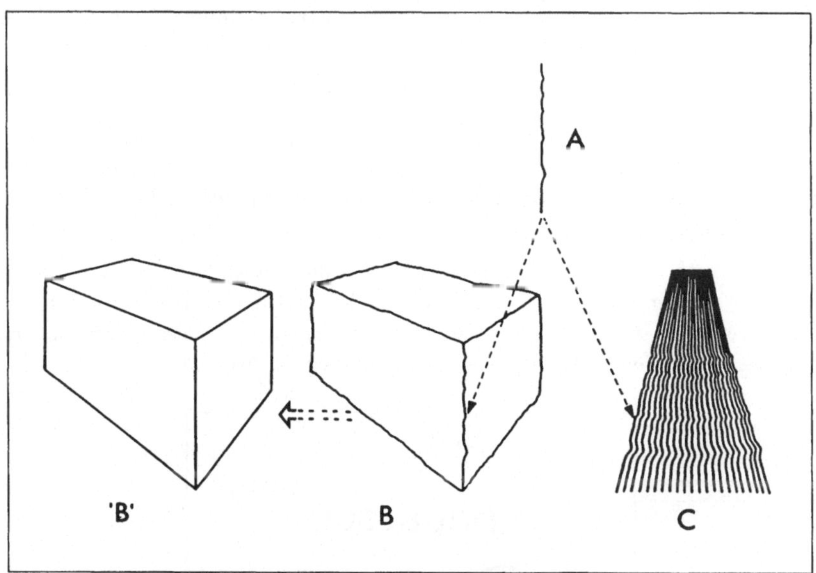

Abb. 1: Linienzug, der in B integriert als „verwackelte" Gerade und in A als Teil einer gewellten räumlichen Textur i.S. GIBSONS (1979) zu interpretieren ist.

In Mustererkennungsalgorithmen (JAIN & HAYNES 1982) würde der Linienzug bei rein lokalem Vorgehen durch Filterung als unvollkommen realisierte oder fehlerhaft übertragene Gerade interpretiert und weiterverarbeitet, ähnlich würden interaktive Vorgehensweisen von „graceful degradation" und Filterung nicht zur Texturdeutung in Abb. 1C führen, die durchaus auch ein praktisches Problem der Mustererkennung darstellt, z.B. bei Situationen wie einem Landeanflug auf unbekanntem Gebiet. Ohne an dieser Stelle auf Vor– oder Nachteile verschiedener Filtertypen und hybrider Mustererkennungsmodelle weiter einzugehen, sollte durch die Abbildung deutlich geworden sein, daß was als wegzufilternde Ungenauigkeit oder Unsicherheit interpretiert wird, von der Kontexteinbettung abhängt, aber auch, daß der einbettende Kontext bei „früher Filterung" möglicherweise als solcher gar nicht identifiziert werden kann. Dieses Problem ist nur bei paralleler Verarbeitung von Unsicherheit und Kontext zu lösen.

Im folgenden wird im Rahmen der Possibility-Theorie von ZADEH (1983, 1984) ein gemeinsamer Bezugsrahmen für Unsicherheitsausdrücke entwickelt, die auf unterschiedliche Faktoren zurückgehen (partielle Unwissenheit, stochastischen Gegebenheiten, Verallgemeinerungen auf neue Sachverhalte) und in unterschiedlichen sprachlichen bzw. logischen Ausdrücken artikuliert werden: Wahrscheinlichkeits– bzw. Unsicherheitsbegriffe (wie z.B. „sehr wahrscheinlich", „praktisch sicher"), Quantoren (wie z.B. „fast alle", „manche") und temporale Terme (wie z.B. „häufig", „selten"). Abschließend wird am Beispiel der Beurteilung von Unsicherheiten bei komplexen Gegebenheiten gezeigt, wie menschliche Unsicherheitsurteile und computergestützte Entscheidungshilfe optimal kombiniert werden können.

Ausgangspunkt der Untersuchungen von ZIMMER (1980, 1984, 1986 a & b) war die Frage nach dem Informationsgehalt verbaler Unsicherheitsausdrücke; hierbei ergab sich eine hohe **intra**individuelle Konsistenz der Urteile, aber gravierende **inter**individuelle Unterschiede hinsichtlich der Anzahl und zugrundeliegender Bedeutung der spontan verwendeten Ausdrücke.

Die individuell kalibrierten Bedeutungen qualitativer Unsicherheitsausdrücke lieferte uns ein Kalibrierungsverfahren, das aus zwei Schritten besteht.

Im ersten Schritt müssen die Beurteiler einen Fragenkatalog zu unsicheren Alltagsereignissen (z.B.: Sie kommen 1 Minute zu spät zum Bahnhof. Erreichen Sie dennoch den Zug?) spontan mit ihren eigenen Unsicherheitsausdrücken beantworten.

Im zweiten Schritt werden diese individuellen Begriffe mit Hilfe eines Computers kalibriert. WALLSTEN (1986) verwendet dazu eine Paarvergleichs-Anordnung, bei der die Probanden auf einer Skala angeben müssen, welches der paarweise auf einem Computerbildschirm präsentierten Kreissegmente besser auf den zu kalibrierenden Begriff paßt (s. Abb. 2).

Abb. 2: Bildschirmdarstellung zur Paarvergleichsmethodik von WALLSTEN (1986)

Wir verwenden für diesen zweiten Schritt ein adaptives sequentielles Verfahren, das statt Kreissegmenten Zufallsmuster benutzt. Diese Kombination erwies sich als gleichzeitig effizient und stabil in der Schätzung, besonders wenn das zuletzt beurteilte Muster zugleich mit dem jeweils neuen Muster gezeigt wird.

Das adaptive sequentielle Verfahren läuft dabei folgendermaßen ab: Auf dem Bildschirm wird rechts ein Zufallspunktemuster gezeigt, das flächenmäßig zu 50 % mit Punkten gefüllt ist. Der Beurteiler hat die Aufgabe, die Wahrscheinlichkeit einzuschätzen, beim blinden Zeigen auf das Muster einen der Punkte zu treffen. Dann wandert dieses Muster, versehen mit dem Unsicherheitsausdruck nach links, auf der rechten Seite erscheint ein neues Muster mit zu 55 % flächendeckenden Punkten. In den folgenden Durchgängen werden die Muster und Begriffe des i-ten (letzten) Durchgangs auf der linken, die des $(i + 1)$-ten Durchgangs immer auf der rechten Seite gezeigt. Die Anzahl der Punkte im $(i + 1)$-ten Durchgang wird dabei durch folgendes adaptive Verfahren bestimmt (stochastische Approximation, WETHERILL 1963):

$$d(t_{i+1}) = d(t_i) + \frac{u(t_i)}{c \cdot i} \quad ,$$

wobei

$$u(t_i) = \begin{cases} +1, & \text{wenn} \quad u(t_i) = u(t_{i-1}) \\ -2, & \text{wenn} \quad u(t_i) \neq u(t_{i-1}) \end{cases}$$

mit

$$d(t_i) \quad - \text{ Anzahl der Punkte im Durchgang } i$$
$$u(t_i) \quad = \text{ Beurteilung im Durchgang } i$$
$$c \quad = \text{Konstante}, \quad 0 < c \leq 1.$$

Durch entsprechende Wahl der Konstanten c kann das Verfahren für eine grobe Beurteilung beschleunigt bzw. für fein abgestimmte Antworten verlangsamt werden. Nach 9 Durchgängen mit $u(t_{i+1}) \neq u(t_i)$ folgt eine neue Startposition z.B. mit $d(t_i) = 45\%$ und abnehmenden Punktezahlen, wobei

$$u(t_i) = \begin{cases} -1, & \text{wenn} \quad u(t_i) = u(t_{i-1}) \\ +2, & \text{wenn} \quad u(t_i) \neq u(t_{i-1}). \end{cases}$$

Startposition und Richtung (zunehmend/abnehmend) ändern sich immer dann, wenn das Kriterium von 9 Beurteilungswechseln $u(t_i) \neq u(t_{i+1})$ erreicht wurde.

Das Verfahren wird solange durchgeführt, bis für jeden Unsicherheitsausdruck je eine zunehmende und abnehmende Folge von Beurteilungen erfaßt wurde. Eine Ausnahme stellen natürlich die Extremkategorien dar, für die eine Folge genügt.

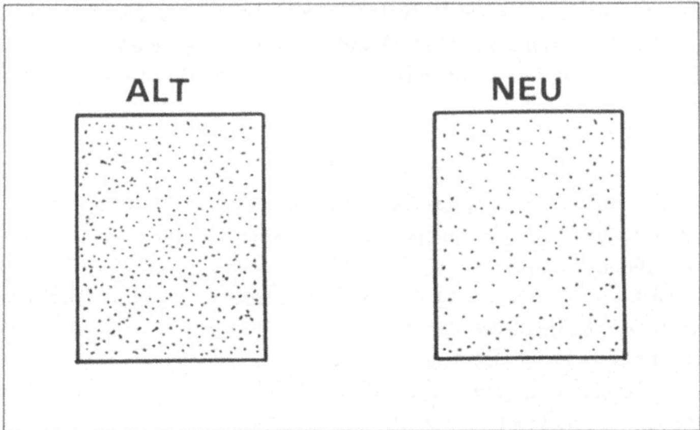

Abb. 3: Zufallsmuster für das Staircase–Verfahren zur Kalibrierung von Unsicherheitsausdrücken von ZIMMER (1986 a)

Ergebnis dieser Kalibrierungen ist die Zuweisung einer „fuzzy number" (DUBOIS & PRADE 1980) zu den verwendeten Unsicherheitsbegriffen; diese können dann algorithmisch weiterverarbeitet werden.

Bei der Erhebung von Unsicherheitsausdrücken wurden von den Versuchspersonen spontan verschiedene Quantoren („fast alle", „viele", „praktisch nie", „sehr oft" u.ä.) genannt, speziell bei der Begründung von Unsicherheitsurteilen, z.B.: „Es ist sehr wahrscheinlich, daß R. REAGAN wiedergewählt wird, da fast immer Amtsinhaber von den Wählern bevorzugt werden". Diese Begründung ist einem syllogistischen Schluß in der folgenden Form äquivalent:

$$P_1 \quad \text{Fast immer } (A \text{ ist } W)$$
$$P_2 \quad R \text{ ist } A$$
$$\overline{\phantom{P_2 \quad R \text{ ist } A}}$$
$$C \quad \text{sehr wahrscheinlich } (R \text{ ist } W)$$

Da für nicht-klassische Quantoren bzw. speziell die Mischung von Quantoren und Wahrscheinlichkeiten keine Auflösungsregeln bestehen, ist von ZADEH (1984) und ZIMMER (1984) vorgeschlagen worden, sie als „fuzzy numbers" zu interpretieren und die entsprechenden Operatoren zur Generierung der Konklusionen zu benutzen. Die empirischen Untersuchungen von ZIMMER (1984) zu unscharfen Quantoren haben gezeigt, daß einerseits das von GOGUEN (1969) vorgeschlagene Modell der Superpositionen von Unschärfe über die Bedeutung von klassischen Quantoren nicht zutrifft, andererseits aber auch das von ZIMMER (1980) vorgeschlagene Modell für linguistische Variablen (gleiche Informativität aller Elemente) auf Quantoren nur dann anwendbar ist, wenn kontextuelle Einflüsse ausgeschlossen werden können. In Kontexten wie „alltägliche Begebenheiten", „Sachverhalte aus Sozialwissenschaften" und „Sachverhalte aus Naturwissenschaften" stellt sich heraus, daß die resultierende Bedeutung der Quantoren zum einen auf das „ideale" (i.S. von GRICE 1975) Modell gleicher Informativität und zum anderen auf die kontextabhängigen Scope-Funktionen zurückzuführen sind (Abb. 4 a, b, c).

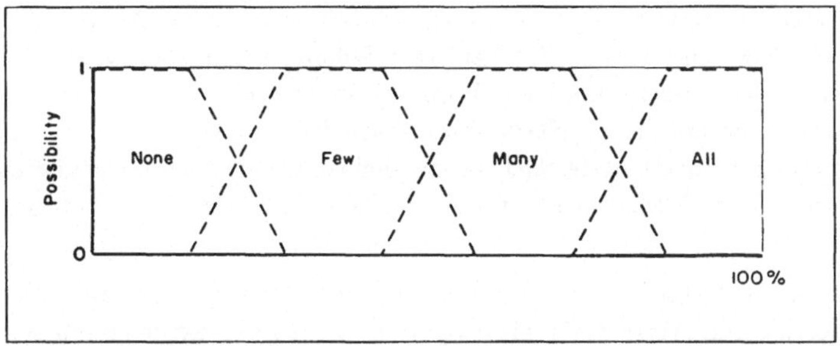

Abb. 4a: Bedeutung der Quantoren im Modell gleicher Informativität (ZIMMER 1980)

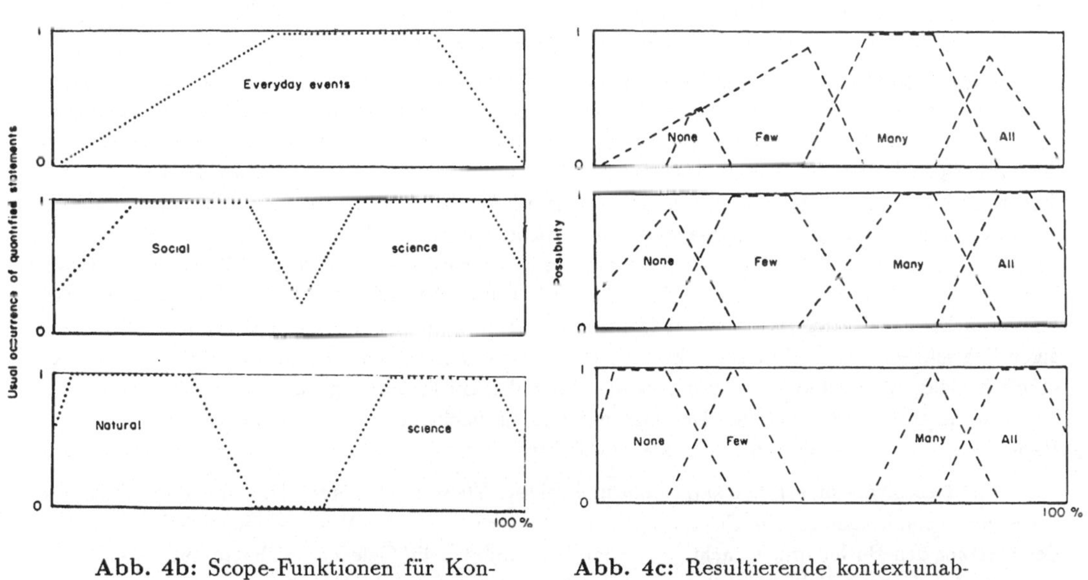

Abb. 4b: Scope-Funktionen für Kontexte (Wie häufig wird im Kontext x über Ereignisse mit Häufigkeit ... % geredet?)

Abb. 4c: Resultierende kontextunabhängige unscharfe Quantoren

Scope-Funktionen geben an, inwieweit Aussagen, die einen bestimmten Prozentsatz von Präferenzobjekten betreffen, für den jeweiligen Kontext typisch sind, wobei hier Typikalität im Sinne von ROSCH (1975) verstanden wird. Der Kontext determiniert also nicht nur die Verwendung von Quantoren (dies drückt sich darin aus, daß z.B. im Kontext „alltägliche Begebenheiten" die extremen Quantoren nicht „Possibility"-Werte von 1 erreichen), sondern auch ihre Bedeutung. In den Scope-Funktionen spiegelt sich darüber hinaus das allgemeine Verständnis darüber wider, welche Referenzklassen für die verschiedenen Wissensbereiche von Interesse sind; kurz ausgedrückt:

Je „härter" das Wissen ist, desto weniger sind Ereignisse eines mittleren Wahrscheinlichkeitsgrades von Bedeutung. Es kann gezeigt werden, daß bei Beschränkung auf die Quantoren „alle" und „kein" sowie ihrer unscharfen Negationen und der Faltung mit einer geeigneten Scope-Funktion die klassische Bedeutung als Sonderfall der unscharfen, d.h. nicht-klassischen Bedeutung aufgefaßt werden kann. Der in Abbildung 1 angedeutete Sachverhalt der kontextuellen Bedeutungszuweisung bzw. Trennung von Information und Rauschen trifft also auch auf Quantoren in eher umgangssprachlicher Bedeutung zu.

Zusammenfassend ist festzuhalten, daß bei der Interpretation von Quantoren als „fuzzy numbers" im Intervall [0,1], deren Werte durch die Scope-Funktionen kontextuell modifziert worden sind, diese mit subjektiven Wahrscheinlichkeiten (verbale Unsicherheitsausdrücke als „fuzzy numbers") kombiniert werden können und damit die Auswertung von Evidenzketten oder –netzen möglich wird, deren Propositionen durch Quantoren bzw. Wahrscheinlichkeiten gewichtet sind. Als allgemeiner Auswertungsalgorithmus für akkumulierte Evidenz bietet sich also ein „fuzzy number"-Algorithmus an, da dieser nicht nur Quantoren und Wahrscheinlichkeiten vergleichbar repräsentiert, sondern auch die Kontextualisierung aller Bedeutungsvarianten von der klassischen (scharfen) Interpretation bis zur umgangssprachlichen Verwendung darzustellen und auszuwerten vermag.

Ausgangspunkt ist die Frage, unter welchen Bedingungen menschliche Beurteiler die vorhandene Information (Evidenz) optimal auswerten. Das Standardkriterium für optimale Informationsauswertung besteht darin, daß geprüft wird, ob neue Information zu einer entsprechenden Revision des vorherigen Urteils führt ('Bayesian information updating', da ihm die Anwendung des Bayes-Theorems für bedingte Wahrscheinlichkeiten zugrundeliegt). Um diese Frage zu untersuchen, haben wir mit komplexen Geschichten gearbeitet und nicht, wie sonst üblich, mit der Abschätzung von einzelnen Ereignissen. Wie sieht so eine komplexe Geschichte aus? Ein Beispiel ist ein Kriminalfall [analog zu SHAFER & TVERSKYs (1985) Fall von GRACCHUS & MAEVIUS]: Ein Gärtner steht im Verdacht, den Butler des gleichen Hauses umgebracht zu haben. Dagegen spricht, daß beide eigentlich sehr gute Freunde waren. Es spricht ebenfalls dagegen, daß das Standardmotiv für Mord, nämlich Geld, ausgeschlossen werden kann. Aber der Butler hat irgendwann einmal die Schwester des Gärtners sitzen lassen. Der Gärtner gilt als nachtragend und, wenn er tatsächlich von Haßanfällen überkommen wird, auch als gewalttätig.

Eine Geschichte dieser Art kann man in zweierlei Weise analysieren. Die eine Vorgehensweise wäre, der Versuchsperson ein Gesamturteil abzufordern, nämlich: Wie wahrscheinlich ist es, daß der Gärtner den Butler umgebracht hat, wenn kein anderer die Gelegenheit hatte und es sich ganz sicher nicht um einen Selbstmord gehandelt hat?

Die Alternative dazu besteht in der von SHAFER & TVERSKY (1985) vorgeschlagenen Partitionierung der Geschichte in viele Einzelpropositionen, die jeweils bedingte oder unbedingte Evidenzen enthalten. Läßt man diese Einzelpropositionen beurteilen, dann lassen sich mit dem Bayes'schen Kalkül diese zu dem Gesamturteil akkumulieren. Der Vergleich des globalen Gesamturteils und des akkumulierten lassen den Schluß zu, wie bayesianisch der einzelne Globalbeurteiler tatsächlich ist.

Wie man mit Hilfe der Partitionierung die in dem Szenario enthaltene Evidenz auswerten kann, wird in den Tabellen 2 und 3 dargestellt. In Tabelle 1 finden sich die Abkürzungen für elementare Propositionen, die bei der Evidenzbewertung in den Tabellen 2 und 3 benutzt werden.

Tabelle 1: Abkürzungen der unbedingten elementaren Propositionen des Szenarios

H	:=	Der Gärtner haßte den Butler
GI	:=	Der Gärtner beabsichtigte, den Butler zu töten
SI	:=	Jemand anderer beabsichtigte, den Butler zu töten
GM	:=	Der Gärtner hat den Butler umgebracht
SM	:=	Jemand anderer hat den Butler umgebracht
NM	:=	Niemand hat den Butler umgebracht

In Tabelle 2 ist die vollständige Partitionierung analog der Vorgehensweise von SHAFER & TVERSKY (1985) wiedergegeben, wobei auch die numerischen Werte übernommen worden sind.

Tabelle 2: Auswertung der Evidenz mit numerischen Urteilen

```
Zuweisung numerischer Werte (Shafer & Tversky 1985) zu den Pro-
positionen, die für die Schuld des Gärtners sprechen:

p(H) = 0.2, p(GI|H) = 0.2, p(GI|¬H) = 0.01

p(SI) = 0.001
SI und GI sind unabhängig

p(GM|GI & SI)    = 0.4
p(SM|GI & SI)    = 0.4
p(NM|GI & SI)    = 0.2
p(GM|GI & ¬SI)   = 0.8
p(NM|GI & ¬SI)   = 0.2
p(SM|SI & ¬GI)   = 0.8
p(NM|SI & ¬GI)   = 0.2
p(NM|¬GI & ¬SI)  = 1


p(GI)       = p(GI|H)p(H) + p(GI|¬H)p(¬H)
            = 0.2 · 0.2 +   0.1 · 0.8 =  0.48

p(GM)       = p(GM|¬GI)p(¬GI) + p(GM|GI & SI)p(GI)p(SI)
              + 0 ·   0.952 +     0.4   ·  0.048 · 0.001

              + p(GM|GI & ¬SI)p(GI)p(¬SI)
              + 0.8  ·    0.048 · 0.999  = 0.3838

p(SM)       = 0.00078
1 - p(NM)   = 0.96084

                      0.3838
p(GM|¬NM)  =  ─────────────────    = 0.98
              0.3838 + 0.00078
```

Die von SHAFER & TVERSKY (1985) angenommenen Wahrscheinlichkeiten für die elementaren und einfach bedingten Propositionen erscheinen plausibel und stimmen auch sehr gut mit Werten überein, die wir in eigenen Experimenten erhoben haben. Im Gegensatz dazu ist die Gesamtbewertung der akkumulierten Evidenz, daß nämlich mit einer Wahrscheinlichkeit von 0.98 der Gärtner den Butler getötet hat, unrealistisch hoch. Dies wird besonders deutlich, wenn man in Betracht zieht, daß diese Gesamturteilung darauf basiert, daß der Wahrscheinlichkeit, jemand anderer habe den Butler umgebracht, ein Wert von weniger als einem Zehntausendstel zugewiesen wird; dies impliziert eine Reliabilität der empirischen Daten, wie sie praktisch nicht erreichbar ist.

Eine Möglichkeit, die mangelnde Reliabilität der Einzelschätzungen zu berücksichtigen, besteht darin, die Zahlen als „fuzzy numbers" zu interpretieren. Wie in ZIMMER (1986 a) gezeigt, wird mit dieser Vorgehensweise der mangelnden Reliabilität der Daten Rechnung getragen. Führt aber die Verwendung von Zahlen selbst zu systematischen Verfälschungen, wird dies durch ihre Interpretation als 'fuzzy numbers' nicht aufgefangen. Aus diesem Grunde sind wir bei der Beurteilung von elementaren Propositionen und einfach bedingten Propositionen dazu übergegangen, verbale Urteile zu erheben und diese mit dem schon beschriebenen Verfahren zu kalibrieren, so daß es möglich ist, verbale Urteile als „fuzzy numbers" zu interpretieren und weiterzuverarbeiten. Für das gegebene Szenario sehen diese Beurteilungen wie folgt aus (Tabelle 3):

Tabelle 3: Auswertung der Evidenz mit verbalen Urteilen

```
Verbale  Beurteilungen  (interpretiert als "fuzzy numbers") der
Propositionen:

p(H)                = "eher unwahrscheinlich"
p(GI|H)             = "eher unwahrscheinlich"

p(GI|¬H)            = "sehr unwahrscheinlich"

p(SI)               = "extrem unwahrscheinlich"

SI und GI sind unabhängig

p(GM|GI & SI)    = "gut möglich"

p(SM|GI & SI)    = "gut möglich"

p(NM|GI & SI)    = "eher unwahrscheinlich"

p(GM|GI & ¬SI)   = "sehr wahrscheinlich"

p(NM|GI & ¬SI)   = "eher unwahrscheinlich"

p(SM|SI & ¬GI)   = "sehr wahrscheinlich"

p(NM|SI & ¬GI)   = "eher unwahrscheinlich"

p(NM|¬GI & ¬SI) = "sicher"


p(GM|¬NM) = "(wahrscheinlich) bis (sehr wahrscheinlich)"
```

Das Ergebnis „(wahrscheinlich bis sehr wahrscheinlich)" spiegelt nicht nur die inhärente Unsicherheit der Einzelurteile wieder, sondern enthält als Spezialfall auch das von SHAFER & TVERSKY (1985) erhobene Ergebnis. Graphisch läßt sich dieses Ergebnis wie in Abbildung 5 darstellen.

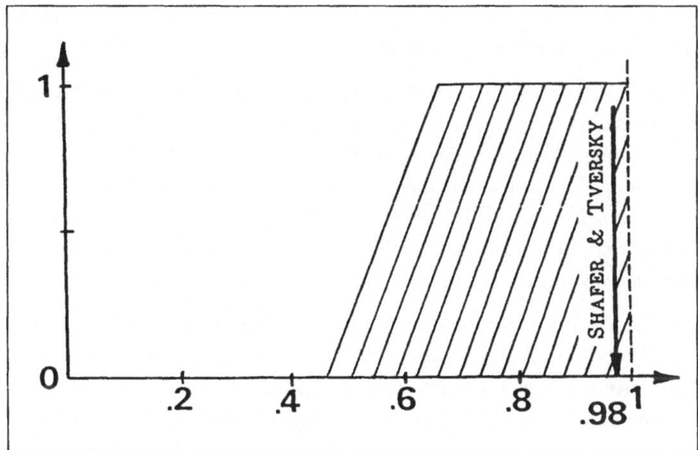

Abb. 5: Charakteristische Funktion für die „fuzzy number" der Gesamtbeurteilung der akkumulierten Evidenz

Betrachtet man die Propositionen in den Tabellen 2 und 3, fällt auf, daß nahezu ausschließlich bedingte Propositionen auftreten. SHAFER & TVERSKY (1985) fügen selbst keine Gründe an, warum sie gerade diese Partitionierung der Evidenz vorgenommen haben und keine andere äquivalente. Aufgrund der Experimente zur kontextspezifischen Bedeutung von Quantoren (ZIMMER 1984) haben wir untersucht, inwieweit das Urteilsverhalten von der Art der zu beurteilenden Proposition abhängt. Dabei hat sich herausgestellt, daß die geringste intraindividuelle Variabilität bei Propositionen auftrat, die einfach bedingt waren und deren bedingendes Ereignis konkret vorstellbar war. Sowohl bei der Beurteilung elementarer, d.h. nicht bedingter Propositionen als auch bei mehrfach bedingten Propositionen bzw. bei nicht konkreten bedingenden Ereignissen traten sehr häufig Inkonsistenzen auf. Diese Vorliebe für einfache Konditionierungen auf leicht vorstellbare Ereignisse könnte die Ursache für die sog. „conjunction-fallacy" (TVERSKY & KAHNEMAN 1983) sein, die ja dann auftritt, wenn das bedingende Ereignis ein abstrakter Oberbegriff für eine ganze Ereignisklasse ist (z.B. Naturereignisse als Oberklasse zu Erdbeben). Ähnlich wie bei den Quantoren stellt es sich also auch bei den subjektiven Wahrscheinlichkeitsbegriffen heraus, daß die kontextspezifische Bedeutung die „natürliche" Form des Umgangs mit solchen Begriffen ist. Es läßt sich zeigen (ZIMMER 1986 a), daß die Generierung von kontextspezifischen Bedeutungen für Quantoren mit Hilfe der Scope-Funktionen nichts anderes als eine spezielle Form der Konditionierung ist. Aus diesem Grunde ist es möglich, im Partitionierungsalgorithmus sowohl Propositionen zu verwenden, deren subjektive Wahrscheinlichkeit verbal beurteilt worden ist, als auch solche, die umgangssprachlich quantifiziert worden sind. Auf diese Weise lassen sich relativ leicht komplexe Evidenznetze herstellen.

Um die weiter vorn gestellte Frage zu beantworten, inwieweit und unter welchen Umständen menschliche Beurteiler bayesianisch seien, ist es notwendig, von ein und denselben Versuchspersonen einmal Urteile für die einzelnen Propositionen zu erheben und das Gesamtergebnis darauf abzuleiten und zum zweiten Globalurteile über das Gesamtszenario zu erheben. Wenn also eine Versuchsperson bayesianisch urteilt, dann sollte bei der Auswertung der akkumulierten Urteile dasselbe herauskommen, wie bei den Globalbeurteilungen.

In einer Reihe von Experimenten (ZIMMER 1987) hat sich folgendes für die Beurteilung komplexer Evidenz durch Experten bzw. Laien ergeben:

1) Experten und Laien unterscheiden sich signifikant hinsichtlich der Komplexität der Propositionen, die sie konsistent beurteilen können z.B. die Anzahl und die Art der Bedingungen. Darüberhinaus sind Experten besser in der Lage als Laien, Propositionen umzuformen, so daß am Ende alle zu beurteilenden Propositionen das gleiche Format haben. Während Propositionen, die eine Negation beinhalten, für Laien praktisch nicht konsistent bewertbar waren, zeigte sich der Effekt der Erschwerung von Informationsverarbeitung durch Negation bei Experten in geringerem Umfang; allerdings verschwand dieser Effekt auch bei ihnen nicht vollständig.

2) Wenn man unter Berücksichtigung des ersten Ergebnisses für Experten und Laien Evidenzketten erstellt, die in ihrer Komplexität äquivalent sind, dann zeigen Experten wie Laien praktisch das gleiche Urteilsverhalten, d.h. sie wenden Heuristiken an, in denen nur ein Teil der Evidenz verarbeitet wird oder in denen die strukturellen Beziehungen zwischen den einzelnen Evidenzen nicht berücksichtigt werden. Insgesamt führt dies zu einem konservativen Verhalten bei der Gesamtbeurteilung, selbst wenn bei Einzelbeurteilungen „Overconfidence" feststellbar ist (ein ähnliches Ergebnis findet sich in May 1986).

3) Das oben beschriebene konservative Gesamtbeurteilungsverhalten läßt sich auf drei, empirisch unterscheidbare Heuristiken zurückführen:

Die *„Odds"-Heuristik:*

Diese Heuristik besteht darin, daß praktisch das Verhältnis von Propositionen „dafür" und „dagegen" gebildet wird und dieses Verhältnis am Ende das Gesamturteil bestimmt. Varianten dieser Heuristik bestehen darin, daß entweder die Stärke der Evidenz für jede einzelne Proposition als Gewichtungsfaktor einbezogen wird oder aber nur die Evidenzen, die einen bestimmten Schwellenwert überschreiten, verrechnet werden.

Die *„Maximum"-Heuristik:*

Diese Heuristik beinhaltet, daß die Gesamtbeurteilung durch die Höhe der größten Einzelevidenz bestimmt wird. Bei dieser Heuristik wird insgesamt am wenigsten Information verarbeitet und das Gesamtergebnis ist üblicherweise am „konservativsten".

Die *„Referenzsystem"-These:*

Bei dieser Heuristik wird aufgrund der ersten (3–5) Propositionen ein Referenzsystem aufgebaut, wonach alle folgenden Evidenzen angeordnet werden. Dieses Referenzsystem könnte man umgangssprachlich als „Grundeinstellung" gegenüber dem fraglichen Sachverhalt beschreiben. Aufgrund der Anordnung der Propositionen lassen sich eindeutig positive, eindeutig negative und gemischte Referenzsysteme erzeugen; diese führen dazu, daß entweder alle folgende Information in positive oder negative Richtung oder überhaupt nicht verfälscht wird. Bei dieser Heuristik spielen die letzten Propositionen noch eine besondere Rolle; sind sie mit dem ursprünglichen Referenzsystem konsistent, dann wird das Urteil noch stärker in dieser Richtung verfälscht, während bei Inkonsistenz das Ausmaß der Verfälschung gemildert wird. Es muß allerdings festgehalten werden, daß dieser Verfälschungseffekt nur in Relation zu den anderen Heuristiken besteht. Gegenüber der vollständigen und optimalen Evidenzauswertung ist auch diese Heuristik konservativ.

Die Vor- und Nachteile der einzelnen Heuristiken sind in der folgenden Tabelle 4 dargestellt.

Tabelle 4:

Informations- verarbei- tung Heu- ristik	**Anzahl** berücksichtigter Propositionen	Berücksichtigung der **Evidenzstärke**	Stabilität gegenüber systematischer Verzerrung **(Bias-Freiheit)**
„odds"	hoch	niedrig (Gleichsetzung)	hoch
„Maximum"	extrem niedrig	niedrig (nur höchste Evidenz berücksichtigt)	hoch
„Referenz- system"	niedrig	mäßig (nur am Ende & Anfang der Kette)	extrem niedrig

Daß die Referenz-Heuristik nicht auf „primacy"– und „recency"-Effekte des Gedächtnisses zurückzuführen ist, läßt sich dadurch zeigen, daß relevante, aber weder eindeutig dafür noch dagegen sprechende Informationen, am Anfang nicht zu einem Bias führen; ähnliches gilt für die letzte Proposition. Unter relevanter Information wird hier verstanden, daß die entsprechenden Propositionen nicht in sich selbst als Argumente dafür oder dagegen erkennbar sind, sondern erst aufgrund der Information, die durch weitere (in diesem Fall später kommende) Propositionen geliefert wird, sich dahin entwickeln.

Aus diesem Ergebnis lassen sich leicht Konsequenzen für den Einsatz von computergestützten Entscheidungssystemen ableiten. Erstens lassen sich subjektive verbale Wahrscheinlichkeitsbeurteilungen interaktiv mit einem Rechner erheben (ZIMMER 1986 b). Diese verbalen Urteile können mit Hilfe eines adaptiven sequentiellen Verfahrens kalibriert werden und endlich kann der Rechner die Information ohne Bias akkumulieren und optimal, d.h. bayesianisch, auswerten. Praktisch bedeutet dies, daß auf den beiden ersten Stufen das Urteilsverhalten der Versuchspersonen oder des Experten entscheidend ist und nur auf der dritten der evidenzauswertende Algorithmus des Rechners.

Literaturangaben:

ANDERSON, J.R. (1976). *Language, memory, and thought.* Hillsdale, N.J.: Erlbaum.

CASSIRER, E. (1944). The concept of group and the theory of perception. *Philosophy and Phenomenological Research*, **5**, 1–36.

DUBOIS, D. & PRADE, H. (1980). *Fuzzy sets and systems: Theory and applications.* New York: Academic Press.

FARRELL, E. (1986). Metaphor and psychology: A reply to Gholson and Barker. *American Psychologist*, **6**, 719–720.

GIBSON, J.J. (1979). *The ecological approach to visual perception.* Boston: Houghton Mifflin Company.

GOGUEN, J.A. (1969). The logic of inexact concepts. *Synthèse*, **19**, 325–373.

GRICE, H.P. (1975). Logic and conversation. In P. COLE & J.L. MORGAN (Eds.), *Syntax and semantics* (Vol. 3). New York: Academic Press.

JAIN, R. & HAYNES, S. (1982). Imprecision in computer vision. *IEEE Transactions on Computers*, August, **18**, 39–48.

MCCLELLAND, J.L., RUMELHART, D.E. & the PDP Research Group. (1986). *Parallel distributed processing. Explorations in the microstructure of cognition* (Vol. 1: Foundations). Cambridge, Mass.: The MIT Press.

MCCLELLAND, J.L., RUMELHART, D.E. & the PDP Research Group. (1986). *Parallel distributed processing. Explorations in the microstructure of cognition* (Vol. 2: Psychological and biological models). Cambridge, Mass.: The MIT Press.

ROSCH, E. (1975). Cognitive representations of semantic categories. *Journal of Experimental Psychology: General*, **104**, 192–233.

SELFRIDGE, O. (1959). Pandemonium: A paradigm for learning. In *Symposium on the mechanization of thought process.* London: HM Stationery Office.

SHAFER, G. & TVERSKY, A. (1985). Languages and Designs for Probability Judgment. *Cognitive Science*, **9**, 309–339.

TULVING, E. (1984). Précis of elements of episodic memory. *The Behavioral and Brain Science*, **2**, 223–238.

TVERSKY, A. & KAHNEMAN, D. (1983). Extensional versus intuitive reasoning: The conjunction fallacy in probability judgment. *Psychological Review*, **90**, 293–315.

VUKOVICH, A. (1987). *Sprache und Gestalttheorie.* Plenumsvortrag gehalten bei der 5. wissenschaftlichen Arbeitstagung der Gesellschaft für Gestalttheorie und ihre Anwendung e.V.

WALLSTEN, T.A. (1986). *Meanings of nonnumerical probability phrases.* Research Memorandum No. 67. University of North Carolina. Chapel Hill, N.C.

WETHERILL, G.B. (1963). Sequential estimation of points on a psychometric function. *Journal of the Royal Statistical Society*, **B25**, 1–48.

ZADEH, L.A. (1978). Fuzzy sets as a basis for a theory of possibility. *Fuzzy Sets and Systems*, **1**, 3–38.

ZADEH, L.A. (1983). A computational approach to fuzzy quantifiers in natural languages. *Computers and Mathematics*, **9**, 149–184.

ZADEH, L.A. (1984). *Syllogistic reasoning in fuzzy logic and its application to reasoning with dispositions*. Berkeley: UCB/EECS. Memorandum.

ZAUS, M. (1984). *Stochastische Meßstrukturen* (Europäische Hochschulschriften). Frankfurt am Main, Bern, New York: Peter Lang.

ZIMMER, A. (1980). Eine Formalisierung mnestisch stabilisierter Bezugssysteme auf der Grundlage von Toleranzmengen. In A. THOMAS & R. BRACKHANE (Hrsg.), *Wahrnehmen. Urteilen. Handeln.* (159–178).

ZIMMER, A. (1984). A model for the interpretation of verbal predictions. *International Journal of Man-Machine Studies*, **20**, 121–134.

ZIMMER, A. (1985). A model for schema-guided reasoning. In A. DI NOLA & A.G.S. VENTRE (Eds.), *The mathematics of fuzzy systems*. Verlag TÜV Rheinland.

ZIMMER, A. (1986a). What uncertainty judgments can tell about the underlying subjective probabilities. In L.N. KANAL & J.F. LEMMER (Eds.), *Uncertainty in artificial intelligence* (249–258). Amsterdam: Elsevier Science Publishers.

ZIMMER, A. (1986b). A fuzzy model for the accumulation of judgments by human experts. In W. KARWOWSKI & A. MITAL (Eds.), *Applications of fuzzy set theory in human factors.* Amsterdam: Elsevier Science Publishers.

ZIMMER, A. (1986c). What makes the eye intelligent? *Gestalt Theory*, **4**, 256–279.

ZIMMER, A. (1987). Verbale vs. numerische Wahrscheinlichkeitsurteile in komplexen Entscheidungssituationen. Vortrag 29. TeaP. Aachen.

Probleme der Wissensrepräsentation in einem Intelligenten LISP-Tutor

Gerd Waloszek, Gerhard Weber und Karl F.Wender

Zusammenfassung

Dieser Artikel stellt Teile eines Intelligenten Tutoriellen Systems (ITS) vor, das Programmieranfänger in die Sprache LISP einführen soll. Die Entwicklung dieses Systems, das sich teils in der Aufbau-, teils noch in der Planungsphase befindet, wird im Rahmen des DFG-Schwerpunktprogrammes »Wissenspsychologie« gefördert[1]. Der LISP-Tutor soll sowohl als wissenschaftliches Instrument zur Simulation des Wissenserwerbsprozesses dienen als auch im praktischen Einsatz erprobt werden. Es wird geschildert, welche Schritte ein Schüler in diesem System bei der Bearbeitung einer Aufgabe durchlaufen soll. Dabei wird das Schwergewicht auf die Planungsphase und die Algorithmenentwicklung gelegt. In jeder dieser Phasen sammelt das System Wissen über das Problemlöseverhalten des Schülers und integriert es in einem Lernermodell, um daraus auf den Kenntnisstand des Schülers zu schließen und dieses Wissen für tutorielle Maßnahmen zu nutzen.

1 Einführung

1.1 Intelligente Tutorielle Systeme

Der Gedanke, Computer zur Unterstützung des Lehrprozesses einzusetzen, ist nicht neu. Ältere computerunterstützte Lehrsysteme, auch CAI-Systeme (computer assisted instruction) genannt, basieren auf der klassischen Lerntheorie. Je nachdem, ob ein Schüler eine Aufgabe erfolgreich bearbeitet oder nicht, durchläuft er das Curriculum in diesen Systemen auf unterschiedlichen Wegen. Intelligente Tutorielle Systeme (ITS) stellen den Versuch dar, die Methodologie dieses Ansatzes zu erweitern. So sollen die tutoriellen Maßnahmen nicht allein auf Vorüberlegungen beruhen, sondern sich flexibel an den Wissenstand des jeweiligen Schülers anpassen. Ziel dieser Systeme ist ein individualisierter Unterricht, vergleichbar dem, wie ihn gute menschliche Tutoren durchführen (Anderson & Reiser, 1985). Um dieses Ziel zu erreichen, muß ein ITS Hypothesen über den Wissensstand des Schülers aufbauen und diese im Verlaufe des Lehrprozesses ständig aktualisieren. Die Gesamtheit dieser Hypothesen wird Lernermodell (learner model) genannt und bildet die Grundlage für die tutoriellen Maßnahmen. Dieses Modell des Schülerwissens wird häufig einem Expertenmodell oder einem Modell des idealen Lerners gegenübergestellt, welches das »Zielwissen« des Systems enthält. Die Einbeziehung eines mehr oder weniger individualisierten Schülermodells stellt die wichtigste Erweiterung gegenüber älteren Systemen (z.B. Logik-Tutor von Suppes; Suppes, 1981) dar. Außerdem wird in diesen neueren Systemen, aufbauend auf technologischen Fortschritten bei der Computer-Hardware, der Dialog zwischen System und Schüler in zunehmendem Maße

---

[1] Sachmittelbeihilfe We 498/12

durch direkte Manipulationen grafischer Objekte (Shneiderman, 1977) geführt.

Inzwischen sind einige ITS für die Vermittlung von Programmiersprachen vorgestellt worden, so der LISP-Tutor GREATERP (Anderson & Reiser, 1985; Anderson & Skwarecki, 1986) und der Pascal-Tutor BRIDGE (Bonar, in press). Außerdem wurden passive Hilfssysteme entwickelt, wie PHENARETE für LISP (Wertz, 1982) und PROUST für PASCAL (Johnson & Soloway, 1985; Johnson, in press). Das hier vorgestellte ITS unterscheidet sich von bisherigen Systemen unter anderem darin, daß es das Lernermodell mit Hilfe von Lernepisoden aufbaut (Waloszek, Weber & Wender, 1986; Weber, Waloszek & Wender, in press). Wir sprechen deshalb auch von einem episodischen und dynamischen Lernermodell. Dieses Lernermodell wird in dem vorliegenden Artikel nicht dargestellt. In Anlehnung an BRIDGE soll unser LISP-Tutor den Schüler durch verschiedene Entwicklungsstadien der Programmentwicklung führen, um top-down-Programmierung zu unterstützen. Dabei soll ein Mittelweg zwischen freiem Explorieren und einer straffen Führung des Schülers eingeschlagen werden.

Das System stützt sich auf ein in Lektionen gegliedertes Curriculum, zu dem Texte verteilt werden. Diese muß der Schüler durcharbeiten, bevor er sich an den Rechner setzt. Am Rechner bearbeitet der Schüler Übungsaufgaben, die dem Wissensstoff der jeweiligen Lektion entsprechen und diesen vertiefen und verankern sollen. Unserer Meinung nach scheint es zumindest für komplexere Gegenstandsbereiche unmöglich, ein effektives maschinelles Lehrsystem aufzubauen, ohne einen derartigen Aufgabenkontext vorzugeben. Allerdings sollten dem Schüler innerhalb dieses Kontextes genügend Möglichkeiten für eigene, von den Entwicklern des Curriculums nicht vorhergesehene Lösungswege offengehalten werden.

1.2 Grundannahmen für die Planung des LISP-Tutors

Programmierwissen stellt einen fakten- und übungsintensiven Wissensbereich dar. Anfänger müssen sehr viele Fakten aufnehmen. Das neue Programmierwissen kann anfangs kaum an altes Wissen geknüpft werden. Nur durch intensives Üben, insbesondere durch Bearbeiten vieler Beispiele, wird dieses Wissen in das Handlungsrepertoire des Schülers übernommen. Um diesen Prozeß besser verstehen und fördern zu können, muß bei der Entwicklung eines LISP-Tutors auch untersucht werden, wie Anfänger Programmier-wissen repräsentieren und wie sich dieses im Laufe des Lernprozesses verändert. Für Anfänger ist zunächst die Oberfläche des LISP-Kodes die wichtigste Orientierungshilfe. Deshalb ist es plausibel, von einer eher deklarativen Repräsentation auszugehen und das Anfängerwissen in Form oberflächlich organisierter Schemata darzustellen. Diese zunächst aus allgemeinen Überlegungen abgeleiteten Eigenschaften der Repräsentation bedürfen natürlich der empirischen Prüfung.

Expertenwissen wird häufig, vor allem in KI-Modellen, als Sammlung von Regeln dargestellt (z.B. Anderson, Greeno, Kline & Neves, 1981; Buchanan & Shortliffe, 1984). Dieser Auffassung wird von einer Reihe von Autoren (Kolodner, 1983; Dreyfus & Dreyfus 1986) aus unterschiedlichen Gründen widersprochen, auf die wir hier nicht näher eingehen wollen. Wir schließen uns jedoch der Auffassung an, daß Expertenwissen eher den Charakter inhaltlich organisierter Schemata aufweist. Diese Schemata stellen Generalisierungen einer Vielzahl von Beispielen dar und ermöglichen es dem Experten, daraus bei Bedarf Regeln zu abstrahieren und sprachlich zu formulieren. Dieser Ansatz erlaubt uns für den speziellen

Wissensbereich LISP-Programmieren, den Lernprozeß (bzw. den Übergang vom Anfänger zum Experten) in einer einheitlichen Form darzustellen. Durch Vergleiche von Anfängern mit »relativen« Experten (fortgeschrittenen Anfängern) sollen diese Vorüberlegungen auch empirisch überprüft werden.

Programmieren bedeutet laut Duden »für elektron. Rechenmaschinen ein Programm aufstellen, d.h. die Maschine mit Instruktionen versehen«. Diese Definition entspricht der landläufigen Vorstellung, daß Programmieren im wesentlichen darin besteht, in einer »Kunstsprache« ein Programm zu erstellen und auf einem Computer zum Ablaufen zu bringen. Programmieren beinhaltet jedoch mehr. Programme werden geschrieben, weil bestimmte Zwecke mit ihnen verfolgt werden sollen, um ein Problem oder eine Aufgabe zu lösen. Diese Absichten legen die Zielstellung für den Programmierer fest. Er muß prüfen, inwieweit diese Ziele mit einem Computer erreicht werden können und auf welchem Wege. Da er seine Anweisungen nicht an Menschen, sondern an eine Maschine zu geben hat, ist er gezwungen, diese Schritte detailliert festzulegen — andernfalls erreicht das Programm die Ziele nicht. Doch ist es wenig sinnvoll, die Schritte sofort in allen Details auszuformulieren. Der Entwicklungsprozeß eines Programms verläuft deshalb normalerweise über verschiedene Zwischenstufen bis hin zum abschließenden Erstellen des Kodes. Häufig ist dieser Prozeß jedoch »verborgen«, weil Programmierer bei der heute üblichen interaktiven Programmerstellung die meiste Zeit am Bildschirm (i.a. im Editor) verbringen und die Planungsprozesse weitgehend im Kopf ablaufen.

Diese informelle Einführung in den Gegenstandsbereich soll andeuten, daß es sinnvoll ist, Programmierwissen in Bereiche (Ebenen) zu unterteilen, die unterschiedlich abstrakte Sichtweisen einer Problemstellung widerspiegeln. Der Nutzen einer Vorgehensweise, die die verschiedenen Aspekte des Programmierens gesondert behandelt, wurde uns auch durch Erfahrungen mit Lehrveranstaltungen und individuellen Tutorsitzungen bestätigt. Wir unterteilen deshalb Programmierwissen in drei Bereiche und planen, jeden im LISP-Tutor getrennt zu unterstützen:

- <u>Planungswissen</u>: beeinhaltet die Zerlegung von Aufgaben in Teilaufgaben und das Ableiten der Input/Output-Spezifikation neuer Funktionen aus der Aufgabenstellung,
- <u>Berechnungswissen</u>: umfaßt Algorithmen und Kontrollstrukturen sowie abstraktere Schemata,
- <u>Implementationswissen</u>: umfaßt die Syntax und Semantik von LISP.

Diese drei Bereiche stellen eine Progression von einer abstrakten zu immer konkreteren Darstellungen eines Programmierproblems dar. Die getroffene Unterteilung ist zwar im Prinzip universell; so wie die Bereiche hier interpretiert werden, ist sie jedoch auf funktionale Programmiersprachen wie LISP zugeschnitten. Jeder Wissensbereich korrespondiert mit einer Entwicklungsphase eines Programmierproblems; wir werden hier deshalb die Begriffe »Bereich« (oder Ebene) und »Phase« synonym gebrauchen. In der Planungsphase wird ein Problem »deklarativ« behandelt: Ziele werden definiert, die Aufgabe wird in Teilziele zerlegt, die wiederum spezifiziert werden müssen usw. Die nachfolgenden Phasen behandeln das Problem weitgehend »prozedural«, denn hier sollen Abfolgen von Operationen gefunden werden, die von einer Ausgangssituation (der Problemvorgabe) zum Ziel führen. Auch in diesen Phasen können deklarative Anteile genutzt werden, wenn bereits fertige Schemata zur Verfügung stehen, die das Ausarbeiten konkreter Berechnungsschritte erübrigen. Auf der Kenntnis solcher Schemata beruht einer der Vorteile, die Experten gegenüber Anfängern haben.

Die drei genannten Bereiche sind zwar unterscheidbar, aber nicht unabhängig voneinander. So werden die Planung und die Algorithmenentwicklung stark von dem bereits vorhandenen LISP-Wissen beeinflußt; ebenso entstehen durch die Bearbeitung von Aufgaben neue Funktionen, die den vorhandenen Sprachschatz erweitern. Weil jedoch jeder Bereich besondere Anforderungen an den Schüler stellt, halten wir es für eine sinnvolle tutorielle Strategie, diese Bereiche bei der Vermittlung von LISP herauszustellen und ihre frühzeitige Vermischung zu verhindern. Indem der Schüler bei der Aufgabenbearbeitung im LISP-Tutor den Weg Planung -> Algorithmenentwicklung -> Implementation durchlaufen soll, wird er dazu geführt, möglichst spät mit der Erzeugung von LISP-Kode zu beginnen und sein Augenmerk auf grundsätzlichere Probleme des Programmierprozesses zu lenken. Auf diese Weise wird ihm die jeweilige Bedeutung der Bereiche für den Prozeß der Programmentwicklung hinreichend bewußt gemacht und ihm ein top-down-Programmierstil nahegelegt, wie er für Experten typisch ist (Rist, 1986).

2   Aufgabenbearbeitung im LISP-Tutor

In diesem Abschnitt wird geschildert, welche Schritte nach unserer Planung ein Schüler im LISP-Tutor durchlaufen muß, wenn er eine Aufgabe bearbeitet. Abbildung 1 verdeutlicht den Entwicklungsweg.

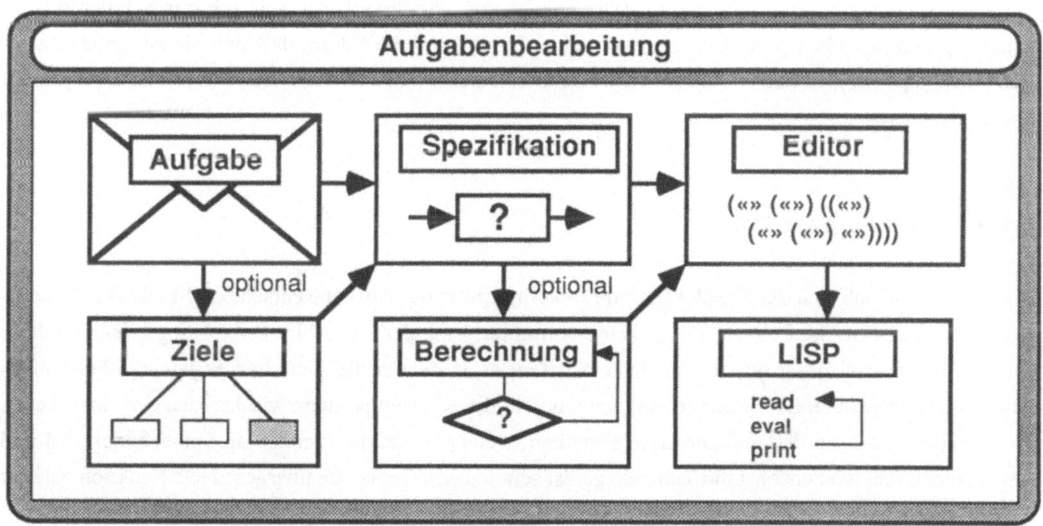

Abbildung 1: Schematische Darstellung der Bearbeitung einer Aufgabe im LISP-Tutor.

Abgesehen vom Abruf des Aufgabentextes stellen die einzelnen Stationen des Entwicklungsweges Arbeitsfelder für den Schüler in Form speziell angepaßter Bildschirmfenster dar. Der Schüler ruft zunächst die Aufgabenstellung ab, kann eine Zerlegung in Teilziele (Dekomposition) vornehmen und spezifiziert dann die zu schreibende Funktion sowie, falls vorhanden, deren Teilfunktionen. Nachdem die Syntax und Semantik dieser Funktion(en) festgelegt sind, versucht der Schüler die Berechnungsschritte abzuleiten. Dieser Schritt kann übersprungen werden, sofern er trivial ist oder der Schüler bereits ähnliche Probleme sicher gelöst hat. Anschließend erstellt der Schüler in einem strukturierenden Editor den LISP-Kode. Zum Schluß testet er seine Funktion in einer besonderen LISP-Umgebung, die u.a. auch eine grafische Veranschaulichung des Ablaufes ermöglicht sowie die von ihm erstellte Programmierumgebung berücksichtigt. Das dargestellte Schema könnte auch auf dem Bildschirm ausgegeben werden und dem Schüler als Gedächtnisstütze für den Stand der Aufgabenbearbeitung dienen.

2.1 Planung

Zunächst ruft der Schüler eine Aufgabe ab. Wir wählen zur Illustration eine einfache Funktion, die sich in zwei Teilfunktionen aufspalten läßt und die das erste und das letzte Element einer Liste in einer neuen Liste zusammenfaßt:

<u>Aufgabe:</u>
Schreibe eine Funktion **FIRST-LAST** mit einer nichtleeren Liste als Argument, die eine Liste aus dem ersten und dem letzten Element dieser Liste bildet. Besteht die Liste nur aus einem Element, so soll dieses doppelt erscheinen.

Diese Aufgabenstellung enthält bereits eine Anzahl von »Schlüsselwörtern«, die der Schüler für die Dekomposition und die Spezifikation nutzen kann. So deutet der Text an, daß sich die Aufgabe in zwei Teilziele aufspalten läßt, daß es sich um eine Funktion handelt, daß das Argument und das Resultat jeweils eine Liste ist usw.

2.1.1   Dekomposition

Nehmen wir an, daß sich der Schüler für eine Dekomposition der Aufgabe entscheidet! Falls eine Dekomposition möglich ist, der Schüler jedoch keine vornimmt, kann der Tutor hier bereits eingreifen und diese vorschlagen. Dem Schüler öffnet sich ein Arbeitsfenster, in dem er die Ziele und Teilziele in Form eines Baumes festlegen kann. Diese Darstellung verdeutlicht die Abhängigkeiten zwischen den einzelnen Teilen der Funktion. So kann der Schüler darin erkennen, welche Teilziele unabhängig voneinander sind und welche nicht, d.h. wo zunächst die Teilziele gelöst sein müssen, bevor die übergeordnete Funktion getestet werden kann.

Zunächst enthält das Arbeitsfeld nur einen Kasten mit dem Namen der zu schreibenden Funktion »FIRST-LAST«. Der Schüler aktiviert diesen Kasten mit der Maus und erzeugt mit »neues Ziel« ein Teilziel, das er »FIRST« nennt. Danach aktiviert er wieder das oberste Ziel, um ein weiteres Teilziel festzulegen. Dieses nennt er »MY-LAST«. Die folgende Abbildung 2 zeigt diesen Zustand. Nach dieser Methode können auch untergeordnete Teilziele festgelegt werden usw.

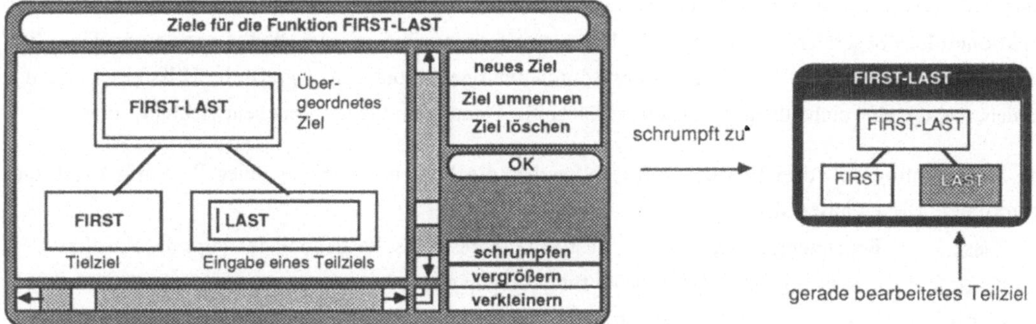

Abbildung 2: Dekomposition der Aufgabe

Weitere Kontrollen erlauben dem Schüler, Ziele umzunennen, wieder zu löschen oder das Arbeitsfeld in der
Größe zu verändern. Falls der Schüler Probleme mit der Dekomposition hat, kann ihn der Tutor
unterstützen, indem er auf die interne Aufgabenrepräsentation zurückgreift. Außerdem kann der Zielbaum in
das Lernermodell übernommen und für tutorielle Strategien eingesetzt werden.

Vom Zielfeld kann der Schüler zur Spezifikation der Ziele und Teilziele übergehen. Der Zielbaum verbleibt
in verkleinerter Form auf dem Bildschirm und zeigt dem Schüler an, welchen Teil des Zielbaums er gerade
bearbeitet. Das erste Teilziel stellt in unserem Beispiel eine bereits bekannte Systemfunktion dar und kann
deshalb als gelöst betrachtet werden. Ob dies für das zweite Teilziel ebenfalls gilt, hängt vom Stand des
Curriculums ab. Nehmen wir an, der Schüler kennt diese Funktion noch nicht und muß sie entwickeln; dies
wird durch den Namen »MY-LAST« angedeutet. Dann muß der Schüler im folgenden Spezifikation und
Algorithmus der Funktionen »FIRST-LAST« und »MY-LAST« erstellen.

2.1.2 Spezifikation

Den wichtigsten Teil der Planungsphase bildet die Spezifikation der Funktion bzw. ihrer Teilfunktionen.
Hierfür müssen die Syntax und Semantik dieser Funktion(en) festgelegt werden. Dazu gehören:
* Bestimmung der Argumente, Vergabe von Namen, Festlegung ihres Typs,
* Bestimmung des Typs des Resultats,
* Definition der »Wirkung« der Funktion.

In unserem Beispiel sind dies also die Spezifikationen von »FIRST-LAST« und »MY-LAST«. Die ersten
beiden Punkte können durch Ausfüllen vorgegebener Schemata bearbeitet werden. Das System stellt hierzu
intern ein leeres Schema (z.B. in Form eines Frames) bereit, das der Schüler mit Hilfe der Benutzeroberfläche ausfüllt. Die Vergabe von Namen ist zwar für die Spezifikation der Funktion nicht nötig, doch
ermöglichen Namen, später Referenzen zum LISP-Kode herzustellen. Außerdem stellen Namen für den
Schüler eine nützliche Orientierungshilfe dar. Interessanter ist jedoch, wie die Wirkung der Funktion
definiert wird. Dies kann einerseits formal geschehen, aber auch, indem der Schüler prototypische Beispiele
erzeugt, die die wichtigsten Fälle zur Definition der Funktion abdecken. Die letztere Form der Spezifikation
soll im LISP-Tutor verwendet werden. Dabei soll nicht darauf bestanden werden, daß die Definition formal

exakt und vollständig ist, d.h. Definitions- und Wertebereich vollständig angegeben werden. Bei welchen Funktionen hier besondere Vorsichtsmaßnahmen ergriffen werden müssen, bleibt noch zu prüfen. Die Beispiele sollen nicht in LISP-Kode, sondern durch analoge, insbesondere grafische Hilfsmittel erstellt werden, u.a. um eine einheitliche Benutzeroberfläche für Planung und Algorithmenentwicklung zu wahren.

Die Spezifikation soll drei Phasen umfassen, wobei die beiden letzten in jeder Beispielsdefinition vorkommen. Diese Phasen sind:
- <u>Phase 1</u>:   Benennung der Argumente, Festlegung ihres Typs, Festlegung des Typs des Resultats,
- <u>Phase 2</u>:   Festlegung der Eingangsdaten für ein Beispiel,
- <u>Phase 3</u>:   Festlegung des Resultats für dieses Beispiel.

Nach jeder dieser Phasen kann das System die Eingaben des Schülers überprüfen, indem es die Eingaben mit der Aufgabenrepräsentation vergleicht, und nötigenfalls dem Schüler Hilfen anbieten. Erst wenn eine Phase erfolgreich abgeschlossen ist, kann der Schüler zur nächsten übergehen. Praktische Erfahrungen werden zeigen, ob dieses relativ starre Vorgehen gelockert werden sollte. Auf jeden Fall bietet es dem System geeignete Nahtstellen zur Überprüfung des Problemlöseprozesses, ohne den Schüler zu direktiv zu führen.

Der Schüler füllt also zunächst die einzelnen Felder für die Argumente und das Resultat aus. Nachdem diese Eingaben korrekt abgeschlossen sind, kann der Schüler über die Kontrolle »Beispiele« die Eingabe von Beispielen anwählen. Abbildung 3 zeigt, wie ein Beispiel für die Funktion »FIRST-LAST« hergestellt wird.

In der Phase 2 stellt das System dem Schüler je nach Typ der Argumente Standarddatenstrukturen zur Verfügung, die dieser soweit ediert, bis sie geeignete Eingangsdaten für ein Beispiel darstellen. Diese Datenstrukturen sollen wesentliche Aufgabenmerkmale oder auch Sonderfälle erfassen. Wenn die Eingangsdaten fertig sind, teilt der Schüler dies dem System mit, damit es noch einmal Plausibilitätsprüfungen vornehmen kann. Dann erstellt der Schüler in Phase 3 die Datenstruktur, die die Funktion als Resultat liefern soll. Dazu kann er die Eingangsdaten soweit modifizieren, bis das gewünschte Resultat vorliegt. Hier kommt es nur auf die Form des Resultats an, nicht darauf, wie es gewonnen wurde! Um dies deutlich zu machen und um den deklarativen Charakter der Spezifikation zu wahren, sollen nur Operatoren bereitgestellt werden, die einfachen Texteditorfunktionen entsprechen. Schließlich markiert der Schüler das Resultat und beendet damit die Erstellung eines Beispiels. Er kann nun weitere Beispiele erzeugen, um die Definition eindeutiger zu machen und um Sonderfälle abzudecken. Im vorliegenden Fall wäre dies z.B. eine Liste mit einem Element. Dazu durchläuft er wiederum für jedes Beispiel die Phasen 2 und 3.

Die Beispiele werden vom System in das interne Spezifikationsschema übernommen. Damit enthält dieses Schema die wesentlichen Informationen, die aus der Planungsphase in das Lernermodell übernommen werden können. Fehlerhafte Eingaben können ebenfalls mitgeführt werden. Der Nutzen der Beispiele geht jedoch, wie im folgenden gezeigt wird, noch darüber hinaus. So bilden sie ein wichtiges Hilfsmittel für die Algorithmenentwicklung und das Austesten der endgültigen Funktion.

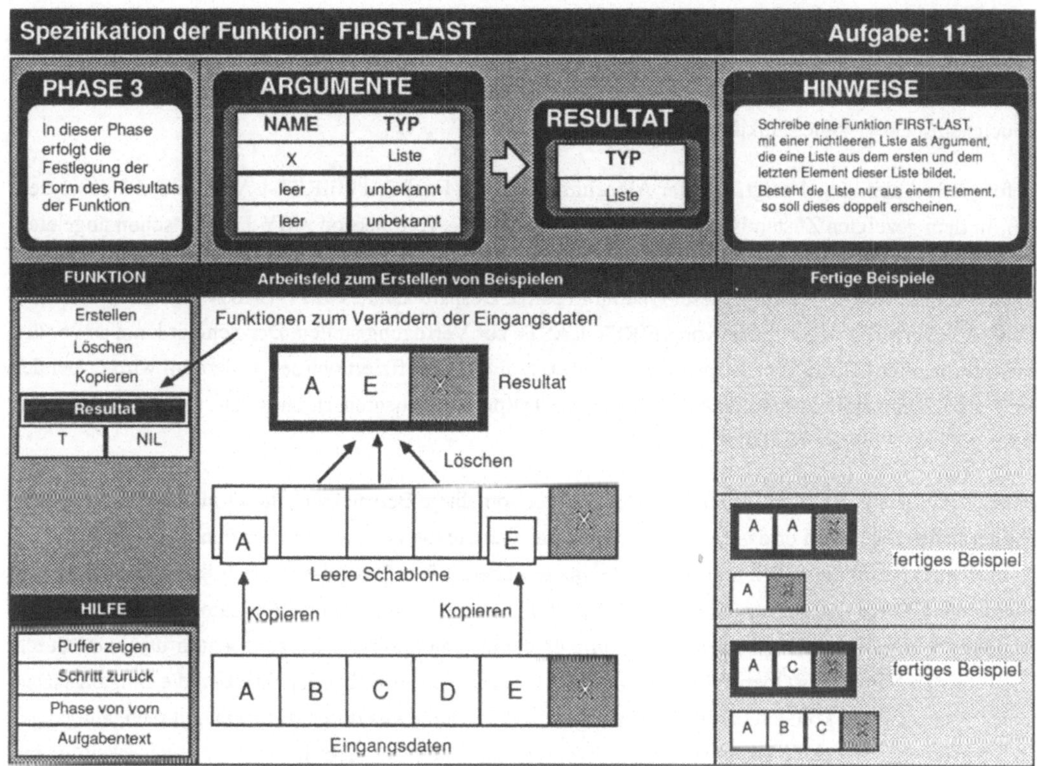

Abbildung 3: Erstellen der Input/Output-Spezifikation.

2.2 Algorithmenentwicklung

Die Konzeption des LISP-Tutors sieht vor, daß der Schüler möglichst lange abstrakte Konzepte benutzt. Deshalb soll auch die Algorithmenentwicklung nicht im LISP-Kode erfolgen. Programmier- oder formale Sprachen sind zwar »natürliche« Medien zur Formulierung von Algorithmen, doch sind die für den Tutor als Zielgruppe vorgesehenen Schüler (Psychologiestudenten, Programmieranfänger) zum einen im formalen Denken wenig geschult, zum anderen werden allgemeine Programmierprinzipien deutlicher, wenn man von der Verwendung einer speziellen Programmiersprache absieht. Für Anfänger bietet sich zwar eine natürlichsprachliche Formulierung von Algorithmen an, doch bringt diese eine Reihe von Problemen mit sich. So können unterschiedliche Bedeutungen natürlichsprachlicher und gleichnamiger Programmier-konzepte den Schüler verwirren und zu Fehlern führen (Bonar & Cunningham, in press). Außerdem müßte der Tutor eine Komponente zur Interpretation natürlichsprachlicher Eingaben enthalten; dies würde jedoch den vorgesehen Rahmen des Tutors sprengen. Deshalb soll die Algorithmenentwicklung in einer Sprache ablaufen, die sowohl vom Schüler intuitiv verstanden als auch vom System interpretiert werden kann. Hierfür scheinen analoge, grafische Manipulationen geeignet, wie sie schon bei der Spezifikation von Funktionen vorgestellt wurden. Dort dienten die Manipulationen jedoch lediglich dazu, Datenstrukturen zu edieren, waren also rein »technisch«; bei der Entwicklung von Algorithmen sollen sie hingegen Operatoren darstellen, wie sie von LISP zur Verfügung gestellt werden bzw. in LISP erzeugt werden können. Der Schüler beginnt mit einer Auswahl sehr elementarer und allgemeiner Operatoren und ergänzt diese im Verlaufe des Curriculums ständig um neue Operatoren. Dies können sowohl neu gelernte Systemfunktionen als auch selbst entwickelte Funktionen sein.

Die folgende Abbildung 4 zeigt, wie der Algorithmus für die Funktion »FIRST-LAST« abgeleitet werden kann. In dem gezeigten Zustand kann der Algorithmus für die Teilfunktion »MY-LAST« schon abgeleitet sein, muß es jedoch nicht unbedingt. Durch die Spezifikation von »MY-LAST« ist dem System nämlich bereits bekannt, welche Wirkung dieser Operator besitzt. Deshalb kann es »MY-LAST« dem Schüler schon für die Ableitung des Algorithmus von »FIRST-LAST« zur Verfügung stellen. Der Schüler kann so vor der Konstruktion eines Operators überprüfen, ob dieser sinnvoll spezifiziert wurde. Außerdem wird er bei der Planung der Rahmenfunktion nicht durch ungelöste Teilprobleme behindert. Dies unterstützt das Aneignen eines top-down-Programmierstils.

Bei der Ableitung eines Algorithmus geht der Schüler von einem Beispiel aus, das er in der Planungsphase gebildet hatte. Dazu wird er das Beispiel wählen, das die wichtigsten Aspekte der Funktion erfaßt; später kann er den Algorithmus noch an anderen Beispielen überprüfen. Das System stellt ihm dazu die vorher angefertigten Eingangsdatenstrukturen ins Arbeitsfeld, und er kann beginnen, Operatoren auf diese anzuwenden. Das Ergebnis der Operatoranwendung erscheint unterhalb der Eingangsdaten und wird durch Pfeile, die den Namen des Operators tragen, mit den Ausgangsdaten verbunden. Werden die Eingangsdaten mehrfach benötigt, so können Kopien davon angefertigt werden. Operatoren mit zwei und mehr Eingangsdaten fragen ab, auf welche Daten sie angewendet werden sollen. Der Schüler erzeugt durch schrittweises Anwenden von Operatoren auf Datenstrukturen einen Suchweg im Raum der Datenstrukturen, der ihn, möglicherweise nach einigen Irrwegen, zur Zieldatenstruktur führen soll. Auf diese Weise kann er anschaulich verfolgen, welche Konsequenzen die Anwendungen von Operatoren nach sich ziehen und ob er sich dem Ziel nähert. Der Suchbaum kann wiederum in das Lernermodell integriert und für tutorielle Zwecke genutzt werden.

Das vorgestellte Beispiel zeigte den Fall rein funktionalen Programmierens mit der Kontrollstruktur der Funktionsschachtelung. Da LISP über weitere Kontrollstrukturen verfügt, müssen für diese angepaßte Arbeitsfelder bereitgestellt werden, die deren spezielle Anforderungen berücksichtigen. So läßt sich z.B. mit dem geschilderten Verfahren innerhalb gewisser Grenzen auch die Rekursion darstellen. Jedoch scheint es sinnvoller, hierfür einen Rahmen vorzugeben, der einem allgemeinen Rekursionsschema entspricht. Ein solches Schema enthält bereits diejenigen Platzhalter (beendender Fall, rekursiver Fall), die es dem Schüler anschließend ermöglichen, eine formale Gleichung für rekursive Funktionen aufzustellen, falls dies gewünscht wird.

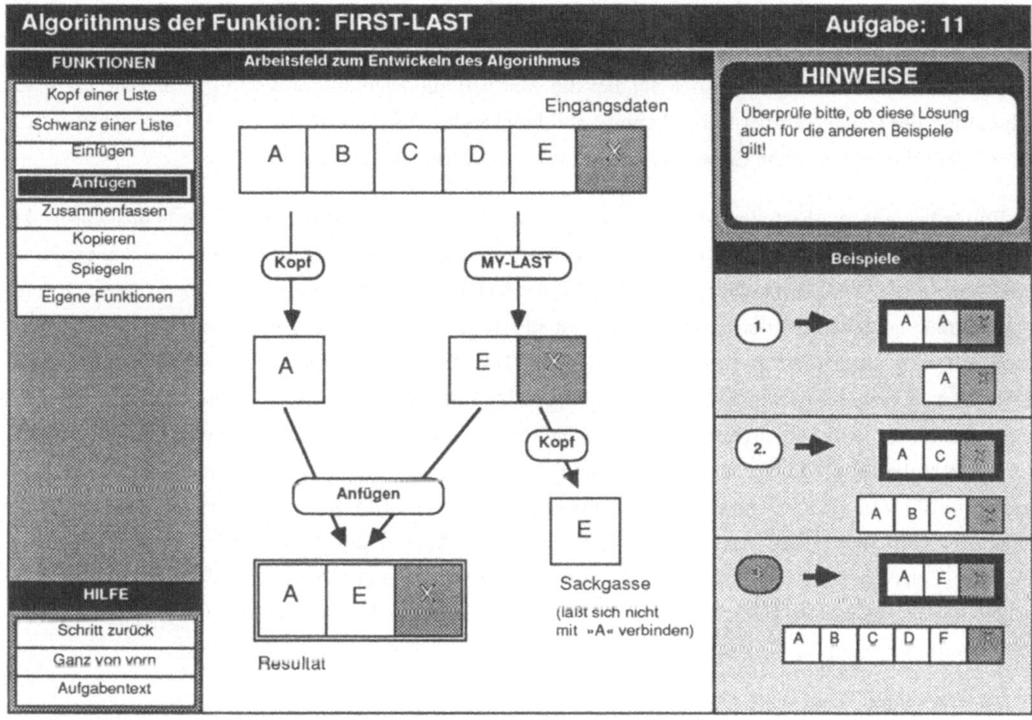

Abbildung 4: Entwicklung des Algorithmus.

2.3 Implementation

Nachdem der Algorithmus bestimmt ist, kann der Schüler den zugehörigen LISP-Kode erstellen. Dazu ist es nötig, zu den Operatoren die entsprechenden LISP-Funktionen zu finden und, falls erforderlich, Umstellungen vorzunehmen, die durch die Eigenschaften der LISP-Konstrukte vorgegeben sind. Mit zunehmender Erfahrung wird der Schüler dies allerdings schon bei der Algorithmenentwicklung berücksichtigen. Auch kann er seine Operatoren später nach den entsprechenden LISP-Funktionen benennen.

In einer empirischen Untersuchung haben wir beobachtet, daß Syntaxfehler nur zu Anfang eine bedeutende Rolle spielen. Deshalb liegt es nahe, diese Fehler möglichst vollständig auszuschalten, um weder den Schüler noch das System damit zu belasten. Dies soll erreicht werden, indem die unterste Ebene durch einen strukturierenden Editor unterstützt wird, der Syntaxfehler abfängt und dem Schüler Schemata für LISP-Konstrukte bereitstellt, die dieser lediglich auszufüllen braucht. Zwar besteht eine gewisse Gefahr darin, daß der Schüler möglicherweise nicht lernt, diese Schemata eigenständig zu verwenden, was ihn beim Übergang auf andere Systeme behindern könnte. Doch nehmen wir an, daß genügend Modellernen stattfindet und die vorhandenen Defizite innerhalb kurzer Zeit ausgeglichen werden können. Diese Annahme wird durch eine erste Evaluationsstudie des Editors (Köhne & Weber, 1987) gestützt. Außerdem ist zu erwarten, daß sich in Zukunft strukturierende Editoren durchsetzen werden.

Der Editor kann dem Schüler auf Wunsch bestimmte Konstrukte oder Teile daraus erläutern. Ferner ermöglicht er, Teile des erstellten Kodes oder die gesamte Funktion zu evaluieren. Der Editor ist an eine LISP-Umgebung gebunden, in der der Schüler die Abarbeitung der Funktion verfolgen und die korrekte Auswertung der Beispiele überprüfen kann. Abbildung 5 gibt einen Eindruck von der Arbeitsweise des Editors. Sie zeigt verschiedene Entwicklungsstadien der Funktion »FIRST-LAST«.

Der Editor beginnt im »Erstellen«-Modus. Der Schüler wählt zunächst unter »Definieren« das Konstrukt »DEFUN« aus. Dann aktiviert er das Feld <NAME> und gibt den Namen über die Tastatur ein. Der Platzhalter <PARAMS> expandiert nach Anwahl in <ATOM> <PARAMS>, so daß der Name des ersten Arguments eingegeben werden kann. Danach ist <PARAMS> zu löschen. Wenn der Funktionskörper angewählt wird, expandiert er zu <AUSDRUCK> <FKT.-KÖRPER>. Nun können einzelne Ausdrücke der Reihe nach eingegeben werden. Der verbleibende Platzhalter wird schließlich gelöscht. Hier besteht der Funktionskörper nur aus einem einzigen geschachtelten Funktionsaufruf. Dazu wird zunächst die Funktion »CONS« aus dem Feld »Listen« ausgewählt, und es erscheint die unten gezeigte Eingabemaske. Diese wird durch Anwahl von »FIRST« und der selbst erstellten Funktion »MY-LAST« (unter »Eigene« geführt) ausgefüllt. Nach Fertigstellung kann die Funktion durch Auswertung (»Auswerten«) der Umgebung bekannt gemacht werden und steht von dann ab auch unter »Eigene« zur Verfügung. Der Schüler kann nun die gesamte Funktion oder Teile davon auswerten. Die Eingaben des Schülers werden nach Definition einer Funktion wiederum an das Lernermodell weitergegeben.

3 Diskussion

In diesem Artikel werden, ausgehend von einer Untergliederung des Programmierwissens in Planungs-, Berechnungs- und Implementationswissen, Unterstützungen für jeden dieser Bereiche innerhalb eines in der Entwicklung befindlichen »Intelligenten« LISP-Tutors vorgestellt. Die Planung und die Ableitung von Algorithmen sollen hierin durch grafische Hilfsmittel, die Kodeerstellung duch einen strukturierenden Editor unterstützt werden.

Die Unterstützungen für die Planungsphase sind so ausgelegt, daß der Schüler rein deklarativ vorgehen kann, wenn er dem System seine Absichten mitteilt. Das System bietet dem Schüler hierzu Hilfsmittel zur Aufspaltung einer Aufgabe in Teilziele sowie einen Rahmen an, der es ihm erleichtert, Datentypen und die Wirkung von Funktionen festzulegen. Letztere wird durch Beispiele definiert, die der Schüler in späteren Entwicklungsphasen weiterverwenden kann. Die Definition der »Wirkung« durch Beispiele ist für den Schüler einsichtig und vom System leicht zu überprüfen. Sie bietet insbesondere für Schüler, die im formalen Denken wenig geschult sind, Vorteile und leitet sie wirkungsvoll an, nach geeigneten Testbeispielen zu suchen, die auch Spezialfälle abdecken (z.B. die leere Liste).

Editor-Funktionen

| Erstellen | Ändern | Einfügen | Auswerten |
| Löschen | Puffer | So nicht | Blättern |

<AUSDRUCK>

(**DEFUN** <NAME> (<PARAMS>)
<FKT.-KÖRPER>)

(**DEFUN** FIRST-LAST (<PARAMS>)
<FKT.-KÖRPER>)

(**DEFUN** FIRST-LAST (LISTE)
<FKT.-KÖRPER>)

(**DEFUN** FIRST-LAST (LISTE)
(**CONS** <AUSDRUCK> <LISTE>)
<FKT.-KÖRPER>)

(**DEFUN** FIRST-LAST (LISTE)
(**CONS** <AUSDRUCK> <LISTE>))

Konstrukte

Definieren
Kontrolle
Ein/Ausgabe
Logik
Vergleichen
Prädikate
Listen
Arithmetik
Eigene

first
rest
cons
list
append

Eingaben

-> FIRST-LAST

Puffer

LISTE

Abbildung 5: Entwicklungszustände der Funktion »FIRST-LAST« im strukturierenden Editor.

Bei der Ableitung von Algorithmen werden die Datenstrukturen stärker und wird der Algorithmus weniger betont. Dies ist sinnvoll, weil Datenstrukturen gerade in LISP eine zentrale Rolle spielen, die häufig unterbewertet wird. Bei der Entwicklung von Algorithmen im LISP-Kode oder in natürlicher Sprache ist nur der Algorithmus sichtbar; der Schüler muß dagegen im Kopf nachvollziehen, was mit den Datenstrukturen geschieht. In Formalismen wie der Formularmaschine (Bauer & Goos, 1982 und 1984; Möbus, 1985) wird ebenfalls der Algorithmus betont; zwar können in die Formulare auch Zwischenresultate eingetragen werden, doch scheint diese Darstellungsform eher für numerische Algorithmen günstig zu sein. Die hier vorgeschlagene Form eignet sich dagegen besser für nichtnumerische Probleme, auf denen bei der Vermittlung von LISP das Schwergewicht liegt. Bei der Algorithmenentwicklung entsteht eine Baumstruktur, in der die Datenstrukturen die »Systemzustände« darstellen, während die Operatornamen an die Kanten geschrieben werden. Diese Baumstruktur läßt sich später relativ einfach in die Listen-, d.h. Baumstruktur des LISP-Kodes übertragen. Damit wird dem Schüler bereits eine Brücke zur Implementation geschlagen.

Auf der untersten Ebene wird dem Schüler mit einem strukturierenden Editor eine komfortable Arbeitsumgebung zur Verfügung gestellt, die ihn von Syntaxproblemen entlastet, vielseitige Hilfestellungen bietet und eine zielorientierte Programmierung ermöglicht, indem sie erleichtert, von der linearen Eingabe abzuweichen.

In diesem Editor und ebenso bei der Algorithmenentwicklung unterscheidet sich das Vorgehen also deutlich von demjenigen, das Anfänger normalerweise beim Problemlösen verwenden, wenn sie eine Aufgabe direkt mit LISP-Kode zu lösen versuchen. Bei der Entwicklung im LISP-Kode ergibt sich zwangsläufig eine lineare Form der Eingabe, die zu einem Tiefe-zuerst-Programmierstil führt. Diese Eingabeform läuft zudem der Evaluationsrichtung (von innen nach außen) entgegen. So sind auch die Konsequenzen von Funktionsanwendungen schwierig abzuschätzen, da Teile der Funktion, die zuerst ausgewertet werden müssen, noch nicht existieren und da der Schüler hierzu den Kode im Kopf evaluieren muß. Der strukturierende Editor hingegen erlaubt es, auch Teilausdrücke auszuwerten und so die Korrektheit von Teilzielen zu überprüfen. Bei der vorgestellten Form der Algorithmenentwicklung folgt der Schüler den Berechnungswegen in der gleichen Weise wie der LISP-Interpreter; er kann die Anwendungsbedingungen für Operatoren und die Konsequenzen von Operatoranwendungen sofort erkennen. Da die Lösung hier direkt konstruiert wird, vereinfacht sich die Planung der Berechnungsschritte wesentlich, zumal Programm (Operatoren) und Daten gleichzeitig sichtbar sind. Insgesamt wird durch diese Hilfsmittel ein Breite-zuerst-Programmierstil unterstützt, wie ihn auch Experten anwenden.

Allerdings läßt sich nicht ausschließen, daß ein Schüler bei der Algorithmenentwicklung planlos verschiedene Operatoren ausprobiert; hier kommt es wesentlich auf die tutorielle Unterstützung an, die das System beim Verfolgen des Lösungsweges anbietet. So kann das System dem Schüler anzeigen, wann Operatoren auf falsche Argumente angewendet werden, ihm eine Auswahl sinnvoll anwendbarer Operatoren anbieten usw. Zum Beispiel verwechseln Anfänger häufig die Funktionen »CONS«, »APPEND« und »LIST«. Indem die Vorbedingungen der Funktionen überprüft werden, können häufig alternative Funktionen ausgeschlossen werden. Ist dies nicht der Fall, so zeigt die konkrete Anwendung zumeist sofort, ob der geeignete Operator gewählt wurde. Der Schüler kann den falschen Schritt zurücknehmen und schleppt den Fehler nicht bis zum endgültigen Test der Funktion mit.

Insgesamt wird von dem vorgestellten Konzept erhofft, daß es Anfängern das für erfolgreiches Programmieren nötige Wissen transparent macht und ihnen den Übergang vom Anfänger zum fortgeschrittenen Programmierer erleichtert.

Literatur

Anderson, J. R., Greeno, J. G., Kline, P. J., & Neves, D. M. (1981). Acqisition of problem-solving skills. In J. R. Anderson, *Cognitive skills and their acqisition* . Hillsdale, NJ: Lawrence Erlbaum Ass.

Anderson, J. R., & Reiser, B. (1985). The LISP Tutor. *Byte* , *4* , 159-175.

Anderson, J. R., & Skwarecki, E. (1986). The automated tutoring of introductory computer programming. *Communications of the ACM* , *29* , 842-849.

Bauer, F. L., & Goos, G. (1982). *Informatik. Eine einführende Übersicht, erster Teil* . Berlin: Springer.

Bauer, F. L., & Goos, G. (1984). *Informatik. Eine einführende Übersicht, zweiter Teil* . Berlin: Springer.

Bonar, J., & Cunningham, R. (in press). BRIDGE: an intelligent tutor for thinking about programming. In J. Self (Ed.), *Intelligent computer-aided instruction..*

Buchanan, B. G., & Shortliffe, E. H. (Eds.) (1984). *Rule-based expert systems* . Reading, MA: Addison-Wesley.

Dreyfus, H. L., & Dreyfus, S. E. (1986). *Mind over machine* . New York: The Free Press.

Duden. *Rechtschreibung der deutschen Sprache und der Fremdwörter* , Band 1. Mannheim: Bibliographisches Institut, 1973.

Johnson, W. L. (in press). Modelling programmer's intentions. In J. Self (Ed.), *Intelligent computer-aided instruction..*

Johnson, W. L., & Soloway, E. (1985). PROUST: an automatic debugger for PASCAL programs. *Byte*, 10, 179 190.

Köhne, A. & Weber, G. (1987). STRUEDI: A LISP-strcture editor for novice programmers. *Proceedings of INTERACT'87* , September 1987, Stuttgart.

Kolodner, J. (1983). Towards an understanding of the role of experience in the evolution from novice to expert. *International Journal of Man-Machine-Studies, 19*, 497-518.

Möbus, C. (1985). Die Entwicklung zum Programmierexperten durch das Problemlosen mit Automaten. In H. Mandl & P. M. Fischer (Eds.), *Lernen im Dialog mit dem Computer* . München: Urban & Schwarzenberg, 179-190.

Rist, R. S. (1986). Focus and learning in program design. *Proceedings of the Eighth Annual Conference of the Cognitive Science Society* . Amherst, MA, 371-380.

Shneiderman, B. (1983). Direct manipulation: a step beyond programming languages. *Computer* , *16* , 57-69.

Suppes, P. (Ed.) (1981). *University-level computer-assisted instruction at Stanford: 1968-1980* . Stanford.

Waloszek, G., Weber, G., & Wender, K. F. (1986). *Entwicklung eines Intelligenten LISP-Tutors* (Bericht No. 2). Braunschweig: Technische Universität, Institut für Psychologie.

Weber, G., Waloszek, G., & Wender, K. F. (in press). The role of episodic memory in intelligent tutoring systems. In J. Self (Ed.), *Intelligent computer-aided instruction..*

Wertz, H. (1982). Stereotyped program debugging: an aid for novice programmers. *International Journal of Man-Machine-Studies* , *16* , 379-392.

Wertz, H. (1985). Intelligence artificielle. *Application à l'analyse de programmes* . Paris: Masson.

Wissen und Sehen

Erhard Lison

Wahrnehmung benötigt eine große Wissensbasis, wenn man von der Unspezifität des Stimulus ausgeht, d.h. von einem Stimulus am Rezeptororgan, der nur sehr mangelhafte Information über das wahrzunehmende Objekt enthält. Wahrnehmung wird dann zu einem Problemlöseprozeß, bei dem durch heuristisches Schließen aus einer verarmten Stimulusvorlage am Rezeptor auf das Wahrnehmungsobjekt geschlossen wird. Es gibt jedoch zwei Wahrnehmungsparadigmen, die aus jeweils unterschiedlichen Gründen Wahrnehmung weitgehend ohne Wissenshintergrund beim Wahrnehmenden zu erklären versuchen. Der eine Ansatz stammt von J.J. GIBSON (1966, 1979) und wird heute von einer Gruppe von Forschern um TURVEY fortgeführt, der andere Ansatz wurde im Rahmen der computer-vision Forschung am MIT von MARR und Kollegen (vgl. MARR,1982) entwickelt. Dennoch kann man bei beiden Theorien Wissensformen ausmachen, die jedoch zum größten Teil nicht bewußt repräsentiert sind.

Wissen als festgelegte Annahmen über die physikalische Welt beim Künstlichen Sehen

Eines der Hauptprobleme visueller Verarbeitung ist die Segmentierung. Darunter versteht man die Ausgliederung bedeutungsvoller Einheiten im visuellen Feld, z.B. Objektdifferenzierung und Figur-Grund-Trennung. In der computer-vision Forschung wurde dieses Problem durch eine Bildvorverarbeitung zu lösen versucht, bei der globalen visuellen Analyseeinheiten mit Hilfe von Kontextwissen Objektkategorien mit bestimmten Wahrscheinlichkeiten zugeordnet wurden. Eine derartige Form des Wissens hat viel Ähnlichkeit mit den in Expertensystemen aufgebauten Wissensdomänen. Heute bezeichnet man solche Ansätze als knowledge-based vision systems (RISEMAN & HANSON, 1985).

MARR (1982) beschreibt einen anderen Ansatz des Künstlichen Sehens, der ohne ein Wissen auskommt, bei dem Hypothesen über mögliche Objekte in der Szene den Reizverarbeitungsprozess top-down steuern. Dabei werden von einem statischen Bild ausgehend nacheinander und aufeinander aufbauend drei Repräsentationen erstellt, der sogenannte primal sketch, der 2½D sketch und der 3D sketch (vgl.Abb.1). Die Mechanismen zur Reizanalyse bestehen aus Algorithmen, die sequentiell auf die Vorlage angewandt werden. Sie sind jedoch nicht universell, sondern erfordern Annahmen über physikalische Eigenschaften der Welt, die als 'constraints' im Analyseprogramm implementiert sind. Auf jeder der drei Verarbeitungsstufen gibt es solche constraints. Sie stellen eine Form eines primitiven Weltwissens dar. Ein solches Wissen steht in der Terminologie von PYLYSHYN (1985) zwischen den Verarbeitungsformen, die durch die 'funktionale Architektur' des Systems determiniert sind, und den von ihm als 'kognitive Prozesse' bezeichneten Verarbeitungen aufgrund semantischer Prinzipien.

Ausgangspunkt der Bildverarbeitung ist eine zweidimensionale Projektion der wahrzunehmenden Szene. Jeder Punkt dieser Projektion hat einen Grauwert, der der Lichtintensität des zugehörigen Punktes in der Szene entspricht. Dieses pointillistische Graustufenbild (grey level image) repräsentiert die lokalen Reflektionsfunktionen der Szene. Spectralinformation und Veränderungen in der Zeit sind dabei nicht berücksichtigt. Das letzte Ziel der daran ansetzenden Verarbeitungsprozesse ist eine dreidimensionale Repräsentation der Szene. Diese Repräsentation soll Information über die Objekte in der Szene und deren Grenzen enthalten, über Oberflächen der Objekte und deren Hintergrund und über die absoluten Raumkoordinaten der Objekte, d.h. die Repräsentation soll unabhängig vom Beobachterstandpunkt bzw. Betrachtungswinkel sein.

Der primal sketch:

Der erste Schritt der Analyse ist auf die Entdeckung von Graustufen- bzw. Intensitätsänderungen und deren Gradienten, d.h. der 1.Ableitung der Intensitätsfunktion, ausgerichtet. Dies ist nur sinnvoll, wenn in der Szene steile Übergänge zwischen verschiedenen Intensitäten ebenso wie nur langsam variierende Intensitätsänderungen in einem bestimmten Bereich informationshaltig sind. Steile Intensitätsänderungen könnten als Grenzen zwischen Oberflächen interpretiert werden, schwache

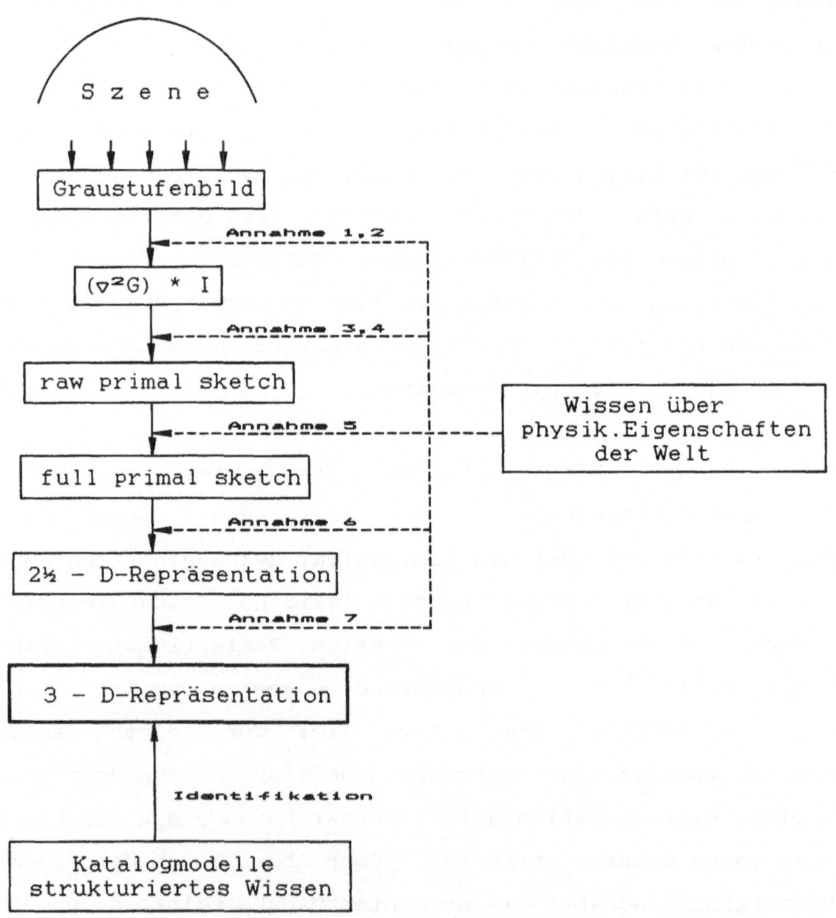

Abb.1: Verarbeitungsstufen einer Szene nach dem MARR'schen Modell des Künstlichen Sehens. Die gestrichelten Linien sollen andeuten, daß das Wissen von außen in das System implementiert wird.

Intensitätsänderungen könnten als Orte auf Oberflächen interpretiert werden.

Allerdings ist eine solche Interpretation von der Korngröße der Analyse abhängig. Auf feinstem Niveau sind auch innerhalb einer Oberfläche steile Intensitätsgradienten zu finden, die jedoch nicht auf Oberflächengrenzen beruhen, sondern durch die räumliche Struktur der Oberfläche, deren Textur, hervorgerufen werden. Um hier bedeutungshaltige Information über Oberflächen und deren Grenzen zu gewinnen, muß also die Bildanalyse auf unterschiedlichen Korngrößen vorgenommen werden. Ein steiler Intensitätsgradient auf einer Korngröße muß nicht auch auf einer gröberen Korngröße zu finden sein, z.B. können sich zwei lokale benachbarte Intensitätsunterschiede, etwa bei einem Streifenmuster, ausmitteln. Eine Oberflächengrenze oder -kontur ist also erst dann zu entdecken, wenn Intensitätsunterschiede auf verschiedenen Korngrößen auftreten.

Als Mechanismus zur Entdeckung von Intensitätsunterschieden wurde von MARR & HILDRETH (1980) folgendes Verfahren entwickelt:
Die Intensitätsverteilung I des Graustufenbilds wird mit einem Gauss-Filter G mit bestimmter Streuung konvolviert, G*I. Dadurch wird die Intensitätsverteilung geglättet. Unterschiedliche Streuungen führen zu unterschiedlichen Analysekorngrößen. Eine Messung der Intensitätsgradienten liefert die erste Ableitung dieser Funktion. Maxima und Minima entsprechen den Orten im Bild mit den steilsten Intensitätsänderungen. In der zweiten Ableitung entsprechen diesen Orten Nulldurchgänge,

<u>Abb.2</u>: Ein 'zero-crossing' - die Intensitätsfunktion in a ergibt in der ersten Ableitung ein Maximum (b) und in der zweiten Ableitung ein 'zero-crossing' ZC (c).

'zero-crossings' (vgl. Abb.2). MARR & HILDRETH (1980) benutzen aus verschiedenen Gründen für diese zweifache Ableitung den isotropen Laplace-Operator ($\delta^2/\delta x^2 + \delta^2/\delta y^2$) und die zweidimensionale Gauss-Verteilung.

Zwei Annahmen über die physikalische Realität sind bis hier in diesem Ansatz enthalten, die MARR (1982) formuliert:
1. Eine wahrnehmbare reale Szene besteht aus Oberflächen, die optisch strukturiert sein können.
2. Die Strukturen der Oberflächen sind auf unterschiedlichen Korngrößen angesiedelt.

Die Zero-Crossings sind die Voraussetzung zur Bildung des von MARR so genannten raw primal sketch; dies ist eine Repräsentation, die schon primitive physikalisch bedeutungsvolle Merkmale enthält, w.z.B. Ecken, Balken, Punktansammlungen, Enden von Linien. Diese haben Eigenschaften wie Orientierung, Kontrast, Länge, Breite und Position. Zur Extraktion dieser Primitive, wie MARR sie nennt, müssen verschiedene Gruppierungsoperationen (vgl. MARR, 1976) angewandt werden, durch die benachbarte Zero-Crossings zu Segmenten mit spezieller Orientierung zusammengefaßt werden.

Eine Oberflächengrenze ist jedoch nur dann gegeben, wenn eine weitere Annahme gilt:

3. Ein Zero-Crossing Segment, das bei einer Analysekorngröße gefunden wurde, deutet nur dann auf eine Oberflächengrenze hin, wenn bei größeren Analysekorngrößen an dieser Stelle auch Zero-Crossing Segmente mit derselben Orientierung gefunden wurden.

Ein schmaler Balken z.B. würde nur auf einer feinen Analysekorngröße zu einem Zero-Crossing Segment führen, größere Analysekorngrößen würden zu einer Ausmittelung der Intensitätsunterschiede führen. MARR (1982) nennt diese hier verkürzt dargestellte Annahme, die Annahme räumlicher Koinzidenz.

Außerdem müssen Oberflächengrenzen, die auf Objektgrenzen beruhen, von solchen unterschieden werden, die auf anderen physikalischen Szenenmerkmalen beruhen w.z.B. Schattierung. Hier empfiehlt MARR (1982) einen Algorithmus von ULLMAN (1976) zu verwenden, der es erlaubt, Intensitätsgradienten ΔI, die durch Schattierung zustande kommen, von anderen zu differenzieren:

Zwei aneinander angrenzende Flächen, A und B, haben unterschiedliche Reflektionseigenschaften, so daß z.B. von A mehr Licht reflektiert wird als von B. Schräg auf beide Flächen einfallendes Licht erzeugt, einen Intensitätsgradienten reflektierten Lichts ΔI bei beiden Flächen, der für A größer ist als für B. Der Quotient $\Delta I/I$ ist jedoch für beide gleich. Wird eine der beiden Flächen zusätzlich beleuchtet oder beschattet, ändert sich I aber nicht ΔI. In diesem Fall ist der Quotient nicht mehr gleich. Eine Änderung des Quotienten $\Delta I/I$ zeigt daher eine durch Lichteinfall oder Schatten erzeugt Oberflächengrenze an.

Allerdings kann auch eine Änderung der Oberflächenneigung zu einer Änderung des Quotienten $\Delta I/I$ führen, die jedoch nicht so groß ist wie bei einer Lichtquellengrenze. Man kann dies auch als weitere Annahme einfügen, die von MARR (1982) allerdings nicht explizit gemacht wird:

4. Änderungen des Quotienten $\Delta I/I$ sind bei unterschiedlichen Oberflächenneigungen klein und nur bei Lichtquellengrenzen groß.

Der full primal sketch schließlich enthält Linien, virtuelle Linien wie in den Kanisza-Figuren, Punktcluster etc., die MARR place-tokens nennt. Die Bildung dieser Elemente aus den Primitiven geschieht nach den in der Gestaltpsychologie bekannten figuralen Gruppierungsprinzipien wie Nähe, Kontinuität, Ähnlichkeit etc. Diesen Gruppierungs- oder Organisationsprinzipien liegen entsprechende Annahmen über die Realität zugrunde, w.z.B.:

5. Punkte, die räumlich dichter als andere beieinander liegen, kennzeichnen etwas Gemeinsames.

Diese Annahme erinnert an das in der Gestaltpsychologie formulierte Gesetz der Nähe. Dies bezieht sich jedoch auf die Funktionsweise der Wahrnehmung, da es eine Reihe von Wahrnehmungsphänomenen als Wahrnehmungsgesetz zusammenfaßt. Wenn man voraussetzt, daß biologische Wahrnehmung adaptiv ist, dann bedeutet die Existenz eines solchen Gestaltgesetzes in der Wahrnehmung, daß im biologischen Wahrnehmungssystem eine entsprechende Annahme über die physikalische Realität implementiert ist.

Eine wesentliche Voraussetzung für die Transformation des 'full primal sketch' in die 2½-dimensionale Repräsentation ist die Stereopsie bei zwei aus leicht unterschiedlichem Winkel aufgenommenen Bildern. Zur Messung der Disparität muß zunächst ein match der Elemente beider Bilder stattfinden. Dazu sind eher die Primitive des 'raw primal sketch' geeignet als größere tokens des 'full primal sketch', weil die Disparität in kleineren Größeneinheiten, etwa Winkelminuten, liegt als die tokens, die in der Größenordnung von einigen Graden visuellen Sehwinkels liegen. MARR (1982) formuliert drei Annahmen die als Voraussetzung zur Bildung eines Match gelten müssen:

6.1. Kompatibilitätsannahme; nur solche Elemente können zu einem Match führen, die von demselben physikalischen Ort stammen. Physikalische Orte sind die Einheiten des 'raw primal sketch'.

6.2. Einheitsannahme; jedes Element kann nur zu einem Element einen Match eingehen.

Diese Annahme trifft nicht zu, wenn aus dem Blickwinkel einer Bildaufnahme zwei Punkte auf derselben Blicklinie liegen und daher im Bild nicht unterschieden sind, aus dem Blickwinkel der anderen Aufnahme dagegen diese Punkte getrennt abgebildet werden können.

6.3. Kontinuitätsannahme; die Disparität variiert nur leicht, außer an Objektgrenzen.

Die 3D-Repräsentation enthält Körper, deren Ort und deren räumliche Orientierung unabhängig vom Betrachter konstruiert sind. Ein wesentlicher Bestandteil der Erstellung dieser Repräsentation ist die Ermittlung von Objektkonturen aufgrund von Oberflächengrenzen. MARR (1977) hat einige Annahmen formuliert und nachgewiesen, daß bei deren Gültigkeit auf der Grundlage der ermittelten Konturen ein Objekt konstruiert werden kann, das als generalisierter Zylinder beschrieben werden kann. Ein generalisierter Zylinder entsteht, wenn kreisförmige Querschnitte unterschiedlicher Größe entlang einer Achse aufeinander gelegt werden. Dieser Vorgang entspricht dem Töpfern auf einer Töpferscheibe, wobei mit den Fingern ein bestimmter Radius in einer bestimmten Höhe festgelegt wird, der entlang einer nach oben wachsenden Achse variieren kann.

Die Annahmen zur Bildung dieser generalisierten Zylinder sind folgende:

7.1. Jeder Punkt auf einer eine Kontur bildenden Oberfläche projiziert zu einem unterschiedlichen Punkt des Graustufenbildes. Diese Annahme bedeutet, daß die Kontur auf einer konvexen Oberfläche liegt.

7.2. Benachbarte Punkte einer Kontur stammen von benachbarten Punkten einer eine Kontur bildenden Oberfläche. Diese Annahme ist nur an den Stellen nicht erfüllt, an denen eine Kontur eines Objektes durch die Kontur eines anderen Objektes unterbrochen und verdeckt wird.

7.3. Die Kontur liegt vollständig in einer Ebene. Diese Annahme stellt eine starke Einschränkung der möglichen Oberflächen dar.

Die so gebildeten Oberflächenformen von der Art eines generalisierten Zylinders stellen das Ausgangsmaterial für 3-dimensionale Modelle dar, die aus einer Hierarchie von generalisierten Zylindern zusammengesetzt sind. Bis zu dieser Stufe geschieht Sehen ohne Objektidentifikation. Die Möglichkeit des Sehens ohne Identifizieren diskutiert DRETSKE (1969, 1981); das dafür notwendige Wissen bezeichnet er als 'protoknowledge'. Erst zur Identifikation wahrgenommener Objekte wird gespeichertes Wissen benötigt. MARR & NISHIHARA (1978) konzipieren dieses Wissen in Form eines gespeicherten Katalogs dreidimensionaler zylindrischer Modelle.

Die Liste solcher Annahmen zur Bildanalyse läßt sich noch weiter fortführen, wenn es um Verarbeitung von Geschwindigkeitsfeldern bei Bewegungswahrnehmung (vgl. HILDRETH, 1984) geht. Trifft ein solches Sehsystem auf eine Szene, für die mindestens eine Annahme nicht zutrifft, könnte es keine veridikale Repräsentation mehr liefern. Die Annahmen basieren auf menschlichem Wissen über die physikalische Welt. Das künstliche Sehsystem repräsentiert somit diese Wissensinhalte; es ist eine der ganz unterschiedlichen Formen, in denen Wissen repräsentiert werden kann (vgl. KIEFER in diesem Buch). Daß in dem System Wissen über physikalische Eigenschaften der Welt enthalten ist, könnte man belegen, wenn man jemanden dieses Sehsystem an unterschiedlichen Szenen testen lassen würde. Die testende Person würde vermutlich feststellen, daß das System nicht bei allen Szenen veridikale Repräsentationen erzeugt. Eine Analyse der Szenen, die für das System wahrnehmbar sind, ergäbe bestimmte Eigenschaften von Szenen, die gegeben sein müssen, um korrektes Funktionieren des Systems zu gewährleisten. Daraus könnte die testende Person auf die Annahmen über die physikalische Welt zurückschließen, die der Konstrukteur des Systems ursprünglich gemacht hat.

Wie weit der MARR'sche Ansatz als Modell biologischer Wahrnehmungssysteme trägt, kann noch nicht abschließend beurteilt werden. Einige Arbeiten zeigen jedoch, daß das Entdecken von Konturlinien durch bestimmte Zellen erreicht werden kann (POGGIO, 1983; MARR & HILDRETH, 1980; MARR & ULLMAN, 1981). Diese Zellen könnten dasselbe leisten wie der MARR'sche Algorithmus zur Ermittlung von 'zero-crossings', die die Orte des größten Kontrasts im Bild angeben.

Andere Autoren bezweifeln, daß das MARR'sche Modell in der Lage wäre, in natürlichen Umgebungen veridikale Repräsentationen zu liefern

(TODD, 1985; WITKIN, & TENENBAUM, 1983). TODD argumentiert, daß besonders die Annahme der projektiven Korrespondenz - von ULLMAN (1979) im Bereich der Bewegungswahrnehmung formuliert- bei natürlichen Umgebu.gen nicht immer zutrifft. Auch WITKIN & TENENBAUM halten viele der im MARR'schen Modell notwendigen Annahmen für so restriktiv, daß natürliche Umgebungen nicht mehr verarbeitet werden können. Statt dessen umreißen sie einen Ansatz, bei dem durch Strukturentdeckung dreidimensionale Repräsentationen gebildet werden.

Gemeinsam ist den Wissensformen, die bei solchen frühen Wahrnehmungsprozessen beteiligt sind, daß sie sich nur auf einfache physikalische Eigenschaften der Realität beziehen. Im Bereich des Künstlichen Sehens ist dieses Wissen vom Menschen ins System implementiert worden. Das System ist adaptiv, wenn das Wissen des Menschen über den wahrzunehmenden Bereich des Systems richtig und ausreichend war. Es gibt noch keine Systeme, die bei Fehladaptation lernen könnten. Bei biologischen Wesen ist ein solches Wissen genetisch determiniert (BRAUNSTEIN, 1985). Beim Menschen ist es nicht bewußtseinsfähig.

Während die Bildverarbeitung der Computerprogramme zum Ziel hat, eine dreidimensionale, vom Beobachtungssystem unabhängige Beschreibung zu liefern, wird in der ökologischen Wahrnehmungstheorie von GIBSON (1966, 1979) die Steuerung des Verhaltens durch Umgebungsinformation im Rahmen der sogenannten Organismus-Umwelt-Koalition untersucht (SHAW & TURVEY, 1981; SHAW u.a. 1982; TURVEY u.a. 1978).

<u>Wissen als Adaptation an organismusspezifische Angebote</u>

Die ökologische Wahrnehmungstheorie geht von einigen Grundannahmen mit teils axiomatischem Charakter aus:

1. Die den Organismus umgebende Reizenergie ist strukturiert und informationshaltig; sie ist spezifisch für die Umgebung, durch die sie

gesetzmäßig strukturiert wurde. Die sogenannte Nichtspezifitätsannahme der klassischen Wahrnehmungspsychologie (SHAW u.a.,1982) wird abgelehnt. In der Wahrnehmung kann der umgebungsspezifischen Reizstruktur die Information direkt entnommen werden. Das Attribut "direkt" der ökologischen Wahrnehmungstheorie bedeutet, daß diese Information ohne kognitive, vermittelnde Mechanismen aufgegriffen werden kann. Solche Mechanismen sind:

a) Benutzung gespeicherter Informationen, z.B. Kontextwissen, Schemata, templates.

b) Berechnungen (computations) - d.h. Ermittlung komplexer Information durch Verrechnung elementarer Informationen, z.B. Geschwindigkeit als komplexe Information aus dem Quotienten von Strecke und Zeit als elementare Information

c) Repräsentationen, also Abbildungen von Sachverhalten in einem anderen Medium.

2. Zur Wahrnehmung werden die perzeptiven Systeme benutzt, nicht nur die Rezeptoren. Zu einem perzeptiven System gehören neben dem Rezeptororgan alle die Bereiche des Körpers, die durch Willkürmotorik die relative Lage des Rezeptororgans zum Reiz beeinflussen können. Zum visuellen perzeptiven System gehören also neben den Augen als perzeptiven Organen die Augenmuskulatur, die Nackenmuskulatur zur Bewegung des Kopfes und die Rumpfmuskulatur.

3. Statische Reize können keine veridikale Umgebungsinformation liefern. Erst Eigenbewegung oder Bewegung in der Umgebung schafft die Voraussetzung zur Informationsentnahme. Die für den Organismus relevante Information liegt in den Merkmalen, die während der Bewegung invariant geblieben sind, den sogenannten Invarianzen. Die informationshaltigen bewegten Reize stellen integrale Raum-Zeit-Gebilde dar, die nicht durch Integration zweier statischer Reize gebildet werden müssen. Diese Raum-Zeit-Gebilde heißen Ereignisse.

4. Wahrnehmung hat die Funktion der Handlungssteuerung und ist für diese Aufgabe eingerichtet; kontemplative Aspekte der Wahrnehmung wie etwa Wahrnehmungsrepräsentationen oder Vorstellungen bleiben ausgeklammert. Wahrnehmungsrepräsentationen sind zur Wahrnehmung nicht notwendig und stellen nur Epiphänomene dar (SHAW u.a., 1982). Wissensakquisition in Form von Information, die unabhängig von der Wahrnehmung gespeichert werden könnte, ist keine Funktion der Wahrnehmung. Es gibt keine Bewußtseinstheorie.

Handlungsrelevante Informationen werden 'affordances' genannt. Der Begriff der affordance ersetzt die Annahme der klassischen Informationsverarbeitungstheorie, daß Bedeutungen den Empfindungen durch Assoziation zugewiesen werden (GIBSON, 1982). Statt dessen versucht die ökologische Wahrnehmungstheorie an einzelnen Beispielen zu zeigen, daß die Bedeutung eines Reizereignisses für einen Organismus im Reiz als Information enthalten ist. Diese letzte Annahme erfordert das folgende Axiom:

5. Organismen und ihre Wahrnehmungsfunktionen sind nur in Einheit mit der ökologischen Nische der jeweiligen Spezies zu untersuchen. Zwischen Organismus und seiner Umgebung besteht ein reziproker Isomorphismus, den SHAW & TURVEY (1981) genauer als Dualität kennzeichnen. Eine Dualität, als eine Form des Isomorphismus, ist dadurch definiert, daß zwischen zwei Strukturen, X und Z, eine symmetrische Regel, Operation oder Transformation, T, existiert, die auf X angewandt zu Z führt und auf Z angewandt zu X führt:

$$T(X) \rightarrow Z \text{ und } T(Z) \rightarrow X.$$

Wenn eine solche Transformation existiert, sind X und Z gegenseitig kompatibel.

Diese Dualität muß zwischen einem Organismus und seiner Umgebung existieren, wenn die Umgebung wahrnehmbare Information liefern soll, und der Organismus in der Lage sein soll, in der Umgebung adaptiv zu reagieren; d.h. Dualität ist die Voraussetzung dafür, daß ein Organismus seine Umwelt kennt. Unter wahrnehmungspsychologischer Perspektive sind also Organismus und Umwelt per definitionem gegenseitig kompatibel.

Der Begriff der Organismus-Umwelt-Koalition bezieht sich sowohl auf die Beschreibung der Organismus- und Umweltvariablen als auch auf die Relationen zwischen den beiden Variablentypen. Die Koalition ist durch die implizite Gleichung:

$$\beta(o_1,\ldots,o_n,u_1,\ldots,u_n) = 0$$

beschreibbar; dabei sind o_1 Organismusvaribalen und u_1 Umweltvariablen. Betrachtet man die Relationen zwischen den Organismus- und Umweltvariablen gleicher Dimension, etwa Größe oder Gewicht, kann diese Relation als Quotient zwischen beiden, O/U, beschrieben werden: Dieser Quotient ist eine dimensionslose Größe π (zur Ableitung von π-Zahlen vgl. ROSEN, 1978). Die Menge der π-Zahlen repräsentiert nach WARREN (1984) die Organismus-Umwelt-Passung (im engl. 'fit'). Von der Umweltseite aus betrachtet hält die Organismus-Umwelt-Koalition Affordanzen für den Organismus bereit, von der Organismusseite aus betrachtet besitzt dieser bestimmte Handlungsmöglichkeiten, die sog. 'effectivities'. Die Umwelt einer Fliege enthält z.B. die Affordanz einer Mauer als Landeplatz nur deshalb, weil die Fliege die Effektivität besitzt darauf zu landen. Daraus ergeben sich die Definitionen von Affordanz und Effektivität (vgl.SHAW & TURVEY, 1981):

a) Ein Objekt X besitzt die Affordanz Y für den Organismus Z in der Situation O, wenn und nur wenn X und Z gegenseitig kompatibel sind.

$(X,Z,O/X \# Z) = Y.$ ($X \# Y$ bedeutet "gegenseitig kompatibel")

b) Ein Organismus Z besitzt die Effektivität Y' bezüglich eines Objektes X in der Situation O, wenn und nur wenn X und Z gegenseitig kompatibel sind.

$$(Z,X,O/Z \# X) = Y'$$

Wenn die unter 4 formulierte Annahme, daß so definierte Affordanzen direkt wahrnehmbar sind, stimmt, müßte gezeigt werden können, daß Organismen mit individuell unterschiedlichen Effektivitäten die für sie passenden Affordanzen wahrnehmen können.

Tatsächlich konnte WARREN (1984) am Beispiel der Wahrnehmung von Treppenstufen zeigen, daß Menschen unterschiedlicher Körpergröße nicht nur die Affordanz einer Treppe, diese hinaufzusteigen, wahrnehmen können, sondern sogar auch diejenigen Stufenhöhen selegieren können, die beim Hinaufsteigen zum geringsten Energieverbrauch führen. Dabei wählten die Versuchspersonen die ihrer individuellen Größe entsprechende Treppenhöhe aus. Daß kein explizites Wissen die Wahrnehmung der Versuchspersonen beeinflußt hat, wird dadurch plausibel, daß aufgrund kalorimetrischer Messungen sich gezeigt hat, daß eine unübliche Treppenhöhe zum Besteigen am ökonomischsten ist, nämlich eine Stufenhöhe von rund der halben Wadenlänge eines Menschen.

6. Die perzeptiven Systeme biologischer Organismen haben sich im Laufe der Evolution durch phylogenetische Adaptation den jeweiligen ökologischen Nischen angepaßt. Veränderungen der Umwelt oder des Organismus während seiner Lebenszeit können durch ontogenetische Adaptation kompensiert werden; nach JOHNSTON & TURVEY (1980) ist dies gleichbedeutend mit Lernen. Funktional ist dieses Lernen eine Veränderung von Parametern der funktionalen Architektur des Organismus. Die Parameter sind die oben eingeführten Organismus- und Umweltvariablen. Obwohl keine Inhalte dabei gespeichert werden, existiert dennoch so im Rahmen der Organismus-Umwelt-Koalition Wissen.

Über die funktionale Architektur bzw. die Mechanismen zum Aufgreifen der Invarianzen gibt es in der ökologischen Wahrnehmungspsychologie allerdings nur sehr vage Annahmen:

7. Das direkte Aufgreifen relevanter Reizinformation geschieht mit Hilfe von Resonanzmechanismen (GIBSON, 1979; RUNESON, 1977,1980; MICHAELS & CARELLO, 1982). Resonanz ist ein physikalisches Phänomen, das zwischen zwei schwingungsfähigen Systemen auftreten kann, wenn diese miteinander verkoppelt sind. Resonanz tritt auf, wenn die Frequenz des erregenden Systems nahe der Eigenfrequenz des erregten Systems oder eines ganzzahligen Vielfachen davon liegt. Die Eigenfrequenz ist eine für jeden Schwinger charakteristische Größe. Information durch Resonanz aufzugreifen, setzt voraus:

a) Die Eigenfrequenz des Information aufnehmenden Systems muß auf die Erregerfrequenz des Information übermittelnden Systems abgestimmt sein.
b) Die aufzugreifende Information muß in analoger Form vorliegen.

Die Untersuchung solcher Mechanismen wird allerdings nicht als Gegenstand wahrnehmungspsychologischer Forschung verstanden, sondern dem Bereich der Neurophysiologie zugeordnet. Der Verzicht auf die Untersuchung von Verarbeitungsmechanismen, die diese Invarianzen aufzugreifen in der Lage sind, hat zu viel Kritik an dieser Theorie geführt (FODOR & PYLYSHYN, 1981; ULLMAN, 1980; MARR, 1982), obwohl wie HINTON (1980) darlegt, der 'computational'-Ansatz von MARR durchaus mit dem GIBSON'schen verträglich ist. Man könnte sogar den Standpunkt vertreten, daß der MARR'sche Ansatz den von GIBSON und Nachfolgern verdrängten Verarbeitungsaspekt von Invarianzen erfaßt, mit einigen Einschränkungen, die sich auf die Funktion von Bewegung beziehen und auf die Bedeutung der 3D-Repräsentation. In der ökologischen Theorie nimmt man an, daß nur eine organismusbezogene Wahrnehmung stattfindet, absolute Größen in der Umwelt, die in der MARR'schen 3D-Repräsentation enthalten sind, werden nicht aufgegriffen. Die organismusbezogene Information entspricht der in der MARR'schen 2½ D-Repräsentation enthaltenen Information. Abb.3 ist eine Skizze des Wahrnehmungssystems der ökologischen Wahrnehmungstheorie.

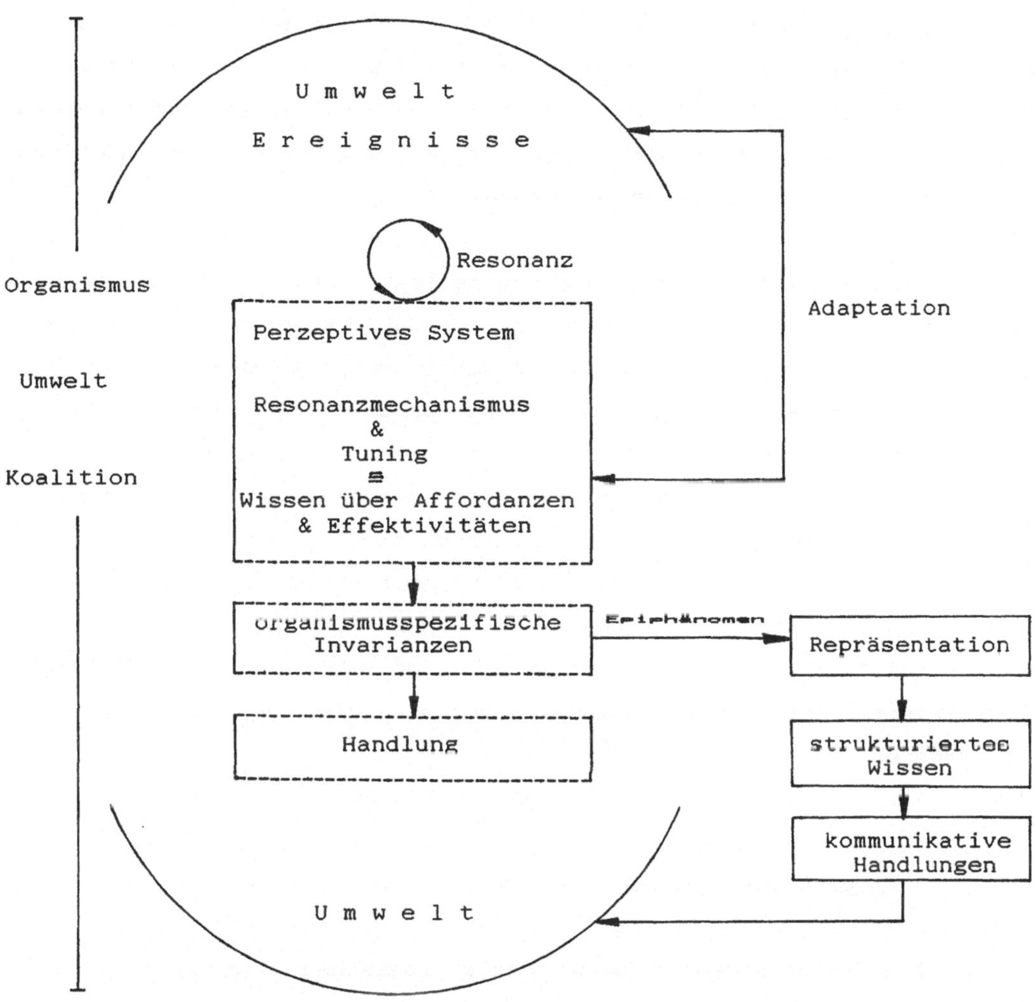

Abb.3: Der Wahrnehmungsablauf in der direkten Wahrnehmungstheorie. Die gestrichelten Linien der einzelnen Blöcke sollen andeuten, daß hier keine Verarbeitungsstufen vorliegen. Durch Resonanz im perzeptiven System werden organismusspezifische Invarianzen aufgegriffen, die zur Handlung führen. Die drei Blöcke im rechten Teil der Skizze sind Verarbeitungsstufen, die von einer Repräsentation der Invarianzen mit Hilfe strukturierten Wissens zu kommunikativen Handlungen führen. (Weitere Erklärungen dazu im nächsten Abschnitt.)

Die wahrnehmungspsychologische Forschung im ökologischen Paradigma hat nicht das Ziel einer kognitiven Funktionsanalyse von Wahrnehmungsleistungen. Statt dessen versucht man zunächst durch formale Analysen im Reiz vorhandene Invarianzen nachzuweisen und dann experimentell zu zeigen, daß diese Invarianzen vom Organismus auch aufgegriffen werden können. Bisher hat sich allerdings gezeigt, daß viele Invarianzen vom Organismus nicht genutzt werden können.

Ob man hier auch von Wissen sprechen sollte, bleibt allerdings ein konzeptuelles Problem (zur Position der ökologischen Theorie vgl. TURVEY, & CARELLO 1981). Wenn der Wahrnehmungsmechanismus zur Invarianzentdeckung ganz durch die funktionale Architektur (PYLYSHYN, 1985) determiniert wäre, dürfte man nicht von Wissen sprechen. Andererseits ist dieser Mechanismus nicht nur phylogenetisch, sondern auch ontogenetisch adaptiv, so daß Lernen stattfinden kann; auch das Kriterium der 'cognitive penetrability' nach PYLYSHYN trifft zu, da diejenigen Invarianzen vom Organismus aufgegriffen werden, die seinen augenblicklichen Zielen entsprechen. Die den Zielen und den Handlungsmöglichkeiten entsprechenden Invarianzen sind die schon beschriebenen Affordanzen.

Durch Invarianzen vermitteltes explizites Wissen

In vielen Experimenten im Rahmen des ökologischen Paradigmas werden die Versuchspersonen gebeten, durch kommunikative Handlungen im Sinne von VERBRUGGE (1985) auf die dargebotenen Reize zu reagieren. Man bietet zum Beispiel auf einem Monitor zwei Punkte dar, die sich mit bestimmten Geschwindigkeiten aufeinander zu bewegen, zusammenstoßen und dann voneinander abprallen. Dabei werden die Geschwindigkeiten nach dem Zusammenstoß so berechnet, als hätten die Punkte ein bestimmtes Gewicht und eine bestimmte Elastizität. Die Person wird dann nach der Beobachtung dieses Ereignisses auf dem Monitor gebeten zu schätzen, welcher der Punkte schwerer war. Es zeigt sich, daß sie dies bei einigen Bewegungskonstellationen gut kann.

Den Experimenten gemeinsam ist, daß die Reizvorlagen die Information über das erfragte Merkmal eindeutig enthalten, so daß eine Invariante gegeben ist, die vom Wahrnehmungssystem ohne Rückbezug auf Wissen aufgegriffen werden kann. Das Ergebnis ist jedoch keine auf den Reiz bezogene Handlung, sondern eine verbal beschreibbare Repräsentation.

In dem oben zitierten Experiment von WARREN wurden die Versuchspersonen z.B. gefragt, welche visuell dargebotene Treppenstufe sie zum bequemen Besteigen wählen würden. Man kann also die Wahrnehmung einer Affordanz auch durch symbolische Handlungen, hier sprachliche Äußerungen, testen. Das setzt aber voraus, daß eine Repräsentation gebildet wurde, die in diesem Fall eine mögliche Handlungsabsicht enthält.

Wissen existiert demnach zumindesten auf zwei Ebenen, als Parameter der funktionalen Architektur und als Repräsentation wahrgenommener Affordanzen. Eine solche Repräsentation ist ein Epiphänomen der Wahrnehmung und stellt die Voraussetzung für kommunikative Handlungen dar. Über kommunikative Handlungen wird die Umwelt beeinflußt, vgl. Abb.3.

Schlußbemerkung

Die hier beschriebenen Wissensrepräsentationsformen werden nur für jemanden deutlich, der mit einem künstlichen Sehsystem oder dem natürlichen Sehsystem eines Organismus experimentiert. Die Analyse der veridikal und nicht-veridikal repräsentierten Szenen des künstlichen Systems ermöglicht den Schluß auf die Annahmen der physikalischen Welt, die der Konstrukteur machte; die Analyse des Verhalten eines Organismus liefert Wissen über seine phylo- und ontogenetische Adaptation an ökologische Nischen. Beide Wissensrepräsentationsformen erlauben nur einen indirekten Zugang.

Literatur

BRAUNSTEIN, M.L. (1983), Contrasts between human and machine vision: Should technology recapitulate phylogeny? In J.BECK, & A.ROSENFELD (Eds.), Human and machine vision. (pp. 85 - 96). New York: Academic Press.
DRETSKE, F.I.(1969), Seeing and knowing. London: Routledge & Kegan.
DRETSKE, F.I.(1981), Knowledge and the flow of information. Oxford: Basil Blackwell.
FODOR, J.A., & PYLYSHYN, Z.W. (1981), How direct is visual perception?: Some reflections on GIBSON's "Ecological Approach". Cognition, 9, 139-196
GIBSON, J.J.(1966), The senses considered as perceptual systems. Boston: Houghton Mifflin.
GIBSON, J.J. (1979), The ecological approach to visual perception. Boston: Houghton Mifflin.
GIBSON,J.J.(1982), Gibson-Shaw discussion. In: W.B.WEIMER, & D.S. PALERMO (Eds.), Cognition and the symbolic processes. Vol.2. Hillsdale, N.J.: Lawrence Erlbaum Associates.
HILDRETH, E.C.(1984), The measurement of visual motion. Cambridge, Massachusetts: The MIT Press.
HINTON, G.E.(1980), Inferring the meaning of direct perception. The Behavioral and Brain Sciences, 3, 387-388.
JOHNSTON, T., & TURVEY, M.T.(1980), A sketch of an ecological metatheory for theories of learning. In: G.H.BOWER (Ed.),The psychology of learning and motivation. (Vol.14). New York: Academic Press.
KIEFER,E.(1987), Wissen und Intelligenz. In diesem Band.
MARR,D.(1976), Early processing of visual information. Philosophical Transactions of the Royal Society of London, B, 275, 483-524.
MARR,D.(1977), Analysisof occluding contour. Proceedings of the Royal Society of London B.,197, 441-475.
MARR,D.(1982), Vision. San Francisco: Freeman and Company.
MARR,D.,& NISHIHARA,H.K.(1978), Representation and recognition of the spatial organisation of three-dimensional shapes. Proceedings of the Royal Society of London B., 200, 269-294.
MARR, D., & HILDRETH, E.C.(1980), Theory of edge detection. Proceedings of the Royal Society of London B., 207, 187-217.
MARR, D., & ULLMAN, S.(1981), Directional selectivity and its use in early visual processing. Proceedings of the Royal Society of London B. 211, 151-180
MICHAELS, C.F.,& CARELLO,C. (1982), Direct perception. Englewood Cliffs, N.J.: Prentice Hall.
POGGIO, T. (1983), Visual algorithms. In: O.J. BRADDICK, & A.C. SLEIGH (Eds.), Physical and biological processing of images. Berlin: Springer Verlag.
PYLYSHYN, Z.W.(1980), Computation and Cognition:issues in the foundations of cognitive science. The Behavioral and Brain Sciences, 3, 111-169
PYLYSHYN, Z.W. (1985), Computation and Cognition. Cambridge, Mass.: The MIT Press.
RISEMAN, E.M.,& HANSON, A.R.(1985), A methodology for the development of general knowledge based vision systems. In: W.BRAUER & B.RADIG, Wissensbasierte Systeme. Berlin: Springer-Verlag.
ROSEN, R.(1978), Dynamical similarity and the theory of biological transformations. Bulletin of mathematical biology, 40, 549-579.
RUNESON,S.(1977), On the possibility of "smart" perceptual mechanisms. Scandinavian Journal of Psychology, 18,172-179.
RUNESON,S.(1980), There is more to psychological meaningfulness than computation and representation. The Behavioral and Brain Scienes, 3, 399-400.

SHAW, R., & TURVEY, M.T. (1981), Coalitions as models for eco-
systems. In: M. KUBOVY, & J. POMERANTZ (Eds.), Perceptual organization. Hillsdale, N.J.: Lawrence Erlbaum Associates.
SHAW, R., TURVEY, M.T., & MACE, W.(1982), Ecological psychology: The
consequences of a commitment to realism. In: W.B.WEIMER, &
D.S.PALERMO (Eds.), Cognition and the symbolic processes. Vol.2.
Hillsdale, N.J.: Lawrence Erlbaum Associates.
TODD, J.T.(1985),Perception of structure from motion: Is projective
correspondence of moving elements a necessary condition? Journal of
Experimental Psychology: Human Perception and Performance, 11,
689-710
TURVEY, M.T., SHAW, R.E., & MACE, W.(1978), Issues in the theory of
action: Degrees of freedom, coordinative structures and coalitions.
In: J.REQUIN (Ed.), Attention & Performance VII. Hillsdale, N.J.:
Lawrence Erlbaum Associates.
TURVEY, M.T., & SHAW, R.E. (1979), The primacy of Perceiving: An
ecological reformulation of perception for understanding memory. In:
NILSSON, L.-G. (Hrsg.), Perspectives on memory research.
Hillsdale, N.J.:Lawrence Erlbaum Associates.
TURVEY, M.T.,& CARELLO, C.(1980), Cognition: The view from ecolo-
gical realism. Cognition, 10, 313-321.
ULLMAN,S.(1976), On visual detection of light sources. Biological
Cybernetics, 21, 205-212,
ULLMAN,S. (1980), Against direct perception. The Behavioral and
Brain Sciences, 3, 373-415
VERBRUGGE, R.R.(1985), Language and event perception: Steps toward a
synthesis. In: WARREN,W.H., & SHAW,R.E.(Eds), Persistence and
change. Proceedings of the first international conference on
event perception. Hillsdale, N.J.: Lawrence Erlbaum Associates.
WARREN,W.H. (1984), Perceiving affordances: Visual guidance of stair
climbing. Journal of Experimental Psychology: Human Perception &
Performance, 10,683-703.
WITKIN, A.P., & TENENBAUM, J.M.(1983), On the role of structure in
vision. In J.BECK, & A.ROSENFELD (Eds.), Human and machine vision.
(pp. 481-543). New York: Academic Press.

IV. KI-Aspekte der Repräsentationsproblematik

Wissensrepräsentation und Wissensakquisition: Einführung

Gerhard Heyer

Die zentrale Aufgabe der maschinellen Repräsentation von Wissen wird heute allgemein darin gesehen, Beschreibungen einer Anwendungswelt in einer solchen Weise anzugeben, daß ein Computer durch Manipulation dieser Beschreibungen und unter Verwendung geeigneter Inferenztechniken möglichst effizient zu neuen und angemessenen Folgerungen über seine Anwendungswelt kommen kann.[1] Vom Standpunkt der KI bezeichnet der Terminus "Wissensrepräsentation" damit sowohl eine Repräsentationssprache als auch die entsprechenden Inferenzmechanismen.

Im allgemeinen ergeben sich die Anforderungen an eine Wissensrepräsentation aus den Besonderheiten der Anwendungswelt eines wissensbasierten Systems. In der Literatur haben sich dazu eine Reihe von Problembereichen herausgebildet, die nach wie vor kontrovers diskutiert werden: die Behandlung prozeduralen, analogen und probabilistischen Wissens, nichtmonotonen Schließens und zeitlichen und kausalen Argumentierens, um nur einige Beispiele zu nennen. Von besonderem Interesse dürften auch Kriterien zur Bewertung der Relevanz einer Folgerung sein. Denn selbst wenn die Menge neuer und angemessener Folgerungen über eine Anwendungswelt endlich wäre, sind nicht alle zulässigen Folgerungen in gleichem Maße relevant (bezogen auf eine bestimmte Situation).[2]

Läßt das Thema Wissensrepräsentation zunächst eine klare und eindeutige Aufgabenstellung erwarten, so zeigt die Praxis, daß allein schon die Festlegung der Besonderheiten einer Anwendungswelt, die bei ihrer Repräsentation besonders zu berücksichtigen sind, zu weitreichenden und schwierigen Fragen führt, die kaum allgemeingültig und unabhängig von den Verwendungszwecken eines Systems entschieden werden können. Nicht selten bestimmt hier das Analysans das Analysandum, ein Problem wird bereits verfügbaren Lösungen angepaßt und der Blick auf das Wesentliche verstellt.

---

1) R.Brachman und H.Levesque (Hg.), Readings in Knowledge Representation, Morgan Kaufmann 1985, S.xiii.

2) R.Diaz, Topics in the Logic of Relevance, München: Philosophia Verlag 1981.

Die genannte Problematik wird im Bereich der sog. Wissensakquisition besonders deutlich, wie die Beiträge von Joachim Diederich und Karl-Heinrich Schmidt zeigen. In seinem Beitrag "Wissenserwerbsmethoden und Wissensrepräsentation in KRITON" beschreibt Diederich ein integriertes System zur automatischen Akquirierung von Expertenwissen, das dank der Verwendung einer Zwischenrepräsentationsebene unabhängig von einer bestimmten Expertensystem-Shell bzw. einer Wissensrepräsentationssprache macht. Expertenwissen kann damit akquiriert und formalisiert werden, ohne daß der Wissensrepräsentationsformalismus der endgültigen Wissensbasis bereits bei der Wissensakquisition die Art oder den Umfang des zu formalisierenden Expertenwissens in offensichtlicher Weise beeinflußt. - Während Diederich von einem sog. hybriden Ansatz ausgeht und bei der Repräsentation des Expertenwissens verschiedene Repräsentationsformalismen verwendet, versucht Schmidt am Beispiel der bildgestützten medizinischen Diagnose der multiplen Sklerose eine Wissensrepräsentation radiologischen Wissens durch eine rationale Rekonstruktion dieses Expertenwissens, die nur metrische Begriffe verwendet. Ausdrücklich verwendet er dabei Methoden und Begrifflichkeiten, wie sie von der Wissenschaftstheorie bereits seit längerem entwickelt worden sind. In der Tat können ja beide, die Wissensrepräsentation eines Expertenwissens und seine rationale Rekonstruktion im Sinne der Wissenschaftstheorie, als ein und dieselbe Aufgabe angesehen werden.[3] Schmidt zeigt überzeugend, wie sich die diffuse Bildbeobachtungssprache der Medizin als ein konkreter Anwendungsbereich metrisieren und damit formalisieren läßt. Es bleibt jedoch zu klären, inwieweit dieser Ansatz verallgemeinerbar ist. Wenn es auch richtig ist, daß der Aufbau von KI-Systemen ein um so sorgfältigeres knowledge engineering erfordert, je diffuser die im Anwendungsbereich zu formalisierenden Phänomene sind, so muß doch deutlich gesehen werden, daß eine Metrisierung von Expertenwissen nur in den seltensten Fällen gelingen dürfte.

In seinem Beitrag "Wissen wissensbasierte Programme etwas? Ein Versuch über den Terminus 'Wissensrepräsentation'" weist Herbert Stoyan zu recht auf grundlegende Unklarheiten beim heute in der KI üblichen Gebrauch des Terminus "Wissensrepräsentation" hin. Gegen die von Minsky absichtlich gewählte anthropomorphe Sprechweise, Programmzustände bzw. -abfolgen mit psychologischen Termini zu beschreiben, wendet Stoyan ein, daß auf eine rein formale Verarbeitung von Datenstrukturen der

---

3) R.Kese, "Wissensrepräsentation, Bedeutung und Reduktionismus. Einige neopositivistische Wurzeln der KI", Aufsatz Nr.2 in diesem Band.

Begriff "Wissen" kaum anwendbar sein dürfte. Die heutigen wissensbasierten Programme, so Stoyan, wissen im strikten Sinne nichts. Vielmehr sollte die Wissensrepräsentation als eine Klasse von Programmierstilen verstanden werden, da zum einen bereits die Programmierung als Rekonstruktion von menschlichem Wissen angesehen werden kann, und zum anderen die einzelnen Wissensstrukturen eines wissensbasierten Programms immer auch als Programmelemente an der Verarbeitung beteiligt sind. - Demgegenüber versucht Ulrich Furbach in seinem Beitrag "Wissensrepräsentation und Programmiersprachen" eine gegenseitige Abgrenzung der beiden Begriffe Wissensrepräsentation und Programmierung. An einem Beispiel aus dem Bereich der Büroautomation (Terminplanung) wird gezeigt, daß nicht notwendigerweise der Typ einer Programmiersprache für die Art der Wissensrepräsentation verantwortlich ist. Vielmehr, so Furbach, entscheidet allein die Verwendung der Programmiersprache innerhalb eines Repräsentationssystems, ob es sich um eine deklarative oder prozedurale Repräsentation handelt.

Neben diesen eher grundsätzlichen Fragen zur Wissensrepräsentation behandelt Tomas Hrycej ein konkretes Problem, das für die Kognitive Wissenschaft von besonderem Interesse sein dürfte: die Repräsentation temporaler Beziehungen. Vom Standpunkt der KI stößt man dabei auf die Schwierigkeit, daß ein Wissensrepräsentationsformalismus zur Darstellung von Zeitbezügen nicht gleichzeitig ausdrucksstark und effizient sein kann. Wird jedoch das Paradigma zeitachsen-orientierter Ketten mit dem Paradigma temporaler Beziehungsnetze miteinander verbunden, dann ist es möglich, die Transparenz und Effizienz der zeitachsen-orientierten Ketten und die Ausdruckskraft der Beziehungsnetze gleichermaßen zu nutzen, ohne auf anwendungsbereichsspezifisches Wissen bezug nehmen zu müssen.

<u>Wissenserwerbsmethoden und Wissensrepräsentation in KRITON</u>

Joachim Diederich

ABSTRACT

In diesem Papier wird das Zusammenspiel von Wissenserwerbsmethoden und Wissensrepräsentationstechniken in KRITON beschrieben. KRITON ist ein integriertes System zur automatischen Akquirierung von Expertenwissen, das Verfahren aus dem Bereich der Künstlichen Intelligenz und der Kognitionswissenschaft kombiniert. In diesem integrierten Ansatz werden den einzelnen Wissenserwerbsmethoden konkrete Anwendungsbereiche zugeordnet. Wissensakquisition wird als ein Prozeß der schrittweisen Formalisierung verstanden. Von natürlich–sprachlichen Texten und Expertenäußerungen ausgehend wird bis zur formal–sprachlichen Realisierung Wissen analysiert und immer neu evaluiert bis der angestrebte Vollständigkeits- und Spezialisierungsgrad erreicht ist. Aus diesem Grund wurde eine Zwischenrepräsentationsebene eingeführt, die der Speicherung unvollstängig analysierten Wissens dient und dieses für den weiteren Erwerbsprozeß verfügbar macht.

1. Einleitung.

Wissensakquisition ist zentraler Bestandteil in der Entwicklung wissensbasierter Systeme. Um die Bedeutung der Wissensakquisition hervorzuheben wird oft die "Flaschenhals"-Metapher (ursprünglich von E. Feigenbaum) bemüht: Wissen kann in automatischen Inferenzsystemen zur Problemlösung eingesetzt werden und die wesentliche Aufgabe besteht darin, die menschliche Expertise oder das in textueller, eventuell auch graphischer Form vorliegende Wissen zu strukturieren und in eine Wissensbasis zu überführen. Die "Flaschenhals"–Metapher ist in diesem Zusammenhang natürlich mehr als irreführend. Individuelles Wissen ist sicherlich keine objektiv messbare Quantität die überführt und manipuliert werden kann. Menschliche Experten entfalten ihre Problemlösungsfähigkeit erst, wenn in einem bestimmten situativen Kontext bestimmte Anforderungsbedingungen gegeben sind.

Ziel dieses Papiers ist es, einen integrierten Ansatz vorzustellen, der verschiedenen Formen des Expertenwissens Rechnung trägt (deklaratives/prozedurales Wissen) und verschiedene Verfahren unterschiedlicher Provenienz in einem modularen Wissensakquisitionssystem vereint. Die Einsatzmöglichkeit eines jeden Verfahrens wird aus einem Modell der menschlichen Informationsverarbeitung abgeleitet, wobei jedes Teilverfahren in der Lage ist, bestimmte Aspekte des Problemlösungsprozesses zu erfassen und in einen Wissensrepräsentationsformalismus zu überführen.

Die Methoden, die hier vorgestellt werden, stammen aus dem Gebiet der Kognitionswissenschaft und dienen dem Zweck, die dynamische menschliche Problemlösungsfähigkeit zumindest approximativ zu erfassen. Die meisten Methoden sind sehr alt (Protokollanalyse etwa 100 Jahre, Konstrukt–Gitter Verfahren etwa 30 Jahre) und wurden zu dem Zweck entwickelt, menschliches Wissen möglichst unbeeinflußt von Befragungs- und Beobachtungsmethoden zu erfassen. Diese Methoden erleben jetzt in veränderter und automatisierter Form eine Wiederbelebung in dem sich entwickelnden Feld der Wissensakquisition für wissensbasierte Systeme. Sie bieten den Vorteil, die bedingungslose Objektivierbarkeit und Operationalisierung von Wissen nicht vorauszusetzen, sondern das, was an menschlicher Problemlösungsfähigkeit beobachtbar und erfaßbar ist, zu strukturieren und zu analysieren.

Alle hier beschriebenen Funktionen des Wissensakquisitionssystems KRITON sind Interlisp–D und Common Lisp implementiert (unter Verwendung von Loops bzw. Flavors) und auf Xerox 11xx bzw. Symbolics 36xx Worksstations verfügbar.

2. Wissenserwerbsmethoden in KRITON.

An dieser Stelle sei eine kurze Zusammenfassung der Theorie der eingesetzen Wissensakquisitionsmethoden gegeben. Eine ausführliche Darstellung findet sich in Diederich (1987a,b).

2.1 Interview.

KRITON ermöglicht eine direkte Interaktion des Experten mit der Maschine. Die folgenden Interviewtechniken werden eingesetzt:

a) Laddering.

Wichtige Konzepte des Problembereiches werden vom Experten erfragt und zur Grundlage des weiteren Interviews gemacht. Im "Laddering" werden taxonomische Relationen zwischen generischen Konzepten eines Problemfeldes eruiert. Dazu gehören Teil–von Beziehungen, Generalisierungsrelationen und Instanzbeziehungen (siehe auch den Abschnitt über die Organisation der Zwischenrepräsentationsebene).

b) Konstrukt–Gitter Verfahren.

Konstrukt–Gitter Techniken, als Verallgemeinerung des von KELLY (1955) entwickelten Repertory Grid Test, unterstützen die Objektstrukturierung. Die vom Experten als wichtig erachteten Begriffe eines Problembereichs werden in Begriffs–Tripel aufgeteilt und der Experte wird gebeten, Konstrukte (Attribute) zu benennen, in denen sich je zwei der Konzepte (Objekte) gleichen, sich aber gleichzeitig vom dritten unterscheiden. Auf diese Weise entsteht ein zunehmend komplexes Geflecht von Begriffsrelationen, ohne daß dem Experten von seiten des Systems Vorgaben in Bezug auf die zu verwendenden Begriffe oder Attribute gemacht werden.

Eine typische Frage innerhalb der Anwendung der Konstrukt–Gitter Verfahren sieht wiefolgt aus (Problembereich ist "Auto–Getriebe"):

Gibt es eine Eigenschaft, die Drehmomentwandler und Getriebe gemeinsam haben, hinsichtlich derer sie sich aber von Pumpenrad unterscheiden ?

Das Toplevel–Verfahren während des Interviews ist die Konstrukt–Gitter Technik. Wenn der Experte zu einem Konzept keine diskriminierenden Attribute benennen kann, so wird angenommen, zwischen den infragestehenden Konzepten beständen taxonomische Relationen. Diese werden dann durch das "Laddering" untersucht. Ein solcher Fall ist in dem oben genannten Beispiel gegeben: Ein Drehmomentwandler ist ein Teil eines Getriebes und ein Pumpenrad ist ein Teil eines Drehmomentwandlers. Durch das nun folgende "Laddering" werden diese "Physikalisch–Teil–von"–Relationen eruiert und auf der Ebene der Zwischenrepräsentation eingetragen (siehe weiter unten).

Scheitert auch dieser Interviewmodus und können aufgrund der Expertenantworten keine eindeutigen Relationen gefunden werden, so bekommt der Experte die Möglichkeit, freie Relationen zwischen den zu bearbeitenden Konzepten zu benennen.

2.2 Protokollanalyse.

Die automatische Protokollanalyse als Verfahren zur Wissensakquisition für wissensbasierte Systeme wird seit einiger Zeit als adäquate Methode propagiert (BAINBRIDGE 1979, LASKE 1985, WATERMAN und NEWELL 1971). Eine in sich konsistente Vorgehensweise wird von KUIPERS und KASSIERER (1983, 1984) beschrieben. Ziel ihrer Protokollanalyse ist sowohl eine strukturale Beschreibung des Problembereiches als auch eine qualitative Simulation der Übergänge zwischen Wissenszuständen während des Problemlösungsprozesses. Dabei verwenden sie eine Constraint-Sprache, um unvollständige Protokollsegmente mit erschlossener Information zu ergänzen.

2.3 Textanalyse.

In Phasenmodellen des Knowledge Engineering wird in den Anfangsstadien das Studium von Handbüchern und Dokumenten nahegelegt. Dieses wird sich in jedem Fall als sehr aufwendig erweisen, insbesondere wenn der Knowledge Engineer, bevor er mit seiner eigentlichen Arbeit beginnt, selbst zum Experten werden soll. Mit der Analyse von Texten, z.B. Zeitungsartikeln, beschäftigt sich die Inhaltsanalyse seit ungefähr vierzig Jahren. Seit den fünfziger Jahren existieren Programme zur automatischen Inhaltsanalyse (vgl. MERTEN 1983). Eine Nutzung dieser Verfahren zum Aufbau wissensbasierter Systeme wird in der Literatur allenfalls angedeutet. So analysieren NISHIDA et al. (1983) Hardware-Manuale mithilfe von action–event–Modellen. FREY, REYLE und ROHRER (1983) verwenden die Discourse Representation Structures (DRT, von H. KAMP) als "intermediate level" zwischen natürlich–sprachlichem Text (einem Fragment des Deutschen) und einer Datenbasis.

SUBRAHMANIAN (1983) untersuchte protokollierte Interviews mithilfe eines textanalytischen Verfahrens zum Aufbau eines Expertensystems über Sozialarbeit. Dabei wurde die Kohärenz natürlichsprachlicher Texte ausgenutzt, um Themen zu lokalisieren und in einen Planformalismus zu integrieren.

3. Bereichsdefinition für die Anwendung von Verfahren zur Wissensakquisition.

Es hat sich gezeigt, daß Experten nur in ungenügendem Maße über metakognitives Wissen verfügen. Unter Meta–Kognitionen verstehen wir Wissen über die von Experten eingesetzten kognitiven Strategien bzw. Wissen über die kognitiven Anforderungen der von ihnen behandelten Aufgaben (FLAVELL und WELLMAN 1977). Experten können nur schwerlich Auskunft über ihr Vorgehen und die von ihnen eingesetzten Strategien geben, ohne daß aufgabenfremde Einstellungen und subjektive Annahmen in das verbale Material eingehen.

Von Wissensingenieuren besonders gefürchtet ist das "Theoretisieren" von Experten über eigene Problemlösungsstrategien. In diesem Fall beeinflussen subjektive, naive Annahmen über kognitive Prozesse, die dem Experten nicht unmittelbar zugänglich sind, das Antwortverhalten im Interview. Durch direkte Befragung werden dann Laientheorien eruiert, nicht aber das tatsächliche Problemlösungsverhalten. Das so gewonnene Material hat – in Abhängigkeit vom jeweiligen Verwendungszweck – mehr oder weniger eingeschränkten Wert (siehe hierzu NISBETT und WILSON 1977).

Sofern nicht das Thema sowie Art und Umfang der Befragung, insbesondere aber die Auswertung des Interviews unter methodischen Gesichtpunkten geplant und durchgeführt werden, ist das direkte Mitteilen des Problemlösevorgehens, also die unmittelbare Befragung, als problematisch anzusehen.

Ein Experte ist jedoch in der Lage, in einer <u>konkreten</u> Situation sein Wissen anzuwenden, d.h. dieses Wissen für Problemlösungsprozesse einzusetzen. Sofern diese Prozesse während der Durchführung von außen nicht beeinträchtigt werden und eine gleichmäßige Auslastung des räumlich und zeitlich begrenzten Arbeitsgedächtnisses garantiert ist, können die für die Problemlösung wichtigen Wissenselemente (Konzepte innerhalb des aktuellen Problembereichs) geäußert werden ("lautes Denken", vgl. dazu ERICSSON und SIMON 1984). Auf diese Weise werden nur die Elemente geäußert, die sich zu einem bestimmten Zeitpunkt des Problemlösungsprozesses im Arbeitsgedächtnis befinden und somit im Zentrum der Aufmerksamkeit stehen (heeded information nach ERICSSON und SIMON 1984).

Die Mächtigkeit einer Protokollanalyse wird daher ganz entscheidend von der Qualität der Protokoll–Aufnahme abhängen. Nur, wenn es sich tatsächlich um ein Protokoll "lauten Denkens" während einer Problemlösung handelt und nur, wenn dieses Protokoll fehlerfrei transskribiert wurde, kann die automatische Analyse erfolgreich sein. Die Computer–Analyse an sich ist einfach und stützt sich im wesentlichen auf das sequentielle Auftreten von Wissenselementen im Protokoll.

Die mit der Methode "lauten Denkens" ins Visier genommene Problemlöse–Episode sollte nur wenige Minuten in Anspruch nehmen, so daß ein einzelnes Protokoll im Mittel nicht mehr als eine halbe A4 Seite einnimmt. Das bedeutet, daß pro Protokollanalyse immer nur eine konkrete Fragestellung oder Teilfragestellung behandelt wird.

Unter Berücksichtigung der oben genannten Aspekte ist eine direkte Befragung des menschlichen Experten dann zulässig, wenn es um eine Beurteilung geht, welche Objekte zur Lösung eines Problems notwendig sind und welche nicht. Dieses kann durch ein Interview geschehen, wobei allerdings berücksichtigt werden sollte, daß der jeweilige Problemraum nicht zu groß gewählt wird.

Somit bleibt es dem Interview vorbehalten, die relevanten Wissenselemente eines Problemraumes zu erfassen, während die Protokollanalyse den "Trace" der Verarbeitung von Wissenselementen im Problemlösungsprozeß liefert. Für letzteres ist es notwendig, die relevanten Wissenselemente zusammen mit den sie transformierenden Operatoren zu erfassen.

Eine solche Kombination von Interview und Protokollanalyse erlaubt die Akquirierung dynamischer kognitiver Prozesse in konkreten Situationen. Darüberhinaus ist es aber in vielen Fällen sinnvoll, statisches Hintergrundwissen zu erfassen, wie es beispielsweise in Form von Lehrbüchern festgehalten ist. Methodisch gesehen, bieten textanalytische Verfahren hierzu eine Vielfalt an Möglichkeiten (vgl. auch MERTEN 1983). Tatsächlich ist die automatische Protokollanalyse eine Variante der Textanalyse, deren Anwendung auf spezifische Texte (nämlich Protokolle "lauten Denkens") begrenzt wird.

Somit bieten sich die drei Verfahren Interview, Protokollanalyse und Textanalyse zur Anwendung in einem integrierten System an, wobei jeder Methode ein bestimmter Analysebereich vorbehalten ist.

a) Interview

Definition von Wissenselementen eines Problembereichs sowie deren Relationen, z.B. mithilfe von

Konstrukt–Gitter Verfahren.

b) Protokollanalyse

Erfassung der Relation zwischen den Elementen eines Problemraumes im konkreten Problemlösungsprozeß.

c) Textanalyse

Erfassung von domänenspezifischem Hintergrundwissen.

4. Wissensrepräsentation in KRITON: Die Zwischenrepräsentation.

Das Ergebnis der obengenannten Wissenserwerbsmethoden wird in eine Zwischenrepräsentationssprache übersetzt. Diese Repräsentationssprache ist hybrid, sie besteht aus zwei Teilen: einer Beschreibungssprache für funktionale und physikalische Objekte, in welcher die generischen Konzepte definiert werden, und einem propositionalen Kalkül, das der Repräsentation prozeduralen Wissens vorbehalten ist.

Der deklarative Teil der Zwischenrepräsentation besteht aus strukturierten Objekten, deren Attribute und Relationen. Diese Beschreibungssprache ist Zielsprache für die Methoden Interview und Textanalyse und dient als Basis für den Frame–Generierungsprozeß. Die Relationen sind klassifiziert, wobei sich die Typologie an BRACHMAN (1983) orientiert, der Benutzer aber zusätzlich die Möglichkeit hat, neue Relationen zu definieren.

BRACHMAN (1983) unterscheidet zwischen zwei verschiedenen Arten taxonomischer Relationen. So klassifiziert er die Relationen generischer Konzepte und die Relationen zwischen Individuen und ihren Klassen. Für ein Wissensakquisitionssystem ist das Erkennen der letztgenannten Relationen außerordentlich schwierig. Das automatische Analyseverfahren ist kaum in der Lage festzustellen, ob bei Nennung des Wortes "Mercedes" die Klasse aller Wagen gemeint ist, die die Bezeichnung "Mercedes" tragen (in diesem Fall müßte ein generisches Objekt erzeugt werden), oder ob Mercedes als konkrete Merkmalsausprägung der Klasse "Auto" erwähnt wird (in diesem Fall wäre es sinnvoll eine Instanz von Auto zu erzeugen). Eine Entscheidung über diesen Sachverhalt setzt Interpretationen voraus, die nur unter Einbezug semantischen und pragmatischen Wissens möglich sind, und dementsprechend mit den derzeit verfügbaren Methoden kaum automatisierbar sind. KRITON erzeugt bei der automatischen Wissensakquisition in einem solchen Fall nur generische Konzepte. Die Entscheidung, ob hier die Instanz eines Konzepts vorliegt, wird dem Benutzer überlassen.

In Anlehnung an BRACHMAN (1983) existieren im deklarativen Teil der Zwischenrepräsentation folgende zweistelligen Relationen, die Beziehungen zwischen Konzepten beschreiben:

a) Taxonomische Relationen:

Teil–von, Physikalisch–Teil–von, Teilmenge–von, Instanz–von, Generalisierbar–durch

b) Objekt–Attribut Relationen:

Eigenschaft, Keine–Eigenschaft, Funktion, Keine–Funktion

Daneben existiert die Möglichkeit, freien Text zu einem Objekt einzugeben. Wird der betreffende Teil der Zwischenrepräsentation in den endgültigen Wissensrepräsentationsformalismus überführt, so muß dieser freie Text entweder weiter analysiert werden, um die entsprechenden (natürlich–

sprachlich formulierten) Relationen zu enkodieren, oder der entsprechende Eintrag wird als Datentyp
"Freier Text" behandelt und so übernommen.

Der erste Teil der Zwischenrepräsentation besteht aus einer expliziten Taxonomie der generischen
Objekte. Im zweiten Teil der zwischengeschalteten Repräsentationssprache werden semantische
Primitiva benutzt, um die in der Protokollanalyse aufgedeckten Beziehungen zwischen den Konzepten zu beschreiben. Da in diesem Teil Handlungswissen dargestellt werden soll, also dynamisches
Wissen, das approximativ den gewählten Problemlösungsweg beschreibt, werden andere Primitiva
benutzt als im deklarativen Teil. Die zur Verfügung stehende Menge an semantischen Primitiva ist
dabei unvollständig und wird für die jeweiligen Anwendungsbereiche (z.B. technische Anwendungen) zu vervollständigen sein. Derzeitig wird die Klassifikation von KUIPERS und KASSIERER
(1983) benutzt.

Dem propositionalen Teil der Zwischenrepräsentation fällt die Aufgabe zu, das vorher durch Interview oder Textanalyse erworbene Wissen erneut als Repräsentation eines menschlichen Problemlösungsprozesses zu erfassen. Es soll sich dabei um "Wissen in Aktion" handeln, d.h. Konzepte
und Relationen, die schon innerhalb der Beschreibungssprache definiert sind, werden nunmehr als
Bestandteil prozeduralen Wissens neu eruiert.

Zum einen erlaubt die zwischengeschaltete Repräsentationsebene die Integration von Wissen aus
verschiedenen Quellen und verleiht dem Werkzeug damit Offenheit in Bezug auf zukünftig zu entwickelnde Erwerbsmethoden. Zum anderen kann sie dazu dienen, Wissensbasen für verschiedene
Expertensystem–Shells bzw. Wissensrepräsentationssysteme zu generieren.

Eine außerordentlich wichtige Funktion der Zwischenrepräsentationsebene ist die Speicherung von
Referenzen. Zur Bewertung eines Ergebnisses des Wissensakquisitionssystems muß sehr oft auf
die ursprünglichen Expertenäußerungen und Texte zurückgegriffen werden. In KRITON sind die
Referenzen auf diese "Ursprünge" immer vorhanden: Im propositionalen Teil der Zwischenrepräsentation ist die erste Argumentposition immer dem sogenannten "Segmentmarker" vorbehalten.
Durch diesen Index kann ständig auf das entsprechende Segment im Protokoll "lauten Denkens"
zurückgegriffen, und für den weiteren Akquisitionsprozeß herangezogen werden.

Wann welche der Wissenserwerbsmethoden eingesetzt werden, hängt nicht nur vom Knowledge
Engineer ab, sondern auch davon, welchen Bedarf an weiter zu explorierenden Begriffen KRITON
auf der Basis des bereits gewonnenen Wissens diagnostiziert.

Dieser Bedarf wird durch den "knowledge base watcher" (im weiteren "Watcher") festgestellt.
Der Watcher kontrolliert die zwischengeschaltete Wissensrepräsentation auf fehlende Elemente hin.
Wenn beispielsweise der Benutzer (Experte oder Knowledge Engineer) während der inkrementellen
Textanalyse verschiedene neue Objekte erzeugt hat, ohne daß diese in einer Beziehung zur taxonomischen Organisation der definierten Objekte des Inhaltsbereichs stehen (mit anderen Worten:
es liegen keine Informationen über Vererbungsrelationen, Teil–von–Beziehungen oder Instanz–Beziehungen vor; die oben genannten, klassifizierten Relationen sind nicht genutzt worden), dann
überprüft der Watcher alle Objekte auf der Zwischenrepräsentationsebene nach fehlenden, möglichen oder notwendigen Relationen (jedes Objekt muß in einer taxonomischen Struktur verankert
sein), benachrichtigt den Benutzer hierüber und ruft bestimmte Akquisitionsmethoden auf, um die
Wissensbasis zu komplettieren.

Hierzu ein Beispiel: Im Zuge der Wissensakquisition wurde eruiert, daß "Motor" eine Teil von
"Auto" ist. Der Watcher würde diese Information nutzen und ein Interview triggern. Innerhalb
des Interviews würde nur die "Laddering"–Komponente zur Exploration taxonomischer Relationen
genutzt. Der Watcher würde innerhalb des "Laddering" an der Stelle einsteigen, an der untersucht

wird, von welcher Art die Teil–von Beziehung "Motor–Auto" ist. Durch Befragung ist nunmehr leicht festzustellen, daß "Motor" im physikalischen Sinn ein Teil von "Auto" ist.

Zu Beginn des Einsatzes einer Erwerbsmethode informiert der Watcher den Benutzer über "Lücken" in der Wissensbasis. Außerdem kann der Benutzer die Auswahl der in einem Interview zu erforschenden Konzepte an den Watcher delegieren. In diesem Falle sucht das Programm nach semantisch verwandten, aber unvollständigen Objekten und steigt an der entsprechenden Stelle in ein Interview ein, um das Gebiet weiter zu untersuchen.Ein Objekt ist per definitionem dann unvollständig, wenn keine der oben genannten taxonomischen Relationen zur Definition des Objekts genutzt wurde.

5. Wissensrepräsentation in KRITON: Generierung der Wissensbasis.

Die Zwischenrepräsentationssprache dient quasi als "blackboard" für die Regel– und Frame–Generierung. Der Frame–Generator erfüllt die Funktion, die in den strukturierten Objekten und deren Relationen repräsentierten Informationen in eine Frame Sprache zu transformieren. Hierbei handelt es sich im wesentlichen um einen einfachen syntaktischen Transformationsprozeß, wobei der Benutzer im Anschluß an die Frame–Generierung die Möglichkeit hat, das Ergebnis der Übersetzung mit einem Struktureditor interaktiv zu korrigieren.

Der Zugriff der Wissensbasis–Generatoren auf die Zwischenrepräsentationsebene ist nicht völlig frei, sondern jeweils auf einen der beiden Teile begrenzt. Der Output der Protokollanalyse ist der Input für den Regelgenerator. Jeweils eine Gruppe von propositionalen Klauseln, die aus benachbarten Segmenten des Protokoll "lauten Denkens" extrahiert werden, wird dem Benutzer zur Regel–Generierung angeboten. Er kann die vorgeschlagenen Proposition entweder zurückweisen oder zur Regelgenerierung heranziehen. Regeljunktoren und –aktoren werden via Menü eingesetzt, Prämissen und Aktionen durch Angabe der jeweiligen Propositionskennung (die Propositionen sind durchnummeriert). Mithilfe eines Regeleditors können eventuelle Fehler der Protokollanalyse korrigiert werden.

Literatur

Bainbridge, L. Verbal reports as evidence of the process operator's knowledge. International Journal on Man–Machine Studies, 11, 411–436, 1979

Bennett, J.S. ROGET: A knowledge–based system for acquiring the conceptual structure of a diagnostic expert system. Journal of Automated Reasoning, 1, 49–74, 1985

Boose, J. Personal construct theory and the transfer of human expertise. ECAI–84, 51–60, 1984

Boose, J. A knowledge acquisition program for expert systems based on personal construct psychology. International Journal on Man–Machine Studies, 23, 495–525, 1985

Brachman, R.J. What IS–A is and isn't: an analysis of taxonomic links in semantic networks. IEEE Computer, 16 (Sonderheft: Knowledge Representation), 1983

Diederich, J. Wissensakquisition. Arbeitspapiere der GMD Nr. 245, 80 Seiten, St. Augustin, März 1987

Diederich, J. Knowledge–Based Knowledge Elicitation. IJCAI–87, 201–204, Morgan Kaufman Publ., Los Altos CA, 1987

Ericsson, K.A. und Simon, H.A. Protocol analysis. Verbal reports as data. The MIT Press, Cambridge, Mass. 1984

Flavell, J.H. und Wellman, H.M. Metamemory. In: R. Kail und J.W. Hagen (eds.), Perspectives on the development of memory and cognition. Hillsdale: Erlbaum, 1977

Frey, W., Reyle, U. und Rohrer, C. Automatic construction of a knowledge base by analysing texts in natural language. IJCAI-83, 727-729, Karlsruhe 1983

Kelly, G. The psychology of personal constructs. New York: Norton, 1955

Kuipers, B. und Kassirer, B. How to discover a knowledge representation for causal reasoning by studying an expert physician. IJCAI-83, 49-56, Karlsruhe 1983

Kuipers, B. und Kassirer, B. Causal reasoning in medicine: analysis of a protocol. Cognitive Science, 8, 363-385, 1984

Laske, O. A cognitive science view of capturing knowledge using verbal reports. Unpublished manuscript, GMD 1985

Merten, K. Inhaltsanalyse. Westdeutscher Verlag, Opladen 1983

Nisbett, R.E. und Wilson, T.D. Telling more than we can know: verbal reports on mental processes. Psychological Review, 84, 231-259, 1977

Nishida, T., Kosaka, A. und Doshita, S. Towards knowledge acquisition from natural language documents – Automatic model construction from harware manuals. IJCAI-83, 482-486, Karlsruhe 1983

Subrahmanian, E. An analysis of a welfare eligibility determination interview: a planning approach. AAAI-83, 398-401, 1983

Waterman, D.A. and Newell, A. Protocal analysis as a task for artificial intellignece. Artificial Intelligence, 2, 285-318, 1971

Explikation medizinischer Beobachtungssprachen

Karl-Heinrich Schmidt

Zusammenfassung

Am Beispiel eines neurologischen Krankheitsbildes - der multiplen
Sklerose - wird zunächst gezeigt, daß die in der Medizin ausgebildete
begriffliche Behandlung von Krankheitsherden (auf Bildern) des menschlichen Körpers ungeeignet ist für die Realisation wissensbasierter
Systeme in der Bildverarbeitung. - In einem zweiten Schritt wird dann
skizziert, mit welchen Mitteln der Mathematik und Mustererkennung die
diffuse Bildbeobachtungssprache der Medizin und damit ein Gutteil
radiologischen Wissens einer Explikation, die nur metrische Begriffe
verwendet, unterzogen werden kann.

1. Vorbemerkung

Der Aufbau von AI-Systemen erfordert ein um so sorgfältigeres Knowl-
edge-Engineering, je diffuser die jeweils behandelte Domäne ist. Für
die begriffliche Behandlung diffusen Wissens finden sich in der Wis-
senschaftslehre Theorieangebote, die zwar nicht immer ein konkretes
Problem lösen helfen, aber doch mindestens den Arbeiten eines Knowl-
edge-Engineers bei der Erzeugung maschineller Modelle Namen zu geben
vermögen: Die Modellierung eines 'Welt'-Ausschnittes ist zunächst und
zumeist konfrontiert mit der Operationalisierung der Sprachen, die in
einer Domäne für die Beschreibung einzelner Phänomene ausgebildet wurden; für Terme dieser Sprachen, deren Bedeutung unklar ist, schlug
Carnap eine 'Explikation' genannte rationale Rekonstruktion vor mit
der Absicht, solchen Ausdrücken "eine neue und präzise Bedeutung zu
geben, um sie für eine klare und strenge Erörterung des Gegenstand-
bereichs brauchbarer zu machen" ([6], p.30).

Die Theorie der Arithmetik von Russell und Frege sowie Tarskis semantische Definition der Wahrheit sind prominente Beispiele der Explikation; außerhalb von Mathematik und Logik wurden etwa Auffassungen der
Zweckgerichtetheit und des adaptiven Verhaltens in der Biologie einer
Explikation unterworfen (cf.[17]).

Wir zeigen nun, wie bei dem Aufbau eines wissensbasierten Systems zur
Analyse einer Klasse von Bildern des menschlichen Schädels ein ganzer
Sprachbereich der Medizin einer Explikation unterzogen werden kann.

Thematisch geht es im folgenden um die Übersetzung des ärztlichen
Blicks in das Begriffsinstrumentarium des maschinellen Sehens. Wir behandeln die Übertragung der sprachlichen Kultur, die die Medizin zur
Beschreibung der Wahrnehmung körperlicher Pathologien ausgebildet hat,
in weitgehend metrisch basierte Techniken der Computer Science und begründen die Notwendigkeit einer solchen Übersetzung. All dies führen
wir exemplarisch durch am Krankheitsbild der multiplen Sklerose.

2. Einleitung

Einleitend möchten wir mit Foucault (cf.[4], p.27ff) für die Medizin
zwei verschiedene Räume des Pathologischen unterscheiden:

```
primärer        '  sekundärer
Raum des        '  Raum des
Pathologischen  '  Pathologischen
```

Fig. 1

Der primäre Raum des Pathologischen ist die von der medizinischen No-
sologie - dem Zweig der Pathologie, der Krankheiten systematisch als
Arten beschreibt - erzeugte Menge von Klassifikationen der in der Medizin akzeptierten Krankheitsbilder. Wissen, das diesem primären Raum
entnommen werden kann, ist für einen Rechner stets eine eindimensio-
nale Eingabe; es enthält keine Bilder.

Wir behandeln nun den sekundären Raum des Pathologischen: womit nichts
anderes gemeint ist als der Sitz der Krankheit im Körper (Anm.1). Dieser Raum wird, sofern er nicht textlich beschrieben sein soll, einem
Rechner durch Bilder präsentiert, deren maschinelle Verarbeitung sich

hinsichtlich ihrer Performanz am Vermögen ärztlicher Wahrnehmung messen lassen muß. Maschinelle Diagnostik, die auch Bilder einbezieht, ist daher konfrontiert mit Traditionen des ärztlichen Blicks entweder auf geöffnete Körper (etwa in der Pathologie) oder auf Bilder vom Körperinneren, die durch Ausnutzen physikalischer Effekte erzeugt werden (etwa in der Radiologie): Die ärztliche Diagnostik, die den Sitz einer Krankheit im Körper einbezieht, basiert auf der Geschichte dieser medizinischen Wahrnehmung.

Diese Tradition hat nun eine Sprache hervorgebracht, die für die Bildverarbeitung mit einem Rechner ungeeignet ist, wie wir im folgenden zeigen werden; insbesondere werden wir sehen, daß es in der Bildverarbeitung ausgeschlossen ist, vorliegende medizinische Daten bei der Übersetzung aus der Welt der Medizin in die Welt der Informatik einfach nur neu zu konzeptualisieren, ohne den Datentyp selbst zu verändern: Die begriffliche Behandlung der Lokalisation eines Krankheitsherdes in der Medizin ist schlechthin ungeeignet für eine Einarbeitung in einen Rechner, so daß diese auf große Teile der Tradition medizinischer Wahrnehmung verzichten und sie neu explizieren muß.

Die diese These im folgenden begründende Argumentation ist wie folgt aufgebaut:

In (3.1) und (3.2) beschreiben wir die medizinische Tradition der Behandlung des sekundären Raumes des Pathologischen anhand der Analyse zweier Texte zur multiplen Sklerose. Zunächst untersuchen wir in der ersten vollständigen Beschreibung dieser Erkrankung die Prädizierungen, die die Krankheitsherde beschreiben sollen (3.1). Darauf untersuchen wir einen neueren medizinischen Text, in dem kernspintomographisch erzeugte Schädelbilder von an multipler Sklerose erkrankten Patienten ausgewertet werden (3.2).

Anschließend skizzieren wir in (4) die Durchführung einer Explikation der in (3.1) und (3.2) vorgestellten Sprache.

Im ganzen Text wird nicht auf Fragen der Benutzeroberfläche von AI-Systemen eingegangen.

<u>3.1</u>

Im Jahre 1863 lieferte der 'pathologische Prosector' Eduard Rindfleisch die erste pathologische Beschreibung der multiplen Sklerose
(cf.[2],p.319) unter dem Titel:

Histologisches Detail zu der grauen Degeneration von Gehirn und Rückenmark. (Zugleich ein Beitrag zu der Lehre von der Entstehung und Verwandlung der Zelle.)

Von Dr. Eduard Rindfleisch,
pathologischem Prosector in Zürich.

(Hierzu Taf. XI. Fig. 5—7.)

Fig. 2

Wir zitieren zunächst einige einen Eindruck von der Sprache des Textes
gebende Passagen und untersuchen dann die Prädizierungen, die pathologische Orte im Körper (Läsionen) erhalten (aus [12], p.474ff):

Unter der Symptomengruppe der sogenannten Tabes dorsalis
war um Pfingsten dieses Jahres im hiesigen alten Spital ein Mann
gestorben; bei der Section ergab sich, dass Gehirn und Rücken-
mark im hohen Maasse jene Form chronischer Entzündung darboten, welche am häufigsten mit dem Namen der grauen Degeneration bezeichnet wird. In den Vordersträngen des Rückenmarkes,
am Fornix, Corpus callosum, Centrum Vieussenii war die Conti-
nuität des Marklagers durch eine grosse Anzahl hirsekorn- bis
erbsengrosser, meist länglicher Heerde unterbrochen, welche die
verschiedensten Stadien des fraglichen Prozesses, von dem Zustande
der überwallenden, grauröthlichen Pulpa bis zu der lückenartig
erscheinenden, grauen Schwiele darboten...

Wenn man die frischveränderten Partien im Marklager des
Gehirnes aufmerksam betrachtet, so gewahrt man schon mit blossem
Auge in der Mitte jedes einzelnen Heerdes einen rothen Punkt oder
Strich, das quer oder schräg durchschnittene Lumen eines mit
Blut überfüllten Gefässstämmchens; am Rückenmarke stellen sich
die ersten Veränderungen so dar, dass die grauen Heerde (auf dem
Querschnitt) keilförmig von der Peripherie in die Substanz der
Vorderstränge eingreifen...

Die feinen Fasern bilden einen dichten, elastischen
Filz; in diesem erblickt man eine grosse Anzahl einzelner Kerne
und einkerniger Zellen neben jenen kleinen Gruppen von Kernen,
welche wir aus der Theilung eines einzelnen Kornes hervorgehen
sahen, und welche zum Theil an einer länglichen und eingeschnürten
Gestalt erkennen lassen, dass sich der Theilungsvorgang an ihnen
noch immer wiederholt...

Das Ganze ist wie ein Schwamm getränkt von einer schlei-
migen, in Wasser etwas gerinnenden Flüssigkeit, welche eine gewisse Menge von Kernen und kleinen einkernigen Zellen enthält,
die ebenfalls als Abkömmlinge der Neurogliakerne zu betrachten
sind.

Fig. 3

Der primäre Raum das Pathologischen wird in dieser Arbeit überhaupt
nur einmal angesprochen; nur in der in Fig.3 auch wiedergegebenen Einleitung des ganzen Textes erfolgt eine Zuordnung des zur Untersuchung
anstehenden Körpers zu einer nosographischen Klasse: "Unter der Symptomengruppe der sogenannten Tabes dorsalis war um Pfingsten dieses
Jahres im hiesigen Spital ein Mann gestorben" (p.474) - das ist alles,
was an Klassifikation im ganzen Papier erfolgt; gleich darauf geht es
an die Sektion des Körpers, die an keiner Stelle auf nosographisches
Wissen zurückgreift.

Die Untersuchung wird gegliedert durch die anatomischen Verhältnisse.
Wir zeigen, daß diese konkrete und individuelle Differenzierungen der
erkrankten Bereiche des Körpers durch Einsatz der folgenden sprachlichen Mittel ermöglicht:

(i) Die zur Beschreibung herangezogenen Vergleiche finden ihre Ver-
     gleichsobjekte zumeist in den Wahrnehmungsgegenständen des All
     tags;

(ii) durch Sektion freigelegte Substanzen erfahren häufig synästhe-
     tische Beschreibungen;

(iii) es gibt keine Coderegeln gegen den Einsatz des Tastsinnes.

Wir betrachten alle in dieser Arbeit vorkommenden vergleichsbildenden
Abjektive und Adverbien pathologischer Auffälligkeiten, wobei 'ver-
gleichsbildend' meint, daß sich das jeweilige Wort im zugehörigen Satz
durch einen mit einer Vergleichspartikel eingeleiteten oder ein Ver-
gleichsverb (ähneln, etc.) enthaltenden Satzteil ersetzen läßt. Im
Körper finden sich:

1. - "hirsekorn- bis erbsengroße ()... Herde" (p.474)
2. - "lückenartig erscheinende()" Schwielen (p.474)
3. - "keilförmig" in die Substanz der Vorderstränge eingreifende Herde
     (p.475)
4. - "faserige" Substanzen (p.475, 479, 480)
5. - "käsige() Knoten" (p.477)
6. - "in fettiger Entartung" begriffene Ganglienzellen (p.478)
7. - "zickzackförmige oder spiralig gebogen(e)" Fasern (p.478)
8. - "schleimige()" Flüssigkeit (p.481)
9. - "rundliche Anhäufungen einer gallertigen Substanz" (p.481f)
10.- "narbige Verdichtung" von Amyloidkörpern (p.482)

Offenbar werden der Seh- und der Tastsinn gleichwertig verwendet zur Qualifikation von Sinnesdaten (cf.[7],p.29f): Definitiv auf dem Sehsinn bezogen sind nur die Vergleichsbildungen in 1.,2.,3. und 7., alle anderen sind entweder dem Gesichtssinn nicht eindeutig zuzuordnen oder Verknüpfungen von Tast- und Seheindrücken, also synästhetischen Charakters. Insbesondere werden damit Tastempfindungen für kommunikabel gehalten, die auch Trennungen vornehmen dürfen: Hier ist es nicht so, daß Benennungen allein entlang der Trennungen laufen, die das Sehen vornimmt.

Wir haben es hier zu tun mit einer "Wahrnehmungs- und Wissensstruktur, welche die klinische Medizin und seither jede Medizin leitet" ([4], p.179): In ihr geht es "nicht nur darum, in eindeutiger Entsprechung das Sichtbare ins Lesbare zu übersetzen und ihm mittels der Universalität einer kodifizierten Sprache Bedeutung zu verleihen, sondern darum, die Worte auf eine qualitative, möglichst konkrete und individuelle Differenzierung hin zu öffnen: daher wird die Farbe, die Konsistenz, das 'Korn' so wichtig; daher wird die Metapher der Messung vorgezogen ....; daher werden synästhetische Qualitäten (glatt, fettig, löcherig) ebenso geschätzt wie empirische Vergleiche und Anspielungen auf die Alltagserfahrung .... ([4],p.182ff).

3.2

Wir behandeln nun einen Text [5] aus dem Jahre 1985, der das Erscheinungsbild der multiple Sklerose auf Kernspintomogrammen beschreibt und dasselbe Interesse wie die soeben untersuchte Arbeit verfolgt: Auch hier möchten die Autoren den sekundären Raum der multiplen Sklerose charakterisieren - allerdings nicht anhand einer geöffneten Leiche, sondern durch Analysen von Tomogrammen wie dem in Fig. 4 abgebildeten:

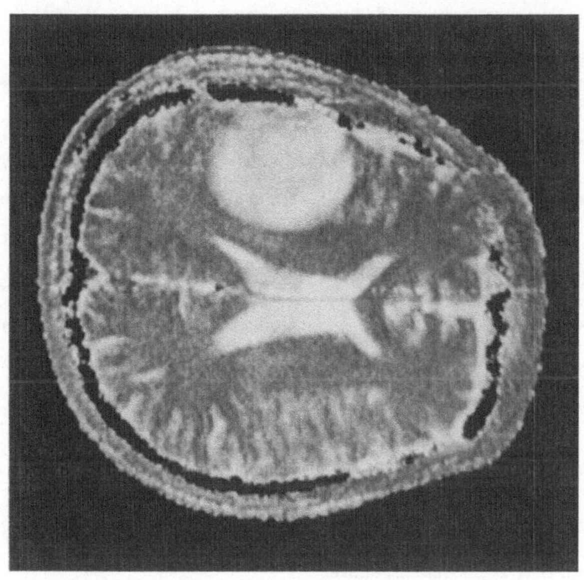

Fig. 4

Wir präsentieren zunächst eine zentrale Passage des ganzen Textes, auf die sich ein Gutteil der nachfolgenden Argumentation stützt (aus [15], p.489; es ist nicht nötig, sich in diesen Text hineinzulesen):

Tab. 1 Häufigkeit eines positiven MRT-Befundes in Abhängigkeit der Herdlokalisation bei 22 Patienten mit multipler Sklerose (ausgewertet wurden nur Läsionen mit einer Herdgröße größer als 3 mm Durchmesser).

Herdlokalisation	Anzahl der Patienten mit positivem MRT-Befund
Hirnrinde	5
Marklager	23
periventrikulär	24
infratentoriell (Kleinhirn, Hirnstamm)	10

Tab. 2 Verteilung von 221 MS-Läsionen nach Herdgröße und Lokalisation bei 22 MS-Patienten (periventrikulär gelegene Läsionen wurden nicht berücksichtigt).

	„großer" Herd (Herdgröße >7 mm)	„sicherer" Herdbefund (Herdgröße 3–7 mm)	„fraglicher" Herdbefund (Herdgröße <3 mm)
Großhirnrinde	2	6	1
Großhirnmarklager			
L. frontalis	15	53	10
L. parietalis	8	39	5
L. occipitalis	8	19	4
L. temporalis	2	10	2
C. interna et externa, Corona radiatio	0	9	4
infratentoriell			
Pons	0	7[a]	4
Med. oblongata	0	2	2
Zerebellum	1	5[b]	3

[a] davon in 1 Fall konfluierende Herde (um den Aquädukt)
[b] davon in 2 Fällen konfluierende Herde (um den IV. Ventrikel)

Tab. 3 Morphologische Muster des periventrikulären Befalls bei MS.

A) Ausdehnung des MS-Befalls von Vorder- und Hinterhörnern im Vergleich zu demjenigen der Pars centralis und der Unterhörner

a) alleiniger Befall der Vorder- und Hinterhörner	n = 5
b) überwiegender Befall der Vorder- und Hinterhörner	n = 11
c) Ausdehnung des Befalls der Vorder- und Hinterhörner entspricht in etwa dem der Pars centralis und der Unterhörner	n = 6
d) kein Befall der Vorder- oder Hinterhörner	n = 0

B) MS-Befallsmuster im Bereich der Pars centralis ventriculi und der Unterhörner

a) einzelne, voneinander abgrenzbare Läsionen (Einzelläsion)	n = 2
b) rundliche, konfluierende Läsionen („Perlschnurkette")	n = 8
c) bandförmige, periventrikuläre Signalvermehrung (Begleitsaum)	n = 7
d) kein Befall der Pars centralis oder der Unterhörner	n = 5

1. Morphologie des einzelnen MS-Herdes

MS-Herde erscheinen in T_1-gewichteten Tomogrammen signalarm und in Protonendichte- oder T_2-gewichteten Aufnahmen signalintensiv im Vergleich zu den umgebenden unauffälligen Gehirnstrukturen. Die signaldifferenten Läsionen waren homogen strukturiert, d. h. daß innerhalb der MS-Herde eine gleichmäßige Verteilung der Signalintensitätswerte vorlag. Die Läsionen kamen in der Regel als rund-ovale Herde zur Abbildung, allein in periventrikulärer Position, in der die dicht beieinanderstehenden Herde zum Teil konfluierten, traten die Läsionen eher als lineare, perlschnurartig konfigurierte Läsionen in Erscheinung (s. 2.). In den SE-Aufnahmen kamen die Läsionen relativ unscharf begrenzt zur Abbildung, während sie in den IR-Tomogrammen scharf konturiert zur Darstellung kamen. Die Größe der MS-Herde war sehr variabel; von kleinsten Herden, die an der Grenze des räumlichen Auflösungsvermögens des Kernspintomographen lagen, bis hin zu einer maximalen Herdgröße von 5 cm konnten alle Herdgrößen beobachtet werden (Abb. 1 u. 2).

2. Verteilungsmuster der MS-Herde

Kernspintomographisch war ein ubiquitärer Befall des Gehirns durch MS-Herde feststellbar. Signaldifferente MS-Läsionen konnten in Rinde und Marklager des Großhirns, in periventrikulärer Lokalisation sowie in infratentorieller Position nachgewiesen werden. In Häufigkeit und Ausdehnung des MS-Befalls wiesen die vorgenannten Regionen deutliche Unterschiede auf (Tab. 1 u. 2).

Regelmäßig und am stärksten ausgeprägt war der MS-Befall in periventrikulärer Lokalisation. Der Schwerpunkt der periventrikulären MS-Manifestation betraf den Bereich angrenzend an die Vorder- und Hinterhörner (Tab. 3, Teil A). Hier beobachteten wir je nach Ausdehnung des Befalls kleine signaldifferente Läsionen, die den Vorder- und Hinterhörnern kappenförmig aufsaßen, bis hin zu großen, beetförmig konfluierenden Herden von mehreren Zentimetern im Durchmesser, die weit in das Marklager hineinreichten (Abb. 3). Im Vergleich zu den Vorder- und Hinterhörnern war der Befall angrenzend zur Pars centralis ventriculi und den Unterhörnern geringer ausgeprägt. In Abhängigkeit von der Ausdehnung des MS-Befalls konnten unterschiedliche Befallsmuster der MS-Herde voneinander unterschieden werden (Tab. 3, Teil B). So beobachteten wir bei 2 Patienten mehr einzeln stehende, gut gegeneinander abge-

grenzte Läsionen, bei 8 Patienten fanden wir sehr dicht beieinanderstehende Herde, die partiell miteinander konfluierten und das Bild einer „Perlschnurkette" ergaben (Abb. 4 u. 5). Im Gegensatz zu den vorgenannten umschriebenen, eher rundlich konfigurierten Läsionen fanden wir bei 7 Patienten eine mehr linear konfigurierte, saum- oder bandförmige Signalvermehrung, die die Pars centralis ventriculi oder die Unterhörner begleitete (Abb. 6).

Das zerebrale Marklager wies im Hinblick auf die Herdausdehnung den zweitstärksten Befall nach der periventrikulären Region auf. Hier kamen rund-ovale signaldifferente Läsionen unterschiedlicher Größe zur Darstellung (Tab. 2). Die einzelnen Marklagerherde waren gut gegeneinander abgrenzbar, häufig bereitete jedoch die Zuordnung von Läsionen zum Marklager oder zum periventrikulären Raum Schwierigkeiten. Die meisten Marklagerherde wurden in Höhe der Seitenventrikelkörper oder supraventrikulär gefunden, demgegenüber wurden weniger temporale Läsionen nachgewiesen.

Fig. 5

Wie für die obige pathologische Arbeit analysieren wir auch hier die Prädizierungen der durch multiple Sklerose (MS) erzeugten Krankheitsherde im zentralen Nervensystem (Anm.3). Die Autoren verwenden bei der visuellen Bewertung von Auffälligkeiten auf den Tomogrammen folgende Kriterien:

(i) Zur Kennzeichnung des 'Signalverhaltens' von MS-Läsionen werden die Kriterien

- Struktur und (1)

- Signalintensität eingeführt; (2)

(ii) zur Kennzeichnung der 'Morphologie' werden die Kriterien

- Form und (3)

- Kontur verwendet; (4)

(iii) ferner werden MS-Herde hinsichtlich ihrer räumlichen Verteilung bewertet nach

- anatomischer Lage sowie (5)
- Befallsmuster und (6)

(iv) schließlich hinsichtlich ihrer

- Anzahl und (7)
- Größe (Anm. 4). (8)

Die Untersuchung dieser Kriterien verläuft in drei Schritten: Im Abschnitt (3.2.1) begründen wir kurz, warum wir die Kriterien 'anatomische Lage'(5), 'Anzahl'(7), und 'Größe'(8) keiner ausführlichen Untersuchung zuführen; dann behandeln wir in (3.2.2) die Kriterien 'Form'(3) und 'Befallsmuster'(6), von denen wir zeigen, daß sie eingebunden sind in eine Tradition der Versprachlichung des sekundären Raumes des Pathologischen, die wir in der Arbeit von Rindfleisch beispielhaft demonstriert haben; schließlich behandeln wir in (3.2.3) die Merkmale 'Struktur'(1), 'Signalintensität'(2) und 'Kontur'(4), die von Radiologen eingeführt werden (können), weil sie Tomogramme mit Läsionen - und nicht Läsionen selbst - betrachten.

3.2.1

Wir verzichten auf eine weitergehende Behandlung der Kriterien

- anatomische Lage (5),
- Anzahl (7) und
- Größe (8),

da sie recht problemlos in eine maschinelle Umgebung übernommen werden können: Das Merkmal 'Anzahl' hat definitionsgemäß Zahlen als Ausprägung, mit denen ein Rechner i.a. recht gut umgehen kann: Er steht beim Zählen sicher erkannter Läsionen einem menschlichen Betrachter nicht nach; aus demselben Grunde unproblematisch ist das Kriterium 'Größe', das von den Autoren durch einen in den Tomogrammen 'mitdargestellten Meßstab' ([15], p.488) schnell mit Zahlenwerten versehen werden kann; schließlich wird die anatomische Lage durch weithin akzeptierte nomina anatomica beschrieben, die ein Rechner einfach als Zeichenkette behandeln kann (Anm.5).

3.2.2

Wir untersuchen nun die Prädizierungen genauer, die für

- das geometrische Kriterium Form (3) und
- die Aussagen über das Befallsmuster (6)

erfolgen (Anm.6).

Hinsichtlich des Merkmals Form erfahren wir in der in Fig. 5 abgebildeten Passage, daß Läsionen

- 'in der Regel rund-oval', 'rund-oval
  signaldifferent'(*),
- 'kappenförmig' (O),
- 'umschrieben, eher rundlich konfiguriert' (*),

zur Darstellung kommen; in Hinblick auf die Befallsmuster erscheinen Läsionen

- 'dicht beieinanderstehend' (*),
- '(zum Teil) konfluierend', 'partiell miteinander
  konfluierend' (*),
- 'perlschnurartig konfiguriert' (O),
- 'beetförmig konfluierend' (O),
- 'einzeln stehend, gut gegeneinander abgegrenzt' (*),
- 'linear konfiguriert' (*),
- 'saum- und bandförmig' (O),
- 'das Bild einer Perlschnurkette ergebend' (O).

Die obigen Prädizierungen lassen sich zwanglos in zwei Klassen einteilen: Die mit einem Stern (*) gekennzeichneten Zeilen beschreiben - wie
genau auch immer - Formen bzw. Befallsmuster, ohne auf Vergleiche zu-
rückzugreifen, bei den mit einem Kreis (O) gekennzeichneten Zeilen ist
das Gegenteil der Fall.

Betrachten wir diesen letzten Typ: Er enthält Vergleiche mit recht
alltäglichen Gegenständen - Kappen, Perlen, Beeten, Säumen, Bändern-,
von denen man annehmen kann, daß ein jeder sie irgendwie kennt: Ubiquität der Vergleichspunkte ist auf jeden Fall gewährleistet.

Unter einer 'Kappe' oder einem 'Beet' kann sich nun der eine dies, der
andere das vorstellen: Determinanz des Gebrauchs der Vergleichspunkte
ist hier offenbar nicht in gleicher Weise gewährleistet wie deren Ubiquität. Dies hindert die Autoren nicht, diese Vergleichspunkte heran-
zuziehen zur Kennzeichnung ganzer Klassen von Bildern, wie die der
Fig. 5 entnommene Tabelle 3B) in den Zeilen b) und c) zeigt:

Tab. 3 Morphologische Muster des periventrikulären Befalls bei MS.

B) MS-Befallsmuster im Bereich der Pars centralis ventriculi und der
   Unterhörner

a) einzelne, voneinander abgrenzbare Läsionen (Einzel-läsion)	n = 2
b) rundliche, konfluierende Läsionen („Perlschnurkette")	n = 8
c) bandförmige, periventrikuläre Signalvermehrung (Begleitsaum)	n = 7
d) kein Befall der Pars centralis oder der Unterhörner	n = 5

Fig. 6

Damit kann im klinischen Gebrauch die Gestalt eines Bildes allein mit
den Worten 'Perlschnurkette' oder 'Begleitsaum' gekennzeichnet werden.

Wir erhalten damit: Die Bildbeschreibungssprache weist hier ein von
ordinary language nicht zu unterscheidendes Maß an Determinanz und

Ubiquität auf. Teile dieser Bildbeschreibungssprache ('Perlschnurkette' und 'Begleitsaum') werden nicht nur als Individuennamen eines
Musters, sondern zur Kennzeichnung einer ganzen Klasse von Mustern
verwendet. Damit bekommen sie den Rang von Prädikaten, an denen hier
die erste Arbeit geleistet wird: durch Differenzierung gegenüber anderen Klassen von Mustern und Einbettung in ein Schema (cf. Fig.6,
Anm.7).

Die mangelnde Determinanz dieser Prädikate erlaubt in der Klinik ein
hohes Maß an Flexibilität bei der Klassifikation von Bildern; dadurch,
daß das Definiens einer Klasse unscharf formuliert wird, ist die Einordnung eines Bildes für den einzelnen Arzt erleichtert: Die Kriterien
verlangen dazu nicht mehr als eine Vorstellung von einer 'Klappe' oder
einem 'Beet' überhaupt. Diese muß nicht explizit gemacht werden - gerade dies ist aber der erste Schritt einer maschinellen Realisierung.

3.2.3

Von den auf p.10 genannten Kriterien behandeln wir nun die Kennzeichnung der Struktur (cf.p.10,(1)), Signalintensität (ibid.,(2)) und Konturen (ibid.,(4)) von Läsionen.

Diese Kriterien erfahren im Text folgende Ausprägungen: Signalbereiche
werden als

- 'signalarm',
- 'signalintensiv im Vergleich zu umgebenden unauffälligen
  Hirnstrukturen' und
- 'signaldifferent (und dabei) homogen strukturiert',

Konturen als

- 'relativ unscharf begrenzt' und
- 'scharf konturiert'

bezeichnet.

Ausprägungen des Merkmals 'Signalintensität'werden also formuliert mit
den Suffices '-arm', '-intensiv', '-different', wobei mit'-different'
lediglich die Tatsache angesprochen wird, daß überhaupt etwas als von

seiner Umgebung verschieden erkannt werden kann. Die Verwendung der
Suffices '-arm' und '-intensiv' profitiert offenbar von keinerlei Expertenwissen und ist eine feine Formulierung für die Unterscheidung
zwischen hell und dunkel: Die Autoren begnügen sich also mit Ausprägungen, die ein jeder, dessen Sehkraft die Unterscheidung von Grau-
tönen erlaubt, vornehmen kann.

Das Merkmal 'Struktur' erhält nur die Ausprägung 'homogen', die in
keiner Weise operationalisiert wird.

Schließlich begnügen sich die Autoren auch bei dem Merkmal 'Kontur'
mit den Ausprägungen 'scharf' - 'relativ unscharf', denen man nicht
ansieht, daß sie von Experten für die Bewertung klinischer Bilder - :
Radiologen - vorgenommen wurden.

Alle Ausprägungen für die drei zuletzt diskutierten visuellen Be-
schreibungskriterien unterscheiden sich - bis auf Formulierungen -
also nicht von Bewertungen, die auch ohne radiologische Erfahrung vorgenommen werden können.

Dieser Sachverhalt muß nun vor dem Hintergrund der Tatsache gesehen
werden, daß Grauwertskalen, die metrische Ausprägungen der Merkmale
'Struktur'(1), 'Signalintensität' (2), und 'Kontur'(4) erlauben, vorliegen und von Radiologen ohne Mühe in ihr Betriebswissen importiert
werden können: Für jedes Tomogramm ist eine numerische Grauwertskala
verfügbar (cf.Fig.4).

Ohne weitere Maßnahmen könnte nun der Signalintensität eines jeden
Bildpunktes ein Zahlenwert zugeordnet werden: so daß man etwa für ganze Bereiche eines Bildes in metrischen Begriffen formulieren könnte,
wie 'hell', wie 'dunkel' oder wie 'homogen' die Grauwertverteilung ist
und wie 'scharf' (:etwa als Differenz von Grauwerten benachbarter
Bildpunkte) Konturen sind. Die einzige Leistung, die dazu von Radiologen erbracht werden müßte, wäre ein Ablesen von Skalen - aber dies geschieht in keinem Papier, das Kernspintomogramme von Patienten, die an
multiple Sklerose erkrankt sind, zum Thema hat [1],[8]-[11],[13],[15],
[16],[19]).

Eine Metrisierung medizinischer Beobachtungssprache wird also auch bei
Kriterien der Bildbewertung, die nicht aus der klinischen Anatomie und
ihrer in (3.1) beispielhaft skizzierten Sprache hervorgegangen sein

können (wie die Beurteilung von Konturen und Signalverteilungen auf Kernspintomogrammen), selbst dann nicht vollzogen, wenn der Schritt zur Verwendung metrischer Begriffe ganz einfach ist.

Fassen wir zusammen: In diesem Kapitel haben wir die Sprache untersucht, die Mediziner bei der Behandlung des sekundären Raumes des Pathologischen benutzen: Wir konnten dabei für die Wahrnehmung von Formen und Mustern eine Tradition nachzeichnen, deren Sprache viele Vergleichsbildungen benutzt und deren Vergleichsgegenstände keine von ordinary language unterscheidbare Uniformität und Determinanz zeigen; für die Wahrnehmung von Merkmalen, die speziell Tomogrammen zukommen (Signalwerte, Struktur, Kontur...), haben wir Ausprägungen gefunden, die sich vom 'naiven' Sprachgebrauch höchstens der Formulierung nach, nicht aber sachlich unterscheiden. Damit ist die sprachliche Behandlung des sekundären Raumes des Pathologischen in der Medizin nicht geeignet als Grundlage eines maschinellen Systems zur Analyse medizinischer Bilder.

<u>4</u>

In diesem Abschnitt beschreiben wir, mit welchen -relativ einfachen - Mitteln eine Explikation der in (3) gekennzeichneten diffusen Beobachtungssprache durchgeführt werden kann. Technische Sachverhalte werden dabei - zumindest der Absicht nach - möglichst vollständig und leserlich eingeführt, aber auch nur soweit, wie es für eine Behandlung des Themas erforderlich ist.

Fast stets gilt für Bilder als Gegenstand einer algorithmischen Bearbeitung auf einem Rechner, daß mit ihnen sehr große Datenmengen anfallen.

Um dieses Komplexitätsproblem aufzufangen, geschieht bei der Bildinterpretation stets dasselbe: Man versucht, die bei einem Bild anfallenden Datenmengen nach 'entscheidenden' Merkmalen zu klassifizieren; deshalb haben "die Verfahren, die auf digitalisierte Bilddaten angewendet werden, ... letztlich alle die Zielsetzung, den Bildinhalt für den menschlichen Betrachter einprägsamer darzustellen" ([5], p. 7). 'Einprägsame' Darstellung meint dabei auch die Strukturierung des Bildinhaltes durch eine für den menschlichen Beobachter überschaubare Anzahl von Objekten. Dies geschieht im allgemeinen dadurch, daß man

einzelne Bildpunkte nach vorgegebenen Kriterien relationiert, welche
man dadurch erhält, daß man Vorwissen über den Bildinhalt (etwa "Der
Patient hat multiple Sklerose und in dem von ihm angefertigten Tomo-
gramm müssen helle Flecken sein") oder Wissen über die Bilderzeugung
("Das vorliegende Bild ist ein Photo, ein Computertomogramm oder ein
Ultraschallbild", etc.) verwendet.

Kriterien, nach denen Bildpunkte auf einem Kernspintomogramm wie dem
in Fig. 4 abgebildeten relationiert werden können, liefert etwa das
Wissen, daß die Helligkeit (der Grauwert) eines jeden Bildpunktes abhängt von bekannten und kontrollierbaren Parametern.

Die Erzeugung einer kleinen Anzahl relevanter Bildobjekte durch Zusammenfassung von Bildpunkten ergibt sich bei diesen Voraussetzungen aus
der Relationierung einander benachbarter Bildpunkte, die hinsichtlich
ihrer Parameterverteilung Gemeinsamkeiten aufweisen: Man versucht, einen Bildpunkt P und einen seiner Nachbarn P' genau dann in einen Bereich (eine Klasse) 'ähnlicher' Punkte zu bringen, wenn ihre Parame-
terwerte sich nicht 'zu sehr' voneinander unterscheiden.

Auf diese Art und Weise läßt sich das Bild in Fig. 4 etwa wie folgt
segmentieren (Anm.8):

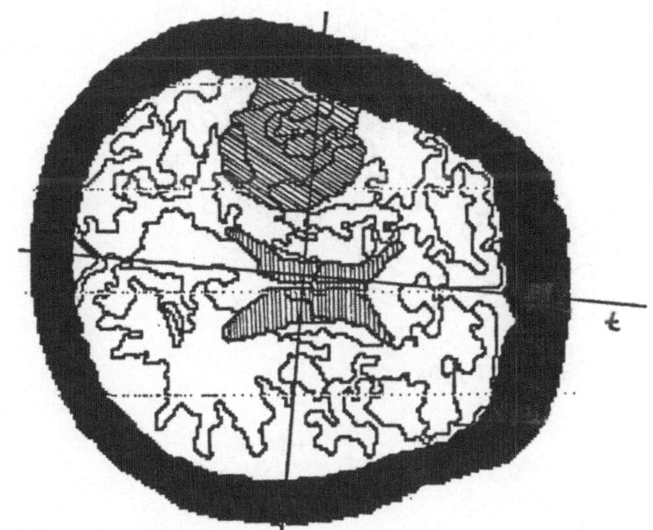

Es ist durch ████████der extrakranielle Bereich,
            ▨▨▨▨▨ein Tumorbereich,
            ▥▥▥▥▥das (anatomisch zentrale) Ventrikelsystem
gekennzeichnet.

Fig. 7

Wir veranschaulichen uns nun, wie durch 'übliche' Mathematik Segmente eines solchen Bildes und damit anatomische Regionen beschrieben werden können.

Wir skizzieren zunächst, wie die in (3.2) behandelten Kriterien <u>Lage</u>, <u>Form</u> und <u>Größe</u> einer Region maschinell realisiert werden können.

Die relative <u>Lage</u> einer Region ist eindeutig bestimmt durch die Angabe ihrer Nachbarregionen; es ist also sinnvoll, auf der Menge der Regionen die Relation 'Benachbart' in folgender Weise einzuführen: Jeder Region des Bildes ordnet man ein Symbol zu; dann erklärt man für zwei Symbole die zweistellige Relation 'Benachbart' für gültig, wenn die von ihnen repräsentierten Regionen im anschaulichen Sinne benachbart sind. Daraus ergibt sich dann eine Deklaration von wahren Sachverhalten, die für die folgende Konfiguration beispielhaft angegeben ist:

Benachbart (M,B_1).
Benachbart (M,B_2).
Benachbart (M,B_3).
Benachbart (M,B_4).
Benachbart (B_1,B_2).
Benachbart $(B_2.B_3)$.
Benachbart (B_3,B_4).
Benachbart $(B_4.B_1)$.

Regionen: M,B_1,B_2,B_3,B_4

Fig. 8

Durch eine solche Menge von Sätzen können relative Ortsbeschreibungen, die noch keine Koordinatensysteme und keine metrische Begriffsbildung voraussetzen, realisiert worden.

Mit der Festlegung eines rotations- und lageinvarianten Koordinatensystems schafft man sich nun über relative Beschreibungen hinausgehend die Möglichkeit, die Lage einesBildelementes (hier: einer Region) metrisch auszuzeichenen.

Ein den anatomischen Verhältnissen entsprechendes Koordinatensystem läßt sich etwa auf folgende Art und Weise gewinnen (c.f.[18]],p.200): Die äußere Begrenzung eines Schädelschnittes betrachtet man als Begrenzung eines Rotationskörpers; für einen vorgegebenen Ursprung O (Anm.9) berechnet man dann die Achse t mit minimalem Trägheitsmoment durch O, wodurch man das in Fig. 7 eingezeichente Achsenkreuz erhält. Damit hat jede Region des Segmentbildes - also auch jede anatomische Region - ihre mit Mitteln der euklidischen Geometrie eindeutig charakterisierbare Lage.

In dem nun konstituierten zweidimensionalen euklidischen Raum ist eine Beschreibung von Formen durch Begriffsbildungen der mathematischen Analysis (e.c. durch Fourierkoeffizienten) leicht durchzuführen.

Fast keinen Aufwand macht schließlich eine metrische Charakterisierung der Flächengröße einer Region: man bestimmt einfach die Anzahl der sie konstituierenden Bildpunkte.

Die in (3.2.3) untersuchten Merkmale Struktur, Signalintensität und Kontur können mit den Möglichkeiten behandelt werden, die auf Tomogrammen angeboten werden: Für sie ist stets eine Grauwertskala vorhanden, die dem Helligkeitswert eines jeden Bildpunktes eine ganze Zahl zuordnet (cf.Fig. 4). Mit diesen Voraussetzungen ist es ein leichtes, die oben genannten Merkmale mit metrischen Ausprägungen zu versehen.

Die 'Schärfe' einer Kontur bestimmt sich e.c. durch Gradientenberechnungen.

Das Merkmal Signalintensität kann man repräsentieren durch Matrizen von Zahlen, die die Grauwerte von Bildpunktbereichen wiedergeben; diese lassen sich leicht operationalisieren.

Wenn man schließlich über dem zweidimensionalen Bildpunktraum eine Grauwertdimension anlegt wie in der folgenden Figur:

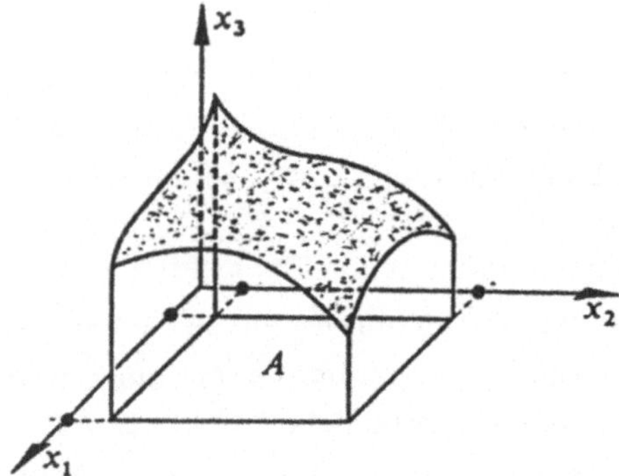

A bezeichne die Bildfläche, über x_3 seien die Grauwerte abgetragen.

Fig. 9

kann die Beschreibung der <u>Struktur</u> erfolgen mit den Mitteln analytischer Geometrie.

Bis auf die Merkmale <u>Anzahl</u> und <u>Befallsmuster</u> haben wir nun alle in [15] genannten ärztlichen Kriterien der Bildbewertung erörtert; ersterem haben wir bereits in (3.2.1) Genüge getan, letzteres ist nach den in [15] angegeben Ausprägungen ein Hybridmerkmal, das Lage- und Formbeschreibungen vermischt (So ist 'bandförmig' in [15] sowohl eine Ausprägung des Merkmals 'Form' als auch des Merkmals 'Befallsmuster'); für eine maschinelle Verarbeitung läßt es sich also auf andere Kriterien zurückführen.

Vergleichen wir nun die Merkmalsausprägungen in der ärztlichen Beobachtungssprache und in der maschinellen Bildverarbeitung, so erhalten wir:

Merkmale		Ausprägung in der ärztlichen Beobachtungssprache	Ausprägung in der masch. Bildverarbeitung
Struktur	(1)	naive Ausprägung ('homogen')	Beschreibung durch analytische Geometrie
Signalintensität	(2)	naive Ausprägung ('hell'-'dunkel')	metrische Skala
Form	(3)	umgangssprachlich	analytische Beschreibung
Kontur	(4)	naive Ausprägung ('scharf'-'unscharf')	metrische Skala
anatomische Lage	(5)	Bezeichung durch nomina anatomica und umgangssprachliche Ortsbeschreibungen	Koordinaten und relationale Beschreibung
Befallsmuster	(6)	umgangssprachlich	-
Anzahl	(7)	metrische Begriffsbildung	metrische Begriffsbildung
Größe	(8)	metrische Begriffsbildung	metrische Begriffsbildung

Fig. 10

Damit ist eine vollständige Explikation vollzogen, die auf klassifika-
torische und komparative Begriffe ganz verzichten kann.

Anmerkungen:

Anm.1: Die Art der Krankheit "schlägt sich in einem Organ nieder, welches dann den Symptomen als Träger dient" ([4],p.29); die Konfiguration einer Art bekommt im Individium einen Ort, wobei durch sympathetische Vorgänge zwischen Lokalization und Konfiguration ein 'Spiel' ermöglicht wird (cf.[4],p.27).

Anm.2: Der Text enthält keine statistischen Analysen.

Anm.3: Im Text heißen diese häufig 'MS-Herde' oder 'MS-Läsionen'.

Anm.4: Diese Kriterien werden in [15] selbst genannt; die Autoren führen die Kategorien der von ihnen 'als methodisch akzeptierbar' angesehen sprachlichen Codierung optischer Eindrücke wie folgt ein:
"Die Bewertung der signaldifferenten Herdbefunde im magnetischen Resonanztomogramm erfolgte nach folgenden Kriterien:

1. Morphologie und Signalverhalten der einzelnen Läsion: Die morphologische Wertung umfaßt die Kriterien Struktur, Form, Kontur sowie Signalintensität der Läsion im Vergleich zum umgebenden gesunden Hirngewebe (in Abhängigkeit der gewählten Sequenz).
2. Anzahl, Größe und räumliche Verteilung der Läsionen: Entsprechend der visuellen Auswertung der Tomogramme wurden die signaldifferenten Herde in die Kategorien "große", "sichere" und "fragliche" Läsionen eingestuft. Durch den Vergleich der Läsionen mit dem im Tomogramm mitdargestellten Meßstab wurde eine approximative Größenbeurteilung der Herde vorgenommen (Herde mit 7 mm und größerem Durchmesser = "große Läsion", Herde zwischen 3-7 mm Durchmesser ="sichere Läsion", Herde kleiner als 3 mm Durchmesser = "fragliche Läsion")" ([15], p.488).

Anm.5: Die zur Beschreibung der antomischen Lage eingeführten Ortsbeschreibungen wie "weit ... hineinreichend", "ringförmig ... positioniert", "in unmittelbarer Nachbarschaft", etc. ([15],p.489ff) untersuchen wir im folgenden nicht; wir bezeichnen sie als umgangssprachlich.

Anm.6: Die Prädizierungen werden im folgenden stets im Nominativ an-
        gegeben.

Anm.7: Wir sehen hier die Einführung eines einen Vergleich benutzen-
        den Gestaltnamens, dessen Vergleichspunkt aus dem Alltag ge-
        nommen wird - ein in der terminologischen Arbeit in der Medi-
        zin üblicher Vorgang in dessen Tradition die vorliegende Ar-
        beit steht. Die Entwicklung etwa von Knochennamen zeigt "eine
        Vielzahl von Vergleichen mit verschiedenen bekannten Gestal-
        ten: mit dem Schnabel eines Vogels, einem Pflug, einem Sieb,
        einem Hammer, einem Schwert.... Diese Vergleiche haben sich in
        den Namen erhalten: Rabenschnabelfortsatz, Siebbein, Pflug-
        scharbein, usw.. Oft wurden mehrere Ähnlichkeiten angegeben
        und wir finden einen längeren Streit darüber, welche Gestalt
        der Form des angegebenen Organs mehr entspricht ([3],p.160).

Anm.8: Wir setzen für das Folgende voraus, daß jede anatomische Re-
        gion sich als Vereinigung der abgebildeten Segmente darstellen
        läßt.

Anm.9: Dessen Definition setzt Kenntnisse über die Bildgebung voraus,
        die wir hier nicht einführen möchten.

Literaturverzeichnis

[1] Brant-Zawadzki, M.: Nuclear magnetic resonance imaging: The
     abnormal brain and spinal cord. In: T.H. Newton, D.G. Potts
     (eds.). Modern Neuroradiology, Vol.2 (Advanced Imaging Tech-
     niques) Clavadel Press, San Anselmo CA 1983.

[2] Brownell, B., Hughes, J.T.: The distribution of plaques in the
     cerebrum in multiple scelrosis. J. Neurol. Neurosurg. Psychiatr.
     25 (1962) 315-320.

[3] Fleck, L.: Erfahrung und Tatsache, Ffm. 1983.

[4] Foucault, M.: Die Geburt der Klinik, hrsg. von Wolf Lepenies und
     Henning Ritter, Ffm., Berlin, Wien: Ullstein 1976.

[5] Haberäcker, P.: Digitale Bildverarbeitung, Grundlagen und Anwen-
     dungen, München, Wien 1985.

[6] Hempel, C.G.: Grundzüge der Begriffsbildung in der emp. Wissen-
     schaft, Düsseldorf 1974.

[7] Hempel, C.G.: Studies in the Logic of Explanation, Philosophy of
     Science, XV (1948), p.135ff.

[8] Johnson, M.A., Li D.K.B., Bryant, D.J., Payne, J.A.: Magnetic
     resonance imaging: serial observations in multiple sclerosis.
     AJNR 1984; 5:495-499.

[9] Keeler, E.K., Coyle, P.K.: Contrast enhancement in NMR imaging by
     selection of radiofrequency pulse sequence and time: examples in
     demyelinating disease. Physio. Chem. Phys. 15 (1983) 235-237.

[10] Lukes, S.A., Crooks, L.E., Aminoff, M.J., Kaufmann, L., Panitch,
     H.S., Mills, C., Norman, D.: Nuclear magnetic resonance imaging
     in multiple sclerosis. Ann. Neurol. 13 (1983) 592-601.

[11] Nelson, M.J.S., Miller, S.L., McLain Jr. L.W., Gold, L.H.A.:
     Multiple sclerosis: large plaque causing mass effect and ring
     sign. J. Comput. Assist. Tomogr. 5 (1981) 892-894.

[12] Rindfleisch, E.: Histologisches Detail zu der grauen Degeneration
     von Gehirn und Rückenmark (Zugleich ein Beitrag zu der Lehre von
     der Entstehung und Verwandlung der Zelle). Virchows Arch. path.
     Anatomie, 26, 1863, p.474ff.

[13] Runge, V.M.A., Price, A.C., Kirshner, H.S., Allen, J.H., Partain,
     C.L., James A.E.: The evaluation of multiples sclerosis by
     magnetic resonance imaging, Amer. J. Roentgenol. (in Druck).

[14] Russell, B.: Principles of Mathematics, New York^2 1938.

[15] Schörner, W., Möhler, D., Baum, K., Girke, W., Weiss. Th., Felix,
     R.: Das Erscheinungsbild der multiplen Sklerose im magnetischen
     Resonanztomogramm. Fortschr. Röntgenstr. 142, 5C (1985),
     p.487-494.

[16] Sheldon, J.J.: MR Imaging of Multiple Sclerosis: Comparison with
Clinical and CT Examinations in 74 Patients, AJR145, p.957ff,
Nov. 1985.

[17] Sommerhoff, G.: Analytical Biology, London 1950.

[18] Stiehl, H.S.: Automatische Verarbeitung und Analyse von kranialen
Computertomogrammen, TU Berlin, 1980.

[19] Young, I.R., Randell, C.P., Kaplan, P.W., James, A., Bydder,
G.M., Steiner, R.E.: Nuclear magnetic resonance (NMR) imaging
in white matter disease of the brain using spin-echo sequences.
Comput. Assist. Tomogr. 7 (1983) 290-294.

Wissen wissensbasierte Programme etwas?

Ein Versuch über den Terminus "Wissensrepräsentation"

Herbert Stoyan

1 Einleitung

Dieser Versuch entstand aus dem Wunsch, mit dem persönlichen Unbehagen an einer Bezeichnungsweise fertigzuwerden, die durch unkritische Verwendung zu einer immer größer werdenden Konfusion auch bei den Fachleuten führt. Darüberhinaus fordert der Beitrag von Kemmerling, in dem die Problematik des Gesamtbegriffes als auch der Konstituenten "Wissen" und "Repräsentation" angesprochen wird, eine Stellungnahme von seiten der KI heraus.

2 Der Begriff

Das deutsche *Wissensrepräsentation* ist eine Übersetzung aus dem englischen *Knowledge Representation* und dient zur Bezeichnung von Aktivitäten zur formalen symbolischen Abbildung (Modellierung) von Weltausschnitten für Programmsysteme der "Künstlichen Intelligenz" (KI).

Dieser Begriff leidet wie so viele ähnliche Begriffe der modernen Wissenschaften an seiner unklaren und umstrittenen Definition. Im Grunde kann man nur den von anderen KI-Forschern akzeptierten Gebrauch dieses Begriffes machen – ob man sich dabei das Richtige vorstellt, wird meist dahin gestellt bleiben müssen. Naturgemäß kann dieser Gebrauch nicht sehr in die Tiefe gehen; die relevante Literatur zeigt exemplarisch die fehlende Auseinandersetzung mit ernst zu nehmenden Begründungen, sie ist dagegen reich in Beziehung auf die technischen Aspekte.

Eine Bestimmung des Begriffsinhaltes würde über die beiden Begriffskomponenten zu erfolgen haben, d.h. von *Wissen* und von *Repräsentation*. Doch leider sind diese beiden ebenfalls unklar und umstritten [30].

Viele (auch einsichtsvolle) KI-Wissenschaftler glauben, daß erst durch einen Übergang in der KI-Forschung von der Konzentration auf *allgemeine universelle Problemlösemethoden* zur Verwendung von *problem-spezifischem Wissen* die mit diesem Terminus verbundene Methodik ins Zentrum der Aufmerksamkeit gerückt sei. Doch wie so manche "Paradigmen"-Wechsel in der Wissenschaft muß man bei kritischer Analyse auch diesen als falsch verstanden oder wenigstens falsch beschrieben qualifizieren. Während man heute diesen vermeintlichen Umschwung auf die Mitte der sechziger Jahre ansetzt, hat Minsky ihn zu dieser Zeit auf den Anfang der Dekade datiert [23]. Doch was war vor diesem Zeitpunkt, das Anspruch auf ein ernstzunehmendes Paradigma hätte erheben können? Zudem hatte McCarthy schon 1958 die Menge von Programmkomponenten (Daten), die sein "Advice Taker" zur "Entscheidungsfindung" manipulieren sollte, als "common sense knowledge" bezeichnet. Heute werden sowohl universelle Problemlösetechniken studiert als auch spezifisches Wissen berücksichtigt.

Wie Wettler [35] ausführt, enthält *Wissen* drei Aspekte: Man sage von einer Person, sie wisse um einen Sachverhalt, (a) wenn diese Person den Sachverhalt für wahr hält, (b) wenn man selbst den Sachverhalt für wahr hält, und (c) wenn diese Person den Sachverhalt beschreiben (begründen) könne. Das englische *Knowledge* erstrecke sich auch auf Fähigkeiten und Kenntnisse, welche nicht erklärt, verbalisiert, werden können. Damit erscheine der Aspekt (c) als nicht vollständig abgedeckt. Andererseits sei es offensichtlich, daß mit Hilfe der Wissensrepräsentation auch nicht vorhandene Sachverhalte bzw. bestehende Sachverhalte auch falsch erfaßt werden könnten. Damit sei auch der Aspekt (b) nicht notwendig (und – wie durch eine Reihe von Autoren durch die Wahl anderer Bezeichnungen wie "belief representation" ausgedrückt – die Komponente "Wissen" durch die Komponente "Überzeugung" zu ersetzen). Zusätzlich, so kann man anführen, kann ein "denkendes" System durchaus auch falsche Aussagen verarbeiten, damit repräsentieren und sei es, um sie zu widerlegen und ihre Konsequenzen aufzuzeigen. Damit ist die Komponente "Wissen" praktisch bedeutungsleer gemacht.

So bleibt nur die pragmatische Verwendung des Terminus: "In der KI ist eine Wissensrepräsentation eine beliebige Kombinationen von Datenstrukturen und interpretierenden Verfahren, die, wenn sie durch ein Programm richtig benutzt werden, zu 'kenntnisreichem' Verhalten führen.[1]"[1, S.143]

Das heißt: Den Begriff *Wissen* benutzt man in der KI-Forschung, um aus der Analogie mit dem Menschen das *Weltmodell* eines problemlösenden Programmes zu charakterisieren. Insofern ist dieser Begriff nur einer von mehreren der psychologisierenden Termini, die in der KI gern zur Beschreibung von internen Realitäten in Programmen verwendet werden. Es dürfen aber erhebliche Zweifel erhoben werden, ob zwischen dem *Wissen* eines Menschen, der sich gewisser erprobter Erkenntnisse bewußt ist, und der bloßen Abspeicherung einer Datenstruktur, die in der Phantasie ihres Entwerfers einen vergleichbaren Zusammenhang "darstellt", als Teil einer Gesamtheit ähnlicher Daten in einem Computerprogramm, irgendein Vergleich möglich ist.

Es gibt so manche – meist wenig glückliche – Analysen des Begriffs "Wissensrepräsentation", die durch Präzisierung des Wissensbegriffes vorankommen wollen (bzw. wollten) und naiv *Repräsentation* als eine passend geartete formale Darstellung annahmen. Überblicksartikel, wie [29], gehen kaum auf die uns interessierende Problematik ein. Kuriose Versuche, wenigstens den Wissensbegriff zu untermauern ("wenn ein Erfasser etwas eintippt, dann sind das Daten, wenn aber ein Experte etwas eintippt, dann ist das Wissen"), können nicht befriedigen. Demgegenüber hat Schefe [30] deutlich zu machen versucht, daß es sich eigentlich um *Wissensrekonstruktion* handelt. Bezogen auf die übernommene erste Begriffskomponente "Wissen" geht man wohl nicht fehl in der Annahme, daß ihre Verwendung inzwischen auch einen wichtigen Werbeaspekt erfüllt: "Wissensbasierte Programmsysteme", und leisteten sie noch so wenig, erscheinen eben konventionellen (vielleicht: "datenbasierten"?) Programmsystemen überlegen, und sei es auch nur in der Einbildung des Anwenders (und für die kurze Zeit vor und nach dem Kauf).

Immerhin hat Schefe (der den Begriff ablehnt, aber für etabliert hält) mit seiner Formulierung von der "formalen Rekonstruktion" des Wissens und deren "Implemen-

---

[1]Alle Übersetzungen englischer Zitate vom Autor

tation" darauf aufmerksam gemacht, daß semantisch das rekonstruierte Wissen mit dem Wissen auf einer Ebene liegt: Mit Formalismen für die "Wissensrepräsentation" wird tatsächlich kein Wissen, sondern die Welt repräsentiert. Im günstigsten Falle ist das Formalisierte als Wissen anzusprechen. Daß der werbewirksame Name "Wissensrepräsentation" gewählt wurde, liegt vermutlich an der so menschlichen Sehnsucht nach echtem Wissen, d.h. absolut wahrer Welterkenntnis.

Schefe spricht mit dem zweiten Teil seiner Formulierung einen zentralen Aspekt des zur Debatte stehenden Begriffes an, die Realisierung auf dem Rechner. Wissensrepräsentation sei, so Wahlster [33] die "operationale sowie formale und damit computergerechte Darstellung von Wissensinhalten". Da Rechner materiell realisierte formale Systeme sind, die eingebene Daten (und darunter sind auch Programme) nach vorgegebenen (bzw. erzeugten) Regeln dieser formalen Systeme manipulieren, ist diese Beschreibung auch für die konventionelle Datenverarbeitung anwendbar, und so werden gewöhnlich Hinweise auf die Qualitätsunterschiede zwischen repräsentiertem Wissen und Daten bemüht, die aber selten überzeugen. Oft werden Hinweise auf die Komplexität der "Wissenselemente" gegeben, um die auf Zahlen und Zeichenketten gerichtete konventionelle *Datenverarbeitung* von der neuartigen *Wissensverarbeitung* zu unterscheiden. Der schon angeführte Aphorismus, ein Datenerfasser gebe Daten ein, während ein Experte Wissen eingebe, geht einerseits über die simple Tatsache hinweg, daß der Datenerfasser auch Programme in eine rechnerlesbare Form bringt und stellt andererseits die sehr in die Irre führende Behauptung auf, der Experte habe zu seinen Zeichenfolgen eine andere Beziehung als der Datenerfasser. Denn das letztere gilt sicher auch für die Daten (der Experte wird bei fehlerhaften Buchungen auch ohne Anleitung stutzen und recherchieren), andererseits könnte auch der Datenerfasser das hingeschriebene "Wissen" als Daten behandeln. In die Irre geht die Bezeichnung deshalb, weil sie suggeriert, die formalen "Wissensstrukturen" – als Zeichenfolgen sichtbar – "bedeuteten" irgend etwas, schon an sich. **Ein maschineller Rechner aber führt immer nur "mechanische" Transformationen an bedeutungsleeren Strukturen aus.** Alle formalen Systeme sind auf die unterschiedlichste Weise interpretierbar, oft sind die Interpretationen zwar immerhin ausreichend ähnlich ("isomorph" – die Metamathematik hat sich seit Beginn dieses Jahrhunderts mit diesem Problem herumgeschlagen und ein ausgefeiltes Begriffssystem für die Beschreibung verschiedener Aspekte von formalen Systemen entwickelt), aber bei einigermaßen reichen Systemen ist die Modellvielfalt unübersehbar. Jedenfalls haben formale Strukturen nur insofern für das formale System Bedeutung, als sie transformierbar sind: "Zu glauben, daß ein formales Symbol irgendeine Bedeutung außer der habe, die durch die Struktur der Formalisierung, in der es vorkommt, spezifiziert wird, daß es irgendeine innewohnende (engl. intrinsic) Bedeutung habe, bedeutet, einen besonders unglücklichen Irrtum zu begehen." (Hayes, [12]).

Auch Hußmann und Schefe stellen die Frage, "inwieweit symbolverarbeitende Prozesse überhaupt Verstehen konstituieren können: Haben die Symbole eines formalen Systems eine Bedeutung, die über die Einschränkung möglicher Interpretationen hinausgeht (schließlich gibt es stets mehr als ein Modell, wie präzise die Beschreibung auch sein mag (Hinweise auf Putnam und Hayes)), und die unabhängig von der Bedeutung ist, die wir den Symbolen zuordnen? Ein natürlichsprachliches System kann erfolgreich mit Begriffen operieren, ohne sie zu verstehen – solange die Regeln, nach denen es die entsprechenden Symbole manipuliert, konsistent sind mit den Bedeutungen, die wir mit den Symbolen verbinden. Die Referenzbeziehung zwischen den Symbolen eines formalen Systems und der realen Welt ist weder formal noch durch die (physikalischen) Gesetze dieser Welt vollständig beschreibbar..." [13].

3   Herkunft des Begriffes

Seit wann wird eigentlich der Terminus "Wissensrepräsentation" verwendet? Wer hat ihn eingeführt? Obwohl meines Wissens nach niemand ihm das Verdienst der Erfindung zuschreibt, kann doch ziemlich klar gesagt werden, daß es M. Minsky war, der als erster von "Knowledge Representation" gesprochen hat. In einer Reihe von Arbeiten (Steps towards Artificial Intelligence (1960); Descriptive Languages and Problem Solving (1961); Matter, Mind, and Models (1965); die Introduction zu "Semantic Information Processing" (1967) – außerhalb dieser Reihe: Problems of Formulation for Artificial Intelligence (1962), Artificial Intelligence (1966)) hat sich Minsky mit dem Problem der *Repräsentation und Verarbeitung von Erfahrung* durch problem-lösende Programme beschäftigt.

Schon vorher bzw. gleichzeitig hatte sich die (Un-)Sitte ausgebreitet, Programmzustände bzw. -ereignissequenzen mit psychologischen Termini zu beschreiben. Diese Sprechweise findet sich von Anfang an in Arbeiten dieses Fachgebiets, und man ist versucht festzustellen, daß die Forscher durch Verwendung von Termini, die für die Beschreibung menschlicher Fähigkeiten verwendet werden, die erstrebte Qualität ihrer Programme gewissermaßen beschwören wollten (und sie tun das noch heute). So kann man eine Qualität, wenn sie technologisch noch nicht erreichbar scheint, wenigstens dem Machbaren verbal zusprechen. Beispiele für solche Sprech- (oder Schreib-)weisen sind:

Man kann einem Programm etwas *sagen* (McCarthy, 1958: telling it [17, S.77])
ein Programm *hat Wissen* (McCarthy, 1958: knowledge of the advice taker
   [17, S.77])
ein Programm *weiß* etwas (McCarthy, 1958: what it knows [17, S.78])
ein Programm *hat Alltagsverstand* (McCarthy, 1958: program has common sense
   [17, S.78])
ein Programm *macht Erfahrungen* und *lernt* von ihnen (McCarthy, 1958: programs
   that learn from their experience [17, S.78]; Minsky, 1966: programs ... apply ...
   experience [24, S.252])
ein Programm kann *lernen*, wenn es *belehrbar* ist (McCarthy, 1958: in order for a
   program to be capable of learning something it must first be capable of being
   told it [17, S.79]; McCarthy, 1959: an intelligent program must have a way of
   representing facts before it can be expected to learn from experience [17, S.78];
   Minsky, 1961: the machine did learn to solve ... problems [28, S.21])
ein Programm *hat ein Gedächtnis* und kann sich an Geschehnisse *erinnern*
   (McCarthy, 1958: the machine remembers [17, S.78])
ein Programm kann etwas *entdecken* (McCarthy, 1958: the discovery by the
   machine [17, S.78]; Minsky, 1961, 1966: the program ... discovers [28, S.26]
   [24, S.251])
   insbesondere eine *Abstraktion* (McCarthy, 1958: one wants a machine to be able
   to discover an abstraction [17, S.78])
ein Programm kann *programmieren* (McCarthy, 1958: the system should be able
   to program in some general purpose programming language [17, S.79])

ein Programm kann *Begriffe entwickeln* (McCarthy, 1958: the machine must have or
evolve concepts [17, S.79])
ein Programm *versucht* etwas (Gelernter, 1958: it will attempt [9, S.6]; the machine
... will seek to prove [9, S.7]; McCarthy, 1958: the program should never
attempt [17, S.80]; Minsky, 1961: the program tries to find [28, S.20/21])
ein Programm *sieht* (McCarthy, 1958: the routine looks [17, S.83]; the machine
would see [17, S.84]; Minsky, 1961, 1966: the program looks [28, S.26] [24, S.251])
ein Programm *kann etwas feststellen* (Minsky, 1961: if a machine can recognize
a chair and a table, it surely should be able to tell us...[28, S.16])
ein Programm *sucht* und *findet* etwas (Minsky, 1966: the computer finds by this
search ...[24, S.248])
ein Programm *beweist* etwas (Gelernter, 1958: it could prove [9, S.4])
ein Programm *prüft seine Ziele* (Gelernter, 1958: such a machine will ... examine its
goals [9, S.6])
ein Programm *analysiert* eine Situation (Minsky, 1961: by actually analyzing the
situation ... the machine may obtain a really fundamental improvement[28, S.9])
ein Programm *klassifiziert* Problemsituationen (Minsky, 1961: a resourceful
machine must classify problem situations[28, S.10])
ein Programm *entscheidet* etwas (Minsky, 1961: the machine will have to decide
[28, S.10]; Minsky, 1966: the programs ... makes ... judegements [24, S.248])
ein Programm *wählt etwas aus* (Selfridge, 1958: the machine ... chose sequences...
[31, S.9]; Minsky, 1966: the program ... can select this move with confidence
[24, S.248])
ein Programm *bewertet* (Minsky, 1966: the program ... assesses the merits of the ...
position [24, S.248])
ein Programm *hat eine mentale Welt*, es *denkt* (Minsky, 1961: the structure of the
names will have a crucial influence on the mental world of the machine, for it
determines what kinds of things can be conveniently thought about[28, S.11])
ein Programm *fragt* (Minsky, 1961: GPS now asks...[28, S.26])
ein Programm führt *intellektuelle Aktivitäten* aus: (Minsky, 1966: machines ... set
up goals, make plans, consider hypotheses, recognize analogies and carry out
various other intellectual activities...[24, S.247])

Diese Liste ließe sich mühelos um Aussagen aus allen Jahren zwischen 1966 und
heute verlängern und aktualisieren. Für einige Formulierungen, insbesondere die
McCarthys, gilt, daß ein hypothetisches Programm beschrieben wird.

Viele KI-Forscher werden einwenden, mit diesen Worten meine man doch nicht
wirklich, daß der Rechner sehe, bewerte, frage usw., sondern bediene sich einfacher
Bilder, um nicht umständlich sprechen zu müssen. Wenn dem so wäre, könnte man
sich einem anderen Thema zuwenden – dabei vielleicht glücklich oder unglücklich
über die gewählten Bilder sein.

Minsky aber vertritt einen weitergehenden Standpunkt. Er ist überhaupt der
erste, der sich öffentlich Gedanken macht über diese Sprechweise, nachdem gerade er
sie überall und exzessiv verwendet (s. auch [15]).

1961 spricht er noch sehr vage von der "mentalen Welt der Maschine", in der
"Beschreibungen" eine wichtige Rolle spielen, oder vom "Modell der Problemsituation" ("ein Modell ist eine Art von aktiver Beschreibung" [28, S.11]). "Semantische Modelle" [28, S.25] werden auch im Zusammenhang mit dem Problemlösen
behandelt als Mittel, konkrete Eigenschaften einer Problemsituation durch Analyse

des Modells statt durch aufwendiges Suchen zu finden. (Das Beispiel ist der geometrische Beweiser, der die Figuren intern so darstellt, daß er Hilfssätze durch beispielhaftes Ausmessen von Winkeln und Längen verifiziert bzw. widerlegt.) Man kann aber keineswegs sagen, daß Minsky diesem Gegenstand wesentliche Aufmerksamkeit beigemessen hätte. Im Zusammenhang mit der Mustererkennung geht er tiefer auf das Problem der Beschreibung der erkannten Objekte ein, streift kurz die Notwendigkeit einer "Ausdruckssprache zur Formalisierung von Beschreibungen" [28, S.16] für Objekte, die die Mustererkennung zu liefern habe. In diesem Zusammenhang präsentiert er den Vorschlag eines "character-algebra" Modells.

Im Kontext der "induktiven Inferenz" geht er von einer Maschine aus, die eine Weltbeschreibung produziert, weil sie Regelmäßigkeiten oder Naturgesetze entdecken will [28, S.27]. Schließlich geht er auch auf die Problematik der Selbst-Modellierung ein. In der Bibliographie führt Minsky die relevanten Arbeiten auf unter "planning schemes" (internal models of the world, use of semantic models, use of simplified possibly homomorphic models, construction of internal abstract models), unter "natural language" (language and coding for models – danach folgt allerdings die Codierungstheorie), und natürlich wird man unter "memory and information retrieval" Verwandtes erwarten dürfen.

Minsky rechtfertigt zugleich den Gebrauch der psychologischen Termini nur in einer kurzen Bemerkung: "Obwohl es richtig ist, daß das Sprechen über Ziele in gewissen Kontexten uns in die Richtung auf gewisse Arten von animistischen Erklärungen führt, muß dies keine schlechte Sache auf dem Gebiet des Problemlösens sein; es ist schwer vorstellbar, wie man Probleme lösen kann, ohne an Zwecke zu denken... [28, S.11].

Wenig später kommt Minsky zum Schluß, daß "Erfahrung", die beim Problemlösen gewonnen wurde, für späteren Gebrauch bereitzustellen ist, damit "Fortschritte" gemacht werden können. Obwohl die Beschreibung selbst nicht präzise sein müsse, sei zur Darstellung eine "adäquate Beschreibungssprache" erforderlich. Diese müsse "...allgemeine Aussagen sowohl über den Problembereich als auch über die Problemlösemethoden ..." erlauben sowie "logische Ableitungen". In diesem Zusammenhang bespricht Minsky bereits die Verwendung eines logischen Kalküls zur Situationsbeschreibung und hat seine Bedenken betreffs der Eignung der formalen Logik, denn diese erfordere, "... alle Voraussetzungen aller Aussagen müssen eine Bedingung über den Systemzustand enthalten, und dies wird für komplexe Systeme überwältigend aufwendig..."[27] Desweiteren müsse die Sprache mit einer Abkürzungstechnik verwendet werden können, damit die meistverwendeten Begriffe auch durch kurze Repräsentationen bezeichnet werden können. Dies sei Voraussetzung dafür, daß Hypothesen oder Verallgemeinerungen gebildet werden können. Die Notwendigkeit, in der symbolischen Sprache auch abstrahieren zu können, sei dringend.

Für seinen Überblicksartikel im Scientific American [24], in dem allein Minsky den Programmen von 1966 praktisch alle Attribute menschlicher geistiger Tätigkeit zumißt, glaubte er eine Absicherung wenigstens gegen das Argument aufzubauen zu müssen, der Rechner könne Probleme nur lösen, wenn jeder Lösungsschritt klar durch den Programmierer spezifiziert sei. Dies sei nämlich "gefährlich in die Irre führend". Gerade im Falle des Analogieprogrammes von Evans habe man die Grundkonzepte zwar verstanden und in das Programm eingebaut, aber man habe keine Vorstellung von dem Niveau vergleichbarer Testergebnisse von Menschen gehabt, auf dem die von der Maschine erreichten Resultate liegen würden. Dieses Argument selbst geht natürlich in die Irre. Es gibt so manche menschlichen Produkte, die sich ohne klare Konzeption oder Beherrschung des Ganzen durch Konzentration auf einzelne Komponenten erzeugen lassen. Eine experimentelle Tätigkeit wie das Programmieren, bei der so schnell sehr große und komplexe Systeme aufgebaut werden können, belegt nicht dadurch, daß der Schöpfer sein Produkt nicht mehr versteht, dieses sei nicht deterministisch oder klar, sauber oder formal spezifizierbar.

1967 verwendet Minsky wörtlich den Terminus "Knowledge Representation" – wenn auch noch nicht durchgehend. Dies erfolgt im Rahmen einer Einführung [23] in damals hochaktuelle Arbeiten auf dem Gebiete der "Künstlichen Intelligenz", die Marksteine der Machbarkeit setzten. Diese Arbeit scheint in Vergessenheit geraten, hat aber eine große Bedeutung für die "Wissensrepräsentation". Man kann Minsky keinesfalls vorwerfen, er habe den Terminus unreflektiert eingeführt. Offensichtlich fand und findet Minsky die Übernahme "mentalistischer Termini" – wie er die aus der Psychologie stammenden nicht-behavioristischen Begriffe nennt – von großem erkenntnisfördernden und heuristischen Wert (er spricht von "powerful concepts"). Bevor wir genauer auf Minskys Argumentation eingehen, müssen wir noch auf den frappierenden Unterschied aufmerksam machen, der zwischen der Einleitung von Minsky und den in dem Sammelband enthaltenen Promotionsschriften konstatiert werden kann: Während die Autoren der Beiträge peinlich die psychologischen Termini vermeiden, bzw. sie systematisch in Anführungsstriche schreiben, bedient sich Minsky ganz frei und systematisch dieser Worte.

Minsky schreibt: "Manche Leser mögen verstört werden durch meinen freien Gebrauch psychologischer Termini, die, wie im Falle von "Bedeutung", üblicherweise nicht so offen benutzt werden, um das Verhalten von Maschinen zu beschreiben. Aber meiner Meinung nach sind diese mentalistischen Termini keine oberflächlichen Analogien. Denn gerade die hier beschriebenen Computerprogramme bestätigen die Gültigkeit und Fruchtbarkeit der intellektuellen Revolution, die von der Entdeckung ausgelöst wurde, daß immerhin einige mentalistische Beschreibungen von Denkprozessen in Spezifikationen für den Entwurf von Maschinen – oder, was dasselbe ist, für den Programmentwurf – verwandelt werden können." Minskys Meinung nach spräche die Qualität der Programme für sich. Auch gebe es keine andere Gruppe von Experimenten, die von der positivistischen, behavioristischen Tradition abweichen, die vergleichbar ist. Statt der behavioristischen Ablehnung von Begriffen wie "Ziel" und "Bedeutung" biete sich die Alternative an, nützliche "mechanistische" Interpretationen der mentalistischen Begriffe zu finden, die einen echten Wert haben. Diese sei praktizierbar und in ihrer einfachsten Form mit der Kybernetik, in einer entwickelteren Form mit dem, "was wir Künstliche Intelligenz nennen", verbunden.[23, S.2]

Gegen dieses Argument kann ein Informatiker nicht argumentieren. Dies ist Sache der Psychologen. Bekanntermaßen ist das Symbolverarbeitungsparadigma durch Newell, Simon und wohl auch Minsky in die Psychologie eingebracht worden und dort sehr aktuell. Zwar erscheint es für einen Außenstehenden erstaunlich, mit welcher Naivität anscheinend Verarbeitungsmodelle der Informatik (insbesondere das *Produktionensystemmodell*) aufgenommen und untersucht werden (Newell hat aus Zeitmessungen an Regelprogrammen für Produktionensysteme sogar Schlüsse auf menschliches Verhalten ziehen wollen, wenn dieses in vergleichbaren Zeiten ablief!), aber umgekehrt werden die Psychologen die Übertragung ihrer Begriffe durch die KI als "ebenso naiv" charakterisieren.

Jedenfalls steht fest, daß Minsky nicht deshalb von "Wissensrepräsentation" spricht, weil damit *menschliches Wissen* repräsentiert (oder "rekonstruiert" – wie Schefe [30] zu formulieren vorzieht) würde, sondern **weil damit Wissen der Maschine (des Programmes) repräsentiert wird.**

Minsky hielt all die Programme, über die der Sammelband "Semantic Information Processing" berichtete, für Programme, die erste wichtige Ansätze zur Wissensrepräsentation gemacht hätten. Ihr Anliegen sei, Beschreibungen von Situationen zu konstruieren und zu manipulieren. Der Grund für ihre Leistungsfähigkeit sei, daß sie mit passenden Methoden für die anvisierten Problemklassen versorgt seien und mit genügend Faktenwissen über spezielle Probleme ausgestattet seien. Nur in dem Ausmaß, wie dieses Wissen passend repräsentiert sei, kann die Verwendung durch das Programm "intelligent" sein, in dem Sinne, daß es die Information zu verstehen scheint. Am Beispiel von STUDENT versucht Minsky Ebenen der Wissensrepräsentation aufzuweisen. Dabei erkennt er auch in dem Programm zur Lösung der Gleichungen repräsentiertes Wissen.

Zu repräsentierendes Wissen umfasse Fakten über Objekte, Relationen zwischen Objekten, Fakten über Fakten, Klassen von Fakten, Relationen zwischen solchen Klassen und werde dargestellt durch Aussagen, Definitionen, Assoziationen... Überhaupt könne Intelligenz nicht abgetrennt von einem hochorganisierten Korpus von Wissen, Modellen und Prozessen existieren. Dem kann man nur zustimmen – doch bleibt das Problem offen, ob diese Voraussetzungen in Rechnern realisierbar sind.

4 Können Computer wissen?

In einer Grundsatzarbeit [21] von 1982 hat Minsky noch einmal die Argumente ausgebreitet, mit denen er begründet, daß es unsinnig sei, zu glauben, Computer könnten nicht denken. Die Diskussion ist ohne Zweifel eng mit unserer Frage verwandt, ob sie etwas "wissen" können.

Das Hauptargument basiert auf der bisher nicht erfolgten oder jedenfalls unbefriedigenden Definition der Termini (verstehen, etc) bzw. auf dem nicht vorliegenden Verständnis davon, wie der menschliche Geist (das Gehirn) arbeitet. Offensichtlich ist Minsky optimistisch, daß unter der Annahme eines solchen Verständnisses, die Maschinenintelligenz nicht schlecht abschneiden würde.

Insbesondere gelte, daß zum Verstehen nicht ein Selbstbewußtsein erforderlich sei, Verstehen bedeute vielmehr Konstruktion und Informationsverarbeitung. Rechner müssen kein Selbstbewußtsein haben, denn auch bei Menschen ist es nur eine Illusion oder jedenfalls anstatt eines "elementaren Partikels" eine extrem komplexe Konstruktion.

Desweiteren, wenn Bedeutungen durch mathematisch saubere Vorgehensweise festgelegt werden müßten, könnte kein Computer und kein Mensch etwas über die reale Welt wissen.

Computer könnten überhaupt mehr, als man allgemein glaube (Symbolmanipulation, Programmieren nicht nur als anweisungs-orientierte Planerstellung, einfaches Lernen, Fehler, Denken mit Analogien, mehr als logische Ableitungen vornehmen).

Wir stimmen mit Minsky darin überein, daß die Kritiker der KI bisher nur völlig unakzeptable Definitionen der geistigen Aktivitäten des Menschen vorgelegt haben, so daß die Bemühungen, sie Maschinen abzusprechen, bisher eher als "kläglich gescheitert" qualifiziert werden können. Insofern sind seine Argumente durchaus akzeptabel, was die allgemeine Konstatierung des wissenschaftlichen Zustandes und die beiden Bemerkungen zu den Teilaspekten Selbstbewußtsein und Bedeutung betrifft. Und die aktuellen KI-Programme leisten in der Tat Erstaunliches. Dennoch mag die Frage gestattet sein, ob es denn einen Sinn hat, bekanntermaßen undefinierte oder schlechtdefinierte Termini (die wir auch noch hoch bewerten) für die Qualifizierung künstlich gemachter Produkte anzuwenden.

Wir können Minsky hier auch angesichts der aktuellen Resultate der KI (d.h. der realisierten Programme) **nicht** folgen. Wenn wir auch mit ihm keinen Grund sehen, weshalb Computer oder andere vom Menschen gebaute Maschinen (d.h. *künstliche* Geräte) nie denken, wissen oder andere geistige Aktivitäten des Menschen, für die Intelligenz erforderlich scheint, ausführen können sollen, so müssen wir doch bei der Feststellung bleiben, daß *die formale Verarbeitung von Datenstrukturen,* bei der ohne Gefahr völlig bedeutungslose Komponenten die für uns Bedeutung tragenden ersetzen können, *nichts mit Verstehen und Denken zu tun hat.*

Wissensbasierte Programme von heute **wissen also nichts**; auf sie ist der Begriff nicht anwendbar. Deshalb wäre *modellbasierte Programme* eine bessere Bezeichnung.

Dies scheint auch die Meinung von Hayes, Schefe und anderen zu sein. Die gemeinsame Haltung ist, die Wissensrepräsentation als eine Aktivität (oder ein Resultat) anzusehen, bei der *menschliches Wissen so aufbereitet wird, daß es zur Simulation von intelligentem Verhalten tauglich erscheint.*

5 Wissensrepräsentation ist Programmierung

Wir schlagen nun den logisch nächsten Schritt vor: So wie die Programmierung schon immer Rekonstruktion von menschlichem Wissen war (oder hätte sein sollen [34]), ist dieser Begriff die ideale Verallgemeinerung von "Wissensrepräsentation", um die zentralen pragmatischen Aspekte der Aktivität "Wissensrepräsentation" – die bei der Bezugnahme auf den psychologischen Hintergrund verloren gehen – zu umfassen und zu betonen. Es gibt auch sonst gute Gründe, die Wissensrepräsentation als eine Klasse von Programmierarten (-stilen) zu verstehen [32]. Wegen der weithin akzeptierten funktionalen Programmierung muß man zum einen ohnehin den Programmierbegriff verallgemeinern und darf nicht Programme mit Folgen von Anweisungen ("Prozeduren") identifizieren, sondern hat in ihnen formale Strukturen zu sehen, für die der Rechner Interpretationsregeln hat, um aus ihnen ein beabsichtigtes Resultat zu erzeugen (siehe die Argumentation von Minsky in [21]!). Zum zweiten sind die "Wissensstrukturen" immer Elemente von Programmen, und als solche an der Verarbeitung beteiligt. Ob man diese Beteiligung als *aktiv* oder *passiv* ansehen will, ist allein eine Sache des Standpunktes (vergl. die unseres Erachtens fruchtlose Debatte zwischen "Deklarativisten" und "Prozeduralisten" [36]). Drittens gebietet es die Parallelität mit konventionellen Programmiersprachen, die aus den "Wissenskomponenten" abgeleiteten Schlußfolgerungen als andere Art von *Arbeitsdaten* anzusehen. Aus demselben Grunde bietet es sich an, die sog. "Inferenzmaschine" der wissensbasierten Systeme als *Programmierspracheninterpreter* aufzufassen. Dies hat sich bei der "logik-basierten" Programmiersprache PROLOG längst eingebürgert. Schließlich zeigt es sich bei der praktischen Wissensrepräsentation, daß gewisse prozedurale Elemente – aus Effizienzgründen – in die beschreibenden Strukturen bei der Mehrzahl der Formalismen einfließen müssen oder sowieso einfließen.

6 Schluß

Minsky hat sehr schön herausgearbeitet, daß die intellektuellen Fähigkeiten, die uns Menschen schwer fallen, häufig auf einfache formale Manipulationen zurückgeführt werden können, die ein Computer leicht ausführen kann (d.h. für die wir Programme leicht schreiben können). Die Denkprozesse, die wir zur Bewältigung unserer alltäglichen Probleme ständig in Gang setzen müssen, sperren sich derzeit noch der Modellierung mit Wissensrepräsentationsformalismen. Ein Durchbruch auf diesem Gebiet (oder ein Unmöglichkeitsbeweis) hätte fundamentale Auswirkungen auf die Lehre von der Wissensrepräsentation und auf die interdisziplinär mit der KI verbundenen Wissenschaften.

7 Literatur

[1] Barr, A.; Feigenbaum, E.A.; Cohen, P.R.: The Handbook of Artificial Intelligence. Morgan Kaufmann, Los Altos, 1981

[2] Bibel, W.: Knowledge Representation from a Deductive Point of View. TU München, Bericht ATP-19-V-83

[3] Brachman, R.: On the Epistemological Status of Semantic Networks. in: Findler, N.V.: Associative Networks: Representation and Use of Knowledge by Computer. Academic Press, New York, 1979

[4] Brachman, R.; Levesque, H.J. (Hrsg.): Readings in Knowledge Representation. Morgan Kaufmann, Los Altos, 1985

[5] Brachman, R.; Smith, B: Special SIGART Issue on Knowledge Representation. SIGART Newsletter 70 (1980)

[6] Davis, R.; King, J.: An Overview of Production Systems. STAN-AIM-271, Stanford University, 1975

[7] Findler, N. (Hrsg.): Associative Networks – Representation and Use of Knowledge by Computer. Academic Press, New York, 1979

[8] Frost, R.: Introduction to Knowledge Base Systems. Collins, London, 1986

[9] Gelernter, H.: A Note on Syntactic Symmetry and the Manipulation of formal Systems by Machine. IBM Res.Rep., IR-00185, Aug. 1958

[10] Görz, G.: Anwendungen Nicht-Prozeduraler Programmierung: Wissensrepräsentation. GI-Jahrestagung 1984.

[11] Habel, C.: Logische Systeme und Repräsentationsprobleme. in: Neumann, B.(Ed.): GWAI-83, Springer, Berlin etc, 1983

[12] Hayes, P.J.: The Naive Physics Manifesto. in: Michie, D.(Ed.): Expert Systems in the Micro-electronic Age. University Press, Edinburgh, 1979

[13] Hußmann, M.; Schefe, P.: Stand der Forschung zu Wissensrepräsentation. unveröff., 1987

[14] Laubsch, J.: Techniken der Wissensdarstellung. in: Habel, C. (Hrsg.): Künstliche Intelligenz. Springer, Berlin etc., 1985, S.48-93

[15] McCarthy, J.: Ascribing Mental Qualities to Machines. STAN-CS-79-725, Stanford University, 1979

[16] McCarthy, J.: Artificial Intelligence (manuscript, 1959)

[17] McCarthy, J.: Programs with Common Sense. Mechanisation of Thought Processes, Proceedings of the Symposium of the National Physics Laboratory, Vol. I, London, 1958

[18] McCarthy, J.; Hayes, P.J.: Some Philosophical Problems from the Standpoint of Artificial Intelligence. in: Meltzer, B.; Michie, D. (Ed.): Machine Intelligence 4, Edinburgh, 1969

[19] McDermott, D.: Tarskian Semantics, or no Notation without Denotation! Cognitive Science, 2(3), July-September 1978, S.277-282

[20] McDermott, D.: Artificial Intelligence Meets Natural Stupidity. Sigart Newsletter, No.57, April 1976, S.4-9

[21] Minsky, M.L.: Why People Think Computers Can't. AI Magazine, Fall 1982, S.3-15

[22] Minsky, M.L.: A Framework for Representing Knowledge. in: Winston, P.H.(Ed.): The Psychology of Computer Vision. McGraw Hill, New York, 1975

[23] Minsky, M.L.: Introduction. in: Minsky, M.L. (Hrsg.): Semantic Information Processing. MIT Press, Cambridge and London, 1968

[24] Minsky, M.L.: Artificial Intelligence. Scientific American, Vol. 215 (1966), No. 3, S.247-259

[25] Minsky, M.L.: Matter, Mind, and Models. IFIP 1965

[26] Minsky, M.L.: Problems of Formulation for Artificial Intelligence. Math. Problems in the Biological Sciences, Proc. Symp. Appl. Math., Vol. 14 (1962), S.35-46

[27] Minsky, M.L.: Descriptive Languages and Problem Solving. Proc.WJCC 1961

[28] Minsky, M.L.: Steps towards Artificial Intelligence. Spec. Computer Issue, Proc.IRE, Vol. 49 (1961), No.1, S.8-30

[29] Mylopoulos, J.; Levesque, H.: An Overview of Knowledge Representation. in: B.Neumann (Hrsg.): GWAI-83. Springer, IFB 76, Berlin etc., 1983

[30] Schefe, P.: Some Fundamental Issues in Knowledge Representation. in: W.Wahlster (Ed.): GWAI-82, Springer, Berlin etc., 1982

[31] Selfridge, O.G.: Pattern Recognition and Modern Computers. Proc. WJCC, 1955

[32] Stoyan, H.: Programming Styles in Artificial Intelligence. in: Laubsch, J.: GWAI-84. Springer, Berlin etc., 1985

[33] Wahlster, W.: Vorlesungsskript "Expertensysteme", Saarbrücken, 1985

[34] Wedekind, H.: Datenbanksysteme I. BI, Mannheim etc., 1981

[35] Wettler, M.: Wissensrepräsentation – Typen und Modelle. in: Batory, I.S.; Lenders, W.; Putschke, W.: Computational Linguistics. Ein internationales Handbuch zur computergestützten Sprachforschung und ihrer Anwendung. de Gruyter, Berlin, 1987

[36] Winograd, T.: Frame Representations and the Declarative / Procedural Controversy. in: Bobrow, D.G.; Collins, A. (Hrsg.): Representation and Understanding. Academic Press, New York, 1975

Wissensrepräsentation und Programmiersprachen

Ulrich Furbach

0. Einführung

Programmieren von Computern führt zweifelsohne zu Produkten, welche Wissen darstellen. Andererseits ist das Repräsentieren von Wissen in einem Computer ohne einen Formalismus genauso undenkbar. Man könnte sich also auf den Standpunkt stellen, daß jedes Computerprogramm Wissen repräsentiert und demzufolge "Wissensrepräsentation" ein Modewort ist, welches mit "Programmierung" gleichzusetzen ist. Ziel dieses Aufsatzes ist es, einen Beitrag zur gegenseitigen Abgrenzung dieser beiden Begriffe zu liefern. Dazu wollen wir uns auf einen Aspekt, nämlich die gleichzeitige Verwendung von verschiedenen Repräsentationsformen bzw. Programmiersprachenparadigmen in einem System konzentrieren. Wir gehen im folgenden kurz auf die Begriffe der multiplen Repräsentationsformen in der Kognitionsforschung (vgl. Rummelhart, Norman 83), der hybriden Repräsentation in der KI (vgl. Brachmann et al. 85)und interparadigmatischen Programmiersprachen im Bereich der Softwaretechnologie (Altenkrüger 86) ein. Die Tatsache, daß in diesen Disziplinen verschiedene Darstellungsformen gleichzeitig verwendet werden, legt oft die Gleichsetzung der Repräsentations- mit der Programmieraufgabe nahe. So werden z.B. die Systeme, die hier unter interparadigmatische Programmiersprachen behandelt werden, in (Altenkrüger 86) der "interparadigmatischen Wissensrepräsentation" zugeordnet.

Wir werden zeigen, daß in der Kognitionsforschung, der KI und im Bereich der Programmiersprachenentwicklung multiple Formalismen mit unterschiedlichen Zielsetzungen verwendet werden. Insbesondere werden wir die Rolle von Programmiersprachen im Zusammenhang mit der Repräsentation von Wissen diskutieren. Dazu ziehen wir den Begriff eines Repräsentationssystems (vgl. Freksa et al. 85) heran, wodurch es dann z.B. sehr leicht möglich wird, zwischen prozeduralen/deklarativen Repräsentationen und Programmiersprachen zu unterscheiden.

1. Repräsentationsformen in der Kognitionsforschung

> *There is no single answer to the question "How is information represented in the human?". Many different representational formats might be involved within the human representational system.*
>
> Rumelhart, Norman 1983

Im Bereich der Kognitionsforschung steht die mentale Repräsentation von Wissen im Mittelpunkt des Interesses. Zahlreiche Experimente (z.B. Shepard, Cooper 82) belegen, daß Menschen nicht eine uniforme Form der Repräsentation benutzten, sondern daß sie vielmehr je nach Aufgabenstellung auf verschiedenartig dargestelltes Wissen zugreifen können, bzw. Transformationen zwischen verschiedenen Darstellungsformen vornehmen können. Zum Teil wurde in der Kognitionsforschung das Vorkommen verschiedenartiger Formalismen als Kontroversen diskutiert; das Nebeneinander von verschiedenen Formen kann jedoch auch als vorteilhaft zur Verarbeitung des Wissens angesehen werden (Hayes 74, Palmer 78). Im folgenden gehen wir kurz auf die wichtigsten Charakterisierungsmerkmale von verschiedenen Repräsentationsformen ein.

Prozedural - Deklarativ

Diese beiden Arten unterscheiden sich in erster Linie bezüglich der Zugriffsmöglichkeiten auf das repräsentierte Wissen. Prozedurale Formalismen betonen dabei den operativen Charakter des Wissens: Die einzelnen Teile des Wissens können als Prozeduren (z.B. Regeln in einem Produktionensystem) aufgefaßt und zur Ausführung angestoßen werden. Sie liefern schließlich ein Ergebnis, ohne jedoch Einblick in die Art und Weise zu geben, wie dieses zustandegekommen ist. Im Gegensatz dazu ist gerade diese beschreibende Komponente Hauptmerkmal von deklarativen Formen. Hier kann und soll das repräsentierte Wissen (also z.B. die prädikatenlogische Formel) examiniert und unter Umständen auch manipuliert werden. Dagegen sind im allgemeinen Fragen nach operativen Gesichtspunkten nicht aus der deklarativen Repräsentation ableitbar.

Analogisch - Propositional

Zur Unterscheidung zwischen diesen beiden Repräsentationsformen muß jeweils das Verhältnis zwischen repräsentierter und repräsentierender Welt untersucht werden. Im Falle analogischer Repräsentation wird angestrebt, eine möglichst direkte Abbildung von Charakteristika aus der repräsentierten Welt in die repräsentierende Welt herzustellen. Da sich dies bei räumlichen Eigenschaften oft durch Bilder verwirklichen läßt, spricht man auch von bildhaften Repräsentationsformen. Für eine detaillierte Begriffsbildung sei auf (Freksa et al. 85) oder (Furbach et al. 85) verwiesen, ein ausführliches Beispiel ist im Beitrag von C.Freksa in diesem Band zu finden.

Propositionale Repräsentationsformen bestehen typischerweise aus formalen Statements über die repräsentierte Welt. Dabei existiert kein Zusammenhang zwischen Charakteristika der repräsentierenden Welt, also der Welt der formalen Statements, und der repräsentierten Welt. Die Sprache der Prädikatenlogik (vgl. Moore 82), aber auch Netzwerksprachen (vgl. Brachman 79), sind typische Verteter propositionaler Formalismen.

Insgesamt läßt sich festhalten, daß im Bereich der Kognitionsforschung das Repräsentationsproblem unter dem Gesichtspunkt der Modellbildung für menschliche Wissensverarbeitung und Problemlöseverhalten untersucht wird. Dazu ist es notwendig, sehr verschiedenartige Repräsentationsformen miteinander in einem Repräsentationssystem zu vereinen, so daß es möglich wird, je nach Aufgabenstellung das benötigte Wissen von einer Form in eine andere zu transformieren.

2. Hybride Repräsentation in der Künstlichen Intelligenz

> *Many of the modern expert system development environments wave the polyglot banner, and except of some stalwart first-order logicians, most everyone would probably agree that one uniform language will not serve all representational needs.*
>
> Brachman et al. 1985

Der Begriff "multiple Repräsentationsformen" wird auch im Zusammenhang mit der Entwicklung von wissensbasierten Systemen oder von Expertensystemen gebraucht. So gibt es z.B. eine wachsende Anzahl von Entwicklungswerkzeugen (zum Teil auch kommerziell vertriebene), welche tatsächlich verschiedene Sprachen bzw. Formalismen in einem Rahmensystem anbieten. Allerdings machen diese Systeme mitunter den Eindruck eines Bauchladens, aus dem der Benutzer mit geübter Hand den passenden Formalismus auswählt, ohne daß das Wissen, welches in einem Formalismus repräsentiert ist, von anderen Formalismen benutzt werden kann. In diesem Abschnitt sollen jedoch nur solche Systeme als hybrid bezeichnet werden, welche genau dieses Zusammenwirken von verschiedenen Formalismen ermöglichen. Als Prototyp eines solchen hybriden System gehen wir kurz auf das System KRYPTON (vgl. Brachmann et al. 85) ein.

Ein KRYPTON Mini-Beispiel

KRYPTON verwendet zwei Komponenten: Einen "assertionalen" Teil, die ABox, in welchem Aussagen über Fakten und über Annahmen des Systems formuliert werden können, und einen terminologischen Teil, die TBox, welcher es gestattet, komplexe Prädikate zu definieren. Die ABox besteht dabei aus einem automatischen Beweiser für Prädikatenlogik 1.Stufe (dem Konnektionsgraphenbeweiser von Mark Stickel) und der TBox, die aus KL-ONE, einem Frame-artigen Netzwerkformalismus, hervorgegangen ist. Beide Komponenten verfügen über eigene Inferenzmechanismen, die jedoch derart gekoppelt sind, daß Deduktionen in der ABox Definitionen von Prädikaten aus der TBox verwenden können. Folgendes gekürzte Mini-Beispiel aus (Brachman et al. 85) soll dies verdeutlichen:

In der TBox wird das Konzept *Person* durch Konjunktion der primitiven Konzepte *Mammal* und *Thinker* definiert. Das Konzept *Noson* wird durch Einschränkung des Konzepts *Person*, derart definiert, daß ein *Noson* eine *Person* ist, die nur *Woman* als Kinder hat.

TBox - Definitionen:
Primitive Roles: *Child*
Primitive Concepts: *Mammal, Thinker, Woman*
Defined Concepts: *Person* (ConGeneric *Mammal Thinker*)
Noson (VRGeneric *Person Child Woman*)

Die ABox enthält die folgenden simplen Formeln:
ABox - Fakten:

Child(Fred, Pat)	(1)
Child(Mary, Sandy)	(2)
Noson(*Fred*) ∨ Noson(*Mary*)	(3)

Zur Beantwortung der Anfrage ∃x∃y(*Person*(x) ∧ *Child*(x,y) ∧ *Woman*(y)), also "Gibt es jemanden, der eine Person ist und ein Kind hat, welches eine Frau ist?", sieht man sofort, daß hier sowohl assertionales als auch terminologisches Wissen benutzt werden muß. Hier soll nur ein kleiner Ausschnitt aus der Deduktion zur Beantwortung dieser Anfrage diskutiert werden. Dazu muß (aus deduktions-technischen Gründen) die obige Formel negiert werden:

$$\neg Person(x) \vee \neg Child(x,y) \vee \neg Woman(y) \qquad (4)$$

Zusammen mit dem ABox - Faktum *Child(Fred,Pat)* ergibt sich in einem Resolutionsschritt die neue Formel

$$\neg Person(Fred) \vee \neg Woman(Pat) \qquad (5)$$

Im nächsten Deduktionsschritt kann nun keine Resolvente gebildet werden, da in der ABox weder eine Formel für *Person* noch für *Woman* enthalten ist. In (3) ist jedoch die Möglichkeit ausgedrückt, daß *NoSon(Fred)* gilt, woraus sich zusammen mit der TBox-Definition von *NoSon* ergibt, daß alle

Kinder von *Fred* Frauen sind. Da nach (5) *Pat* keine Frau ist, kann sie dann aber auch kein Kind von *Fred* sein; aus (5) und (3) zusammen mit der TBox-Definition von *NoSon* ergibt sich somit

$\neg$Person(*Fred*) $\vee$ $\neg$Child(*Fred,Pat*) $\vee$ NoSon(*Mary*).

Dieser verbal beschriebene Deduktionsschritt ist in KRYPTON durch ein sogenanntes "Theorie-Resolutionsverfahren" (vgl. Stickel 83) realisiert. Auf dieser Betrachtungsebene des Systems kann der Vorteil des Zusammenwirkens von TBox- mit ABox-Inferenz als Effizienzgewinn beschrieben werden. Durch Verwendung von TBox-Inferenzen kann während eines Deduktionsvorganges der Suchraum, der sich bei auschließlicher Verwendung der Prädikatenlogik ergäbe, erheblich eingeschränkt werden. Dieses Abschneiden des Suchbaumes kann natürlich nur auf Kosten der Vollständigkeit geschehen!

Im Gegensatz zu den multiplen Repräsentationsformen, wie sie im vorangegangenen Abschnitt diskutiert wurden, besteht hier keine Möglichkeit, Wissen von einer Repräsentationsform in die andere zu transformieren; logische Formeln können nicht in Netzwerke umgewandelt werden oder umgekehrt. ABox und TBox können sich beim Problemlösen zwar hervorragend ergänzen, aber sie können keine Wissensteile miteinander austauschen. Bei der Erstellung einer solchen "multiplen Wissensbasis" wird also bereits entschieden, welche Teile des Wissens von der ABox und welche von der TBox verarbeitet werden sollen.

3. Interparadigmatische Programmiersprachen

> *Most "intelligent" applications can be naturally decomposed into two parts: A set of declarative programs which produce information through inferences on the knowledge base, and a set of algorithms which process such information in a rather standard way.*
>
> Bellia et al. 1986

Klassifizierungsmerkmale für Programmiersprachen sind dem Informatiker seit den Tagen der ersten Computer geläufig. So wurden schon sehr früh die Vorteile von Assembler- gegenüber Maschinensprachen diskutiert; später, etwa in den sechziger Jahren, spielte dann die Unterscheidung zwischen imperativen und funktionalen Sprachen eine wichtige Rolle (in manchen Informatik-Nischen flackert noch heute die "ALGOL/LISP-Kontroverse" gelegentlich auf). Erst Mitte der siebziger Jahre, als die Idee der logischen Programmierung nicht mehr aufzuhalten war und sich damit die Grenze zwischen Spezifikations- und Programmiersprachen verwischte, machte es Sinn, von deklarativen (im Gegensatz zu prozeduralen) Programmiersprachen zu sprechen. Dieses Unterscheidungsmerkmal läßt sich aber auch auf Programmierstile anwenden: In PROLOG, der am weitesten verbreiteten logischen

Programmiersprache, kann sowohl deklarativ als auch prozedural programmiert werden; der Programmmierer hat die Möglichkeit Kontrollkonstrukte zu verwenden, die den Ablauf des Programmes steuern. Einem solchen Programm läßt sich keine rein deklarative Semantik mehr zuordnen - es hat prozedurale Anteile. Andererseits hat sich diese Mischung von Programmierstilen als so sinnvoll erwiesen, daß im Bereich der Programmiersprachen eine Vielzahl von Systemen entstanden ist, die eine logische und eine prozedurale (oder funktionale) Sprache so miteinander kombinieren, daß für die Verwendung der beiden Programmierstile auch jeweils eine adäquate Sprache zur Verfügung steht (Bellia, Levi 86).

Die Analogie zu den hybriden Repräsentationssystemen aus Abschnitt 2 wird hier offensichtlich: In vielen PROLOG-Implementierungen können Programme, welche in einer anderen Programmiersprache erstellt wurden, von PROLOG aus aufgerufen werden; weitergehendes Zusammenwirken ist meist nicht möglich. Im Forschungs- und Entwicklungsbereich existieren jedoch Systeme, welche Schnittstellen zwischen deklarativen und prozeduralen Sprachen so bereitstellen, daß ein engeres Zusammenspiel beider Programmiersprachenparadigmen möglich ist (vgl. Furbach et al. 86 a).

Häufig wird nun der Schluß gezogen, daß eine prozedurale Programmiersprache dazu benutzt wird (oder gar: benutzt werden muß) um Wissen prozedural zu repräsentieren und dementsprechend deklarative Sprachen einer deklarativen Repräsentation dienen. Im folgenden Abschnitt wird daher die Rolle, welche Programmiersprachen bei der Wissensrepräsentation spielen, angesprochen und obige Vermutung diskutiert.

4. Repräsentationssysteme

> *In AI, a representation is a combination of data structures and interpretative procedures that, if used in the right way in a program, will lead to "knowledgeable" behavior.*
>
> The Handbook of Artificial Intelligence

Der Begriff eines Repräsentationssystems soll hier eingeführt werden, um die Repräsentationsformen und Programmiersprachen aus den vorangegangenen Abschnitten miteinander in Beziehung zu bringen.

Da innerhalb eines Repräsentationssystems nur bestimmte, ausgewählte Aspekte einer Welt erfaßt werden können, sprechen wir im folgenden von "Wissenskomplexen". Ein solcher Wissenskomplex besteht aus einer Welt und einer zugehörigen Referenzwelt, welche objekt- und relationsdefinierende Prozesse enthält (bezgl. einer ausführlichen Behandlung dieses Aspektes sei auf Freksa et al. 85 verwiesen). Die Welt eines solchen Komplexes kann demnach als bedeutungslos betrachtet werden - erst im Kontext einer Interpretationstruktur, der zugehörigen Referenzwelt, kann sie genutzt werden.

Ein Repräsentationssystem besteht nun aus einem repräsentierten und einem repräsentierenden Wissenskomplex. Eine Korrespondenzabbildung zwischen diesen beiden Komplexen legt dabei fest, welche Objekte bzw. Relationen im repräsentierten durch welche Objekte bzw. Relationen im repräsentierenden Wissenskomplex repräsentiert werden.

Folgende Figur enthält die beiden Wissenskomplexe eines Repräsentationssystems, wobei die Korrespondenzabbildung aus den Bezeichnern hervorgehen soll:

(W_1,R_1)   **(W_2,R_2)**

W_1: Eine Büroumgebung	W_2: Eine Büroumgebung

R_1:
 list-Objekt(Person);
 list-Objekt(Raum);
 list-Objekt(Zeitintervall);
 list-Objekt(Kalender);
 	
 TREFFEN(t,r,Personenmenge)<--
 "Im Raum r befinden sich
 während des Zeitintervalls t
 alle Personen aus der Personenmenge."
	R_2:
	 list-Objekt(Person);
	 list-Objekt(Raumnr.);
	 list-Objekt(Zeitintervall);
	
	 GEPL.-TREFFEN(t,nr,(Person Restliste))<--
	   EINTRAG(Kal(Person),t,nr),
	   GEPLANTES-TREFFEN(t,nr,Restliste);
	 EINTRAG(((t nr) rest),t,nr) <--;
	 EINTRAG(((t' nr') rest),t,nr) <--
	   EINTRAG(rest,t,nr);

Die beiden Welten sind hierbei identisch und nur durch ihre Benennung angedeutet. Es handelt sich dabei um eine Büroumgebung, in der nur Personen, Räume, Zeitintervalle und die Relation TREFFEN repräsentiert werden sollen. Die Referenzwelt R_2 enthält die zusätzlichen objektdefinierenden Relationen für Kalender und Raumnummern; die Relation GEPL._TREFFEN, welche die Relation TREFFEN aus (W_1, R_1) repräsentiert, benutzt die "Hilfsrelation" EINTRAG und die Funktion Kal. Die Relationen sind hierbei in der Sprache der Hornklauseln, die um die Möglichkeit von LISP-Funktionsaufrufen erweitert wurde, notiert (siehe z. B. Furbach et al. 86 b). Bei *Kal* handelt es sich um eine LISP-Funktion, welche, angewendet auf eine Person, deren persönlichen Kalender als Ergebnis liefert; das entsprechende LISP-Programm muß natürlich auch Teil der Referenzwelt sein. Die Struktur eines Kalenders wird klar, wenn man die Relation EINTRAG betrachtet: Ein Kalender ist eine Liste aus Paaren, deren erste Komponente ein Zeitintervall und die zweite Komponente eine Raumnummer ist.

In der Referenzwelt R_1 ist die Relation "TREFFEN" so definiert, als ob ein Beobachter während eines Zeitintervalls die Türe eines Raumes öffnen kann und dabei eine bestimmte Menge von Personen vorfindet. Offensichtlich hat die Relation TREFFEN die Eigenschaft Q:

Q: $TREFFEN(t,r_1,P_1) \wedge TREFFEN(t,r_2,P_2) => (r_1 \neq r_2 => P_1 \cap P_2 = 0)$

Wir werden später untersuchen, ob die korrespondierende Relation GEPL.-TREFFEN ebenfalls diese Eigenschaft besitzt.

Wir wollen nun in einem Wissenskomplex (W, R) eine Relation P als deklarativ bezeichnen, wenn sie in der Referenzwelt R definiert ist. Ihre Definition - im Beispiel ein Hornklauselprogramm - ist dem Betrachter bzw. Benutzer zugänglich und kann untersucht werden. Dieselbe Definition kann aber auch einer prozeduralen Repräsentation in (W, R) dienen, indem sie nämlich als Teil der Welt W selbst aufgefaßt wird und in der Referenzwelt R nurmehr die prozedurdefinierende Relation *ist-Prozedur(P)* enthalten ist. P kann nun lediglich ausgeführt und nicht mehr inspiziert werden. Fügen wir z.B. dem Wissenskomplex (W_2, R_2) eine Relation zur Berechnung der "Gesamtsitzungszeit" einer Person hinzu:

```
(def S-zeit (lambda (Kalender) (cond

((null Kalender) 0)

( T (+ (- (cadr Kalender) (caar Kalender))(S-zeit (cdr Kalender)]
```

Definieren wir diese Funktion *S-zeit* als Teil der Referenzwelt R_2, ist diese Relation deklarativ gegeben. In der Tat beschreibt obiges LISP-Programm auf deklarative Weise, wie sich die Gesamtsitzungszeit auf der Basis eines Kalenders berechnet. Fügen wir jedoch S-zeit als ausführbare Funktion der Welt W_2 hinzu und signalisieren dies in R_2 durch ist-Prozedur(S-zeit), so kann ein Benutzer des Repräsentationssystems nicht mehr feststellen, wie das Konzept S-zeit definiert ist - er kann es nur noch berechnen.

Wir haben zur Beschreibung von R_2 eine hybride Sprache gewählt: Hornklauseln gemischt mit LISP-Funktionen. Gemeinhin wird die Sprache der Hornklauseln als deklarativ und LISP als prozedural klassifiziert; daraus könnte man nun schließen, daß die Logikteile einer Referenzwelt deklarative, und die LISP-Teile prozedurale Repräsentationen sind. An Hand der LISP-Funktion S-zeit sollte jedoch gezeigt werden, daß nicht der Typ der Programmiersprache, sondern die Grenze zwischen Welt und Referenzwelt (also zwischen Daten und Interpretation) festlegt, welche Anteile des Systems deklarativ und welche prozedural sind.

An unserem Beispiel kann ein weiterer Aspekt behandelt werden, wenn wir nochmals auf die Eigenschaft Q der Relation TREFFEN eingehen. Offensichtlich besitzt die Relation GEPL.-TREFFEN die Eigenschaft Q nicht - es ist durchaus möglich, die Einträge in einem Kalender so vorzunehmen, daß zu einem Zeitintervall mehr als eine Raumnummer angegeben ist. Die Eigenschaft Q ist also keine inhärente Eigenschaft der Relation GEPL.-TREFFEN, welche zur Repräsentation von TREFFEN verwendet wird. Wir nennen eine solche Repräsentation von Eigenschaften einer Relation extrinsisch. Ein Planungsalgorithmus muß also bei jedem einzurichtenden Treffen überprüfen, ob Q beibehalten wird. Eine Relation MACHE-TREFFEN könnte folgende Form haben:

```
MACHE-TREFFEN(t,nr,Personenliste) <--

                    PRÜFE-Q(t,nr,Personenliste),
                    UPDATE-KALENDER(t,nr,Personenliste);
```

Alternative Repräsentationenssysteme für dieses Beispiel sind in (Furbach et al. 85) diskutiert. Hier sei noch betont, daß Q in unserem Beispiel kein benutzbarer Bestandteil des Repräsentationssystems ist. In (W_2,R_2) dient PRÜFE-Q lediglich als "Systemroutine" zur Konsistenzprüfung der Kalender; zur Beantwortung der Frage "Befindet sich Meier zum Zeitpunkt 17.17 in Raum 177 und Raum 717 ?" kann demnach Q nicht verwendet werden; Q müßte dazu explizit in das Repräsentationssystem aufgenommen werden. Ein Anwendungssystem, welches den Wissenskomplex (W_2,R_2) benutzt, müßte nacheinander abprüfen, ob im Kalender von Meier die beiden Raumnummern zum entsprechenden Zeitintervall eingetragen sind.

5. Schlußbemerkungen

Es wurde diskutiert, daß in der Kognitionsforschung und in der KI multiple Repräsentationsformen mit verschiedenen Zielsetzungen verwendet werden. Während in diesem Zusammenhang der Schwerpunkt in der Kognitionsforschung auf der problemabhängigen Transformation von Wissensrepräsentationsformen liegt, werden in KI-Systemen hybride Formen dazu verwendet, die Effizienz von Inferenzmechanismen durch Einengung ihres Suchraumes zu steigern.

Schließlich wurden verschiedene Arten von Programmiersprachen in Zusammenhang mit Repräsentationsformen gebracht. Dazu haben wir den Begriff eines Repräsentationssystems eingeführt und konnten dann an einem Beispiel aus dem Bereich der Büroautomation demonstrieren, daß nicht notwendigerweise der Typ einer Programmiersprache für die Art der Wissensrepräsentation verantwortlich ist. Vielmehr entscheidet allein die Verwendung der Programmiersprache innerhalb eines Repräsentationssystems, ob es sich um eine deklarative oder prozedurale Repräsentation handelt.

Am selben Beispiel konnte demonstriert werden, daß eine Menge von Programmen nicht ohne weiteres als Repräsentation von Wissen aufgefaßt werden kann. So muß zusätzlich zu dieser Menge noch spezifiziert werden, welche Programme eine Entsprechung im repräsentierten Wissenskomplex haben und welche Programme als "hidden functions" anzusehen sind.

Literatur

ALTENKRÜGER, D.E., (1986). Interparadigmatische Wissensdarstellung. In: Wissen - Wissensrepräsentation, Dirlich, G., Furbach, U. (Hg.). Bericht Nr.:8606 Universität der Bundeswehr München.

BELLIA, M., LEVI, G. (1986). The relation between logic and functional languages: A survey. J. Logic Programming 3.

BRACHMAN, R.J. (1979). On the Epistemological Status os Semantic Networks. In: Findler (ed.). Associative Networks: Representation and Use of Knowledge by Computers. Academic Press.

BRACHMAN, R.J., GILBERT, V.,P., LEVESQUE, H.J. (1985). An essential hybrid reasoning System: Knowledge and symbol level accounts of KRYPTON. Proc. of the 9th IJCAI.

FREKSA, C., FURBACH, U., DIRLICH, G. (1985). Cognition and representation. In: Laubsch, J. (ed.), Informatik Fachberichte 103, Springer, Heidelberg.

FREKSA, C. (1988). Intrinsische vs. extrinsische Repräsentation und analoges Schließen. In diesem Band.

FURBACH, U., DIRLICH, G., FREKSA, C. (1985). Towards a theory of knowledge representation. Proc. AIMSA-84 Conference Varna. In: Bibel, W., Petkoff, B. (eds.) Artificial Intelligence. Methodology, Systems, Applications. North-Holland, Amsterdam.

FURBACH, U., HÖLLDOBLER, S. (1986 a). Modelling the combination of functional and logic programming languages. J. Symb. Computation 2, 1986.

FURBACH, U., HÖLLDOBLER, S. (1986 b). Horn clauses in a functional environment. In: Berichte aus den Informatikinstituten. Radermacher, F.J., Wirsing, M. (Hg.), Universität Passau, MIP-8604.

HAYES, P.J. (1974). Some problems and non-problems in representation theory. Proc. AISB Summer Conf., Sussex.

MOORE, R.C. (1982). The role of logic in knowledge representation and commonsense reasoning. Proc. AAAI-82. Pittsburgh.

RUMELHART, D.E., NORMAN, D.A. (1983). Representation in memory. UCSD CHIP 116.

PALMER, S.E. (1978). Fundamental aspects of cognitive representation. In: Cognition and categorization. Rosch, E., Lloyd, B.B. (eds.). Hillsdale: Lawrence Erlbaum.

SHEPARD, R.N., COOPER, L.A. (1982). Mental images and their transformation. MIT Press, Cambridge.

STICKEL, M.E. (1983). Theory resolution: Building in nonequational theories. Proc. AAAI-83. Washington, DC.

TRANSITIVITY IN RELATIONS BETWEEN TIME INTERVALS

Tomas Hrycej

Zusammenfassung: *Die in der Vergangenheit entworfenen Wissensrepräsentationsparadigmen zur Darstellung von Zeitbezügen zeichnen sich entweder durch mangelnde Ausdruckskraft, oder durch geringe Effizienz aus. Ausgehend von einer Klassifikation der Paradigmen in "zeitachsen-orientierte Ketten" und "Beziehungsnetze" wird eine Repräsentation durch "transitive Ketten" vorgeschlagen, die die Vorteile beider Gruppen unter Ausnutzung der transitiven Eigenschaften einiger temporalen Grundrelationen vereinigt, nämlich die Transparenz und Ökonomie der zeitachsen-orientierten Ketten und die Ausdruckskraft der Beziehungsnetze, ohne dabei auf anwendungsgebietspezifisches Wissen angewiesen zu sein. Weiter wurde ein transitivitätsbasierter Constraint-Propagation-Algorithmus formuliert. Sowohl sein Speicherplatzbedarf wie auch die Rechenzeit weisen eine wesentlich niedrigere Komplexität auf als der Allensche Grundalgorithmus. Im Vergleich zu dem Allenschen "Referenzintervallmodell" bietet die auf transitiven Ketten basierte Representation Vorteile bzgl. Nutzbarkeit für automatische Inferenzsysteme sowie Vollständigkeit der Inferenzen.*

Abstract: *The paradigms developed in the past for the representation of temporal references have frequently suffered from either insufficient expressiveness or low efficiency. Classifying the paradigms in "time lines" and "relation networks", a representation through "transitive chains" is proposed, which integrates the strengths of both groups: the transparency and the efficiency of time line chains and the expressiveness of relation networks. It uses transitivity of some of the elementary temporal relations, being independent from the domain-specific knowledge. Further, a transitivity-based constraint propagation algorithm is formulated. Its space requirements as well as computing time are substantially lower than those of J. Allen's basic algorithm. Moreover, the transitive chain model is superior to Allen's "reference interval" model in its usability for automatic reasoning and completeness of its inferences.*

1 Introduction

The necessity to enable knowledge to be provided with time references has been widely recognized. The most obvious applications being in the natural language understanding, there are some other domains, like planning [3], qualitative modelling [4], [5], [15], and database systems, where temporality is of crucial importance. Several theoretical logic systems extending classical logics through time operators (e.g., [12]) or providing object language statements with time references (e.g., [2]) have been proposed. However, algorithmic realization of a full-scale deduction system, like [10], including time reference facilities represents a formidable problem.

Alternatively, isolated time reasoning specialists have been developed, which store and retrieve time references, ensuring consistency through constraint propagation. Such time specialists can be integrated into a full-scale temporal inference system.

This paper focuses on the role of **transitivity** in temporal relations. A transitivity-based representation paradigm is presented which achieves good representational economy and transparence without loss of expressiveness.

There are some observations to be made about the position of temporal transitivity in human knowledge. From a certain viewpoint, knowledge can be classified into three groups:

- associative (propositional) knowledge (for some representational aspects, see [7])
- intuitive mental models (see [6], [11])
- formal models

Transitive temporal models seem to belong to the second group, along with simple spatial models, naive physics, qualitative arithmetics, elementary set algebra etc..

The third category, formal models, seem to be used in a way different from the former two groups. They are "consulted", without realizing their deep structure, with help of an "interface" consisting of associative knowledge (e.g., theorems about the models) and intuitive mental models. Under this viewpoint, intuitive mental models represent the substance of "deep modelling". They may be one of the missing links between "shallow" expert systems and human expert knowledge, or a basis for the architecture of future "deep" expert systems.

In Section 2, utterances are classified to show the crucial importance of relations between time references.

Section 3 makes a short comparative survey of two models suggested in the past, the time specialist of Kahn and Gorry and the interval algebra of J. Allen.

In Section 4, two basic representation paradigms are recognized: the time line approach and the relation network approach.

A synthesis of both paradigms, "transitive chain" model, is proposed in Section 5.

Section 6 adresses some formal properties of time event relations which are of use when defining transitive chains.

A constraint propagation algorithm for transitive chains is given in Section 7.

In Section 8, transitive chain model is contrasted to Allen's models.

A possible analogy with spatial relations is pointed out in Section 9.

2 Classification of utterances

As stated in [12], natural language possesses several means to treat temporal information:

- time adverbs (sometimes, never)
- verb tenses (present, past, future)
- semantics of verbs (time-point, interval, or repetitive actions)

- context dependencies (reference time scale)

The semantics of time references in natural language utterances may be classified in the dimension of

- time points vers.
- time intervals.

As J. Allen argues [1], time points can be represented as "very short" intervals.

Another classification criterion is the "fuzziness" of specification:

- exact (July 20, 1986 at 10:20, 21 seconds before the event A)
- fuzzy (2 to 3 hours before the event A)
- qualitative (during the event A)
- partially specified (before or during the event A)

The third dimension is what aspect of a time reference is specified:

- the absolute position of an event on a data line (July 20, 1986)
- the relative position (2 hours before the event A)
- the duration of an event (the event took 20 to 30 hours, the event A took longer than event B)
- aggregate specifications which can be classified in a) multiple occurence (I have passed 3 crossroads) and b) periodicity (I go to the cinema every Friday)

The absolute and the relative specifications have in common their reference to some time line. The absolute ones can be conceived as relative to the time line points. The duration specifications are, typically, closely related to the relative ones: A and B having started at the same time, the semantics of "A takes longer than B" is "A finishes later than B". The multiple-occurrence specifications are frequently equivalent to multiple single-specification statements. The periodical specifications are, in fact, on a higher abstraction level than the others. They make general statements about what happens whenever some temporal condition is met.

Obviously, the relative specifications are of outstanding importance. Except for the higher-abstraction periodical specifications, all other specification types can frequently be reduced to a relative specification. That is the reason for focusing on the relative specification in this paper.

3 A short survey of existing models

This section has no ambition to present a complete survey of temporal representations. It is rather a comparative survey of two in a way antagonistic models: the multi-representational model of Kahn and Gorry [9] and the interval relation model of Allen [1].

The time specialist of Kahn and Gorry uses 3 different representations to cope with a whole variety of utterances about time references, all of which are time-point oriented:

- The **data line** approach, or indexing the events with exact or fuzzy (numeric) time references, is convenient if such exact references are always available. It is, in turn, unable to represent uncertain or underspecified references.

- The **before–after–chains** approach orders the events into chains if they are related by *before* or *after*. Several of such chains can be considered simultaneously. If information about a relation between two time events is requested, a chain between the two intervals is searched. This representation scheme is able to express a qualitative or quantitative ordering of the time–point references. However, its expressiveness is limited to this time–point ordering relation: two time points are either ordered, or unordered.

- The **special reference events** approach uses certain events of great importance (e.g., birth of a person) to be referred to by other events. It is in fact, another way to express before/after–relations. An additional disadvantage of this scheme is its dependency on domain knowledge (to define appropriate reference events).

For all three representations, a simple specification language is used which permits to formulate an absolute or relative specification, exact or fuzzy. The model does not cope with interval–oriented references (unless they are represented by their margins, cognitive aspects of which have been criticized in [1]), nor with the uncertainty (in the sense of multiple alternatives). On the other side, the global representation of its temporal relations remains transparent. It can be, for example, easily expressed graphically. Further, since it uses transitivity, its storage requirements are modest.

Allen's interval relation model has had two development stages.

- The **interval–oriented** approach (referred to as "basic model" in this paper), used also in [14], permits to represent the relation between any two time intervals in terms of 13 elementary relations: *before* (<), *meets* (m), *overlaps* (o), *during* (d), *starts* (s), *finishes* (f), their inverses (denoted >,mi,oi,di,si,fi), and the *equals* (=) relation. These relations represent all possible qualitative relations between two intervals, in terms of $\{<,>,=\}$–relations between their end points. Incomplete information can be encoded by listing all of the 13 elementary relations which come in question between some two intervals (e.g., *before* or *meets* or *overlaps*). Given a constraint on some relation (excluding some of the 13 elementary relations), the consequences of the constraint are propagated through the relation network, using "transitivity table" whose entries correspond to consistent triples of interval nodes. A shortcoming of this powerful representation, or better to say, of its basic version, is the quadratic growth of the number of interval relations which are to be considered: for N intervals, there are $N^*(N-1)/2$ such relations. As a consequence, space requirements (as well as the number of constraint propagation operations) increase rapidly. Another critical point is its lack of transparency. It is able to answer queries about relations between particular intervals, but it cannot provide an "overall view" of the interval database.

- The **reference–interval** approach has been introduced to tackle the space requirement problem of the basic representation by limiting the relation network to an explicitly predefined one by means of defining hierarchies of intervals. Although this model seems to be closely related to human reasoning, its substantial deficiency is that it makes ultimately the user of the system responsible for defining the reference intervals, and thus for the efficiency of the representation. (Additionally, if the time reasoning system is being used as a black–box module in the context of a more comprehensive problem solver, like a planner, it is this problem solver which is assigned the difficult task of generating the reference interval definitions automatically, e.g., using domain knowledge.)

4 Transitive and non–transitive models

As we could see in the previous section, there are two possible representations for the temporal relations: 1) those using some kind of "time line" and 2) those considering explicitly all pairwise relations. The time line models can be "graded" by the degree of their fuzziness. The exact and fuzzy time line models consist of exact or fuzzy references to an explicit data line (Fig. 1,2), while the references on a qualitative time line make statements in terms of before/after relations (Fig. 3). All of these models make use of an explicit or implicit transitive precedence relation. This makes the temporal representation of the whole event set "one–dimensional". However, the expressiveness of this representation is limited. The relation between events not sharply ordered cannot be expressed. By contrast, the "relation network" model (Fig. 4) considers all relations pairwise. Its expressive power being very high through being able to represent any qualitative (even incompletely specified) relation between two time events, it requires the maintenance of $N*(N-1)/2$ explicit statements about the relations, neglecting completely that some of them could be inferred using transitivity. (By the way, not only the before/after relation is transitive. The containment is another such relation; a transitive "containment chain" can be defined.) Another point the figures illustrate is the superiority of the time line approach in representing the overall situation transparently.

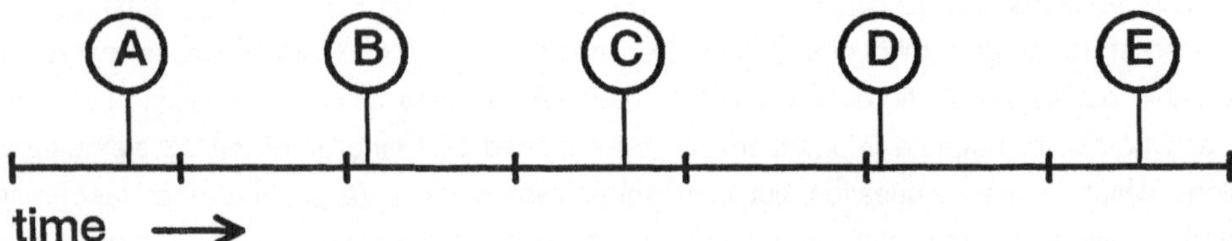

Fig. 1. Exact time line.

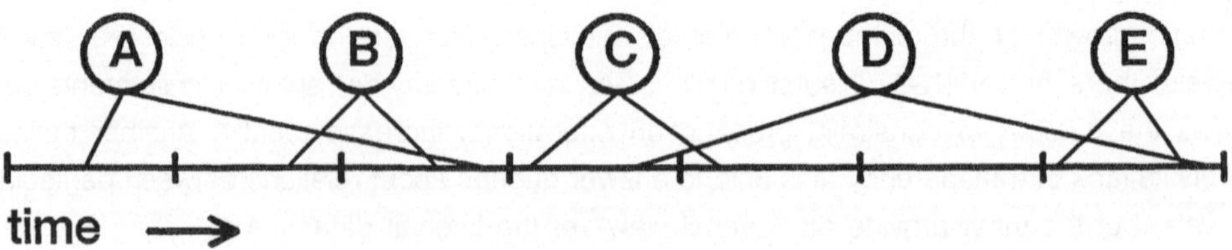

Fig. 2. Fuzzy time line.

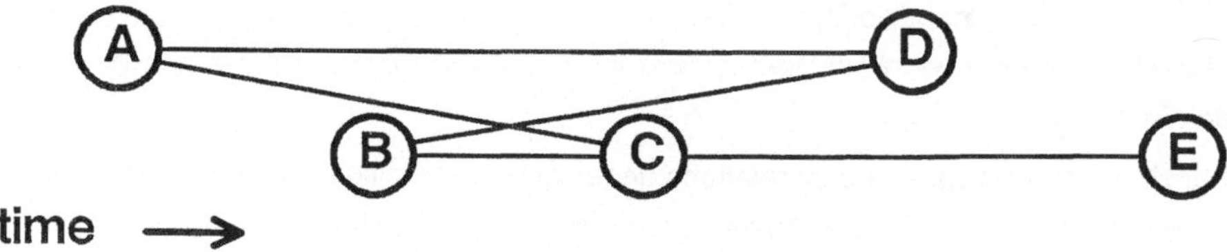

Fig. 3. Qualitative time line.

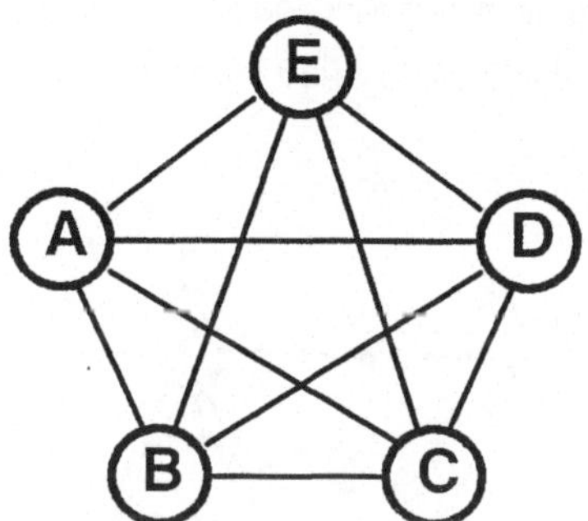

Fig. 4. Relation network.

5 Transitive chain approach

With the observations of the previous section in mind, an attempt for a synthesis of the time line oriented and the relation network oriented approaches seems to be worthwhile.

Let us investigate the 13 elementary relations of J. Allen [1]. They comprise all conceivable qualitative relations between two intervals, in terms of qualitative $\{<,>,=\}$–relations between the beginnings and the ends of both intervals. These relations are not "homogeneous" as to their transitivity. Some of them are, in a sense, transitive, others are not. The representation proposed in this paper is based on the following observation. Human reasoning about time events makes use of transitive properties of some elementary relations between them. For example, given the relations "having breakfast" *before* "driving to the office", "driving to the office" *before* "driving home", and "driving home" *before* "having dinner", "having breakfast" *before* "having dinner" can be inferred without considering an explicit relation between "having breakfast" and "having dinner". Other intuitively transitive relations are "*starts before*", "*finishes before*", and "*contains*".

It is certainly conceivable to represent the relations between time events in this "nonredundant" way (rather than considering the complete relation network, i.e., the relations between all event pairs), omitting the explicit connections between those events, whose relations can be derived from the transitive properties of other explicit connections.

For this goal, let us introduce the concept of **transitive chain**. It is a graph (a subgraph of the relation network), whose nodes are individual events and whose edges are explicit relations between them. Under certain conditions, the relation between a pair of events which are not explicitly connected can be derived from the fact that there is a path through the graph between these two interval nodes.

Of course, a transitivity chain captures only relations underlying its definition. In a relation network, multilple transitive chains may be maintained simultaneously, e.g., a chain capturing before/after transitivity and another one capturing containment (= subinterval relation) transitivity. Relations which are not derivable from any transitivity chain remain explicit, as is the case in Allen's basic model. Fig. 5 shows an example of a relation network reduced by transitive chains. Because of transitivity, a number of edges can be omitted, e.g., edge *(A,B)* in the before/after chain, or edge *(C,F)* in the containment chain.

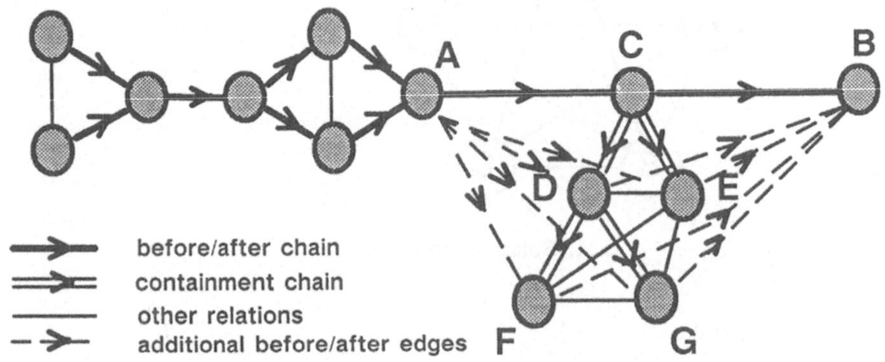

Fig. 5. Representation using transitive chains.

A time relation network based on Allen's 13 elementary interval relations is a directed graph, since the relations are not symmetrical (except for the "equals"–relation). In a transitive chain, there is an additional directedness resulting from the transitive ordering of its nodes. In the above example, the nodes *A, C, B* must be connected exactly in this order and not, e.g., as *A–B–C*, since the relation between *A* and *C* cannot be inferred from the relation between *A* and *B* and that between *B* and *C*. The arrows in Fig. 5 refer to such ordering and not to the directedness of relation edges.

In the example, a possible "synergy effect" of two chains is shown: from the position of the top containment chain node *C* between the before/after chain nodes *A* and *B*, the before/after relations of the lower–level containment chain nodes *D, E, F, G* to the nodes *A* and *B* can be inferred. (Otherwise, the relations of *D, E, F, G* to *A* and *B* would have to be made explicit.) In a conceptually simpler model, in which such synergy effects are not considered, additional edges between the nodes *A* and *B* on the one side and nodes *D, E, F, G* on the other side would have to be made explicit (as before/after chain edges). In the next two sections, such synergy effects will not be considered.

It is, in fact, possible to conceive this representation as "multidimensional", with the following dimensions: 1) the position in the before/after–chain, 2) the position in the containment tree and

3) the rest as pairwise relations. This approach seems to be particularly close to the way the human reasoning is going on.

An obvious feature of the above representation is its **structuredness**. While an unreduced relation network is homogeneous, transitive chains correspond, to a certain degree, to higher concepts like "sequence" (before/after chain) or "hierarchy" (containment chain). This has a positive impact on the cognitive adequacy, but also on pragmatic aspects like representability (and transparency of representation) by a graphic or natural language interface.

At first glance, there are similarities of the transitive chain model with Allen's reference interval models. Both models will be contrasted in Section 8.2. Before doing this, transitivity chains will be investigated from the viewpoint of constraint propagation on them.

6 Formal properties

Every representation framework is designed with some implicit or explicit intentions concerning inferences to be made on it. Since time relation networks represent systems of temporal constraints, typical inferences on such a network are constraint propagation and querying of resulting constraints.

There are some requirements for the transitive chain model to be helpful in making inferences:

- **Requirement 1** : No information should be lost in comparison with the basic model. (In the reference interval model, some inferences can be prevented by an inappropriate reference interval structure.)

- **Requirement 2** : A relation represented only indirectly by a path in a transitive chain should be deducible from the mere existence of the path (without necessity of multiple computationally expensive transitivity table accesses along the path).

- **Requirement 3** : The transitive chains should contain complete information about the relations involved, i.e., information which cannot be further constrained. In other words, if two events are ordered by the transitive chain, it should be deducible from this fact that there is a unique elementary relation (without further alternatives, in the sense of incomplete information) between both events. Otherwise (in the case of several alternative admissible relations), this ambiguous relation could possibly be in future further constrained. This additional constraint would not be deducible from the chain, and a reestablishment of an explicit relation would become necessary for this further constraint not to be lost.

- **Requirement 4** : The constraint propagation algorithm should use only explicit connections, making no requests for relations which have to be inferred from the transitivity chain (to prevent frequent computationally expensive path searches).

First, let us introduce some **denotations:**

- The function symbol $trans(i,j)$ denotes an entry in the transitivity table, i.e., the constraint imposed on the relation between events A and C (or, in other words, the set of possible relations between A and C) if the relation between A and B is constrained to i and the relation between B and C is constrained to j. (For the transitivity table concept, see [1].)

– The function *transitions(I,J)* corresponds to Allen's *constraints(I,J)*: it is the union of all *trans(i,j)* such that $i \in I$ and $j \in J$.

– *R(i,j)* denotes the relation between intervals *i* and *j*.

– *S* denotes the set of all elementary relations.

– *SS⊂S* is the **characteristic set** of a transitive chain; for any two directly connected chain members *i* and *j* it must be *R(i,j)⊂SS*.

Let us now specify three **formal properties** which can be useful for defining transitivity within the set *S* of some exclusive elementary time event relations.

Definition 1 : A chain is **uniform,** if for all *i,j∈SS*: *trans(i,j) = f(SS), f(SS)⊂SS*.

The relation between any two (not directly connected) members of a uniform chain is uniformly *SS*. A uniform chain meets implicitly Requirements 1 and 2 : no information along a chain path is lost, the relation between any pair of not directly connected events is completely determined. However, a further constraining of this relation is possible unless the chain is unambiguous.

Definition 2 : A chain is **unambiguous,** if for all *i,j∈ SS: trans(i,j) = {t(SS)}, t(SS)∈SS*.

The relation between any two members of an unambiguous chain is unambiguous. There are no alternative relations, the relation cannot be further constrained. An unambiguous chain obviously meets Requirement 3.

Definition 3 : A chain is **monotonous** (in relation to unchained nodes), if for all *S1,S2⊂SS* and all *R⊂S*:

$$transitions(S1,transitions(S2,R))\subset transitions(transitions(S1,S2),R) \quad \text{and}$$
$$transitions(transitions(R,S1),S2)\subset transitions(R,transitions(S1,S2)),$$

In other words, the direct constraint via two chained relations is always less constraining than the successive constraint propagation via them. An unambiguous and monotonous chain meets Requirement 4 (Fig. 6) : in a constraint "triangle" *(i,j,k)*, whose connection *(i,j)* is substituted by a chain path (the connections *(j,k)* and *(i,k)* being explicit) the constraint *transitions(R(k,i),R(i,j))* via the nonexplicit connection *(i,j)* is never sharply stronger than the constraint *transitions(R(k,i0),R(i0,j))* via the explicit connection *(i0,j)*, where *i0* is the neighbour node to *j* on the path between *i* and *j*. The connection *(k,i0)* is explicit except it is a chained connection (making the connection *(k,j)* redundant, because of unambiguousness of the chain).

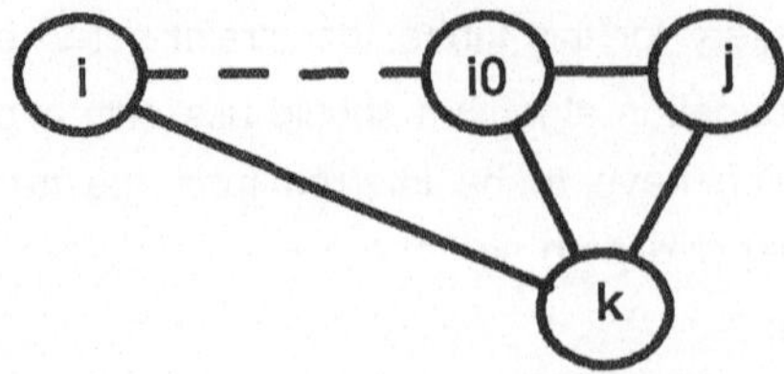

Fig. 6. Monotonicity.

Considering **the special case of 13 basic interval relations,** the following subsets (and their inverses) are uniform, unambiguous and monotonous: {<,m} (before/after ordering), {d} (sharp containment), {s} (containment of intervals with common beginnings), {f} (containment of intervals with common ends) and, of course, {=} (equality). A comprehensive containment relation {s,d,f} fails to satisfy these properties. Long transitive chains of "partial" containment relations {s}, {d} and {f} are not very probable and thus not worth implementing. So the transitive subset {<,m} is the most important candidate for a characteristic set of a transitive chain and has been implemented in the algorithm of the following section. However, should the containment transitivity be of crucial importance for an application, the algorithm can be implemented for containment, too. In this case, inconveniences resulting from failing to satisfy the above requirements would have to be put up with.

Note 1 : The algorithm of the next section has been applied to this set of 13 interval relations. Of course, an alternative relation set (e.g., a time point relation set, see [11]) can be implemented, too.

7 Constraint propagation algorithm

The constraint propagation algorithm of this section is a modification of Allen's basic algorithm. It tests each externally imposed or inferred constrain for membership in a transitive chain. If it is the case, all relation edges that became redundant are discarded.

The algorithm consists of two steps:

Step 1 : Constraint propagation as in Allen's basic algorithm is performed. A relation which has been constrained to become a member of a transitive chain is put into the "chaining queue". (*CR* is the characteristic set of the chain.)

Step 2 : For each relation *(i,j)* in the chaining queue, two sets are defined: the set *SB* of all nodes which are before the inserted pair, and the set *SA* of all nodes which are after the inserted pair. All "cross connections" (i.e., explicit connections between *i* and members of *SA*, between members of *SB* and *j*, and between members of *SB* and members of *SA*) are deleted.

Algorithm 1 :

```
        modify_rel(i,j,NewRel)
          update_rel(i,j,NewRel);
          process_queue(constraint,constraint_propagation);
          process_queue(chaining,chaining_propagation)
```

with

```
        update_rel(r1,r2,NewRel)
          H←NewRel;
          if H=R(r1,r2)                then add_to_queue(constraint,r1,r2);
          if H⊂CR & not R(r1,r2)⊂CR    then add_to_queue(chaining,r1,r2);
          R(r1,r2)←H;
```

```
constraint_propagation(i,j)
   For each k such that triangle(i,j,k) do
   begin
      update_rel(k,j,transitions(R(k,i),R(i,j)));
      update_rel(i,k,transitions(R(i,j),R(j,k)));
   end
```

```
chaining_propagation(i,j)
   For each k    such that before(k,i)              do delete_connection(k,j);
   For each l    such that before(j,l)              do delete_connection(i,l);
   For each k,l  such that before(k,i) & before(j,l) do delete_connection(k,l);
```

Auxiliary functions are defined as follows:

- The function *transitions(R1,R2)* corresponds to Allen's *constraints(R1,R2)*, as stated before.
- The Boolean function *triangle(i,j,k)* returns true, if all three interval pairs *(i,j),(j,k)*, and *(k,i)* are explicitly connected.
- The Boolean function *before(i,j)* returns true, if there is a path through the transitive chain from the node *i* to the node *j*.
- The function *process_queue(queue_id,queue_proc)* calls for each item *(i,j)* in the queue *queue_id* the procedure *queue_proc(i,j)*.
- The function *delete_connection(i,j)* deletes the explicit connection between intervals *i* and *j*.
- The functionality of *add_to_queue* is obvious.

Note 2 : The incompleteness of Allen's constraint propagation algorithm, as stated in [11], has been neglected. However, any other (complete) constraint propagation algorithm may be substituted for the Allen's, having no influence on the transitive chain maintenance.

Example 1 : Let us have 4 intervals A,B,C,D with initial external constraints A -- [<,m] --> B, C -- [<] --> D and A -- [<,o,s] --> C. Fig. 7a shows the relation network after the completed constraint propagation. Imposing a further constraint, B -- [<,m] --> C, the constraint propagation takes place, resulting in potential chain edges A -- [<] --> C, B -- [<] --> D, and A -- [<] --> D (Fig. 7b). (B,C), (A,C) and (B,D) are put into the chaining queue. Processing (B,C), the set of all elements before B on the chain : {A} and the set of all elements after C : {D} are determined and all superfluous connections, i.e., (A,C), (B,D) and (A,D), are deleted. (Processing the rest of the chaining queue may now be dropped since all connections in it happen to have been deleted in the first step.) Now, the intervals are totally ordered, as shown in Fig. 7c. Querying, e.g., the relation between intervals A and D, the path between A and B (A–B–C–D) is found. All noncontiguous members of the unambiguous before/meets chain being (by the chain definition) related by [<], the answer is A -- [<] --> D.

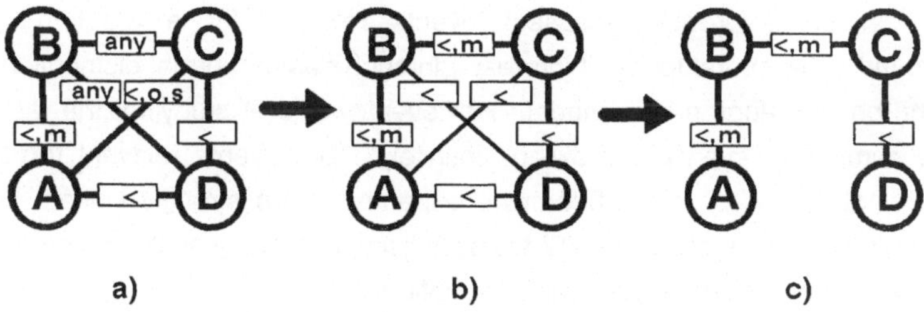

Fig. 7. An example.

On a query about a relation without an explicit edge, a path through the transitive chain between intervals concerned is searched for. If it is found, the queried relation simply results from the transitive chain type, e.g., it is uniformly [<] for a [<,m]–chain.

Note 3 : For more about algorithmic aspects, in particular nonmonotonio inferences, see [8].

8 Comparison with Allen's models

To contrast transitive chains to Allen's models, two separate lines of argumentation will be pursued: one for the comparison with the basic model and another for the comparison with the reference Interval model.

8.1 Basic model

The arguments in favor of transitive chains if compared with Allen's basic model concern complexity. According to Allen [1], space requirements are a more important problem than computational time. That is why space complexity will be treated in more detail.

Space complexity

We shall consider a single transitive before/after chain. In the basic model, $N*(N-1)/2$ relation edges between N intervals must be stored. Using transitive chains, the number of explicit relations may vary between $N-1$ (total ordering) and $N*(N-1)/2$ (no contiguous before/after edges). However, we can make some real–life assumptions about the probability that an edge can be omitted because of transitivity and estimate the complexity in an average case.

Suppose time intervals corresponding to a universe of discourse are located on a time line. First, let us make some assumptions about this locations.

1) **The position description of an interval can be simplified to a single point on the time line.** In fact, the position of an interval is described by the positions of both interval margins. However, we can always rescale the observation so that interval lenghts' importance decreases. This rescaling can be made because only relations between distant intervals are of importance for asymptotic complexity reduction (see below).

2) **Intervals are uniformly distributed over some segment of the time line.** This assumption is reasonable, e.g., for events of a day or a year. On the other hand, there may be a

"selection bias" in some problem classes: events relevant for a problem may be concentrated around a "temporal focus of interest". In such cases, normal distribution around this focus might be an appropriate model. However, we are studying the asymptotic behaviour if the number of events is growing "infinitely". But events relevant for a **single** problem (with a single focus of interest) can be expected to be strongly limited. Problems considering very high numbers of events will typically comprise many such focuses. So even then a uniform distribution will be a good approximation.

3) **Uniform distribution can be emulated by equidistant positions.** This simplification will not bias the complexity investigation since only the distances of intervals relatively far from each other are of importance for complexity reduction (see below). The relative difference of this distance if interval positions are random with a uniform distribution and if they are deterministic and equidistant is then negligible (supposing average density per time unit is equal).

Further, suppose we are modelling knowledge of an external observer about interval positions. His knowledge is incomplete so that only qualitative statements in the sense of Allen's relations can be made. The probability that before/after ordering of two events is not known is a monotonically decreasing function of their distance in time. So is the probability for a relation edge to remain explicit, i.e., not to be omitted because of before/after transitivity. E.g., if two events both occur within one second of time, it is much less probable that we know their exact ordering than if one occurred ten years before the other.

Suppose the latter probability as a function of the distance between two intervals, $P(d)$, is

$$P(d) \; = \; e^{-g*d} \tag{1}$$

with $\quad d$ – distance between two intervals .

So if the number of event nodes is N and the distance between neighbour intervals is ud, the number of edges Ed is

$$
\begin{aligned}
Ed(N) \; &= \; \sum_{x=0}^{N-1} \sum_{y=x+1}^{N} P(ud*(y-x)) \\[2mm]
&= \; \sum_{x=0}^{N-1} \sum_{y=x+1}^{N} e^{-g*ud*(y-x)} \\[2mm]
&= \; \sum_{x=0}^{N-1} \sum_{y=x+1}^{N} G^{y-x} \\[2mm]
&= \; \frac{G}{1-G} \, (N-1) \; - \; \frac{G^2 - G^{N+1}}{(1-G)^2}
\end{aligned}
\tag{2}
$$

with $\quad G \; = \; e^{-g*ud}$.

If the distance *ud* is independent from *N*, i.e., if the number of intervals grows by extending the time scope observed while the density of intervals remains constant, then

$$Ed(N) = \frac{G}{1-G}(N-1) - \frac{G^2 - G^{N+1}}{(1-G)^2}$$

$$= \frac{G}{1-G}N + \frac{G}{(1-G)^2}G^N - \frac{G}{1-G} - \frac{G^2}{(1-G)^2}$$

(3)

so that, since *G < 1*, the space complexity is *O(N)*.

If the distance *ud* is decreasing with growing *N*, i.e., *ud = ud0/f(N)*, *f* an increasing function of *N*, we can use the approximation

$$G = e^{-g^*ud0/f(N)} \doteq 1 - g^*ud0/f(N) = 1 - h/f(N)$$

(4)

$$Ed(N) = \frac{G}{1-G}(N-1) - \frac{G^2 - G^{N+1}}{(1-G)^2}$$

$$= \frac{1-h/f(N)}{h/f(N)}(N-1) - \frac{1-2h/f(N)+(h/f(N))^2-k}{(h/f(N))^2}$$

(5)

$$= \left(\frac{f(N)}{h} - 1\right)(N-1) - \frac{f(N)^2}{h^2}(1-k) + \frac{2f(N)}{h} + 1$$

with $\quad h = g^*ud0$ and

$$k = G^{N+1} \leq 1 \quad .$$

As long as *f(N)* is of order less than one, the complexity of *Ed(N)* is *O(f(N)*N)*.

In an extreme case of *ud = ud0/N*, the growth of *N* results solely from increasing the density while the scope remains constant. The space complexity is then merely reduced by a constant factor, compared with the basic algorithm.

These results can be summarized as follows:

- If the number of interval nodes *N* grows by extending the time scope in consideration, the number of explicit relations grows with *O(N)*. In other words, each interval node has a certain (probabilistically defined) "range of uncertainty" within which its ordering relations are not exactly known while its relations to interval nodes external to this range are known. The size of the uncertainty range depends only on the node density and thus does not grow with N. In other words, this range consists in average of a constant number of interval nodes.

- If the number of interval nodes grows by refining the observation of the world within the same time scope, i.e., by increasing interval density, the number of explicit relations grows with *O(N*N)*.

- In an intermediary case of both extending the scope and growing density, the complexity is *O(f(N)*N)*, *f(N)* expressing the growth of density with increasing *N* while *O(f(N)) < O(N)*.

Until now, we have considered only before/after transitivity. A similar (maybe more difficult) analysis could be made for containment transitivity. Since the probability that some intervals contain other intervals grows with interval density, it can be expected that such an analysis would show reduced complexity in the growing density case.

An additional advantage of the transitive chain model is its **structuredness** (see Section 5).

Computational complexity

Allen's argument line about computational complexity of his basic algorithm is the following: Since there are 13 elementary relations, the maximum number of relation modifications in the whole network is $13*N*(N-1)/2$. It is reasonable to suppose that each new interval brings about in average a constant number of external constraints. So $O(N)$ constraints take $O(N*N)$ time, or one constraint takes $O(N)$ time. (If we modify our assumption so that the number of external constraints is higher for later defined intervals than for earlier defined ones, then more than $O(N)$ constraints take $O(N*N)$ time, or one constraint takes even less than $O(N)$ time.)

As stated before, the "range of uncertainty" for any given interval in the transitive chain model is in average of constant size. Since relations of this interval to intervals external to this range are unambiguous before/after relations, they cannot be modified any more. Thus the constraint propagation stops on the "border" of the uncertainty range. So we can expect that computing time per constraint added to a subnetwork of constant size (which the uncertainty range represents) is constant, too, no matter how large the whole relation network is.

In fact, the constant complexity may deteriorate by implementation–dependent factors like search in the relation database. In the case of a binary search tree, the search takes $O(\log(N))$ time. However, the same shift (from $O(N)$ to $O(N*\log(N))$) is to be expected for the basic model. If the relations are stored as an array of lists of relations (array indexing by one of both interval nodes), the search complexity is $O(1)$ since there are $O(1)$ neighbours (corresponding to $O(N)$ for the basic model). The most advantageous arrangement for the basic model is a two dimensional matrix of relations indexed by both interval nodes (search complexity $O(1)$).

Finally, an important remark has to be made. The above complexity estimates have been made under the assumption that one's knowledge about **temporal relations in the real world** is being modelled. However, in domains like planning, this assumption would not always be justified. A plan can be as well completely parallel as completely sequential while in real life there is always a **single time line**. Moreover, it is often desirable to keep time relations in a plan as unspecified as possible ("least commitment" principle). So the complexity would strongly depend on each concrete planning problem.

8.2 Reference interval model

The complexity of the reference interval model can hardly be accessed since the user is free in (and responsible for) designing the reference interval structure, and it is just this structure which determines the complexity. So the first argument in favor of the transitive chain model is that its complexity can be assessed at all. Further advantages are those of automatic operation and completeness.

My argument will be accompanied by an example. It is a modified version of Allen's reference interval example (see [1], p. 839). Since I shall concentrate on before/after transitivity and not on containment transitivity, the example has been "flattened" from four to two subinterval levels and extended from three to four major successive periods.

Example 2 : The reference interval representation is given in Fig. 8. Edge directions are left–>right and down–>up. Reference intervals are those in the top of the network. Our initial knowledge about time relations is described by the top graph. If a further constraint "second –> (<) –> Himalaya trip" is imposed, relation "school –> (<) –> pregrad" cannot be inferred since "second" and "Himalaya trip" do not possess a common reference interval.

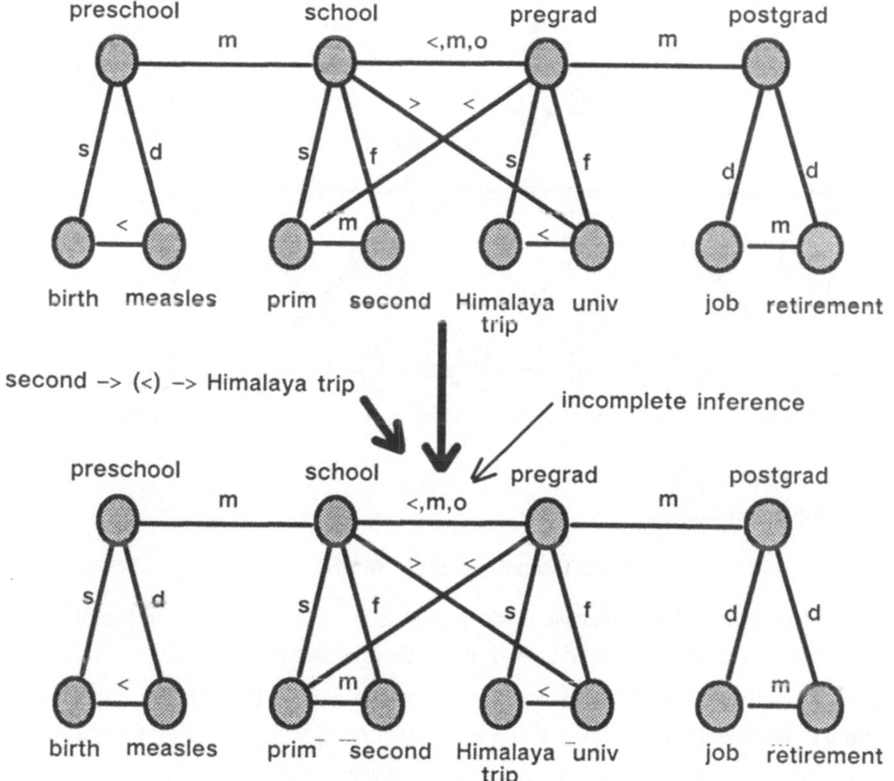

Fig. 8. Reference interval model

The transitive chain model proceeds as described in Fig. 9. The network has been reduced by omitting edges "prim–pregrad" and "school–univ". Note that "school –> (<) –> pregrad" has been correctly inferred. Only 24 edges (out of 66 in the basic model) remained explicit after this inference. However, the reference interval model contains only 17 edges. The reason for this difference is that transitive chains do not make any statements about subintervals of chain members.

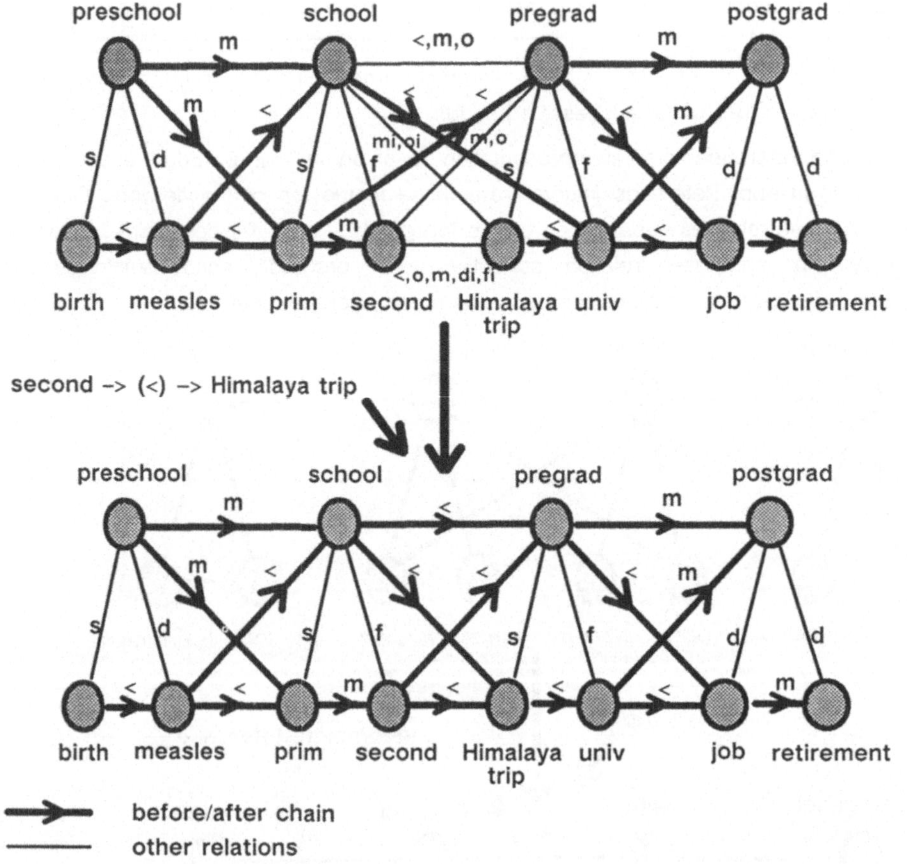

Fig. 9. Transitive chain model

After a minor enhancement, the transitive chain model is able to cope with this problem. The definition of the function *before(i,j)* of Section 7 must be modified to:

> The Boolean function *before(i,j)* returns true, if there is a path through the transitive chain from node *ii* to node jj such that $(i = ii$ V $i \rightarrow Ri \rightarrow ii)$ & $(j = jj$ V $j \rightarrow Rj \rightarrow jj)$ & $Ri,Rj \subseteq \{d,s,f\}$.

The query function must also be modified accordingly. While in the transitive chain model it is sufficient to know that there is a path between two interval nodes *i* and *j*, in the modified model also paths between all superintervals of *i* and *j* have to be considered.

As can be seen on Fig. 10, 15 edges remain after this modification. However, it is questionable if this reduction is worth making the algorithm more complex. The complexities of original and modified transitive chain models remain asymptotically equal.

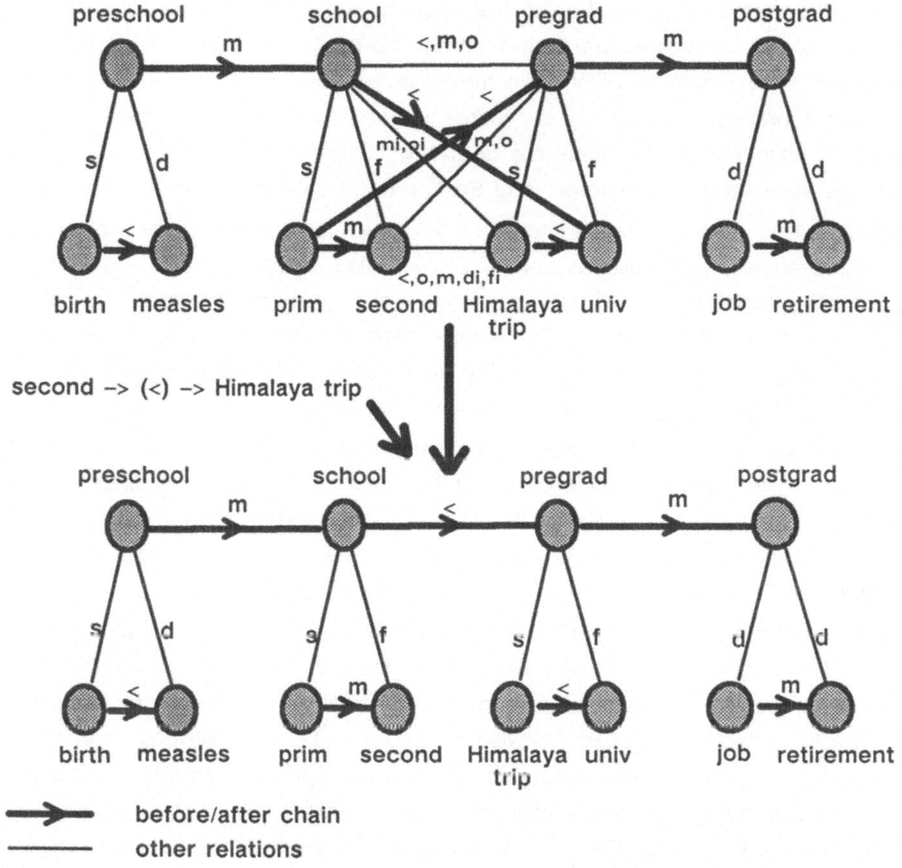

Fig. 10. Modified transitive chain model

We can summarize the advantages of the transitive chain model:

1) **Domain–independent automatic built–up of a reduced relation network.** Network reduction in the transitive chain model is based solely on formal transitive properties of elementary relations and can thus be performed automatically. It does not need any additional domain–specific knowledge for its operation. Although the use of domain–specific knowledge is probably well–founded from the cognitive point of view, it can prevent the temporal constraint model from being integrated into formal inference systems, like temporal logic systems. However, domain–specific knowledge can be **additionally** used for a further reduction of network if necessary. On the other side, what appears to be "domain–specific" knowledge, is often just the knowledge about transitivity. E.g., in Allen's example (see [1], p. 839) it is exactly the case: the before/after transitivity as well as the containment transitivity are used.

2) **Dynamic maintenance of relation network.** Network reduction takes place dynamically (see above example). The network is immediately reduced as early as some interval relations allow it. It is not the case in the reference interval model.

3) **Equivalence of constraint propagation to the basic model.** The reference interval model does not guarantee that inferences are equivalent with the basic model (see [1], p. 840, and above example). The extent to which it is the case depends on the reference interval structure. Allen's proposal for remedy is "reorganization" of reference hierarchy, but no reorganizational principles or algorithms are given. By contrast, the transitive chain model guarantees the equivalence if requirements of Section 6 are satisfied.

4) **Fast relation search.** In the reference interval model, a relation between some two intervals A and B whose edge is not explicit is computed by finding a path between A and B and applying transitive table along the path. In the transitive chain model, finding a path is sufficient if Requirement 2 is satified. The relation then results from the definition of the transitive chain. E.g., there is a path through the before/after chain between "measles" and "job" (via "school" and "pregrad", see Fig. 9) and thus the relation is "<".

5) **The complexity of the transitive chain model can be accessed.** (See Section 8.1.) By contrast, it is hardly the case for the complexity of the reference interval model since the user is free in (and responsible for) designing the reference interval structure, and it is just this structure which determines the complexity. So, e.g., its space requirements may vary arbitrarily between $O(N)$ and $O(N*N)$.

Finally, let us make a remark about **cognitive adequacy** of both reference interval and transitive chain models. The reference interval model gives the user the possibility to incorporate as much (or as little) domain–specific or general knowledge into the reference interval structure as he wishes (or is able to). What kinds of such knowledge there are and how they can be used is a rather broad research topic. No general theory about it has been provided so far. The transitive chain model is based on a thorough investigation of a single (probably very important) kind of this knowledge, the knowledge about transitivity. So my claim is not that the transitive chain is cognitively more adequate than the reference interval model, but that it **formalizes** (in contrast to the reference interval model) a (single) crucial cognitive aspect of temporal relation representation.

9 Analogy to elementary spatial and physical relations

Transitivity, or a combination of transitive and nontransitive relations, plays probably a significant role in the human representation of spatial relations. Observing qualitative relations within point triples in the plane, the relation "being in line" is obviously transitive. Further, any qualitative relation between A, B and C is valid for A, B and D as well, if B, C and D are in line. Spatial containment is another example of a transitive relation. A spatial containment tree is a direct analogy to the temporal containment tree.

Another domain with some inherently transitive relationships is naive physics. For example, pushing the first member of a chain of aligned rigid objects, the movement of the last member can be inferred "directly", without necessity of "chaining" the same inference for all pairs contiguous members. So transitivity can be alternatively viewed as a simple sort of inductive reasoning.

10 Conclusion

We have presented a way the transitivity of certain temporal relations can be used for increasing efficiency and cognitive transparency of temporal representations without sacrificing the expressive power of the relation network model. The proposed representation seems to be closely related to the way the humans make inferences about temporal relations.

A transitivity–based relation network called "transitive chain" model has been proposed as an alternative to both Allen's basic model and his reference interval model. Some requirements have been formulated for transitive chains to be algorithmically easily tractable and a consequent algorithmus has been implemented.

The complexity of the representation and of the algorithm have been compared with that of the basic model. Space requirements and computing time can be substantially reduced, in some cases as much as from $O(N*N)$ to $O(N)$ and from $O(N)$ to $O(1)$, respectively.

The advantages in comparison to the reference interval model are those of domain–independence, automatic operation, and completeness of operation.

Although the concepts involved here have been made with the 13 elementary interval relations of J. Allen in mind, the representation as well as most of the theoretical and conceptual observations of this paper can be applied to any analogous time reference relation set (e.g., a time–point relation algebra, as proposed in [13]), or even to other domains, as spatial relations.

Acknowledgement

This research was supported in part by the BMFT as a TEX–B research project subtask.

References

[1]   Allen, J.F.. Maintaining knowledge about temporal intervals, *CACM* **26**(11), 1983, 832–843.

[2]   Allen, J.F.. Towards a general theory of action and time, *Artificial Intelligence* **23**(2), 1984, 123–154.

[3]   Allen, J.F., Koomen, J.A.. Planning using a temporal world model. *Proc. 8th IJCAI*, Karlsruhe, 1983, 741–747.

[4]   de Kleer, J., Brown, J.S.. A qualitative   physics based on confluences. *Artificial intelligence* **24**, 1984, 7–83.

[5]   Forbus, K.D.. Qualitative process theory. *Artificial Intelligence* **24**, 1984, 85–168.

[6]   Freksa, C.. Intrinsische vs. extrinsische Repraesentation und analoges Schliessen, in this book.

[7]   Furbach, U.. Wissensrepraesentation und Programmiersprachen, in this book.

[8]   Hrycej, T.. An efficent algorithm for reasoning about time intervals. *Proc. Fachtagung "Expertensysteme '87"*, Nuernberg, April 1987.

[9]   Kahn, K., Gorry, G.A.. Mechanizing temporal knowledge, *Artificial Intelligence* **24**(1977), 87–108.

[10]   McDermott, D.. A temporal logic for reasoning about processes and plans. *Cognitive Science* **6**(2), 1982, 101–155.

[11]   Riemann, R., Seel, N.. Mentale Modelle – Eine Form der analogen Wissensrepraesentation ?, in this book.

[12]   Schwind, C.B.. Temporal logic in artifical intelligence. *Proc. 8th German Workshop on Artificial Intelligence*, Wingst/Stade, 1985, 238–264.

[13]   Vilain, M.B., Kautz H.. Constraint propagation algorithms for temporal reasoning. *Proc AAAI-86*, Philadelphia, 1986, 377–382.

[14]   Vilain, M.B.. A system for reasoning about time. *Proc AAAI-82*, Pittsburgh, 1982, 197–201.

[15]   Voss, H.. Representing and analyzing time and causality in HIQUAL models. Memo SEKI-85-07, Fachbereich Informatik, Universitaet Kaiserslautern, 1986.

Band 127: GI-17. Jahrestagung. Informatik-Anwendungen – Trends und Perspektiven. Berlin, Oktober 1986. Herausgegeben von G. Hommel und S. Schindler. XVII, 685 Seiten. 1986.

Band 128: W. Benn, Dynamische nicht-normalisierte Relationen und symbolische Bildbeschreibung. XIV, 153 Seiten. 1986.

Band 129: Informatik-Grundbildung in Schule und Beruf. GI-Fachtagung, Kaiserslautern, September/Oktober 1986. Herausgegeben von E. v. Puttkamer. XII, 486 Seiten. 1986.

Band 130: Kommunikation in Verteilten Systemen. GI/NTG-Fachtagung, Aachen, Februar 1987. Herausgegeben von N. Gerner und O. Spaniol. XII, 812 Seiten. 1987.

Band 131: W. Scherl, Bildanalyse allgemeiner Dokumente. XI, 205 Seiten. 1987.

Band 132: R. Studer, Konzepte für eine verteilte wissensbasierte Softwareproduktionsumgebung. XI, 272 Seiten. 1987.

Band 133: B. Freisleben, Mechanismen zur Synchronisation paralleler Prozesse. VIII, 357 Seiten. 1987.

Band 134: Organisation und Betrieb der verteilten Datenverarbeitung. 7. GI-Fachgespräch, München, März 1987. Herausgegeben von F. Peischl. VIII, 219 Seiten. 1987.

Band 135: A. Meier, Erweiterung relationaler Datenbanksysteme für technische Anwendungen. IV, 141 Seiten. 1987.

Band 136: Datenbanksysteme in Büro, Technik und Wissenschaft. GI-Fachtagung, Darmstadt, April 1987. Proceedings. Herausgegeben von H.-J. Schek und G. Schlageter. XII, 491 Seiten. 1987.

Band 137: D. Lienert, Die Konfigurierung modular aufgebauter Datenbanksysteme. IX, 214 Seiten. 1987.

Band 138: R. Männer, Entwurf und Realisierung eines Multiprozessors. Das System „Heidelberger POLYP". XI, 217 Seiten. 1987.

Band 139: M. Marhöfer, Fehlerdiagnose für Schaltnetze aus Modulen mit partiell injektiven Pfadfunktionen. XIII, 172 Seiten. 1987.

Band 140: H.-J. Wunderlich, Probabilistische Verfahren für den Test hochintegrierter Schaltungen. XII, 133 Seiten. 1987.

Band 141: E. G. Schukat-Talamazzini, Generierung von Worthypothesen in kontinuierlicher Sprache. XI, 142 Seiten. 1987.

Band 142: H.-J. Novak, Textgenerierung aus visuellen Daten: Beschreibungen von Straßenszenen. XII, 143 Seiten. 1987.

Band 143: R. R. Wagner, R. Traunmüller, H. C. Mayr (Hrsg.), Informationsbedarfsermittlung und -analyse für den Entwurf von Informationssystemen. Fachtagung EMISA, Linz, Juli 1987. VIII, 257 Seiten. 1987.

Band 144: H. Oberquelle, Sprachkonzepte für benutzergerechte Systeme. XI, 315 Seiten. 1987.

Band 145: K. Rothermel, Kommunikationskonzepte für verteilte transaktionsorientierte Systeme. XI, 224 Seiten. 1987.

Band 146: W. Damm, Entwurf und Verifikation mikroprogrammierter Rechnerarchitekturen. VIII, 327 Seiten. 1987.

Band 147: F. Belli, W. Görke (Hrsg.), Fehlertolerierende Rechensysteme / Fault-Tolerant Computing Systems. 3. Internationale GI/ITG/GMA-Fachtagung, Bremerhaven, September 1987. Proceedings. XI, 389 Seiten. 1987.

Band 148: F. Puppe, Diagnostisches Problemlösen mit Expertensystemen. IX, 257 Seiten. 1987.

Band 149: E. Paulus (Hrsg.), Mustererkennung 1987. 9. DAGM-Symposium, Braunschweig, Sept./Okt. 1987. Proceedings. XVII, 324 Seiten. 1987.

Band 150: J. Halin (Hrsg.), Simulationstechnik. 4. Symposium, Zürich, September 1987. Proceedings. XIV, 690 Seiten. 1987.

Band 151: E. Buchberger, J. Retti (Hrsg.), 3. Österreichische Artificial-Intelligence-Tagung. Wien, September 1987. Proceedings. VIII, 181 Seiten. 1987.

Band 152: K. Morik (Ed.), GWAI-87. 11th German Workshop on Artificial Intelligence. Geseke, Sept./Okt. 1987. Proceedings. XI, 405 Seiten. 1987.

Band 153: D. Meyer-Ebrecht (Hrsg.), ASST'87. 6. Aachener Symposium für Signaltheorie. Aachen, September 1987. Proceedings. XII, 390 Seiten. 1987.

Band 154: U. Herzog, M. Paterok (Hrsg.), Messung, Modellierung und Bewertung von Rechensystemen. 4. GI/ITG-Fachtagung, Erlangen, Sept./Okt. 1987. Proceedings. XI. 388 Seiten. 1987.

Band 155: W. Brauer, W. Wahlster (Hrsg.), Wissensbasierte Systeme. 2. Internationaler GI-Kongreß, München, Oktober 1987. XIV, 432 Seiten. 1987.

Band 156: M. Paul (Hrsg.), GI – 17. Jahrestagung. Computerintegrierter Arbeitsplatz im Büro. München, Oktober 1987. Proceedings. XIII, 934 Seiten. 1987.

Band 157: U. Mahn, Attributierte Grammatiken und Attributierungsalgorithmen. IX, 272 Seiten. 1988.

Band 159: Th. Christaller, H.-W. Hein, M. M. Richter (Hrsg.), Künstliche Intelligenz. Frühjahrsschulen, Dassel, 1985 und 1986. VII, 342 Seiten. 1988.

Band 160: H. Mäncher, Fehlertolerante dezentrale Prozeßautomatisierung. XVI, 243 Seiten. 1987.

Band 161: P. Peinl, Synchronisation in zentralisierten Datenbanksystemen. XII, 227 Seiten. 1987.

Band 162: H. Stoyan (Hrsg.), Begründungsverwaltung. Proceedings, 1986. VII, 153 Seiten. 1988.

Band 163: H. Müller, Realistische Computergraphik. VII, 146 Seiten. 1988.

Band 164: M. Eulenstein, Generierung portabler Compiler. X, 235 Seiten. 1988.

Band 165: H.-U. Heiß, Überlast in Rechensystemen. IX, 176 Seiten. 1988.

Band 166: K. Hörmann, Kollisionsfreie Bahnen für Industrieroboter. XII, 157 Seiten. 1988.

Band 167: R. Lauber (Hrsg.), Prozeßrechensysteme '88. Stuttgart, März 1988. Proceedings. XIV, 799 Seiten. 1988.

Band 168: U. Kastens, F. J. Rammig (Hrsg.), Architektur und Betrieb von Rechensystemen. 10. GI/ITG-Fachtagung, Paderborn, März 1988. Proceedings. IX, 405 Seiten. 1988.

Band 169: G. Heyer, J. Krems, G. Görz (Hrsg.), Wissensarten und ihre Darstellung. VIII, 292 Seiten. 1988.

Band 170: A. Jaeschke, B. Page (Hrsg.), Informatikanwendungen im Umweltbereich. 2. Symposium Karlsruhe, 1987. X, 201 Seiten. 1988.

Band 171: H. Lutterbach (Hrsg.), Non-Standard Datenbanken für Anwendungen der Graphischen Datenverarbeitung. GI-Fachgespräch, Dortmund, März 1988, Proceedings. VII, 183 Seiten. 1988.